Guide illustré
de la musique

Collection
LES INDISPENSABLES DE LA MUSIQUE

Guide de l'opéra par Harold Rosenthal et John Warrack; édition française réalisée par Roland Mancini et Jean-Jacques Rouveroux.

Guide de la musique symphonique sous la direction de François-René Tranchefort.

Guide de la musique de piano et de clavecin sous la direction de François-René Tranchefort.

Guide de la musique de chambre sous la direction de François-René Tranchefort.

Guide de la musique d'orgue sous la direction de Gilles Cantagrel.

Guide de la musique sacrée (l'âge baroque, 1600-1750) sous la direction d'Edmond Lemaître.

Guide de la musique sacrée (de 1750 à nos jours) sous la direction de François-René Tranchefort.

Guide de la musique baroque sous la direction de Julie Anne Sadie.

Guide de la mélodie et du lied sous la direction de Brigitte François-Sappey et Gilles Cantagrel.

Guide des opéras de Wagner sous la direction de Michel Pazdro.

Guide des opéras de Verdi sous la direction de Jean Cabourg.

Guide des opéras de Mozart sous la direction de Brigitte Massin.

Guide illustré de la musique symphonique de Beethoven par Michel Lecompte.

Histoire de la musique occidentale sous la direction de Brigitte et Jean Massin.

Guide illustré de la musique (t. 1 et 2) par Ulrich Michels.

Dictionnaire Mozart sous la direction de H.C. Robbins Landon.

Berlioz par Henry Barraud.

Brahms par Claude Rostand.

Debussy par Edward Lockspeiser et Harry Halbreich.

Ravel par Marcel Marnat.

Schubert par Brigitte Massin.

Stravinsky par André Boucourechliev.

Wagner par Martin Gregor-Dellin.

ULRICH MICHELS

Guide illustré
de
LA MUSIQUE
(Volume I)

Réalisation graphique de
GUNTHER VOGEL

traduit de l'allemand par
JEAN GRIBENSKI et GILLES LÉOTHAUD
avec le concours de
Michèle Dujany, Nicole Eisenreich
et Jean-Pierre Homar

FAYARD

Ce livre est la traduction, publiée pour la première fois en France, du livre de langue allemande :

DTV - ATLAS ZUR MUSIK

SOMMAIRE

Sommaire

AVANT-PROPOS

Sans doute n'est-il pas nécessaire de présenter longuement ce *Guide illustré de la musique*, dont la nouveauté et l'originalité ne peuvent manquer de frapper et — on le souhaite ! — de séduire le lecteur. En livrant au public français ce premier volume (un second est en préparation), les traducteurs voudraient simplement, dans ce bref avant-propos, attirer l'attention sur quelques particularités de ce livre, qui devraient permettre au lecteur d'en tirer le meilleur profit.

Radicalement neuve, la conception de l'ouvrage l'est d'abord — et c'est le plus apparent — par le rôle essentiel qu'y joue l'**image**, non pas simplement « illustration » du texte, mais à proprement parler prolongement de celui-ci, complément indispensable à sa compréhension, qu'elle rend toujours aisée. Présente d'un bout à l'autre du volume (dont les pages paires sont des figures, le texte occupant les pages impaires), l'image apparaît sous les formes les plus variées, toujours en fonction du texte placé en regard : dessins d'instruments, exemples musicaux, cartes, schémas, etc. Généreusement utilisée, la **couleur** permet une visualisation immédiate, qu'il s'agisse de la structure d'une œuvre, de l'étendue des voix ou des instruments, des règles du contrepoint, etc.

Moins visible peut-être mais non moins importante, une autre originalité de ce livre tient à la **matière** exposée, qui en fait une véritable **encyclopédie**. La partie historique, qui s'arrête ici à la fin de la Renaissance (le second volume traitera de l'histoire de la musique du début du XVIIe siècle jusqu'à nos jours) est en effet précédée d'une première partie, **Science de la musique**, dont aucun autre ouvrage n'offre l'équivalent.

Certes, on pourrait sans doute retrouver la plupart des éléments de cette première partie, mais dispersés et sous une forme en général moins abordable, dans des ouvrages spécialisés : tels sont ici les chapitres relatifs à l'acoustique, à la physiologie de l'oreille et de la voix, à la psychologie de l'audition, aux instruments, aux genres et formes, enfin, présentés de façon très claire, par ordre alphabétique ; telles sont aussi les sections consacrées à la notation, au contrepoint, au « système musical » (une notion beaucoup plus large et ... plus intéressante que ce que nous appelons en France « solfège »), à l'harmonie, à la basse continue, à la technique dodécaphonique.

En revanche, d'autres développements, à peu près inédits en français, permettront au lecteur de découvrir des domaines nouveaux, d'une richesse peut-être insoupçonnée, comme, par exemple, la partition musicale, la pratique de l'exécution, ou encore la notion de forme musicale.

Enfin, qu'il soit simple mélomane, musicien amateur, ou même musicien professionnel, le lecteur aura tôt fait de repérer un précieux outil, qui lui deviendra vite indispensable : le **lexique**, où se trouvent définis, expliqués (grâce notamment à de nombreux exemples musicaux), traduits le cas échéant, tous les signes et termes d'usage courant en musique, qui se rencontrent notamment dans les partitions.

L'originalité de la seconde partie (**Histoire de la musique**) tient à la fois à son contenu (on relèvera ainsi la présence de la préhistoire et celle des civilisations anciennes non européennes) et au « découpage » choisi : chaque double page forme une unité bien définie et aisément repérable (grâce au **Sommaire**), toujours insérée cependant dans la continuité de l'évolution historique. D'autre part, l'accent est mis systématiquement sur le style et les œuvres, sans aucune concession à l'anecdote ni au bavardage esthétisant.

Trois compléments contribuent encore à faire de ce Guide un ouvrage de référence. Soigneusement revue et mise à jour, la **bibliographie** indique, avec toutes les précisions nécessaires, tout d'abord les titres des ouvrages généraux essentiels, puis ceux qui permettront d'approfondir tel ou tel domaine (ses différentes rubriques correspondant aux différents chapitres du livre). Les **sources** des figures sont ensuite mentionnées : dans le cas de dessins (ainsi de représentations d'instruments), on pourra donc se reporter aux originaux ; de même, s'il s'agit d'exemples musicaux, nécessairement brefs, on consultera aisément les œuvres entières, ou, tout au moins, sous forme d'extraits plus amples. Enfin, on trouvera à la fin du volume un **index** détaillé (personnes et matières).

Véritable best seller (300 000 exemplaires vendus) en Allemagne, déjà disponible en plusieurs langues, très fidèlement traduit ici en français, mais aussi adapté au lecteur francophone chaque fois que cela paraissait nécessaire, ce *Guide illustré de la musique*, destiné au grand public comme au musicien confirmé, ne pouvait en somme mieux être à sa place que dans la Collection des « Indispensables de la musique »...

Jean GRIBENSKI,
Maître de Conférences à l'Université de Paris IV.

Gilles LÉOTHAUD,
Directeur du Laboratoire de Musicologie
(Université de Paris IV).

SYMBOLES ET ABRÉVIATIONS

Tonalités :

Les conventions suivantes sont utilisées seulement dans les *tableaux* (pages de gauche) :
en minuscules : tonalités mineures
en majuscules : tonalités majeures
p. ex. : ré = ré mineur ; RÉ = ré majeur

Intervalles et accords :

Le système de chiffrage des intervalles et accords utilisé dans cet ouvrage (cf. p. 96-99) correspond à l'usage actuel, en France, dans l'enseignement de l'harmonie et de l'analyse harmonique. Il trouve son origine dans la pratique de la basse continue (cf. p. 100-101) mais en diffère sensiblement. En voici les principes :

Intervalles et accords sont toujours définis par rapport à la *basse*. Les intervalles sont notés en chiffres arabes (p. ex. : 2 = seconde, 3 = tierce, 4 = quarte, etc.).
Dans le chiffrage des accords (état fondamental et renversements), on sous-entend généralement un ou plusieurs intervalles ; p. ex. : 5 = accord parfait (la tierce est sous-entendue), 7 = accord de septième (tierce et quinte sont sous-entendues), etc.
L'accident placé devant le chiffre affecte la note désignée par ce chiffre (p. ex. : ♭6, ♯5) ; l'accident seul (sans chiffre) se rapporte toujours à la tierce de l'accord.
Une barre oblique (/) indique un intervalle diminué (p. ex. : 5̸ = quinte diminuée).
Une croix (+) indique la note sensible (p. ex. : 7̟ = accord de septième de dominante, + 6 = accord de sixte sensible). Mais placé *après* le chiffre, ce même signe indique un intervalle augmenté (p. ex. : 4 + = quarte augmentée).

Degrés :

en chiffres romains
p. ex. : I, II, ...VII = Ier, IIe, ... VIIe degré
(N.B. ce chiffre indique la *fondamentale* de l'accord, qui n'est pas nécessairement identique avec sa basse ; cf. p. 96 sq.)
L'accident placé devant le chiffre indique que la fondamentale est affectée de l'altération ; p. ex. : ♭II = IIe degré abaissé.

Fonctions :

T	tonique majeure
t	tonique mineure
D	dominante
SD	sous-dominante majeure
sd	sous-dominante mineure
(D)	dominante secondaire
[D]	fonction élargie de dominante (VIIe degré)

Abréviations :
(voir aussi le lexique, p. 70-81)

A	alto (voix)	B	basse (voix)
acc.	accompagnement, accompagné	b.c.	basse continue
		bibl.	bibliothèque
ad. lib.	ad libitum	BN	Bibliothèque Nationale
all.	allemand	bsn	basson
angl.	anglais	BWV	Bach Werke Verzeichnis
ant.	antérieur		[Catalogue des œuvres
ap.	après		de Bach]
av.	avant	byz.	byzantin

ca	circa	lat.	latin
c.-à.-d.	c'est-à-dire	litt.	littéralement
cb.	contrebasse	liturg.	liturgique
c.f.	cantus firmus		
chrom.	chromatique	M. Â.	Moyen Âge
cl.	clarinette	maj.	majeur
clv.	clavecin	mes.	mesure
comp.	composé, composition	mill.	millénaire
compl.	complément, complémentaire	min.	mineur
corresp.	correspondant	mouv.	mouvement
cp.	contrepoint, contrapuntique	ms(s).	manuscrit(s)
		mus.	musique, musical
dB	décibel		
diff.	différent	N	newton
		néerl.	néerlandais
Ed. Vat.	Editio Vaticana	O.C.	Œuvres Complètes
éd.	édition, éditeur, édité par	op.	opus
env.	environ	orch.	orchestre, orchestral
ex.	exemple		
		Pa	pascal
facs.	fac-similé	part.	particulier
fasc.	fascicule	polyph.	polyphonie, polyphonique
fig.	figure		
fl.	flûte	rec.	recitativo
fond.	fondamentale	réc.	récitatif
fr.	français	réimpr.	réimpression
fragm.	fragment	renv.	renversement
gr.	grec	S	soprano
		s.	siècle
		sax.	saxophone
harm.	harmonie, harmonique	sup.	supérieur
htb.	hautbois		
		T	ténor
inf.	inférieur	trb.	trombone
instr.	instrument, instrumental	trp.	trompette
int.	intervalle	t.s.	tasto solo
ital.	italien		
		v.	voix
K	Köchel	var.	variation
	[Catalogue des œuvres de Mozart]	vl.	violon
		vlc.	violoncelle

Le concept de la musique remonte au mot grec *mousikê* (μονσικη', de *musa*, muse) ; l'Antiquité grecque désignait d'abord par ce mot l'ensemble des arts relevant des muses (*poésie, musique et danse*) puis, plus particulièrement, l'art des sons. Dans l'histoire de la musique, on a sans cesse remodelé les rapports entre la musique d'une part, la langue ou la danse d'autre part (chanson, ballet, opéra, etc.). D'un autre côté, un phénomène musical autonome se développa avec la musique instrumentale, dans la mesure où cette dernière n'est pas — comme dans la musique à programme — étroitement liée à des éléments étrangers à la musique. La musique contient deux éléments : le matériau acoustique et l'idée. Ces deux éléments ne coexistent pas seulement comme la forme et le fond, mais se mêlent dans la musique pour former un tout.

Pour pouvoir être le support de l'idée, le matériau acoustique doit subir une préparation, par un choix et une mise en ordre : on choisit les sons dans la multiplicité des sons naturels. Déjà la structure du son (la série des sons harmoniques) présente un ordre qui le prédestine à être porteur de l'idée. En ce sens, et pour une compréhension universelle, on classe les sons en intervalles, systèmes, gammes, etc. Au XXᵉ s., l'élargissement du matériau acoustique (aux bruits, par exemple) a entraîné parfois des difficultés dans la communication, faute de l'existence d'un système permettant une compréhension préalable. — En outre, le son lie la musique au temps, son existence au présent. La durée du son, le tempo, le rythme, etc., offrent d'autres principes de classement et d'autres possibilités de composition.

L'idée transforme le matériau acoustique en musique : ainsi, la musique acquiert une histoire. Cela est surtout vrai pour la musique polyphonique de l'Occident depuis le XIIᵉ s., ce l'est moins pour certaines pratiques musicales populaires (le plus souvent, traditions depuis longtemps inchangées) et pour nombre de musiques non européennes.
D'une certaine manière, l'histoire de la musique est autonome : c'est une histoire de la technique compositionnelle, des formes, des styles, des genres, etc. Mais, comme activité de l'esprit humain, la musique doit aussi être reliée au contexte culturel et intellectuel : expression de son époque, elle ne peut être entièrement comprise que comme telle.

La conscience de l'enracinement de la musique dans l'histoire n'a pas toujours été aussi claire qu'aujourd'hui. Jusqu'au XIXᵉ s., la musique nouvelle trouvait tout naturellement sa source dans la tradition. Ce fut le Romantisme qui, le premier, s'appropria,

pour ainsi dire, l'histoire de manière consciente.
Aujourd'hui, la musique du passé est doublement actuelle :

Grâce aux recherches menées au XIXᵉ s., l'histoire de la musique se présente comme un arsenal de matériaux à notre disposition, qui peuvent revivre grâce à des éditions, des commentaires et des exécutions musicales. La musique du passé reçoit ainsi une nouvelle signification : elle devient un fragment de notre époque. Signe d'une nouvelle conception qu'a l'homme de lui-même et de son histoire, la musique de notre temps (c'est-à-dire la musique entendue aujourd'hui) comprend aussi la musique du passé. Celle-ci domine même largement la vie musicale d'aujourd'hui, ce qui ne s'est jamais vu avant le XXᵉ s. Ce phénomène est positif, tant que l'exécution de la musique du passé ne se manifeste pas par une imitation stérile, mais engendre une interprétation vivante et subjective.

D'autre part, l'actualité de la musique du passé tient à la tradition historico-musicale qui influence aussi la « Nouvelle Musique » du XXᵉ s., sans que l'on puisse encore porter un jugement sur cette dernière.

La musique est par essence un phénomène sonore ; aussi l'interprétation sonore est-elle la plus conforme à sa nature. Perception sensorielle et compréhension intellectuelle : cet ensemble présent dans la musique, dans toute sa complexité, suscite chez l'auditeur émotion, imagination et énergie vitale.

Par ailleurs, l'étude théorique de la musique et de son histoire ne peut que se limiter à des aspects particuliers. Elle peut présenter avec objectivité des dates et des faits, des formes musicales, des styles, etc. Mais elle doit ensuite chercher à dégager la signification de la musique.

On peut ainsi, grâce à la terminologie adéquate, décrire et expliquer, avec pertinence, la forme d'une fugue de Bach. Plus problématique est l'interprétation de son sens (p. ex. « image d'un ordre cosmique ») et de son caractère émotionnel (p. ex. « expression douloureuse »).

Certes, il existe aussi dans ces domaines une certaine objectivité (historiquement fondée). Mais, de par leur nature même, interprétations et caractérisations ne peuvent qu'aboutir à la subjectivité. On limite souvent l'interprétation verbale de la musique afin de se préserver des effets de l'imagination. Mais, pour le musicien et pour l'auditeur, il y a, dans la subjectivité de la sensation et de l'imagination, une condition nécessaire pour revivre toujours comme nouvelle la musique du passé.

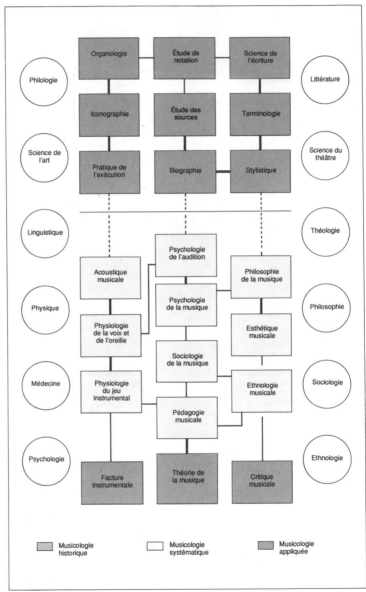

Branches et sciences auxiliaires

Les spéculations théoriques relatives à la musique remontent à la haute Antiquité. Dans les civilisations développées, ce furent elles, notamment, qui permirent à la musique, jusqu'alors pratique traditionnelle (*usus*), de devenir un art sciemment constitué (*ars*). C'est pourquoi la théorie a une part spécifique dans la musique, en particulier dans la musique occidentale.

Toutes les connaissances relatives à la musique peuvent être regroupées sous le terme de **musicologie**. Le terme plus général de **théorie musicale** (antonyme : **pratique musicale**) vit au siècle dernier son sens se restreindre pour ne plus désigner désormais que la *théorie de l'harmonie* et l'*étude des formes*. Simultanément, apparut le concept de *musicologie*, sur le modèle des autres sciences humaines.

C'est grâce à la *recherche* que la musicologie s'est constituée en science. Ainsi se forma le domaine de **musicologie historique** (*histoire de la musique* : FORKEL, FÉTIS, AMBROS, SPITTA) à côté de laquelle se constitua ce qu'il est convenu d'appeler la **musicologie systématique** (HELM-HOLTZ, STUMPF, SACHS, KURTH). La **musicologie appliquée** utilise les résultats de la recherche musicologique.

Le tableau ci-contre présente les différentes branches de la musicologie ; il ne propose naturellement que l'une des nombreuses possibilités de classement :

- **l'organologie** étudie les instruments de musique (facture, jeu, histoire) ;
- **l'iconographie**, ou étude de la musique par l'image, interprète les représentations que donnent la peinture ou les arts plastiques d'instruments, d'exécutions, etc. ;
- **la pratique de l'exécution** cherche à obtenir une image de la réalité musicale historique (rapport entre le texte écrit et la réalisation sonore) ;
- **l'étude de la notation** étudie les différents types d'écriture musicale ;
- **l'étude des sources** révèle à l'histoire de la musique de nouveaux textes musicaux, analyse les sources anciennes ;
- **la biographie** nous renseigne sur la vie et l'œuvre des musiciens ; ce fut l'une des branches principales de la musicologie au XIXᵉ s. ;
- **la science de l'écriture** s'attache à l'étude de la structure d'une œuvre. Elle participe à la recherche historique dans les domaines du contrepoint, de l'harmonie, de la mélodie, de la rythmique, de la forme, etc. *(théorie musicale)* ;
- **la terminologie** tente d'éclaircir et d'interpréter les concepts relatifs à la musique, notamment dans le domaine de la musique ancienne ;
- **la stylistique** dégage les traits caractéris-

tiques qui permettent de définir le style d'une œuvre particulière, d'un genre, d'une époque, d'une école, etc. ;

- **l'acoustique musicale** étudie les fondements physiques de la musique, des instruments, des salles, etc. ;
- **la physiologie** s'intéresse à la structure et au fonctionnement de l'oreille et de la voix ;
- **la physiologie du jeu instrumental** traite des mouvements du corps et de la technique du jeu (pédagogie instrumentale) ;
- **la psychologie de l'audition** étudie les phénomènes psychologiques chez l'auditeur ainsi que des questions relatives à l'éducation musicale ;
- **la psychologie de la musique** considère les effets de la musique sur l'homme ;
- **la sociologie de la musique** applique à la musique les questions que pose la sociologie ; la musique est ici considérée comme art vivant dans une société donnée, qui lui imprime sa marque et qu'elle marque en retour ;
- **la pédagogie musicale** ne fait partie de la musicologie qu'en théorie ; elle s'occupe des problèmes de l'éducation musicale, de ses buts et de ses méthodes ;
- **la philosophie de la musique** pose à la musique la question de son essence ; elle est entièrement autonome mais elle reflète systématiquement des objets ou des situations principalement déterminés par l'histoire ou révélés par la musicologie systématique ;
- **l'esthétique musicale** pose le problème du Beau dans la musique ; elle constitue une branche de la philosophie générale de la musique ;
- **l'ethnologie musicale** ou ethnomusicologie étudie les musiques populaires traditionnelles ; l'ethnomusicologie faisait partie de ce que l'on appelait autrefois la *musicologie comparée* ; celle-ci *comparait* le patrimoine musical non européen à celui de l'Europe occidentale : cette démarche, qui se fondait sur la conviction (héritée des Lumières) de la supériorité du domaine ouest-européen, peut aussi s'expliquer par l'absence de terminologie adéquate pour désigner les manifestations musicales des autres peuples ;

- **la facture instrumentale** restaure les instruments anciens, construit des instruments traditionnels et met au point de nouveaux instruments ;
- **la théorie de la musique** réunit tout le savoir théorique sur la musique ; elle comprend des branches les plus diverses ;
- **la critique musicale** juge l'exécution et les œuvres selon les critères de l'esthétique, de la stylistique, etc.

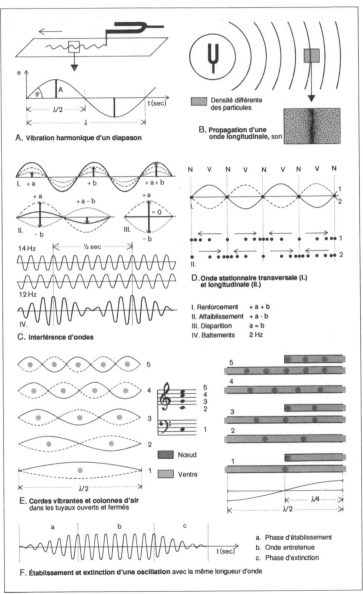

A. Vibration harmonique d'un diapason

B. Propagation d'une onde longitudinale, son

Densité différente des particules

I. + a + b

II. + a − b

III. = 0

14 Hz ½ sec

12 Hz

IV.

C. Interférence d'ondes

D. Onde stationnaire transversale (I.) et longitudinale (II.)

I. Renforcement + a + b
II. Affaiblissement + a − b
III. Disparition a = b
IV. Battements 2 Hz

Nœud
Ventre

E. Cordes vibrantes et colonnes d'air dans les tuyaux ouverts et fermés

a. Phase d'établissement
b. Onde entretenue
c. Phase d'extinction

F. Établissement et extinction d'une oscillation avec la même longueur d'onde

Principes des oscillations

Le fondement naturel de la musique est le son défini comme « les vibrations mécaniques et les ondes d'un milieu élastique dans le champ de fréquences de l'oreille humaine (16-20 000 Hz) ». En dessous de ce domaine se trouvent les infra-sons, au-dessus les ultra-sons.

Vibrations et ondes

Les vibrations sont produites par le mouvement de va-et-vient de particules (dans l'air, l'eau, les corps solides). Si ce mouvement est régulier, la vibration est *périodique* (tracé du diapason, fig. A).

Une oscillation est définie par :
- *l'élongation* (e) : éloignement des particules par rapport à leur position de repos ;
- *l'amplitude* (a) : élongation maximum ;
- *la phase* (φ) : constante angulaire d'une oscillation ;
- *la période* (T) : durée, en secondes, d'une oscillation complète ;
- *la fréquence* (f) : nombre de périodes par seconde ;
- *la longueur d'onde* (λ) : distance parcourue par l'onde en une période.

La fréquence, exprimée en *hertz* (Hz) mesure la hauteur des sons, tandis que l'amplitude détermine leur intensité. Selon le mouvement vibratoire et la direction de la propagation, on distingue :
- *les ondes transversales* dans les corps solides. Le mouvement vibratoire des particules se fait obliquement par rapport à la direction de propagation (fig. A) ;
- *les ondes longitudinales* avec un mouvement vibratoire des particules dans la direction de propagation (fig. B).

Les ondes sonores aériennes sont des ondes longitudinales. Un excitateur comprime périodiquement les particules (d'air) et émet l'onde par variation de densité ou de compression (fig. B).

Superposition d'ondes (*interférence*)

Si des ondes de même fréquence interfèrent, elles se renforcent quand elles sont en phase. L'amplitude de l'onde résultante est égale à la somme des amplitudes initiales (fig. C, I). Elles diminuent en décalage de phase (fig. C, II) et disparaissent dans le cas extrême de l'opposition de phase (φ = 180° et même amplitude ; fig. C, III).

Si des ondes de fréquences et d'amplitudes différentes interfèrent, on obtient des formes ondulatoires complexes (p. 16, fig. A). Si deux ondes ayant une petite différence de fréquence interfèrent, on obtient des *battements*. L'amplitude de l'onde résultante varie périodiquement comme un *vibrato* (d'amplitude), ce qui est audible, par exemple, lorsque l'on accorde les instruments à cordes (fig. C, IV).

Les ondes stationnaires longitudinales et

transversales sont produites par l'interférence d'ondes contraires de même longueur et de même amplitude. Elles ont des *nœuds de vitesse* (N) d'amplitude nulle et des *ventres de vitesse* (V) d'amplitude maximum. L'écart entre deux nœuds équivaut à une demilongueur d'onde. Avec les ondes longitudinales, c'est aux nœuds que la densité et la pression varient le plus. Une onde stationnaire s'inverse en permanence entre ses deux extrémités (fig. D, 1 et 2).

Établissement et extinction des ondes.

Dans une onde amortie, l'amplitude diminue par perte d'énergie due aux frottements et à la transformation en chaleur. L'onde disparaît. Ce moment est appelé *extinction* de l'onde. Inversement, on obtient une *vibration entretenue* par un apport d'énergie. Le temps qui s'écoule jusqu'à l'obtention de l'amplitude complète, est appelé phase d'*établissement* de l'onde. Les phases d'établissement et d'extinction de l'onde sont en partie responsables du timbre. Des ondes qui ont une amplitude constante ne pas amorties (*son entretenu* : fig. F).

Colonnes d'air et cordes vibrantes (fig. E).

La fréquence *f* de vibration d'une corde dépend de sa tension *T*, de sa masse linéique *μ* et de sa longueur *l* selon la formule $f = 1/2l \sqrt{T/\mu}$. Elle est donc inversement proportionnelle à la longueur de la corde. Si une corde vibre sur toute la longueur *l*, on entend alors le son le plus grave (fondamental) où $l = \lambda/2$. Si l'on divise la corde en deux ou si l'on crée un nœud en son milieu, $l = \lambda$, le rapport vibratoire devient donc 2/1, la fréquence double, on obtient l'octave. Si l'on divise la corde en trois, on obtient $l = 3/2\lambda$ et la quinte (3/2) ; et en continuant à diviser, on obtient la quarte (4/3), la tierce majeure (5/4), etc.

Les différents régimes vibratoires existent simultanément, en tant que sons harmoniques du son fondamental (cf. p. 88). Les mêmes rapports vibratoires sont valables pour les colonnes d'air vibrantes de longueur *l* selon la formule $f = c/2l$ pour les tuyaux ouverts et $f = c/4l$ pour les tuyaux fermés à un bout, appelés *bourdons* (donc demi-longueur pour la même hauteur de son) sans tenir compte du diamètre et de l'embouchure ; *c* est alors la célérité du son. L'onde stationnaire présente un ventre aux deux extrémités dans les tuyaux ouverts ; elle possède toujours un nœud à l'extrémité fermée dans les *bourdons*. On en déduit, pour le tuyau ouvert des deux côtés, la suite $l = 1/2\lambda$, $2/2\lambda$, $3/2\lambda$, $4/2\lambda$, etc. Pour le tuyau fermé, la suite $l = 1/4\lambda$, $3/4\lambda$, $5/4\lambda$, etc. Les tuyaux ouverts donnent donc tous les harmoniques, les tuyaux fermés ne donnent que les harmoniques de rangs impairs.

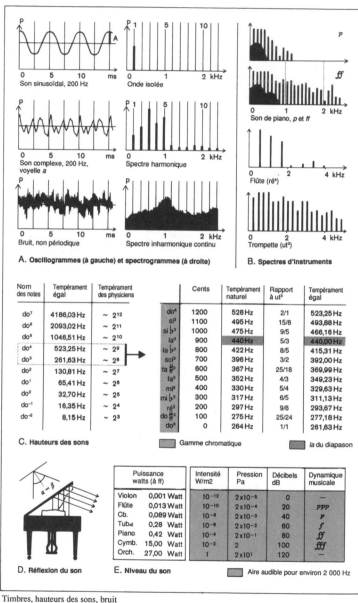

A. Oscillogrammes (à gauche) et spectrogrammes (à droite)

0   5   10   ms
Son sinusoïdal, 200 Hz

0   1   2 kHz
Onde isolée

0   5   10   ms
Son complexe, 200 Hz, voyelle *a*

0   1   2 kHz
Spectre harmonique

0   5   10   ms
Bruit, non périodique

0   1   2 kHz
Spectre inharmonique continu

B. Spectres d'instruments

0   1   2 kHz
Son de piano, *p* et *ff*

0   2   4 kHz
Flûte (ré⁴)

0   2   4 kHz
Trompette (ut³)

C. Hauteurs des sons

Nom des notes	Tempérament égal	Tempérament des physiciens
do⁷	4186,03 Hz	~ 2¹²
do⁶	2093,02 Hz	~ 2¹¹
do⁵	1046,51 Hz	~ 2¹⁰
do⁴	523,25 Hz	~ 2⁹
do³	261,63 Hz	~ 2⁸
do²	130,81 Hz	~ 2⁷
do¹	65,41 Hz	~ 2⁶
do⁰	32,70 Hz	~ 2⁵
do⁻¹	16,35 Hz	~ 2⁴
do⁻²	8,15 Hz	~ 2³

	Cents	Tempérament naturel	Rapport à ut³	Tempérament égal
do⁴	1200	528 Hz	2/1	523,25 Hz
si³	1100	495 Hz	15/8	493,88 Hz
si b³	1000	475 Hz	9/5	466,16 Hz
la³	900	440 Hz	5/3	440,00 Hz
la b³	800	422 Hz	8/5	415,31 Hz
sol³	700	396 Hz	3/2	392,00 Hz
fa #³	600	367 Hz	25/18	369,99 Hz
fa³	500	352 Hz	4/3	349,23 Hz
mi³	400	330 Hz	5/4	329,63 Hz
mi b³	300	317 Hz	6/5	311,13 Hz
ré³	200	297 Hz	9/8	293,67 Hz
do #³	100	275 Hz	25/24	277,18 Hz
do³	0	264 Hz	1/1	261,63 Hz

Gamme chromatique   *la* du diapason

D. Réflexion du son   **E. Niveau du son**

	Puissance watts (à ff)	Intensité W/m2	Pression Pa	Décibels dB	Dynamique musicale
Violon	0,001 Watt	10⁻¹²	2×10⁻⁵	0	—
Flûte	0,013 Watt	10⁻¹⁰	2×10⁻⁴	20	*ppp*
Cb.	0,089 Watt	10⁻⁸	2×10⁻³	40	*p*
Tuba	0,28 Watt	10⁻⁶	2×10⁻²	60	*f*
Piano	0,42 Watt	10⁻⁴	2×10⁻¹	80	*ff*
Cymb.	15,00 Watt	10⁻²	2	100	*fff*
Orch.	27,00 Watt	1	2×10¹	120	—

Aire audible pour environ 2 000 Hz

Timbres, hauteurs des sons, bruit

Son pur, complexe, bruit, choc
Une vibration sinusoïdale isolée produit
un **son** « **pur** » (ne pouvant être produit
qu'électroniquement). Du point de vue de la
physique, un son « naturel » est toujours
complexe ; il se compose d'une somme de
sons sinusoïdaux, appelés harmoniques qui
fusionnement en un tout.
L'ordonnance de la série des harmoniques
est donc régie par la nature (série, p. 88).
On peut les calculer à partir d'une courbe
d'interférences ; on peut aussi les mettre en
évidence expérimentalement ou les représenter dans le *spectre sonore*. Ce spectre indique
pour chaque harmonique, la fréquence en
ordonnée (hauteur) et l'amplitude en abscisse
(intensité). Les spectres sonores du tableau A
ne montrent qu'un composant pour le *son
sinusoïdal*, mais ils donnent les 12 premiers
harmoniques pour le *son complexe*.
L'harmonique le plus grave (fondamental)
donne la fréquence du son (200 Hz dans le
tableau A). Quant au timbre, il résulte de la
composition en harmoniques et de la présence
de *formants* (zones de renforcement des
harmoniques). Ainsi, le timbre de la voyelle
a chantée (tableau A) se distingue nettement
des sons du tableau B. Le spectre de la flûte
est pauvre en harmoniques ; celui de la
trompette est plus riche. La dynamique aussi
modifie la composition spectrale (son du
piano, fig. B).
Les vibrations elles-mêmes sont toujours
périodiques avec les sons purs ou entretenus.
Mais ce n'est pas seulement le nombre et
l'intensité des composants qui déterminent
la nature du son, c'est aussi le rapport des
fréquences des composants entre eux. Ce
rapport est :
— *harmonique*, si les fréquences des composants sont des multiples entiers de celle
   du fondamental ; les sons entretenus
   (cordes frottées, vents) vibrent harmoniquement ;
— *inharmonique*, si les fréquences des composants ne sont pas des multiples entiers de
   celle du fondamental ; les composants sont
   alors appelés *partiels* ; les sons non entretenus (cordes pincées, percussions) entrent
   dans cette catégorie.

Le **bruit** est composé de partiels très nombreux, pouvant donner un spectre continu.
Les bruits ne sont définis qu'approximati-
vement quant à leur hauteur et par la présence
de zones formantiques. Le « bruit blanc »
s'étend aléatoirement sur toute l'aire audible
(tableau A).

Le **choc** consiste en de courtes impulsions
non périodiques. Son timbre dépend de sa
durée et de sa forme.

Hauteur du son
La *hauteur absolue* est définie à partir du

la³, fixé à 440 Hz à 20 °C. Les intervalles
peuvent se mesurer en *cents* (système d'ELLIS,
1885). Le demi-ton tempéré est ainsi divisé
en 100 cents, l'octave en 1 200 cents. Cela
permet notamment de mesurer les intervalles
non tempérés (cf. p. 89). La gamme naturelle
est construite à partir des intervalles de la
série harmonique. La gamme tempérée divise
l'octave en 12 intervalles de $^{12}\!\sqrt{2}$ chacun.

Niveau des sons (tableau E)
La puissance en watts d'une source sonore
est extraordinairement petite. Par exemple,
200 tubas doivent souffler *ff* pour produire
une puissance équivalente à une ampoule
électrique de 60 watts. La *puissance du son*
se répartit dans l'espace autour de la source.
C'est pourquoi l'*intensité I* diminue avec le
carré de la distance. Elle se mesure par unité
de surface (watt/m² : $I = (1/2c)\ A^2$).
La pression sonore est proportionnelle au
carré des amplitudes. La *puissance*, l'*intensité*
et la *pression* varient beaucoup (par puissances de dix). C'est pourquoi on prend
comme mesure le *décibel* logarithmique (dB)
pour la différence *D* de deux pressions
sonores P_1 et P_2 ($D - 20 \log P_1/P_2$). Le
décibel correspond au phone à 1 000 Hz.

Résonance
Tout système susceptible de vibrer est un
résonateur qui possède une fréquence
propre : si l'excitateur est une force non
oscillante, comme un choc, un pincement ou
un courant d'air, le résonateur vibre librement à sa fréquence propre ; si l'excitateur
est au contraire une force oscillante, comme
une corde vibrante, il impose sa périodicité.
Si elle est égale à la fréquence propre du
résonateur, celui-ci est mis en résonance :
par conséquent, de petites puissances sonores
peuvent être renforcées par des résonateurs
tels que des cordes sympathiques ou des
corps creux (ex. : caisse de résonance du
violon).
La *célérité du son* est fonction du milieu et
elle augmente avec la température. A 20°,
elle est de 500 m/s dans le liège, 1 480 m/s
dans l'eau, atteint 5 500 m/s dans le bois,
5 800 m/s dans le fer et 340 m/s dans l'air
à 15 °C (à 0 °C : 331,6 m/s).

Son dans l'espace
Les ondes sonores sont absorbées ou réflé-
chies. Dans le cas de la réflexion, l'angle
d'incidence est égal à l'angle de réflexion.
On peut ainsi focaliser les ondes sonores, les
envoyer dans la même direction et, par là,
les renforcer (fig. D). L'interférence des ondes
sonores crée dans une salle des places de
confort acoustique différent. De par sa
complexité, l'acoustique des salles est encore
en partie empirique. La présence du public
aussi joue un rôle : un auditeur correspond
à peu près à 0,5 m² de surface absorbante.

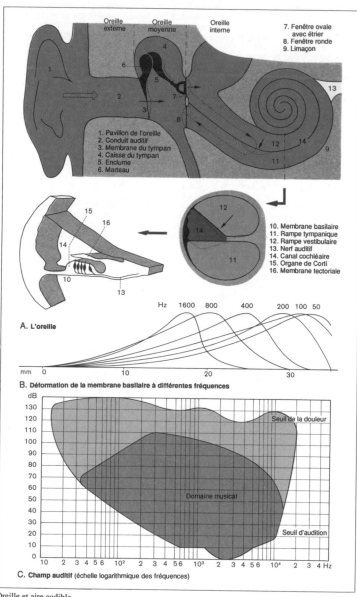

A. L'oreille

1. Pavillon de l'oreille
2. Conduit auditif
3. Membrane du tympan
4. Caisse du tympan
5. Enclume
6. Marteau

7. Fenêtre ovale avec étrier
8. Fenêtre ronde
9. Limaçon

10. Membrane basilaire
11. Rampe tympanique
12. Rampe vestibulaire
13. Nerf auditif
14. Canal cochléaire
15. Organe de Corti
16. Membrane tectoriale

Oreille externe
Oreille moyenne
Oreille interne

B. Déformation de la membrane basilaire à différentes fréquences

C. Champ auditif (échelle logarithmique des fréquences)

Seuil de la douleur

Domaine musical

Seuil d'audition

Oreille et aire audible

Anatomie de l'oreille

L'oreille comporte trois grandes parties : l'oreille externe, moyenne et interne (fig. A).

L'**oreille externe** capte le son ; le conduit auditif, en tant que résonateur, amplifie les ondes sonores 2 à 3 fois.

L'**oreille moyenne** conduit le son au labyrinthe : la membrane du tympan transmet les variations de pression aux osselets. Elle peut réagir à un son *ppp* de 3 000 Hz, à l'amplitude de 10^{-9} cm (1/10 du diamètre d'un atome d'hydrogène). Les osselets de l'oreille : *marteau, enclume* et *étrier*, atténuent l'amplitude des vibrations dans le rapport 1,3 ; 1 en augmentant la force de 1 : 20 puis conduisent ces vibrations à la fenêtre ovale.

L'**oreille interne** se compose du labyrinthe osseux qui comprend le vestibule et les trois canaux semi-circulaires de l'organe de l'équilibre, et le *limaçon* (*cochlée*) comprenant l'organe de l'ouïe. Le limaçon comporte deux canaux remplis de périlymphe :
- la *rampe vestibulaire* qui part de la fenêtre ovale où se trouve l'étrier, et
- la *rampe tympanique* qui part de la fenêtre ronde obturée par une membrane.

Les deux rampes ne sont reliées l'une à l'autre qu'à l'extrémité du limaçon (hélicotrême), mais elles sont en fait séparées par le *canal cochléaire* qui comporte trois côtés et qui est rempli d'endolymphe. C'est là que se trouvent les cellules de l'*organe de Corti*, sur la *membrane basilaire* longue de 35 mm, large de 0,04 mm à la fenêtre ovale et de 0,49 mm à l'extrémité du limaçon et recouvertes de la membrane tectoriale ; il y a environ 3 500 groupes de cellules ciliées ayant chacun une cellule interne et 3 ou 4 cellules externes.

Perception de la hauteur des sons

Dans la périlymphe de la rampe vestibulaire, les ondes de compression déforment le canal cochléaire. Un renflement se déplace, comme une onde amortie, de la fenêtre ovale à l'extrémité du limaçon (sans réflexion). C'est au maximum d'amplitude que les cellules de l'organe de Corti sont le plus excitées. Avec des sons aigus, ce maximum se trouve très près de la fenêtre ovale, et inversement. Donc, la sensation de son aigu dépend de la place des cellules excitées au maximum sur la membrane basilaire vibrant entièrement (fig. B).

Le **champ auditif** est compris entre 16 et 20 000 Hz (fig. C). Il diminue beaucoup avec l'âge. La localisation sur la membrane basilaire correspond à peu près au logarithme de la fréquence, cependant que le champ moyen est plus étiré. C'est pourquoi, entre 1 000 et 3 000 Hz, la perception des intervalles est plus fine (0,3 % = 1/40 de ton). L'oreille moyenne ne transmet que les fréquences jusqu'à 2 000 Hz. Toutes les fréquences supérieures sont transmises par les **os**. La conduction osseuse est particulièrement sensible lorsqu'on écoute sa propre voix. Dans la périlymphe apparaissent d'autres vibrations dues à des déformations non linéaires, asymétriques dans l'oreille moyenne et interne, qui sont perçues comme des sons subjectifs ou issus de l'oreille. De la même manière, apparaissent d'autres vibrations par interférence : les sons de *combinaison* qui, en tant que sons *différentiels* ou *additionnels*, correspondent à la différence ou à la somme des fréquences des sons fondamentaux. La hauteur des sons est déterminée, chaque fois, par l'amplitude la plus grande.

Sur le plan perceptif, d'autres facteurs comme l'intensité et la place des formants dans le spectre interfèrent avec la fréquence pour constituer la sensation de hauteur.

Perception de l'intensité des sons

L'oreille discerne à peu près 325 degrés d'intensité des sons. L'intensité subjective (*sonie*) est mesurée en phones. Par définition, à 0 phone, un son de référence de 1 000 Hz ne peut plus être entendu. On a donc : la *pression sonore* à la membrane du tympan 2. 10^{-5} Pa (= 0 dB), la *puissance sonore* 10^{-12} W/m², l'amplitude sonore à la membrane du tympan 10^{-9} cm, à la membrane basilaire 10^{-10} cm, aux os du crâne 5.10^{-10} cm. On obtient la valeur phonique L d'une source sonore par comparaison avec le son de référence de même intensité I selon $L = 10 \log I/I_0$. L'échelle phonique est donc proportionnelle au logarithme des intensités réelles.

Limites de nocivité : excitation brève à 90 phones, excitation prolongée à 75 phones. Seuil de la douleur : 130-140 phones.

La mesure propre de la sensation d'intensité sonore est le *sone* : 1 sone = sonie du son de référence à 40 dB, 2 sones = double de cette sonie, etc. La sensation d'intensité dépend aussi du temps. Le temps requis pour la perception de l'intensité maximale est de 0,2 s, le temps d'amortissement est de 0,14 s. Après 2 mn, l'intensité perçue diminue de 10 dB (*accoutumance*) et puis reste à peu près constante. Parfois, un phénomène auditif en élimine un autre par accoutumance dans l'organe de Corti et par influence ondulatoire dans la périlymphe (*effet de masque*).

Transmission au cerveau

30 000 fibres nerveuses transmettant, par des impulsions électriques (appelées *potentiels d'action*, jusqu'à 900 Hz par fibre) 1 500 différences de hauteurs de sons et 325 degrés de force, donc environ 340 000 valeurs transmises depuis l'origine sur la membrane basilaire en passant par le nerf auditif, jusqu'au cerveau. La somme de toutes les fréquences impulsives constitue alors l'intensité.

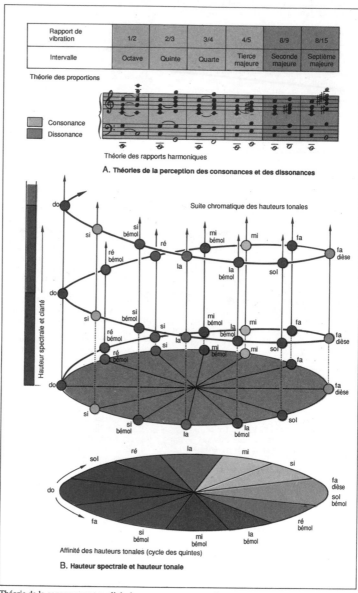

Rapport de vibration	1/2	2/3	3/4	4/5	8/9	8/15
Intervalle	Octave	Quinte	Quarte	Tierce majeure	Seconde majeure	Septième majeure

Théorie des proportions

Consonance
Dissonance

Théorie des rapports harmoniques

A. Théories de la perception des consonances et des dissonances

Suite chromatique des hauteurs tonales

Hauteur spectrale et clarté

Affinité des hauteurs tonales (cycle des quintes)

B. Hauteur spectrale et hauteur tonale

Théorie de la consonance et qualités du son

La psychologie de l'audition concerne d'une part la manière dont nous appréhendons les sons, c'est-à-dire la psychologie de la perception, et d'autre part nos facultés auditives.

Les objets sonores forment, tels que nous les percevons, deux groupes différenciés acoustiquement : bruit/explosion et son/résonance. On considère que les bruits sont rugueux et impulsionnels, et que les sons et résonances sont homogènes et lisses.

Caractéristiques du son
L'échelle des fréquences n'est pas perçue comme une série de valeurs équivalentes mais elle est traversée par le phénomène d'octaves. On retrouve ainsi les propriétés de l'*ut*³ dans l'*ut*⁴, du *ré*³ dans le *ré*⁴, etc. ; on leur donne donc le même nom. Malgré la différence de hauteur, ces propriétés subsistent pour les sons en rapport d'octave. C'est pourquoi on distingue, dans les caractéristiques du son, la *hauteur spectrale* ou *clarté* (linéaire), et l'*identité des octaves* (cyclique) ou *hauteur tonale*. L'octave est le premier harmonique au-dessus du son fondamental. Tous deux sont dans le rapport de vibrations le plus simple, 2/1.
Si l'on classe les hauteurs tonales par affinités auditives, on obtient le cycle des quintes, cet intervalle étant le second degré de parenté naturelle des sons entre eux après l'octave. Dans la fig. B, les hauteurs tonales correspondent aux couleurs du cercle chromatique. En classant les hauteurs par demi-tons chromatiques, on fait correspondre les sons semblables à l'octave, couleur par couleur : on obtient ainsi une spirale ascendante.
Pour de très hautes ou de très basses fréquences, la perception de la hauteur tonale fait place à celle de la hauteur spectrale. D'autres dimensions de la psychologie du son apparaissent : ce sont le *volume*, le *poids* et la *densité* :
— On considère que les sons graves sont grands, volumineux et épais, qu'ils sont lourds, pesants et lents, malléables, ronds et moelleux.
— On considère que les sons aigus sont petits, grêles et ténus, qu'ils sont éthérés, légers et agiles, perçants, durs et pointus.
Pour les sons sinusoïdaux, le *timbre* dépend de la fréquence : au-dessous de 130 Hz, on perçoit une consonne sonore (m, n) ; d'env. *ut*³ à *ut*⁷, une voyelle (dans l'ordre : ou, o, a, e, i) ; au-dessus de 8 200 Hz, une consonne sourde (f, s).

Son, intervalle, accord
Les qualités du son peuvent être élargies au timbre, lui-même lié à sa tessiture.
Ainsi, par exemple, sur une même note, un ténor semble plus « proche » qu'un soprano.
Pour l'**intervalle**, la hauteur spectrale devient largeur et la hauteur tonale couleur de l'intervalle. La sonorité de l'intervalle dépend de sa situation puisque sa perception est répartie irrégulièrement sur la bande des fréquences (échelle des *mels*). Il en est de même pour l'**accord** ou son multiple. Il a un ambitus déterminé par la hauteur des sons qui le composent, une disposition large ou resserrée, et une couleur spécifique (ex. majeur : clair, mineur : sombre).

Consonance et dissonance :
Les intervalles sont perçus comme des sons harmonieux (*consonant* = « sonnant ensemble ») ou discordants (*dissonant* = « sonnant séparément »). Voici les principales théories :
1. **La théorie des proportions** (d'après PYTHAGORE) : plus le rapport de vibration de deux sons est simple, plus leur intervalle est consonant (fig. A). Mais dans cette théorie on est gêné par les rapports complexes du tempérament égal (ex. : la quinte, consonante, vaut 293/439).
2. **La théorie des rapports harmoniques** (HELMHOLTZ) : deux sons sont consonants si l'un ou plusieurs de leurs harmoniques (jusqu'au 8ᵉ partiel) coïncident. Malheureusement, le 7ᵉ harmonique n'est pas pris en considération (fig. A).
3. **La théorie de la fusion des sons** : deux sons sont d'autant plus consonants que les auditeurs (non formés) les perçoivent comme un son unique (octave : 75 %, quinte : 50 %, quarte : 33 %, tierce : 25 %). Donc la consonance et la dissonance sont des différences quantitatives et non qualitatives (STUMPF).
4. Les théories plus récentes des **sons subjectifs** (REINECKE, WELLEK) et des **sons résiduels** (SCHOUTEN) : ces théories décisives font état de sons harmoniques créés dans la périlymphe. La théorie de HELMHOLTZ prend ici une nouvelle valeur.
Les théories anciennes, reposant sur des principes numériques, ne prennent pas en compte les facteurs psychologiques, comme l'accoutumance, qui permet d'expliquer l'évolution historique et l'extension de la notion de consonance.

Facultés auditives
Outre l'oreille externe physique, nous avons l'*oreille intérieure* psychique qui repose sur la faculté de se représenter les choses et sur la mémoire, et qui fonctionne souvent quand l'oreille physique est défaillante (BEETHOVEN, SMETANA entre autres). L'*oreille absolue* s'appuie sur la mémorisation à long terme de la hauteur des sons et des accords, qui permet de reconnaître ceux-ci sans hauteur de référence. Elle dénote un certain sens musical mais n'en est pas la condition. En revanche, c'est l'*oreille relative* qui en est révélatrice, en évaluant des intervalles à partir d'un son de comparaison.

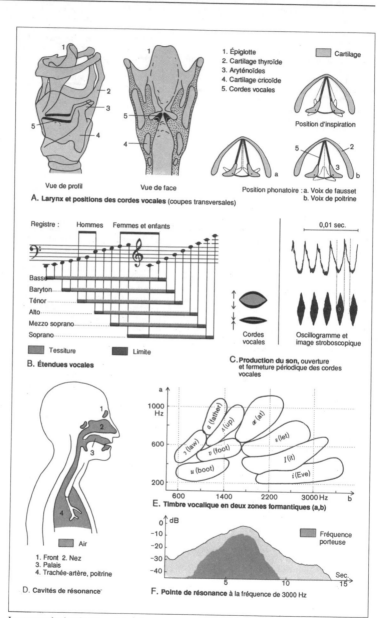

1. Épiglotte
2. Cartilage thyroïde
3. Aryténoïdes
4. Cartilage cricoïde
5. Cordes vocales

Cartilage

Position d'inspiration

Position phonatoire : a. Voix de fausset
b. Voix de poitrine

Vue de profil

Vue de face

A. Larynx et positions des cordes vocales (coupes transversales)

Registre :   Hommes   Femmes et enfants

0,01 sec.

Basse
Baryton
Ténor
Alto
Mezzo soprano
Soprano

Tessiture   Limite

B. Étendues vocales

Cordes vocales

Oscillogramme et image stroboscopique

C. Production du son, ouverture et fermeture périodique des cordes vocales

1. Front 2. Nez
3. Palais
4. Trachée-artère, poitrine

Air

D. Cavités de résonance

E. Timbre vocalique en deux zones formantiques (a,b)

ɔ (law)
a (father)
ʌ (up)
æ (at)
ɐ (foot)
ε (let)
u (boot)
ɪ (it)
i (Eve)

F. Pointe de résonance à la fréquence de 3000 Hz

Fréquence porteuse

Larynx, production du son, registre, résonance

Pour émettre un son vocal, il faut la participation :
— des muscles respiratoires du thorax et des poumons pour *produire l'air*,
— des cordes vocales dans le larynx pour engendrer les *vibrations*,
— des cavités du front, du nez, de la bouche, de la trachée-artère et des poumons servant de *résonateurs*.

Les **poumons**, organes fongueux comportant de petites alvéoles, se trouvent entre les côtes et le diaphragme. Lors de l'inspiration, les poumons sont étirés transversalement par les muscles intercostaux et longitudinalement par le diaphragme. Le relâchement de ces muscles produit l'expiration. Les poumons peuvent contenir environ 3,5 à 6,7 l d'air. Avec une respiration normale, nous renouvelons à peu près 0,5 l ; avec une respiration profonde, 2 à 6 l, tandis que 0,7 l demeure en permanence dans les poumons. Pour chanter, il faut absolument contrôler les muscles respiratoires.

Dans le **larynx**, la trachée-artère se termine par les *cordes vocales* élastiques qui produisent le son. Le larynx se compose du grand cartilage *thyroïde* (pomme d'Adam), du cartilage *cricoïde* avec les deux *aryténoïdes* et l'*épiglotte*. Les cordes vocales sont tendues entre le cartilage thyroïde et les aryténoïdes qui peuvent pivoter et basculer. Une série de muscles contrôlent leur tension et leur position (fig. A) :
— très écartées et relâchées pour la respiration calme sans émission de son ; les aryténoïdes ne se touchent pas (position d'inspiration) ;
— fermées et très tendues avec une ouverture entre les aryténoïdes pour la voix de fausset ;
— fermées et avec des variations de tension pour la voix de poitrine, quand les deux aryténoïdes s'accolent.

Les cordes vocales sont des ligaments comportant un muscle interne qui modifie la tension et la forme de l'ensemble : pour la voix de poitrine, ce muscle est contracté et bien épais, pour la voix de tête, il est étiré au maximum, de façon à laisser passer plus d'air.

En position phonatoire, les cordes vocales sont accolées. Si la pression augmente, elles s'ouvrent brièvement puis se referment après le passage d'une bouffée d'air. Ce phénomène est périodique et il produit le son (courbe résultante riche en harmoniques, fig. C). Selon la théorie myoélastique, les ligaments se ferment par leur propre élasticité, et s'écartent automatiquement, avec une fréquence déterminée par les différentes tensions transversales et longitudinales aussi bien que par les variations de la pression d'air ; selon la théorie neurochronaxique (HUSSON, 1950), ces mouvements sont commandés par le système nerveux. Une ouverture brusque

engendre une brève explosion (« coup de glotte »). La hauteur du son dépend de la tension et de la longueur des cordes vocales. Durant la puberté, le larynx croît et les cordes vocales s'allongent ce qui fait baisser la hauteur du son d'une octave chez les garçons et de 2 à 3 tons chez les filles. La croissance du larynx cesse chez les castrats dont la voix reste claire.

Les cavités de résonance (fig. D) sont responsables du timbre de la voix : en dessous du larynx, la trachée-artère et les poumons, au-dessus, les cavités du palais, du nez, du front et celle du crâne à cause de la conduction osseuse. De même, avec une étendue normale de 2 octaves environ, la voix couvre différents registres (*voix de poitrine, voix mixte, voix de tête*).

Le registre parlé couvre à peu près une quinte et diffère d'une octave chez les hommes, les femmes ou les enfants (fig. B). Les fréquences propres des caisses de résonance se situent bien au-dessus de 1 200 Hz. Elles seules sont entendues dans la voix chuchotée alors que, dans la parole ou dans le chant, la fréquence du larynx et celles de chacun des résonateurs se conjuguent. La cavité buccale est la plus importante des caisses de résonance car nous pouvons contrôler son ouverture et la position de la langue, notammment pour le timbre des voyelles, déterminé par deux zones formantiques (fig. E).

La qualité de la voix dépend du nombre des harmoniques (moins de 9, la voix est sourde ; plus de 14, elle est stridente). — Comme elle est un système vibratoire, il est possible d'augmenter considérablement un son par un débit de pression correct sans fournir plus d'énergie. C'est ici qu'intervient la fréquence de 3 000 Hz qui crée une pointe de résonance, le *singing formant*, qui assure à la voix sa portée maximale (fig. F).

Le timbre et le type des voix mènent à classer les voix en différentes **tessitures** qui peuvent se chevaucher :
— **basse** : basse noble (*Flûte enchantée* : Sarastro), basse de caractère (*Cosi* : Alfonso), basse-bouffe (*Enlèvement* : Osmin) ;
— **baryton** : baryton-basse (*Maîtres Chanteurs* : Sachs), baryton de caractère (*Fidelio* : Pizzarro), baryton-Verdi (*Barbier* : Figaro) ;
— **ténor** : ténor héroïque (Tristan), ténor lyrique (*Flûte enchantée* : Tamino), ténor aigu (*Enlèvement* : Pedrillo) ;
— **alto** : (*Bal masqué* : Ulrica) ;
— **mezzo-soprano** : (Carmen) ;
— **soprano** : soprano dramatique (*Tristan* : Isolde), soprano lyrique (*Freischütz* : Agathe), soprano-coloratura (*Flûte enchantée* : Reine de la nuit), soprano léger (*Freischütz* : Annette).

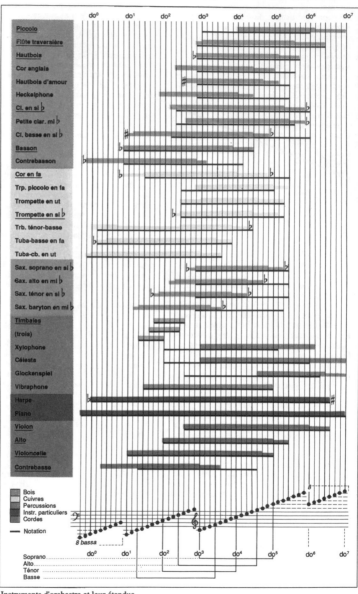

Instruments d'orchestre et leur étendue

Les instruments de musique sont tous les producteurs de sons qui servent à concrétiser des organisations et des idées musicales. Ils dépendent, de par leur mécanisme et la manière de s'en servir, du corps humain et de ses deux possibilités fondamentales : le *mouvement* et la *respiration*. C'est pourquoi la durée du son musical va du *choc bref* au *son long*, c.-à-d. des instr. purement rythmiques aux instr. mélodiques. Ces derniers sont souvent subordonnés, dans leur sonorité et dans leur expression, à la voix humaine qui fut longtemps placée au-dessus de tous les instruments. Ce n'est qu'à la période baroque que la musique instr. autonome connaît son apogée en Occident.

Lors de l'élaboration et de l'utilisation des instr. de musique, les besoins de la magie et du culte jouèrent un rôle décisif. Parce qu'on ne peut ni le toucher ni le voir, le son a quelque chose d'immatériel propre à enchanter notre monde et à invoquer les esprits et les dieux. Ce n'est que dans les dernières civilisations développées que les instruments commencèrent à servir l'expression esthétique.

Les instruments de musique ont toujours existé et en tous lieux. Leur forme amena SACHS à conclure qu'il devait y avoir trois foyers de développement : Égypte-Mésopotamie, Chine ancienne et Asie centrale. Le cheminement des instruments, surtout hors d'Europe, est malaisé à suivre (cf. p. 158).
L'origine des instruments de musique occidentaux remonte presque toujours aux civilisations développées de l'Antiquité. Aux débuts du Moyen Âge, ils arrivèrent du Proche-Orient en passant par Byzance (Balkans, Italie) et l'Islam (par la Sicile et l'Espagne). Les moyens de ce cheminement ont pu être si nombreux et si différents qu'il est très difficile de les reconstituer (commerce, guerres, croisades, etc.).
Si l'invention des **instruments à cordes** n'est pas spécifiquement occidentale, en revanche, leur développement l'est (à partir du VIIIe-IXe s. env.). Durant tout le Moyen Âge, les instruments de musique ne se modifièrent pas ; ce n'est qu'à la Renaissance que l'on transforma les instruments graves et que l'on constitua des familles entières.
Le Baroque amena un nouveau perfectionnement, mais il faut remarquer que les anciens instruments subsistent et que l'on n'en a pas « inventé » de nouveaux.
Les civilisations développées de l'Antiquité ont procédé à des **classifications** très différentes les unes des autres.
Au Moyen Âge, on plaçait les instr. à cordes au premier rang pour leur rôle de démonstration dans la théorie (rapports des intervalles sur le monocorde), les instr. à percussion occupaient la seconde place.

A la **Renaissance,** ce sont les instruments à vent qui sont en tête, au **Baroque,** les instr. polyphoniques comme le luth et le clavecin prédominent. Certains instruments restèrent l'apanage de certains milieux : les timbales et la trompette pour les chevaliers ou les nobles et les cavaliers de l'armée, la flûte et le tambour pour le peuple (dans l'infanterie). **Le XVIIIe et le XIXe s.** apportèrent les progrès considérables dans le domaine de la mécanique (systèmes de clefs, pistons). Puis les instruments mélodiques dominèrent. **Le XXe s.** mit en valeur les instruments à percussion et apporta une nouveauté : les instruments électroniques.

Au XIXe s., on commença une **collection** systématique des instruments de musique. Les premiers catalogues cherchaient à décrire tous les instruments, même ceux qui avaient disparu, et retraçaient aussi leur histoire.
Le mode de classification le plus utilisé est celui de SACHS-HORNBOSTEL (1914). Les critères en sont le mode de production du son, le mode d'exécution puis la facture. Les instruments mécaniques forment quatre grands groupes que l'on modifia par la suite. S'y ajoute un cinquième groupe, les instruments électroniques.

1. **idiophones** : instruments à percussion sans membrane, crécelles, etc. (p. 26 et suivantes).
2. **membranophones** : tambours et timbales (p. 32).
3. **cordophones** : instruments à cordes vibrantes (p. 34 et suivantes).
4. **aérophones** : instruments à vent, orgues, harmonicas, etc. (p. 46 et suivantes).
5. **instruments électroniques** : instruments comportant un générateur et des haut-parleurs (p. 60 et suivantes).

L'orchestre répartit les instruments en trois groupes selon le mode d'exécution :
— les **instruments à cordes** : les cordophones à archet ;
— les **instruments à vent** : les aérophones dans lesquels on souffle ; on distingue les *bois* et les *cuivres* selon le matériau dont ils sont faits ;
— les **instruments à percussion** : la plupart des idiophones et des membranophones. On distingue les instr. à hauteur déterminée et à hauteur non déterminée.

Le tableau ci-contre montre l'**étendue normale** des principaux instr. Ceux de l'orchestre symphonique classique sont soulignés. Outre l'étendue (en couleur), on peut voir où se situe la sonorité optimale (bande double) ainsi que la notation (en noir). Celle-ci diffère des notes réelles dans le cas des instr. transpositeurs (cf. p. 46).

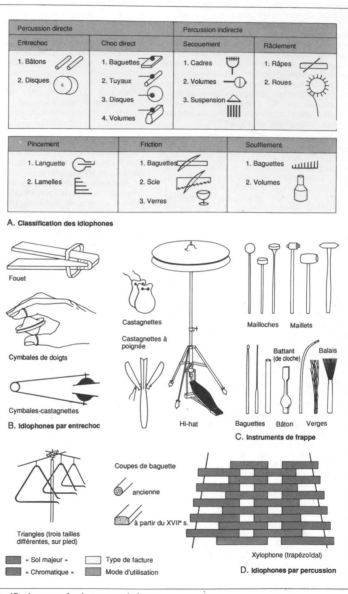

A. Classification des idiophones

B. Idiophones par entrechoc

C. Instruments de frappe

D. Idiophones par percussion

Classification, exemples, instruments de frappe

Les **idiophones** sont des instr. qui produisent des sons par leurs propres vibrations sans le concours d'une colonne d'air, d'une membrane ou d'une corde. Ils sont faits de matériau dur (bois, argile, pierre, métal ou verre) pour assurer leur propre rayonnement acoustique. **En pratique**, les idiophones font partie du groupe des percussions. On y distingue les instr. *à hauteur déterminée* qui sont notés sur une portée et ceux *à hauteur non déterminée* dont le rythme est souvent écrit sur une ligne seulement.

La classification des instruments de musique groupe les idiophones selon la manière dont ils produisent le son ou dont on en joue : idiophones *frappés, pincés, frottés* ou *à air* (tableau A).

Les idiophones *percutés* forment le groupe principal. Ici, on peut frapper *directement* l'instrument au moyen d'un autre semblable ou bien *entrechoquer* l'une contre l'autre deux parties de l'instrument (le modèle étant le frappement des mains), ou encore frapper *sur* l'instrument avec autre chose (le modèle étant le frappement des mains sur des parties du corps). Le son obtenu, généralement de hauteur déterminée, est bref.

Mais on peut aussi frapper *indirectement*, en secouant des sonailles placées à l'intérieur ou à l'extérieur de l'instrument ou en le raclant avec un bâton ou un objet similaire. Le son obtenu, un bruit le plus souvent, peut être prolongé à volonté. Pour la classification plus détaillée des idiophones, on se réfère à la facture, à la forme et au matériau.

I. Idiophones par percussion directe

A. Idiophones par entrechoc (fig. B)
1. Baguettes entrechoquées (cliquettes)
Claves (*petites baguettes de rumba*), deux petites baguettes de bois dur (Amérique latine).
Blocs entrechoqués (*hyoshigi*), cf. petites baguettes entrechoquées, mais plus gros.
2. Disques entrechoqués
a) en bois
Cliquettes faites de petites planches, deux planchettes de bois dur ou d'ivoire frappées l'une contre l'autre avec les mains.
Fouet (*claquette*), deux planchettes articulées par une charnière et tenues par deux courroies.
Castagnettes, deux coquilles de bois dur que l'on tient dans une main et que l'on frappe l'une contre l'autre en bougeant les doigts ou contre une petite tige plate placée entre les deux coquilles (**castagnettes à poignée**). Elles arrivèrent au Moyen Âge d'Égypte en Espagne où elles servaient à marquer le rythme des danses.

b) en métal
Paires de cymbales, disques concaves en bronze ou en laiton munis au centre d'une lanière de cuir ou d'une poignée pour les tenir. Les cymbales arrivèrent du Proche-Orient en Europe (Ier s. ap. J.-C.) et entrèrent dans l'orchestre au XVIIIe s., avec la « musique turque ». Vers 1920, la **machine de Charleston** fut introduite dans le jazz et dans la musique de danse, puis ce fut le **hi-hat** plus aigu, tous deux actionnés avec le pied (cymbales percutées, cf. infra).
Cymbales antiques, petites cymbales accordées (Ø 6-12 cm), dont les bords sont frappés l'un contre l'autre ; dans l'orchestre depuis BERLIOZ (comme instrument à percussion, cf. infra).
Petites cymbales de doigts, arabes et espagnoles (Ø 4-5 cm) déjà connues dans l'Antiquité (crotales).
Cymbales-castagnettes, paires de cymbales minuscules que l'on tient soit par un fil d'acier, soit comme les cymbales de doigts.
B. Idiophones par percussion
pour produire un son, ils nécessitent un intermédiaire ou un objet percutant. Ces objets sont classés comme suit (fig. C) :
— **mailloche** à manche de bois pour les tenir et à tête pouvant avoir différentes formes (boule, cylindre, etc.) en éponge, en feutre, en bois, en matière plastique, enveloppée ou rembourrée de façon à obtenir de nombreuses nuances et de nombreux timbres ;
— **maillet**, comme la mailloche mais à tête en forme de marteau et matériau lourd : bois, métal, corne, etc. ;
— **baguettes**, coniques avec ou sans manche, et avec une tête, tout comme les **bâtons**, cylindriques, en bois ou en métal ;
— **verges** en rotin ou en buis ;
— **balais**, petites bottes de fils ou de lamelles d'acier ;
— **battants** (de cloches), en métal, avec un renflement à l'endroit du choc.
En pratique, chaque instrument à percussion possède son propre percuteur.
Parmi les idiophones par percussion, on distingue, selon la forme des parties vibrantes, les baguettes, les tuyaux, les disques et les caisses de résonance.
1. Baguettes percutées
Le triangle, formé d'une tige d'acier coudée ouverte à un angle, suspendu, est frappé avec de petites tiges de métal de différentes tailles (selon le tempo et l'intensité voulus). Connu en Europe depuis le Moyen Âge, il entra dans l'orchestre au XVIIIe s. avec la « musique turque ».
La plupart des autres baguettes percutées ont un profil plat avec des surfaces de frappe plus larges et donnent des hauteurs plus précises (fig. D).

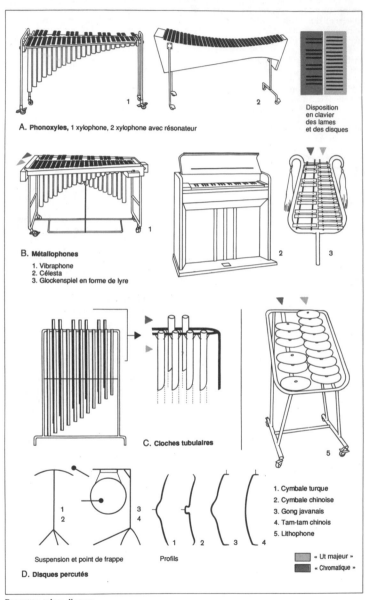

A. **Phonoxyles,** 1 xylophone, 2 xylophone avec résonateur

Disposition
en clavier
des lames
et des disques

B. **Métallophones**
1. Vibraphone
2. Célesta
3. Glockenspiel en forme de lyre

C. **Cloches tubulaires**

1. Cymbale turque
2. Cymbale chinoise
3. Gong javanais
4. Tam-tam chinois
5. Lithophone

Suspension et point de frappe   Profils

« Ut majeur »
« Chromatique »

D. **Disques percutés**

Baguettes, tubes, disques

Phonoxyles
Xylophone : ensemble de lames en bois dur (palissandre). Dans les anciens instruments trapézoïdaux, les lames des deux rangées médianes donnaient une gamme de sol majeur et les rangées extrêmes les degrés chromatiques (p. 26, fig. D). La plupart des xylophones actuels sont disposés en clavier. Leur étendue réelle va de ut⁴ à ut⁷, mais il est noté à l'octave inférieure. Le xylophone est originaire de l'Asie du Sud-Est, où il est surtout utilisé dans des orchestres (gamelan, p. ex.). C'est vers le XVᵉ s. qu'il fut introduit en Europe. Un xylophone d'orchestre actuel dispose de résonateurs tubulaires sous les lames graves, dont l'amplitude est plus faible (fig. A).

Xylophone avec caisse de résonance : les lames sont rangées côte à côte, diatoniquement ou chromatiquement (les glissandos y sont plus aisés que les staccatos). ORFF l'utilise dans sa Méthode.

Marimba : sorte de xylophone muni de résonateurs tubulaires sous toutes les lames ; ressemble au vibraphone (fig. B, 1). Contrairement au xylophone, on ne frappe le marimba qu'avec des baguettes tendres (sonorité plus douce) ; étendue : ut²-ut⁶. **Le xylorimba** est intermédiaire entre le xylophone et le marimba (étendue : ut³-ut⁷).

Xylophone basse : possède de grandes lames et de longs résonateurs tubulaires ; étendue : sol¹-ut³ (sol³).

Xylophone à clavier : avec une mécanique à marteaux, depuis le XVIIᵉ-XVIIIᵉ s. ; étendue : do⁴-do⁷.

Métallophones : Ils se composent de lames plates en acier ou en bronze. Les lames vibrent transversalement (comme les cordes) et possèdent donc un nœud de vibration à chaque extrémité percée d'un trou pour la fixation. Leur longueur détermine la hauteur du son.

Glockenspiel : des lames de métal, réunies en jeu, remplacent les cloches d'autrefois. Le glockenspiel en forme de lyre est utilisé à partir du XVIIIᵉ-XIXᵉ s. dans la musique militaire (fig. B, 3) et aussi dans l'orchestre à partir de la fin du XIXᵉ s. Les lames de l'instrument moderne sont disposées en clavier. Il possède des résonateurs et une pédale de sourdine ; étendue : sol⁴-mi⁷.

Glockenspiel à clavier : à mécanique et marteaux à têtes métalliques ; étendue : do⁴-do⁷. (*Flûte enchantée* de MOZART).

Célesta : ressemble au glockenspiel, mais avec une sonorité plus douce ; étendue : do²-do⁷ (TCHAIKOVSKI, fig. B, 2).

Métallophone : semblable au xylophone, mais avec des lames d'acier, des résonateurs tubulaires et une pédale de sourdine (à

l'extérieur, comme fig. B, 1) ; étendue : fa²-fa⁵.

Vibraphone : métallophone muni de palettes rotatives, mues par un moteur électrique, qui ouvrent et ferment les tubes de résonance. On obtient ainsi un vibrato à vitesse variable ; construit aux États-Unis en 1907 (fig. B, 1).

Loo-Jon : métallophone basse, étendue : fa¹-fa², muni de disques au-dessus d'une caisse en bois dur.

2. Tubes percutés
Tubaphone : semblable au xylophone, mais constitué de tubes d'acier ou de laiton (sonorité douce) ; étendue : ut⁵-ut⁷.

Cloches tubulaires : tubes en bronze ou en laiton, suspendus et accordés ; on les frappe à l'extrémité supérieure (fig. C), étendue : fa²-fa⁴ ; pédale de sourdine ; remplacent les choches dans l'orchestre.

3. Disques percutés
Il existe des disques de forme ronde, galbée, ou plate et carrée. C'étaient à l'origine des instruments de culte asiatiques. Sur le plan acoustique, leur mode vibratoire est compliqué, on les frappe toujours au ventre de vibration (le plus souvent : milieu du disque).

Cymbales : sortes d'assiettes en bronze ou en laiton, avec au centre un mamelon percé d'un trou permettant de les accrocher ; dans ce cas, on les frappe au bord. On utilise les cymbales par paire (p. 26) ou isolément, Ø 39-50 cm. Hauteur indéterminée. Pour renforcer l'effet de cliquetis, on peut les garnir de rivets (*cymbales cloutées*).

Cymbales chinoises : à la différence des cymbales turques, elles ont les bords légèrement relevés (fig. D).

Tam-tam : disque de métal martelé, rond et plat, Ø jusqu'à 1 m ; bord recourbé vers l'intérieur, son très timbré mais sans hauteur déterminée, suspendu par le bord, ce qui n'empêche pas le disque de vibrer entièrement. Vient d'Extrême-Orient, prend place dans l'orchestre à partir de la fin du XVIIIᵉ s. (fig. D, 4).

Gong : disque métallique ayant une partie convexe au centre, suspendu par un lien fixé au bord (comme le tam-tam), hauteur déterminée ; étendue : sol⁰-sol⁴ ; frappé sur le mamelon central ; origine : surtout Java (orchestre gamelan), dans l'orchestre à partir du milieu du XIXᵉ s. (fig. D, 3).

Disques d'acier : ronds, Ø environ 20 cm, frappés comme l'**enclume** avec un marteau, utilisés pour les effets spéciaux (*Or du Rhin* de WAGNER).

Lithophone : disques de pierre accordés, ronds le plus souvent, son très aigu, étendue : la⁵-do⁷ ; d'après un modèle chinois (ORFF).

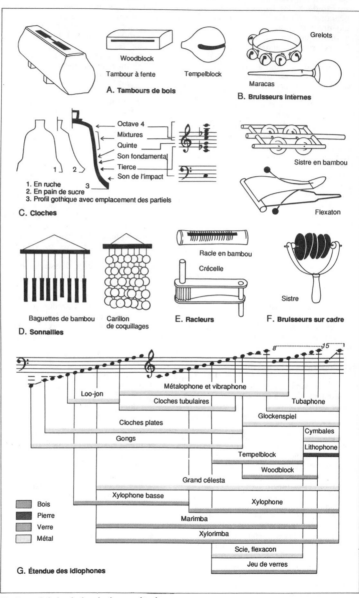

A. Tambours de bois

B. Bruisseurs internes

C. Cloches

D. Sonnailles

E. Racleurs

F. Bruisseurs sur cadre

G. Étendue des idiophones

Tambours de bois, cloches, bruisseurs, étendues

4. Volumes percutés en bois, en métal, en verre.

Tambours à fente : troncs d'arbres évidés comportant une fente (point de frappe, fig. A).

Woodblock : blocs de bois dur, rectangulaires, évidés dans le sens de la longueur, très sonores ; étendue environ sol⁴-do⁶ (fig. A).

Tempelblock (bloc chinois) : tambour de bois dur, sphérique, comportant une large fente ; étendue environ do⁴-sol⁵, originaire du Sud-Est asiatique (fig. A).

Tambour de bois tubulaire : tubes de bois constitués de cavités inégales des extrémités au centre (2 hauteurs à la fois).

Cloche : faite d'un alliage spécifique (bronze formé de 78 % de cuivre et de 22 % d'étain) ou de fer, d'acier, de verre, etc., frappée de l'intérieur par un battant ou de l'extérieur par un marteau. La cloche vibrante à trois dimensions possède un fondamental que l'on ne peut pas mesurer physiquement et un spectre inharmonique de partiels qui dépend de la section de la cloche, difficile à calculer. Dans l'Antiquité, déjà utilisée pour les services religieux et profanes, la cloche vint en Occident par Byzance (cloche d'église représentée à partir du VIᵉ s.). La *forme en tulipe* (« profil gothique ») supplanta au XIIᵉ s. la forme ancienne en *ruche* et en *pain de sucre* (fig. C). — Dans l'orchestre, au lieu des cloches lourdes (do² = 8 000 kg !) on utilise des cloches tubulaires ou d'autres formes.

Grelots et clochettes sont faits le plus souvent de fer-blanc, ainsi les **cloches de troupeaux**, les **cloches d'alpage** (**cencerros**), les **cloches de vaches**, les jeux de **cloches manuelles**, etc.

Carillon en verre, jeu de verres : formés de verres à boire accordés.

II. Idiophones par percussion indirecte
Pour produire le son, il faut agiter l'instrument tout entier.

A. Idiophones par secouement (bruisseurs)

1. Bruisseurs sur cadre

Sistre : aujourd'hui cadre métallique en forme de fer à cheval auquel sont suspendus de petits disques de métal (fig. F). Utilisé pour le culte d'Isis dans l'Égypte ancienne (cf. p. 164).

Sistre en bambou : les disques sont enfilés dans un cadre en bambou muni d'un manche.

Cabaza : sonnaille faite d'une calebasse avec une poignée, et entourée de noyaux de fruits (Afrique).

Flexaton : des battants de bois recouverts de cuir frappent de chaque côté une languette d'acier maintenue dans un cadre ; on modifie la hauteur en pressant le pouce contre la languette, cet instrument produit un trémolo rapide.

2. Bruisseurs internes
Élements bruissants à l'intérieur d'un volume (fig. B).

– **Grelots** : cavités métalliques fendues, fixées à une ceinture de cuir, à un cerceau ou à un *chapeau chinois*.

– **Tambour de basque** : cerceau à grelots tendu d'une peau (cf. membranophone, p. 32).

– **Jeu de cymbales** : cerceau rotatif muni de clochettes ou de grelots sur une façade d'orgue.

– **Maracas** : calebasse avec ou sans manche également en bois dur (fig. B).

3. Sonnailles
Les objets secoués sont juxtaposés et attachés ensemble (fig. D).

– **Chaînes à bruire.**

– **Baguettes de bambou**, suspendues ou liées en fagot.

– **Carillon de coquillages** : assemblage de coquilles plates au son clair.

4. Instruments spéciaux

Feuille de métal, plate, rectangulaire, suspendue, plus ou moins épaisse, utilisée comme machine à tonnerre.

Basse de Flandre (bumbass) : corde tendue sur un bâton pouvant mesurer jusqu'à 2 m, un tambour à sonnailles servant de caisse de résonance.

B. Idiophones par raclement

– **Racle en bambou** : baguette de bambou cannelée, que l'on frotte avec une tige de bois (fig. E).

– **Guiro** : comme le racle en bambou, mais fait d'une calebasse, souvent en forme de poisson.

– **Crécelle** : une roue dentée produit un bruit de crépitement en frottant une languette de bois ; instrument de carnaval (fig. E).

III. Idiophones par pincement

Boîte à musique : un cylindre muni de picots tourne sur lui-même et pince des lamelles accordées disposées en peigne.

Guimbarde : on serre le cadre métallique avec les dents, la bouche servant de résonateur pour la languette d'acier pincée avec un doigt. C'est un instrument populaire ancien.

IV. Idiophones par friction

Harmonica de verre : des bols de verre mouillés tournent sur un axe et sont mis en vibration par le frottement des doigts ou au moyen d'un mécanisme à clavier. Construit des verres par FRANKLIN en 1762 sur le modèle des verres juxtaposés. L'harmonica de verre était très apprécié à l'époque préromantique mais disparut vers 1830.

Scie musicale : lame d'acier que l'on fait vibrer à l'aide d'un archet ou d'un tampon. On modifie la hauteur du son en courbant la scie.

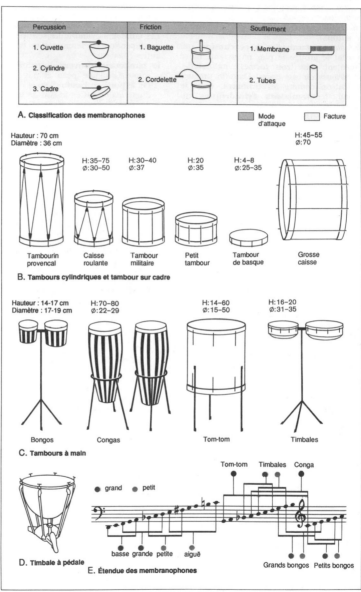

Percussion	Friction	Soufflement
1. Cuvette	1. Baguette	1. Membrane
2. Cylindre	2. Cordelette	2. Tubes
3. Cadre		

A. Classification des membranophones

Mode d'attaque   Facture

Hauteur : 70 cm
Diamètre : 36 cm

H:35–75
Ø:30–50

H:30–40
Ø:37

H:20
Ø:35

H:4–8
Ø:25–35

H:45–55
Ø:70

Tambourin provencal   Caisse roulante   Tambour militaire   Petit tambour   Tambour de basque   Grosse caisse

B. Tambours cylindriques et tambour sur cadre

Hauteur : 14-17 cm
Diamètre : 17-19 cm

H:70–80
Ø:22–29

H:14–60
Ø:15–50

H:16–20
Ø:31–35

Bongos   Congas   Tom-tom   Timbales

C. Tambours à main

grand   petit

D. Timbale à pédale

Tom-tom   Timbales   Conga

basse grande petite aiguë

Grands bongos   Petits bongos

E. Étendue des membranophones

Classification, tambours à percussion, tambours à main, étendues

Les **membranophones** (du grec : *membrana*, peau) produisent un son à l'aide d'une membrane tendue en parchemin, en peau ou matière synthétique, que l'on fait vibrer par percussion (*tambours à percussion*), par friction (*tambours à friction*) ou par soufflement (**mirlitons**).

Ce sont les **tambours à percussion** qui forment le groupe le plus important. Ils se présentent sous trois formes : en *cuvette*, *cylindriques* ou *sur cadre*. Dans le premier groupe on compte les **timbales**, dans le second, les **tambours cylindriques** ou **caisses roulantes** appelés aussi *tambours à percussion* (frappés par un objet), puis viennent les **tambours à main** (frappés avec la main) à la fois curvilignes et tubulaires. Dans le troisième groupe se trouve le **tambour de basque** dont le cadre est souvent garni de grelots.

Généralement, la hauteur des tambours à percussion est indéterminée. Le son peut être prolongé à l'aide d'un *timbre*. D'autre part, la forme du résonateur peut atténuer la proportion de bruit : c'est le cas de la *forme en cuvette*, qui permet d'obtenir des hauteurs déterminées (timbales, bongos, congas, etc.).

Les timbales (tambours en cuvette) se composent d'une membrane tendue sur un bassin de cuivre ou de laiton percé au fond d'un petit trou. Dimensions normales :
− **la basse, en ré** (ré¹-la¹, Ø 75-80 cm),
− **la grande, en sol** (fa¹-ré², Ø 65-70 cm),
− **la petite, en ut** (si bémol¹-fa dièse², Ø 60-65 cm),
− **l'aiguë, en la** (mi²-do³, Ø 55-60 cm).

La membrane peut être tendue par un cercle de fer comportant 6 à 8 clés (pour modifier la hauteur). Au XIXᵉ s., on améliora le système d'accordage par un mécanisme que l'on actionnait à la main (**timbale à levier**) ou par rotation de toute la caisse (**timbale rotative**). La **timbale à pédale** est plus récente, le dispositif y est actionné avec le pied (fig. D). Généralement, on frappe avec des mailloches en feutre, en flanelle ou en éponge.

Les plus petites timbales à main arrivèrent d'Orient en Europe au Moyen Âge (XIᵉ s.), les plus grandes ne vinrent que plus tard (XVᵉ s.). Avec la trompette, la timbale était considérée comme l'instrument de la chevalerie ou de la cour. Dans l'orchestre, on utilise souvent les timbales par paire (dominante-tonique, par ex. : do² et fa¹).

Tambours cylindriques ou caisses roulantes (fig. B) : la peau est tendue entre un *cercle intérieur d'enroulage* et un cercle en bois au-dessus du *fût*. La tension, assurée par une corde montée en zigzag, est réglée par un *tirant* en cuir ou par des vis.

Le tambour à une peau est ouvert au-dessous ; dans le tambour à deux peaux, la membrane de percussion, la plus résistante, est en haut, la membrane de résonance en dessous, surmontée d'une ou plusieurs cordes (*timbre*) qui produisent un bourdonnement. Les tambours cylindriques sont de formes et de dimensions différentes. On trouve entre autres :

le tambourin provençal qui n'a, le plus souvent, qu'une peau et pas de timbre. On le porte en bandoulière et on le frappe d'une main tout en jouant de la flûte. Son nom est d'origine méridionale.

la caisse roulante, ancien tambour avec timbre des lansquenets, dont les dimensions lui permettent d'être porté, est frappé avec des *baguettes*.

le tambour militaire, caisse roulante au fût moins haut, avec un timbre et une peau fortement tendue par un mécanisme à vis, possède une sonorité typique, claire et sèche.

le petit tambour est le tambour militaire dont le fût est réduit à 10-20 cm env., muni d'un timbre, il est utilisé dans la musique légère et le jazz.

la grosse caisse est souvent portée de façon à pouvoir être frappée des deux côtés avec une *mailloche en bois* recouverte de cuir pour les coups accentués. On peut aussi se servir de la *machine de Flemming*, actionnée avec le pied. La grosse caisse entra dans l'orchestre pour la « musique turque » à la fin du XVIIIᵉ s., avec le triangle et les cymbales.

Les tambours à main (fig. C) sont connus partout, mais la plupart d'entre eux viennent d'Amérique latine :

les bongos, à fût conique en bois tendu d'une peau de chèvre, vont toujours par paire (intervalle de quarte) ; les bongos mexicains sont un peu plus petits que la normale.

les congas (tumbas), instruments d'Amérique latine issus des tambours des Nègres d'Afrique ; souvent en trois tailles.

les timbales d'Amérique latine avec une ouverture dans la caisse, souvent par deux ou trois ; origine africaine.

les tom-toms, d'origine chinoise, avec des fûts en bois ouverts au-dessous, donnent toute la gamme. Un disque de bois remplace parfois la peau.

Les tambours à friction sont rares. Une baguette frotte la peau, ou bien la caisse recouverte d'une peau est accrochée à une corde que l'on fait tournoyer (*Waldteufel*). On obtient un vrombrissement.

Les tambours à air (mirlitons) utilisent une colonne d'air pour émettre un son, ex. : peignes entourés d'une membrane ou tubes munis de membrane dans lesquels on souffle (jouets ou instruments de carnaval).

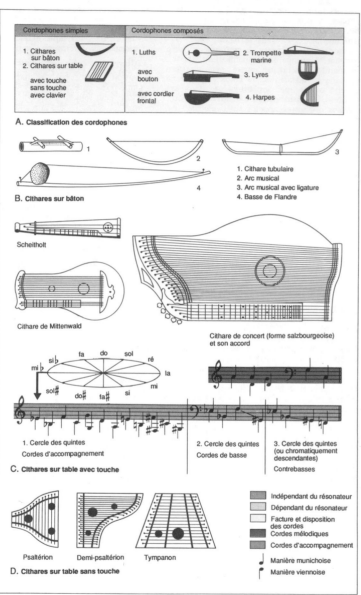

Classement, cithares sur bâton et cithares sur table

Les cordophones (du grec : *chordae*, corde) utilisent la vibration des cordes pour produire les sons. La corde est faite de fibres végétales (civilisations primitives), de crin (de cheval, Asie), de soie (Extrême-Orient), de tendons et de boyaux d'animaux (à l'origine au Proche-Orient et dans le bassin méditerranéen ; depuis le XVIIᵉ s., la corde est entourée d'un fil d'acier pour une meilleure élasticité), d'un fil de métal (en cuivre, mais aussi en fer depuis le XVIIIᵉ s. ou en acier depuis le XIXᵉ s.), de fibre synthétique (nylon entre autres). Voici les diverses manières de jouer des cordophones :

— *par pincement* des cordes, avec les doigts, un plectre, des onglets ou avec un mécanisme (clavecin) ;

— *par frappement* avec des baguettes dures ou des petits marteaux (piano) ;

— *par frottement* avec un archet (violon) ou une roue (vielle à roue) ;

— *avec des cordes à vide* (*cordes sympathiques*, viole d'amour).

L'intensité et le timbre d'un cordophone dépendent surtout de la caisse de résonance où l'air est mis en vibration. On distingue les cordophones *simples* et les cordophones *composés* (fig. A).

Pour les cordophones *simples* (cithares), la caisse de résonance est sans influence. En revanche, il serait impossible de jouer d'un cordophone composé qui n'aurait pas de caisse de résonance (ex. : luths). Leur particularité tient au fait que les cordes sont attachées à un *bouton* disposé sur l'éclisse ou à un *cordier* frontal fixé sur la table d'harmonie.

La trompette marine, archaïque, et les **lyres** de l'Antiquité et du haut Moyen Âge sont des formes particulières de cordophones. Si dans tous ces instruments, les cordes sont parallèles à la caisse de résonance, elles lui sont perpendiculaires dans la **harpe**.

Les cithares sur bâton sont les formes les plus simples des cithares. La corde est tendue entre les extrémités d'une baguette de bois.

Si la baguette est droite, la corde est surélevée par des chevalets. On peut y adjoindre un résonateur tel qu'une vessie de porc, comme dans la **basse de Flandre** (fig. B, 4). La plus simple des cithares sur bâton est un tube de bambou dont la « corde » est détachée du corps même de l'instrument (fig. B, 1). Plusieurs de ces tubes assemblés forment une **cithare-radeau**.

L'arc musical ressemble à un arc (fig. B, 2). La hauteur varie avec la tension de la corde, mais également au moyen d'une *ligature* (fig. B, 3). La corde de l'arc est pincée ou frottée. La cavité buccale, une calebasse évidée, etc., servent de résonateur.

Les cithares sur table ont toujours plusieurs cordes tendues au-dessus d'une table. Cette table peut être *cintrée* (**k'in** chinois, **koto** japonais) ou plate (cithares européennes). Il existe des cithares sur table munies d'une touche, comme les cithares de concert, ou sans touche comme le tympanon, et aussi des cithares sur table munies d'un mécanisme à clavier, comme le piano.

Cithares sur table avec touche

La **cithare de concert** moderne a une caisse de résonance plate. Elle se joue posée sur une table ou sur les genoux du musicien. 5 *cordes mélodiques* sont tendues au-dessus d'une touche à 29 frettes, la caisse de résonance comportant 33 à 42 *cordes d'accompagnement*, jouées à vide (cf. accords fig. C).

Cet instrument se développa à partir de cithares à caisse de résonance étroite, munie de touche à frettes, telles que le **hummel** suédois, le **langleik** norvégien, l'**épinette des Vosges** française et le **scheitholt** allemand (fig. C). C'est du XVIIIᵉ s. que datent les cithares à renflement double (Mittenwald), ou d'un seul côté (Salzbourg) ; cette dernière forme finit par s'imposer (fig. C).

Cithares sur table sans touche

Elles apparurent au haut Moyen Âge lorsque l'on dota la lyre antique et la harpe d'une table d'harmonie (p. 226).

Le psaltérion (du grec : *psallo*, pincer une corde) était pincé avec les doigts ou avec un plectre. On pouvait aussi se servir de baguettes pour frapper, si bien qu'au Moyen Âge on distinguait peu le psaltérion (à cordes pincées) du tympanon (à cordes frappées). Les caisses de résonance ont pour formes principales le trapèze, le rectangle ou la « tête de porc » que l'on coupa en deux au XIVᵉ s. pour en faire le demi-psaltérion et la forme moderne du piano à queue (fig. D).

Le tympanon, construit d'abord, au XVᵉ s., comme le psaltérion, s'en distingue par ses cordes frappées ; depuis le XVIIᵉ s. on le construit avec 2 chevalets, celui de gauche partageant les cordes dans le rapport 2/3 si bien que deux sons résonnent simultanément à intervalle de quinte (fig. D).

Le cymbalum, tympanon hongrois trapézoïdal ou rectangulaire, repose sur quatre pieds et comporte une pédale de sourdine pour ses 35 chœurs de cordes doubles ou triples (ré¹-mi⁵). On le frappe avec des marteaux.

La harpe éolienne, cithare sur caisse longue et étroite, est munie de cordes qui ne résonnent que sous l'action du vent. Les étranges combinaisons sonores qui en résultaient étaient très appréciées à l'époque romantique.

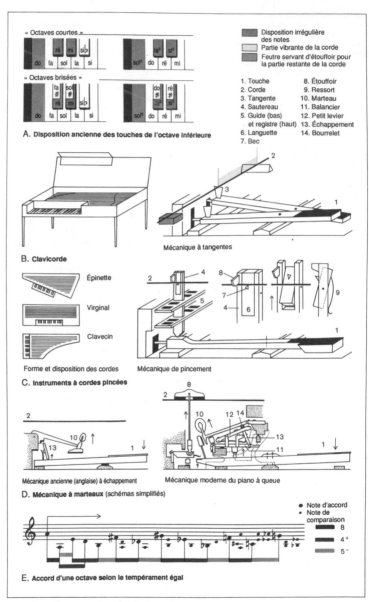

« Octaves courtes »

« Octaves brisées »

A. Disposition ancienne des touches de l'octave inférieure

Disposition irrégulière des notes
Partie vibrante de la corde
Feutre servant d'étouffoir pour la partie restante de la corde

1. Touche
2. Corde
3. Tangente
4. Sautereau
5. Guide (bas) et registre (haut)
6. Languette
7. Bec
8. Étouffoir
9. Ressort
10. Marteau
11. Balancier
12. Petit levier
13. Échappement
14. Bourrelet

Mécanique à tangentes

B. Clavicorde

Épinette

Virginal

Clavecin

Forme et disposition des cordes   Mécanique de pincement

C. Instruments à cordes pincées

Mécanique ancienne (anglaise) à échappement   Mécanique moderne du piano à queue

D. Mécanique à marteaux (schémas simplifiés)

● Note d'accord
· Note de comparaison
8
4+
5−

E. Accord d'une octave selon le tempérament égal

Octave basse, instruments à cordes pincées, mécaniques, accord

Les **instruments à cordes et à clavier** sont des cithares de table comportant un clavier. En latin, *clavis* signifie clé, mais aussi la lettre alphabétique désignant le nom d'une note. Au Moyen Âge, les lettres étaient écrites sur les touches ; c'est pourquoi le terme *clavis* désigna aussi la touche elle-même (cf. p. 226).

On disposait les touches selon la gamme diatonique répartie en 7 touches blanches : do, ré, mi, fa, sol, la, si. Puis s'ajoutèrent les touches noires si ♭, fa ♯ et sol ♯ puis ré ♯ et do ♯. Dans le grave on renonça aux notes qui n'étaient pas indispensables (do ♯, ré ♯, fa ♯ et sol ♯) ; les touches correspondantes étaient utilisées pour les notes diatoniques. On obtint ainsi l'**octave courte** (fig. A : forme ancienne à gauche, forme récente à droite). L'*octave courte* fut remplacée par l'*octave brisée* (avec touches doubles) puis par l'octave normale (vers 1700).

L'accord selon le tempérament égal s'obtient par une succession de quintes légèrement diminuées et de quartes légèrement augmentées (fig. E).

Étendue du clavier : environ fa¹-fa⁴ au XVI⁰ s., généralement do¹-do⁵ ou sol⁰-do⁵ au XVII⁰ s. Au XVIII⁰ s., l'étendue passe à 5 octaves (fa⁰-fa⁵), puis s'agrandit encore : do⁰-fa⁵ pour le piano de BEETHOVEN (do⁰-do⁶ à partir de 1817) ; aujourd'hui : la⁻¹-do⁷.

Le clavicorde (fig. B) comporte une *mécanique à tangentes* : la touche frappe la corde par une petite tige de métal (*tangente*), partage cette corde et n'en fait vibrer qu'une partie ; cependant une bande de feutre sert d'étouffoir à l'autre partie de la corde puis à sa totalité lorsque le doigt a quitté la touche. Le coup est faible mais peut être modulé grâce à la relation directe avec le doigt (*Bebung*). La hauteur du son dépend de l'endroit où la tangente frappe la corde. Dans les clavicordes *liés*, il pouvait y avoir jusqu'à 5 touches qui, dans une suite chromatique, touchaient les cordes en des endroits différents. Au XVIII⁰ s., on construisit des clavicordes *libres* avec une ou deux cordes par touche.

Le clavicorde se développa à partir du monocorde du Moyen Âge (cf. p. 226). On l'appréciait particulièrement à l'époque du « style sensible » du XVIII⁰ s.

Les instruments à plectre (fig. C) ont une *mécanique de pincement* : le *plectre* est constitué par un *bec* de plume d'oiseau (corbeau) fixé à une languette placée dans une baguette de bois mobile : le *sautereau*. Celui-ci est posé sur l'extrémité de la touche et comporte aussi un *étouffoir* en feutre. Lorsque le sautereau s'élève, le bec pince la corde ; lorsqu'il retombe, le feutre vient assourdir la corde. L'intensité du son ne pouvant être modifiée par l'attaque, on construisit des instruments à plusieurs rangs de cordes dans le rapport 8' et 4' (' = pied, cf. p. 74) ; chaque rang possédait sa propre série de sautereaux passant dans des barres mobiles (*registres*) puis fixes (*guides*), permettant d'obtenir différents *jeux*, actionnés et accouplés par la main, le genou ou grâce à une pédale.

L'instrument comporte un ou deux claviers superposés. Aucun changement progressif de nuance n'est possible ; mais l'utilisation des différents jeux (c.-à-d. des différents rangs de cordes), l'accouplement éventuel des deux claviers, permettent d'obtenir des modifications par degrés du timbre et de l'intensité (*dynamique par paliers*).

Outre le grand **clavecin** possédant deux claviers et de nombreux rangs de cordes, il existait deux instruments plus petits comportant un seul clavier et une seule série de cordes : le **virginal** et l'**épinette**. Leurs cordes sont perpendiculaires ou obliques par rapport aux touches (fig. C). Le virginal rectangulaire était surtout répandu aux Pays-Bas et en Angleterre du XVI⁰ au XVIII⁰ s. ; l'épinette, de forme triangulaire, trapézoïdale ou pentagonale se rencontrait surtout en Italie et en Allemagne.

C'est au XIV⁰ s. que l'on ajouta mécanique de pincement et clavier au psaltérion. Avec l'orgue, le *clavicymbel* ou *cembalo* (clavecin) fut du XVI⁰ s. au XVIII⁰ s. le principal instrument à clavier ; il fut supplanté vers 1760 par le pianoforte.

Le piano (pianoforte). Le son est produit par un petit marteau qui, par le mécanisme des touches, frappe les cordes. La première mécanique fut construite à Florence vers 1709 par CRISTOFORI. Vinrent ensuite les mécaniques allemande et anglaise. En inventant en 1821 le mécanisme du double échappement, ÉRARD rendit possible la répétition très rapide de la même note qui permit la virtuosité pianistique des XIX⁰ et XX⁰ s. Pour augmenter l'intensité, on fut amené à utiliser des cordes plus épaisses et plus tendues, ce qui entraîna la construction massive de pianos à cadre métallique (USA, 1824).

En règle générale, le pianoforte possède 2 **pédales** : celle de droite permet de soulever les étouffoirs (*Ped-*), celle de gauche sert à jouer moins fort ; cet effet est obtenu dans le piano droit par le raccourcissement de la course des marteaux et dans le piano à queue par le déplacement des marteaux vers la droite, de sorte qu'ils ne frappent qu'une corde ou deux au lieu de deux ou trois.

Outre le **piano à queue** et le **piano droit**, il existait au XIX⁰ s. un grand nombre de formes différentes, p. ex. : le **piano carré** à l'image de l'épinette ou du clavicorde, le **piano pyramide**, le **piano girafe** (piano à queue verticale).

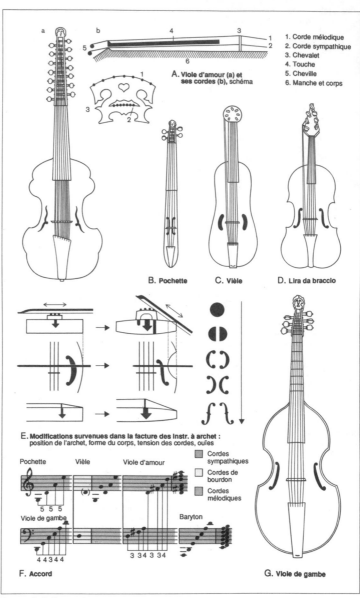

1. Corde mélodique
2. Corde sympathique
3. Chevalet
4. Touche
5. Cheville
6. Manche et corps

A. Viole d'amour (a) et ses cordes (b), schéma

B. Pochette   C. Vièle   D. Lira da braccio

E. Modifications survenues dans la facture des instr. à archet : position de l'archet, forme du corps, tension des cordes, ouïes

Pochette   Vièle   Viole d'amour

Cordes sympathiques
Cordes de bourdon
Cordes mélodiques

Viole de gambe   Baryton

F. Accord

G. Viole de gambe

Formes, évolution, cordes

Pour SACHS, le groupe des **instruments à archet** fait partie des *instr. de la famille du luth.* L'archet, venu d'Orient, arriva par l'intermédiaire de Byzance en Occident, où l'on en trouve des représentations dès le xᵉ s. Le jeu avec l'archet, sur des instr. dont les cordes étaient pincées à l'origine, entraîna des modifications dans la facture (fig. F). Dans tous les instruments de la famille du luth, les cordes sont attachées à des chevilles enfoncées dans un *chevillier.* Selon leur position, on distingue les chevilles *avant* (fig. C), les chevilles *arrière* et les chevilles *latérales* (fig. A). Pour la sonorité des instruments cela n'a pas grande importance, pas plus que la manière dont est fixée l'autre extrémité de la corde sur la caisse de résonance. Une corde que l'on pince n'a pas besoin d'être fortement tendue. C'est pourquoi on peut l'accrocher à un *cordier frontal* sur la table d'harmonie. Par contre, une corde frottée doit être fortement tendue. Elle vibre aussi davantage. C'est pourquoi on la fait passer sur un chevalet et on l'attache, à travers le cordier, à un solide *bouton* placé dans l'éclisse.

Le chevalet des instr. du Moyen Âge était plat. Le coup d'archet faisait vibrer simultanément toutes les cordes. Le désir de jouer d'une seule corde à la fois à entraîné un changement dans la forme du chevalet devenu bombé.

Le corps s'est creusé latéralement pour donner plus d'espace à l'archet lors de son passage sur les cordes extérieures. La tension plus forte des cordes a entraîné un bombement convexe de la table et un soutien du chevalet par en dessous (pression du chevalet du violon = ca 28,3 kg) : au-dessous des cordes graves, on colla une *barre* sous la table d'harmonie et, sous les cordes aiguës, on mit *l'âme* qui, placée sur le fond de l'instrument, lui transmet les vibrations de la table d'harmonie.

Les ouïes, dans la table d'harmonie, se sont modifiées aussi en fonction de l'augmentation de la pression. Il s'agit au départ de deux demi-cercles qui s'amincissent en *C*, puis se tournent le dos pour prendre la forme du *f.*
Ce développement des instruments à archet eut lieu entre le xiiiᵉ et le xvᵉ s. mais il ne fut pas continu et donna naissance à de nombreuses variantes. Cette évolution aboutit néanmoins au violon, type idéal de l'instrument à archet. Parmi les premiers instruments à archet figurent au Moyen Âge le **rebec** ou **rubèbe**, descendant du *rabâb* arabe (cf. p. 226) et la **vièle** (ou **vielle**). Aux xvᵉ-xviᵉ s., la vièle comporte 5-7 cordes accordées par quintes et par quartes (fig. F) ; deux cordes de bourdon passent hors du manche jusqu'au chevillier (fig. C). Un instrument apparenté est la **lira da braccio** italienne (début du xviᵉ s., fig. D). Du xviᵉ

au xviiiᵉ s. existe un descendant du rebec, sous la forme d'un violon étroit qui prenait place dans la poche du maître de danse, d'où son nom de **pochette** (fig. B ; à l'origine : 3 cordes).

Au xviᵉ s. on distingue, en fonction de la tenue de l'instrument :
— **Viola da gamba,** tenue entre les genoux. En dérive la famille des *violes* ou *violes de gambe.* Ces dernières comportent 6 cordes accordées par quartes et tierces, 7 frettes sur la touche, des épaules tombantes, des ouïes en forme de *C*, de hautes éclisses, un dos plat. Leur sonorité est douce et sombre (fig. G).
— **Viola da braccio,** tenue par le bras à la hauteur de l'épaule ; elle est à l'origine de la famille des violons. Ceux-ci ont 4 cordes accordées par quintes et le manche ne comporte pas de frette ; les épaules forment un angle droit avec le manche, les ouïes sont en forme de *f,* les éclisses sont basses, le dos bombé. Leur sonorité est brillante et claire.

Font notamment partie du groupe des violes :
Viola da gamba ou **basse de viole** (fig. G, accord fig. F) ; dès le xviᵉ s. existe toute la famille des violes de gambe (le terme ital. *viola da gamba* désigne l'ensemble de la famille) : *dessus, taille, basse* et *contrebasse.* Il faut ajouter le *pardessus de viole* français (corde supérieure sol⁴). Les violes de gambe remontent au rebec et à la vièle. Leur sonorité douce et légèrement assombrie (cf. BACH, *6ᵉ Concerto brandebourgeois*) fut remplacée au xviiiᵉ s. par celle des violons, plus puissante.
Viola bastarda, forme mixte de la *lira da braccio* et de la *viola da gamba,* très appréciée en Angleterre aux xviᵉ-xviiiᵉ s. (en anglais : *lyra-viol*). Elle comportait deux ouïes et une rosace près de la touche, parfois des cordes de bourdon ; son accord est celui de la basse de viole (la⁰ ré¹ sol¹ ut² mi² la² ré³).
Baryton (*viola di bordone*), basse de viole dont le corps comporte de nombreuses courbes ; il se développa au xviiiᵉ s. à partir de la viola bastarda. Outre 6-7 cordes en boyau sur la touche (fig. F), il possédait de 10 à 25 cordes sympathiques en métal passant à découvert derrière le manche.
Viole d'amour (*viola d'amore,* fig. A), sorte de viola bastarda aux formes très arrondies, comportant des ouïes en forme de flamme, une rosace et deux séries de cordes : 5-7 cordes en boyau sur la touche (accord variable, cf. fig. F) et 7-14 cordes sympathiques en métal (accordées diatoniquement, parfois chromatiquement), qui passent à travers le chevalet et sous la touche (voir fig.).

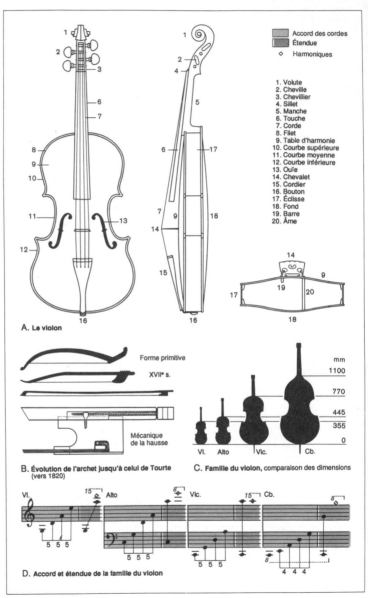

Accord des cordes
Étendue
◇ Harmoniques

1. Volute
2. Cheville
3. Chevillier
4. Sillet
5. Manche
6. Touche
7. Corde
8. Filet
9. Table d'harmonie
10. Courbe supérieure
11. Courbe moyenne
12. Courbe inférieure
13. Ouïe
14. Chevalet
15. Cordier
16. Bouton
17. Éclisse
18. Fond
19. Barre
20. Âme

A. Le violon

Forme primitive

XVIIᵉ s.

Mécanique de la hausse

B. Évolution de l'archet jusqu'à celui de Tourte (vers 1820)

C. Famille du violon, comparaison des dimensions

mm
1100
770
445
355
0

Vl.   Alto   Vlc.   Cb.

D. Accord et étendue de la famille du violon

Facture, dimensions, accord

Le corps du violon a pour forme une *courbe supérieure* et une *courbe inférieure*, toutes deux convexes, et une *courbe moyenne* concave ; le fond est bombé, la table d'harmonie, bombée elle aussi, est percée de deux ouïes en forme de *f* ; fond et table d'harmonie sont reliés par des parois verticales ou *éclisses*. Ces courbures sont travaillées dans le bois lui-même. La madrure du bois est importante pour la capacité de résonance : le bois de la table d'harmonie est une planche, découpée dans le sens de la longueur, tandis que le fond est une section du tronc. Pour des raisons acoustiques, le bois doit être très sec. Pour obtenir une meilleure résistance, on incruste sur les contours de la table et du fond des *filets* formés d'une mince lanière de bois.

Le manche du violon supporte la touche et se termine dans le chevillier par la volute. Les cordes partent du chevillier, passent sur le sillet, sur la touche et sur le chevalet, arrivent au cordier qui est attaché au bouton fixé dans l'éclisse.

Pour équilibrer la pression et transmettre le son, deux pièces sont placées au-dessous du chevalet : l'*âme*, qui relie la table d'harmonie au fond ; la *barre*, collée sous la table.

Le violon est enduit de plusieurs couches de vernis, dont l'effet sur la sonorité est controversé.

Les quatre cordes sont accordées par quintes : sol^2 ré^3 la^3 mi^4. Elles sont en boyau ; depuis le XVIIIe s., la corde sol est enroulée d'un fil d'argent, la corde la également depuis 1920. La corde mi est généralement en acier. En appliquant une sourdine (pince qui empêche le chevalet de vibrer), on atténue la transmission des vibrations des cordes à la caisse de résonance et on assourdit le son du violon.

Grâce à la mentonnière (plaque concave en ébène introduite par SPOHR vers 1820) et au coussin, l'instrument est fixé entre l'épaule et le menton du violoniste, sans avoir besoin d'être soutenu par la main.

On peut modifier le son en lui imprimant un léger tremblement (*vibrato*). Par ailleurs, la configuration du son dépend de la conduite de l'archet qui, par sa pression, sa vitesse et sa position sur les cordes détermine la dynamique, le rythme, l'articulation et le phrasé.

Historique

Le violon apparaît, déjà très achevé, au début du XVIe s. en Italie du nord. D'une époque à peine plus tardive datent des représentations visuelles de toute la famille : le **violino piccolo**, l'instrument le plus aigu (ut^3 sol^3 ré^4 la^4), le violon, l'**alto**, le **violoncelle** et la **contrebasse**. C'est à Crémone, foyer principal de la lutherie, qu'on calcula les mesures permettant d'obtenir la meilleure

sonorité, qui sont encore utilisées aujourd'hui (longueur du corps : 35,5 cm). Les luthiers les plus célèbres sont ANDREA AMATI († 1611), son petit-fils NICOLAS AMATI († 1684), l'élève de ce dernier ANTONIO STRADIVARI († 1737), les GUARNERI (ANDREA, † 1698 ; G. ANTONIO « DEL GESU », † 1744), FRANCESCO RUGGIERO († 1720), plus tard le tyrolien JAKOB STAINER († 1683) et MATTHIAS KLOTZ († 1743), de Mittenwald. On considère leurs instruments comme inégalés, bien qu'ils aient souvent perdu au XIXe s. leur timbre original : on leur fit en effet subir à cette époque des transformations destinées à augmenter le volume sonore pour l'exécution dans les salles de concert (cordes plus épaisses, tension plus forte, chevalet plus haut, barre plus épaisse, touche plus longue, etc.).

L'archet (fig. B) se compose d'une *baguette* (en bois de Pernambonc, Brésil), qui comporte une *pointe* et une *hausse* réglable permettant de tendre l'ensemble des crins (150-250 crins). On passe de la colophane sur les crins (résine, en usage depuis le XIIIe s.) pour qu'ils adhèrent mieux aux cordes. Jusqu'au XVIIIe s., on réglait encore la tension des crins par la pression des doigts, ce qui facilitait l'exécution des doubles cordes mais limitait le volume sonore. TOURTE († 1835) inventa l'archet moderne de forme concave, avec vis de réglage.

La famille du violon

L'alto (abréviation de l'italien *alto viola*), construit comme le violon, est de taille un peu supérieure (environ 45 cm). Son accord est ut^2 sol^2 ré^3 la^3.

Le violoncelle est accordé une octave plus bas que l'alto (accord : ut^1 sol^1 ré^2 la^2). Au XVIIe s., il pouvait avoir 5 ou 6 cordes. Au XVIIIe s. existait un instrument apparenté, la viola pomposa à 5 cordes (5e corde : mi^3). Le violoncelle était surtout utilisé comme instrument de basse continue et ne devint instrument soliste qu'au XVIIIe s. Depuis 1800 environ, il repose sur une *pique* réglable.

La contrebasse a un fond plat à pan brisé dans la partie supérieure et des épaules tombantes, comme la basse de viole ; mais les ouïes sont en forme de *f* et la touche ne comporte pas de frettes, ce qui la rapproche du violon. Les quatre cordes sont accordées par quartes mi^0 la^0 ré^1 sol^1. Parfois s'ajoute au grave une 5e corde do^0. Dans les contrebasses à 4 cordes, on peut aussi obtenir le do^0 en allongeant la corde mi. Les sons réels de la contrebasse sonnent une octave plus bas que les sons écrits. La fig. D donne l'étendue réelle.

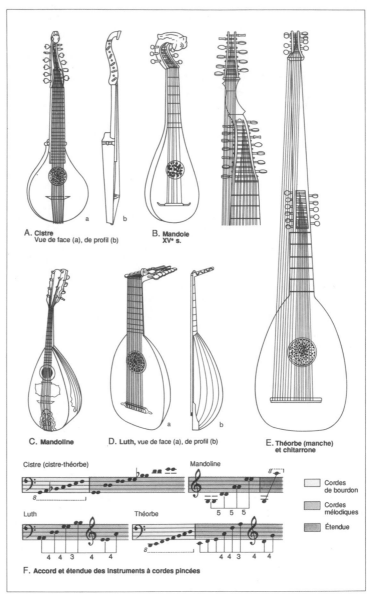

A. Cistre
Vue de face (a), de profil (b)

B. Mandole
XVᵉ s.

C. Mandoline

D. Luth, vue de face (a), de profil (b)

E. Théorbe (manche)
et chitarrone

Cistre (cistre-théorbe)

Mandoline

Luth

Théorbe

Cordes
de bourdon

Cordes
mélodiques

Étendue

F. Accord et étendue des instruments à cordes pincées

Instruments anciens à cordes pincées

Parmi les instruments à cordes pincées, on compte essentiellement les luths et les guitares (instruments de type luth avec cordier frontal). L'existence d'un très grand nombre d'instruments de ce genre rend difficile toute classification. Avant les instruments modernes, il est nécessaire de citer les principaux instruments anciens à cordes pincées.

Le cistre : les cordes métalliques, groupées par paire, passent sur un chevalet et s'accrochent à la lisière inférieure de la caisse (fig. A). Lors de son apogée (XVIe-XVIIIe s.), le cistre avait un corps en forme de poire avec des éclisses plates qui étaient plus larges près du manche que dans la partie inférieure de l'instrument. L'accord des cordes (jusqu'à 40 cordes au XVIIIe s.) n'était pas toujours le même. Le **cistre-théorbe** du XVIIe s. avait des cordes simples hors du manche et des cordes mélodiques doubles (exemple d'accord fig. F). Au XVIIIe s., le cistre fut supplanté par la mandoline en Italie puis, au début du XIXe s. en Allemagne, par la guitare.

La mandole, mandore ou **quinterne** (fig. B), précurseur de la mandoline : cet instrument de type luth avec cordier frontal, dont le corps se prolongeait directement dans le manche, comportait un chevillier recourbé et quatre chœurs de cordes accordés par quintes. D'origine arabe, il apparut en Occident au Moyen Âge.

La mandoline a un corps bombé en forme de poire ; ses cordes sont groupées par paire. Il existe de nombreuses variantes italiennes dont les principales sont : **la mandoline milanaise** avec chevillier recourbé et cordier frontal (accord des 5 ou 6 chœurs de cordes : sol^2 si^2 mi^3 la^3 ré^4 mi^4 ou sol^2 ut^3 la^3 ré^4 mi^4) et **la mandoline napolitaine** (fig. C), avec chevillier plat et chevalet, sur lequel passent les chœurs de cordes fixés dans l'éclisse (même accord que le violon, cf. fig. F). Il existe aussi une mandoline napolitaine plus grande appelée **mandole**, comportant 4 chœurs de cordes (ne pas confondre avec la *mandole plus ancienne*, cf. supra). On joue de la mandoline avec un plectre, la plupart du temps en trémolos. La mandoline vient de l'ancienne mandole et apparut vers 1650.

Les principaux représentants des **instruments à cordier frontal** sont le luth et la guitare.

Le luth (de l'arabe *al'ûd* : le bois ; en espagnol : *laúd*) a un corps bombé, sans éclisses, composé de 7 à 33 pièces ; un manche bien distinct muni de frettes ; un chevillier renversé à angle droit, 6 rangs de cordes en boyau (les 5 cordes inférieures, appelées « chœurs », sont doubles,

la corde supérieure, ou *chanterelle*, est simple). L'accord normal au XVIe s. est soit : la^1 ré^2 sol^2 si^2 mi^3 la^3 (combinaison de quartes et d'une tierce, comme la viole de gambe : cf. fig. F), soit sol^1 ut^2 fa^2 la^2 ré^3 sol^3.

Le luth fut introduit par les Arabes dans le sud de l'Europe, au Moyen Âge, puis évolua jusqu'à atteindre la forme devenue aujourd'hui courante, caractérisée notamment par un manche rapporté au corps, une seule ouïe et une touche munie de frettes. Au XIVe s. le luth se répandit dans l'Europe entière et devint, au XVe s., l'instrument domestique par excellence. On jouait sur le luth toutes sortes de musique, par exemple des danses, des pièces vocales (motets) dont la partie vocale et l'accompagnement étaient transcrits en tablature (cf. p. 260). Aux XVIIe-XVIIIe s., les instruments à clavier remplacèrent le luth. Au XXe s., des efforts pour restituer la musique ancienne apportent un renouveau d'intérêt à cet instrument.

Le colachon est un luth à long manche (jusqu'à 24 frettes) comportant 3 (au XVIe s.) puis 6 cordes (ré^1 sol^1 ut^2 fa^2 la^2 ré^3). Originaire du sud de l'Italie, il se répandit dans d'autres pays du XVIe au XVIIIe s. Le colachon remonte au *tanbûr* oriental.

Les archiluths comportent des **cordes hors du manche** et un second chevillier. Ils apparurent en Italie au XVIe s. On distingue :

Le théorbe : son premier chevillier se trouve dans la touche, le second chevillier est un peu plus haut, légèrement déporté sur le côté du premier (fig. E). Les cordes sont en partie doubles, en partie triples. Le théorbe comporte 8 cordes mélodiques (mi^1 fa^1 sol^1 ut^2 fa^2 la^2 ré^3 sol^3) et 8 cordes de bourdon (ré^0 mi^0 fa^0 sol^0 la^0 si^0 ut^1 ré^1), dont l'accord cependant diffère selon les endroits et les époques (fig. F). Le théorbe apparut à Padoue au XVIe s. et se maintint jusqu'au XVIIIe s.

Le luth théorbé : c'était un luth comportant un second chevillier en forme d'arche pour les cordes de bourdon.

Le chitarrone (théorbe romain) : il était du même type que le théorbe mais comportait des cordes de bourdon longues et, par conséquent, un manche plus long entre les deux chevilliers (longueur totale du manche jusqu'à 2 m, cf. fig. E). Les cordes de bourdon étaient simples, les cordes mélodiques étaient groupées en chœurs de 2 ou 3 cordes (p. ex. : fa^0 sol^0 la^0 si^0 ut^1 ré^1 mi^1 fa^1 sol^1 ut^2 ré^2 fa^2 la^2 ré^2).

Les archiluths servaient à l'accompagnement, surtout dans la réalisation de la basse continue.

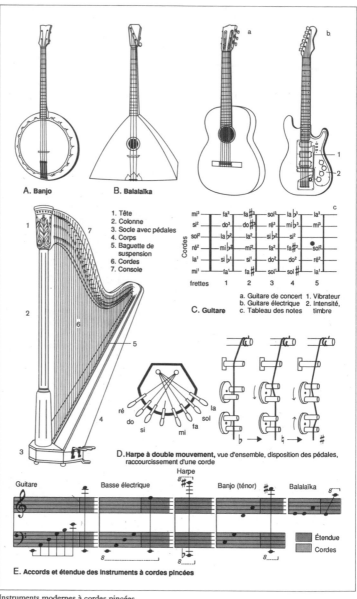

A. Banjo

B. Balalaïka

1. Tête
2. Colonne
3. Socle avec pédales
4. Corps
5. Baguette de suspension
6. Cordes
7. Console

Cordes		frettes	1	2	3	4	5
mi³			fa³	fa#³	sol³	la♭³	la³
si²			do³	do#³	ré³	mi♭³	mi³
sol²			la♭²	la²	si♭²	si²	
ré²			mi♭²	mi²	fa²	fa#²	sol²
la¹			si♭¹	si¹	do²	do²#	ré²
mi¹			fa¹	fa#¹	sol¹	sol#	la¹

a. Guitare de concert   1. Vibrateur
b. Guitare électrique   2. Intensité,
C. Guitare   c. Tableau des notes   timbre

ré   do   si   mi   la   sol   fa

D. Harpe à double mouvement, vue d'ensemble, disposition des pédales, raccourcissement d'une corde

Guitare   Basse électrique   Harpe   Banjo (ténor)   Balalaïka

■ Étendue
□ Cordes

E. Accords et étendue des instruments à cordes pincées

Instruments modernes à cordes pincées

La guitare (du grec *kithara*) a une caisse légèrement étranglée, des éclisses plates et une ouïe ouverte, un manche muni de frettes et un mécanisme à vis pour les cordes (fig. C, a). La musique pour guitare est écrite une octave plus haut que les sons réels. Chaque frette sur laquelle on pose un doigt raccourcit la corde d'un demi-ton. On obtient donc sur la 5ᵉ frette la même note que celle que produit la corde à vide immédiatement supérieure (excepté pour la corde sol : fig. C, c). La visualisation des notes sur la touche entraîna très tôt l'usage de la *tablature* pour la guitare et le luth (cf. p. 260).

En Espagne, on trouve depuis le XIIIᵉ s. des représentations visuelles de **guitare mauresque** et de **guitare latine** ; celle-là a des origines arabo-perses, celle-ci est un dérivé de la vièle (cf. p. 226). En outre, le nom de *vihuela* joua un grand rôle jusqu'au XVIIᵉ s. (**vihuela d'arco, vihuela de mano, vihuela de peñola**). Au XVIIᵉ s., on pourvut la guitare de 4-5 cordes doubles. Depuis le XVIIIᵉ s., elle comporte 6 cordes simples. C'est au XXᵉ s. que l'instrument devient très populaire dans la jeunesse. Parmi les innombrables dérivés de la guitare figurent :

- **la pandore**, instrument de basse continue ressemblant au cistre (XVIᵉ-XVIIᵉ s.), dont le corps était creusé de nombreuses anfractuosités ;
- **l'orphéoréon**, pandore avec cordier oblique ;
- **l'arpeggione**, guitare à archet de la taille du violoncelle comportant 6 cordes (mi¹ la¹ ré² sol² si² mi³), construit à Vienne en 1823 (SCHUBERT) ;
- **la guitare basse** (depuis le milieu du XIXᵉ s.) avec 6 cordes mélodiques et 5-12 cordes basses sur une seconde touche sans frettes. La facture et l'accord diffèrent ;
- **le machete**, petite guitare portugaise à quatre cordes (sol¹ ré² la² mi³) ;
- **l'ukulélé**, machete hawaïenne à quatre cordes (la² ré³ fa♯³ si³) ;
- **la guitare hawaïenne**, issue de l'ukulélé, avec effets de vibrato et de glissando ;
- **le banjo** (fig. A), guitare des Noirs d'Amérique du nord et d'Afrique, à long manche, avec un corps constitué d'un tambourin à membrane et d'éclisses métalliques plates ; le banjo comporte de 4 à 9 cordes dont l'accord est variable (fig. E) ;
- **la guitare de jazz**, qui a un corps plat très large dans la partie inférieure, des ouïes en *f*, un cordier sous l'éclisse et un système amplificateur (voir p. 60) ; même accord que la guitare ;
- **la guitare électrique** (fig. C, b), semblable à la guitare de jazz, mais sans caisse de résonance ;

- **la basse électrique**, guitare électrique avec accord de contrebasse (fig. E).

Dérivés du luth :
- **la domra**, luth kirghize à long manche existant en 6 tailles. Les trois cordes en métal se pincent avec un plectre. La domra, qui apparut au XVᵉ s., est un dérivé du *tanbûr* arabe ;
- **la balalaïka** (fig. B), instrument venant d'Ukraine, au corps triangulaire, peut avoir 6 tailles différentes. Deux de ses trois cordes sont semblables, la troisième est accordée à la quarte supérieure (ex. fig. E). Il existe des ensembles comprenant jusqu'à 45 balalaïkas.

La harpe
La harpe à double mouvement moderne (fig. D) se compose d'une caisse de résonance oblique, d'une **console** en forme de col de cygne, d'une **colonne** généralement néoclassique et d'un socle où se trouvent les **pédales**. L'étendue de la harpe est de 6 octaves 1/2. Les 47 cordes, diatoniques, sont accordées en do ♭ maj. Les modifications de hauteur chromatiques sont obtenues par 7 pédales qui, grâce à des tringles métalliques passant dans la colonne, actionnent des fourchettes pivotantes placées dans la console, qui permettent de raccourcir les cordes. Une pédale sert pour toutes les cordes de même nom, de sorte qu'il y a 7 pédales correspondant à la gamme diatonique. Par une action *simple* sur la pédale, on élève la corde d'un demi-ton ; par une action *double* on élève la corde de deux demi-tons ; on peut ainsi obtenir les 12 sons du système tempéré. Pour permettre le repérage, les cordes de Fa ♭ sont bleues, celles de Do ♭ sont rouges.

La harpe vient d'Orient (**harpe arquée** et **harpe angulaire**, cf. p. 160 et 164). En Europe, c'est d'abord en Irlande que la harpe apparaît au VIIIᵉ s. (**harpe à cadre**) ; de forme ramassée à l'époque **romane**, elle devient plus élancée à l'époque **gothique** (cf. p. 226). Les harpes étaient diatoniques et comportaient de 7 à 24 cordes (XVIᵉ-XVIIᵉ s.). Elles accompagnaient le chant et, pendant la période baroque, étaient aussi utilisées pour la basse continue.

Les changements de hauteur chromatique furent pour la première fois rendus possibles par la **harpe tyrolienne à crochets** (seconde moitié du XVIIᵉ s.), dans laquelle on raccourcit les cordes à l'aide de crochets actionnés à la main. Puis vint, vers 1720, la **harpe à pédales simples** qui permettait de jouer dans tous les tons à bémols. C'est pour cette harpe que MOZART écrivit son Concerto. Vers 1810, ÉRARD inventa la **harpe à double mouvement**.

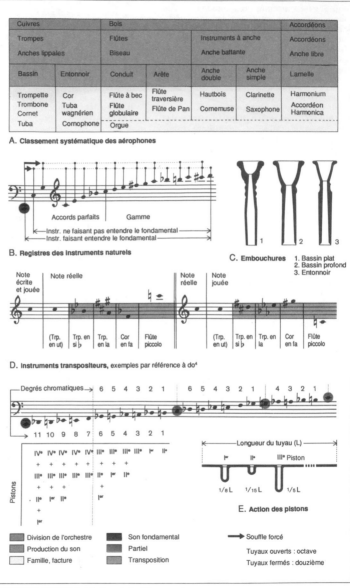

Cuivres		Bois				Accordéons
Trompes		Flûtes		Instruments à anche		Accordéons
Anches lippales		Biseau		Anche battante		Anche libre
Bassin	Entonnoir	Conduit	Arête	Anche double	Anche simple	Lamelle
Trompette Trombone Cornet Tuba	Cor Tuba wagnérien Cornophone	Flûte à bec Flûte globulaire Orgue	Flûte traversière Flûte de Pan	Hautbois Cornemuse	Clarinette Saxophone	Harmonium Accordéon Harmonica

A. Classement systématique des aérophones

Accords parfaits   Gamme
Instr. ne faisant pas entendre le fondamental
Instr. faisant entendre le fondamental

B. Registres des instruments naturels

C. Embouchures   1. Bassin plat
2. Bassin profond
3. Entonnoir

Note écrite et jouée   Note réelle   Note réelle   Note jouée

(Trp. en ut) | Trp. en si♭ | Trp. en la | Cor en fa | Flûte piccolo   (Trp. en ut) | Trp. en si♭ | Trp. en la | Cor en fa | Flûte piccolo

D. Instruments transpositeurs, exemples par référence à do⁴

Degrés chromatiques → 6 5 4 3 2 1   6 5 4 3 2 1   4 3 2 1

→ 11 10 9 8 7 6 5 4 3 2 1

Pistons

Longueur du tuyau (L)

I⁰ᶜ II⁰ III⁰ Piston

1/8 L   1/15 L   1/5 L

E. Action des pistons

☐ Division de l'orchestre   ☐ Son fondamental   → Souffle forcé
☐ Production du son   ☐ Partiel   Tuyaux ouverts : octave
☐ Famille, facture   ☐ Transposition   Tuyaux fermés : douzième

Classement systématique, principes de fonctionnement

Les aérophones sont les instruments de musique qui produisent le son par de l'air mis en vibration ; on peut donc classer ces instruments systématiquement (fig. A), selon le mode de **production du son** : on distingue ainsi les *trompes*, les *flûtes*, les *instr. à anche* et les instruments de type *accordéon* ; on peut aussi les classer selon la **forme de l'embouchure** et la **facture**. Dans l'orchestre, on distingue les *cuivres* et les *bois*. La plupart des aérophones sont des *instr. à vent*, c'est-à-dire qu'ils sont alimentés par le souffle de l'exécutant et non par un mécanisme comme c'est le cas pour l'orgue et pour les instruments de type accordéon, dont la caractéristique apparente est de comporter un clavier (*instrument à clavier*).

Les cuivres

Ils produisent le son par la tension élastique des lèvres de l'exécutant, qui met en vibration la colonne d'air. Le **timbre** de l'instrument dépend essentiellement de l'**embouchure** :
- **bassin plat** à perce étroite (p. ex. : trompettes et trombones) : son clair, riche en harmoniques (fig. C, 1) ;
- **bassin profond** (p. ex. : cornets et bugles) : plus le bassin est profond, plus le son est doux (fig. C, 2) ;
- **entonnoir** (p. ex. : cor de chasse) : son très suave et sombre (fig. C, 3).

Le timbre est aussi déterminé par la **taille** (rapport entre le diamètre du tuyau et sa longueur), par la forme de la perce et par la forme du **pavillon**.

Registres des instruments naturels. La hauteur du son produit par les cuivres est déterminée d'abord par la **longueur de la colonne d'air** en vibration. Dans les instruments qu'on appelle *naturels*, et qui n'ont ni trous, ni clefs, ni pistons, celle-ci est identique à la **longueur du tuyau**. L'instrument produit donc, en fonction de sa longueur, un son fondamental déterminé et des harmoniques que l'on entend en même temps (ut, par ex. ; on dit que l'instrument *est en ut*). Mais, en modifiant la tension de ses lèvres et en « forçant le souffle », l'exécutant peut aussi faire entendre tel ou tel partiel isolé. On obtient ainsi dans le registre grave les quintes, quartes et accords parfaits typiques des instruments naturels comme le cor de postillon, tandis qu'on ne peut produire une gamme complète que dans le registre aigu. Des tailles fines favorisent l'émission des sons aigus, des grosses tailles celles des graves.
Les tuyaux ouverts donnent tous les partiels en commençant par l'octave (ils « octavient »), les tuyaux fermés ne donnent que les partiels impairs, comme les tuyaux bouchés de l'orgue (ils « quintoient »).
Avec certains instruments, on n'entend pas

le ou les deux sons le(s) plus grave(s), surtout pour les tailles fines : on distingue ainsi deux catégories d'instruments, suivant qu'est ou n'est pas émis le son fondamental (fig. B). On appelle *fondamentales* ou *pédales* les notes les plus graves émises par les instruments de la 1re catégorie (p. ex. : le trombone).

Instruments transpositeurs. Le son fondamental et la série des partiels naturels sont déterminés par la longueur du tuyau (cf. supra). On écrit toujours la série des partiels naturels en ut maj. sans altération (fig. B et D) ; on utilise donc une sorte de « notation du doigté » qui ne tient pas compte de la hauteur réelle de chaque instrument. C'est l'instrument, et non l'exécutant, qui transpose ut maj. dans sa propre tonalité : par ex. le do⁴ de la fig. D en si b³, la³, etc. Inversement, pour obtenir do⁴, le musicien ayant une trompette en si b, p. ex., doit jouer une seconde au-dessus (ré⁴), car, par nature, son instrument joue une seconde plus bas. Dans ce cas, l'instrument est noté en *sons réels*, et c'est l'exécutant qui doit transposer.

La modification de la hauteur des sons s'obtient par l'allongement ou le raccourcissement du tuyau, soit en **introduisant** un morceau de tube dit « ton de rechange » (*cor*), soit **en emboîtant** plusieurs tubes les uns dans les autres (*trombone à coulisse*), soit encore **en actionnant des pistons**. On modifie ainsi l'accord de tout instrument.

L'action des pistons

Normalement on utilise trois pistons. Le **Ier** fait baisser l'instrument d'un **ton** (allongement de 1/8 de la longueur du tuyau), le **IIe** le baisse d'un **demi-ton** (allongement de 1/15), le **IIIe** d'une **tierce mineure** (allongement de 1/5) (fig. E). L'action conjuguée des pistons permet de descendre jusqu'à 6 demi-tons. On peut ainsi remplir chromatiquement l'intervalle de quinte entre le 2e et le 3e partiel (de sol à do), de même que les intervalles plus petits entre les partiels supérieurs. Trois pistons suffisent pour descendre du 2e partiel au sol b. Pour certains instruments émettant le fondamental, on place un IVe piston qui permet de descendre chromatiquement jusqu'au fondamental.
Certains instruments ont un piston de **commutation** : on peut ainsi transformer un cor ténor en si b (longueur du tuyau : 2,74 m) en instrument basse en fa (longueur : 3,70 m).

Depuis 1750 environ, on introduit des **sourdines** dans le pavillon pour modifier le timbre et obtenir des sons plus graves (jusqu'à un ton).

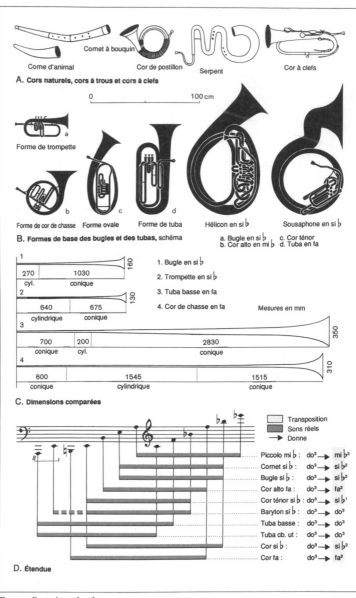

Corne d'animal — Cornet à bouquin — Cor de postillon — Serpent — Cor à clefs

A. Cors naturels, cors à trous et cors à clefs

0   100 cm

a — Forme de trompette

b — Forme de cor de chasse   c — Forme ovale   d — Forme de tuba   Hélicon en si♭   Sousaphone en si♭

B. Formes de base des bugles et des tubas, schéma

a. Bugle en si♭   c. Cor ténor
b. Cor alto en mi♭   d. Tuba en fa

1. Bugle en si♭
2. Trompette en si♭
3. Tuba basse en fa
4. Cor de chasse en fa

Mesures en mm

1	270 cyl.	1030 conique			160
2	640 cylindrique	675 conique			130
3	700 conique	200 cyl.	2830 conique		350
4	600 conique	1545 cylindrique	1515 conique		310

C. Dimensions comparées

Transposition
Sons réels
→ Donne

Piccolo mi♭ :   do³ → mi♭³
Cornet si♭ :   do³ → si♭²
Bugle si♭ :   do³ → si♭²
Cor alto fa :   do³ → fa²
Cor ténor si♭ : do³ → si♭¹
Baryton si♭ :   do³ → do³
Tuba basse :   do³ → do³
Tuba cb. ut :   do³ → do³
Cor si♭ :   do³ → si♭²
Cor fa :   do³ → fa²

D. Étendue

Formes, dimensions, étendue

Les cors naturels ne donnent que la série des sons naturels. En font partie : **la corne d'animal,** datant de la préhistoire (fig. A) et le **cor de chasse** médiéval qui lui ressemble ; **l'olifant,** en ivoire, qui, de Byzance, se répandit en Europe au Moyen Âge ; **les lurs** de l'âge du bronze (cf. p. 158) ; le **cor de chasse** et le **cor de postillon,** issus du premier cor de chasse ; pour gagner de la place, le tube métallique, plus long, a été enroulé en spirale (fig. A).

Les cors à trous sont des cors naturels dans lesquels on a percé des trous pour augmenter leur étendue. Les plus connus sont les **cornets à bouquin.** Outre le **cornet droit,** assez rare, il y avait les **cornets recourbés** en bois, souvent recouverts de cuir (fig. A). Leur étendue était de 2 à 3 octaves environ. En France, on construisit au XVIᵉ s., un cornet basse et contrebasse **(serpent)** dont l'étendue était si b^0-si b^3 (fig. A).

Les corps à clefs apparurent au XVIIIᵉ s., lorsqu'on munit de clefs les cors à trous (fig. A). Le plus connu est **l'ophicléide** utilisé dans l'orchestre comme l'instrument le plus grave de la famille des cors, et qui fut supplanté par le tuba basse.

Les cors à piston. En adaptant des pistons aux cors, on développa les familles des **cornets,** des **bugles** et des **tubas.** Ils apparaissent sous 4 formes de base :
− *forme de trompette :* l'instr. est tenu horizontalement comme la trompette ; utilisé surtout dans l'aigu ;
− *forme de cor de chasse :* rond, avec un pavillon assez large ; utilisé dans une tessiture moyenne ;
− *forme ovale :* comporte un pavillon étiré en longueur ; utilisé surtout dans le médium et le grave ;
− *forme de tuba :* droit, avec un pavillon étiré ; utilisé surtout dans le grave.
Il faut encore ajouter *l'hélicon* et le *sousaphone.* La fig. B montre la silhouette de ces instruments et donne de chacun un exemple concret qui permet de saisir les différences de tessiture en fonction de la taille.

Le cornet apparut en France au début du XIXᵉ s., lorsqu'on adapta des *pistons* au cor de postillon. Il est facile d'en jouer ; aussi l'instrument est-il très répandu. Le **cornet soprano,** le plus courant, est en si b (mi²-si b^4), en ut ou en la, le **piccolo** est en mi b ou en ré, le **cornet alto** en mi b (mi b^1-mi b^3).

Les bugles apparurent en Autriche vers 1830 lorsqu'on adapta des pistons rotatifs aux cors à clefs. Ils ont un tuyau conique

et de grosses tailles : leur son est donc plein et doux. On les appelle aussi **flicornes** ou **saxhorns** (du nom du facteur Adolphe SAX ; brevet : Paris, 1845). A la famille des bugles appartiennent :
le bugle en si b et en ut (soprano), de taille fine, proche du cornet. Par son timbre doux, il se distingue de la trompette au son éclatant (fig. C) ;
le cor alto en fa ou en mi b, en forme de cor de chasse, de trompette ou de tuba ;
le cor ténor, en ut ou en si b, de forme ovale ou en forme de tuba ;
le baryton ou **euphonium** en si b, de forme ovale ou en forme de tuba ;
le tuba basse en fa (étendue extrême avec 4 pistons, voir fig. D) et en mi b ; il apparut en 1835 à la suite de l'ophicléide basse ;
le tuba contrebasse en ut et en si b (avec 7 pistons : la $^{-1}$-si b^2), également appelé **basse impériale ;**
le tuba double en fa/ut et fa/si b (si b^{-1}-fa³), assemblage d'un tuba basse et d'un tuba contrebasse, muni d'un piston de commutation.
On tient les tubas de façon que leur large pavillon soit tourné vers le haut. L'harmonie et la fanfare préfèrent **l'hélicon** ovale et le **sousaphone.**

Les cors simples (*cor naturel*)
Le cor d'harmonie apparut vers la fin du XVIIᵉ s. ; issu du cor de chasse, il comporte un tuyau plus long, en majeure partie cylindrique et plusieurs fois enroulé sur lui-même, une embouchure en forme d'entonnoir et un large pavillon (voir dimensions fig. C). Ces modifications donnèrent au son plus de chaleur et d'éclat, plus de puissance aussi dans le *forte.* En mettant la main droite dans le pavillon, qu'il fallait alors tourner vers le bas, on pouvait assourdir le son, mais aussi l'abaisser jusqu'à un ton (HAMPEL, Dresde, vers 1750). Pour modifier l'accord de l'instrument, on utilisait soit des « tons de rechange », fragments de tubes que l'on insérait entre l'embouchure et le corps, soit une coulisse d'accord, placée au centre du corps de l'instrument (voir *Inventionshorn,* p. 50, fig. A). L'adaptation de pistons vers 1814 rendit possible l'émission de tous les degrés chromatiques.
Le cor double utilisé aujourd'hui est un instrument ténor et basse avec piston de commutation (assemblage d'un cor en si b et d'un cor en fa ; pour l'étendue, voir fig. D).

En 1870, WAGNER fit construire des tubas spéciaux, avec embouchure de cor et quatre pistons. Le son de ces **tubas wagnériens** est plus sourd que celui des tubas et plus solennel que celui des cors (tuba ténor en si b ; tuba basse en fa).

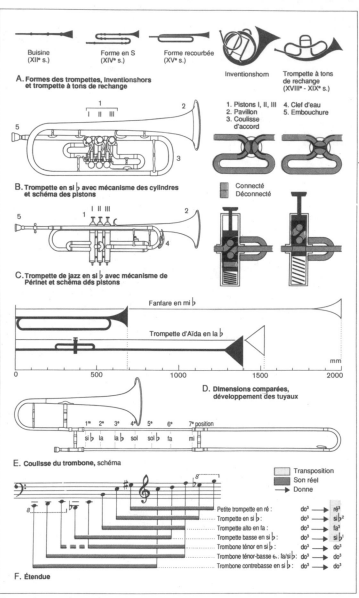

A. Formes des trompettes, Inventionshors
et trompette à tons de rechange

Buisine
(XIIᵉ s.)

Forme en S
(XIVᵉ s.)

Forme recourbée
(XVᵉ s.)

Inventionshorn

Trompette à tons
de rechange
(XVIIIᵉ - XIXᵉ s.)

1. Pistons I, II, III
2. Pavillon
3. Coulisse
d'accord
4. Clef d'eau
5. Embouchure

B. Trompette en si ♭ avec mécanisme des cylindres
et schéma des pistons

Connecté
Déconnecté

C. Trompette de jazz en si ♭ avec mécanisme de
Périnet et schéma des pistons

Fanfare en mi ♭

Trompette d'Aïda en la ♭

mm

0   500   1000   1500   2000

D. Dimensions comparées,
développement des tuyaux

1ʳᵉ 2ᵉ 3ᵉ 4ᵉ 5ᵉ 6ᵉ 7ᵉ position

si♭ la la♭ sol sol♭ fa mi

E. Coulisse du trombone, schéma

Transposition
Son réel
→ Donne

Petite trompette en ré :   do³ → ré³
Trompette en si ♭ :   do³ → si ♭²
Trompette alto en fa :   do³ → fa³
Trompette basse en si ♭ :   do³ → si ♭¹
Trombone ténor en si ♭ :   do³ → do³
Trombone ténor-basse e.. fa/si ♭: do³ → do²
Trombone contrebasse en si ♭ :   do³ → do¹

F. Étendue

Formes, pistons, registres

Les trompettes naturelles recourbées (fig. A) dépendent complètement des sons naturels. C'est pourquoi il en existe dans de nombreux tons différents : en ut (son et notation conformes à la série des sons naturels, p. 46, fig. B), en si ♭ (sonne un ton au-dessous), en ré, mi ♭, mi, fa (transposition supérieure). Aucun de ces instruments n'émet le fondamental (cf. p. 46).

Les trompettes ont une **embouchure en forme de coupe** ; leur tuyau est étroit, en grande partie cylindrique. A ces trompettes naturelles appartient aussi la longue **fanfare** ou **trompette d'Hérold** en si ♭ (fa²-fa⁴) ou en mi ♭ (si b²-si ♭⁴). La planche D montre les dimensions comparées du tuyau enroulé et déroulé de ces instruments.

Les trompettes à pistons ont des pistons ou des cylindres. Le piston simple apparut en 1814 et fut amélioré par PÉRINET (Paris, 1839). Le piston rotatif ou cylindre fut fabriqué en 1832 à Vienne. Les figures B et C donnent un schéma du **mécanisme des pistons** :

– **le piston rotatif** : mis en action par de petits disques et par un mécanisme de levier, un petit cylindre rotatif connecte ou déconnecte le morceau de tuyau supplémentaire situé sur le même plan ;
– **le piston simple** est actionné directement : le mécanisme est donc plus simple ici. Lorsqu'il est actionné, le piston conduit le souffle d'air vers l'arrière, dans le morceau de tuyau supplémentaire.

Dans les deux cas, il est difficile de calculer la longueur des tuyaux pour que l'instrument reste correctement accordé dans les différentes positions qu'occupent les pistons. Outre ces pistons, les trompettes peuvent comporter des *pistons de commutation* (cf. p. 47), qui permettent de modifier l'accord de l'instrument pour une période plus longue.

Petite trompette en fa, mi ♭ ou ré. La *trompette de Bach* (en ré) en est un exemple particulier.
Trompette en si ♭ (soprano) : c'est la trompette la plus courante. Elle a trois pistons rotatifs et un piston de commutation permettant de la transformer en trompette en la (fig. B).
Trompette de jazz, en si ♭. Elle est plus longue et plus mince, son timbre est plus clair et plus souple (fig. C)
Trompette d'Aïda en ut ou en si ♭, comme la trompette soprano normale. Elle fut construite pour l'*Aïda* de VERDI (1871) et comporte un tuyau droit. Elle est plus puissante que la fanfare, bien que son tuyau soit plus court (fig. D).
Trompette alto en fa ou mi ♭.
Trompette basse en si ♭ ou ut, une octave plus grave que la trompette soprano, c'est-à-dire en fait tessiture de ténor. C'est le trombone (cf. infra) qui prend la suite de la trompette dans le grave.

La forme primitive de la trompette est un tuyau droit en bois, puis en métal. Dans l'Antiquité, la trompette servait à la guerre et au temple. Considérée comme un précieux butin de guerre, c'est ainsi qu'elle pénétra en Occident, notamment grâce aux Croisades. Au Moyen Âge, il y avait la grande *tromba* (= *buisine*) et la petite *trombetta*, toutes deux de forme droite (fig. A).
Pour éviter que les longs tuyaux ne se tordent, on leur donna la forme de Z et de S (XIIIᵉ-XIVᵉ s.), puis la forme recourbée moderne (XVᵉ s.). Cette trompette était généralement en ré, puis, surtout dans l'armée, en mi ♭. Pour changer l'accord, on utilisait des tons de rechange. Les trompettes les plus graves étaient appelées **principali**, les plus aiguës **clarini** (embouchure étroite et plate). Toutes deux étaient associées aux **timbales**. Les **clarini** apparurent à l'époque baroque, surtout comme instruments concertants.

Les trombones sont des trompettes de tessiture grave. Leurs tuyaux en forme de U sont emboîtés l'un dans l'autre ; en tirant sur cette coulisse, on obtient, à partir de l'accord de base, un glissando continu ou bien une descente graduelle par demi-tons, dont chacun correspond aux 6 *positions* de la coulisse. Les 6 positions correspondent aux 3 pistons et à leurs effets conjugués (voir p. 46, fig. E). Les notes les plus graves (fondamentales) portent le nom de *notes-pédales*. Les trombones sont notés en sons réels.
Le trombone alto est en mi ♭ (la¹-mi ♭⁴), **le trombone ténor**, le plus courant, en si ♭ (mi¹-si ♭³), **le trombone basse** est en fa (si⁰-fa³), **le trombone contrebasse** est en mi, mi ♭, ut si ♭ (mi⁰-ré³) ; ce dernier peut aussi avoir 4 tuyaux au lieu de 2 (*trombone à double coulisse*). Le plus souvent, on remplace le trombone alto par le trombone ténor et le trombone basse par le **trombone ténor-basse** apparu en 1839 ; c'est un instrument de grandes dimensions en si ♭/fa, muni d'un piston de commutation (cf. supra). Au lieu d'une coulisse, le **trombone à piston** en si ♭ (depuis 1830 environ) comporte 3 pistons et un piston de commutation (fa) ; mais il n'a pas réussi à s'imposer.

Les trombones apparurent au XVᵉ s. lorsque la dernière partie coudée de la trompette grave recourbée devint une coulisse mobile. Au XVIᵉ s., il existait tout un ensemble de trombones : dessus en si ♭, alto en fa, trombones à la quarte, à la quinte et à l'octave inférieures en fa, mi ♭ et si ♭. On se limita, au XVIIᵉ s., aux trombones alto, ténor et basse encore utilisés aujourd'hui.

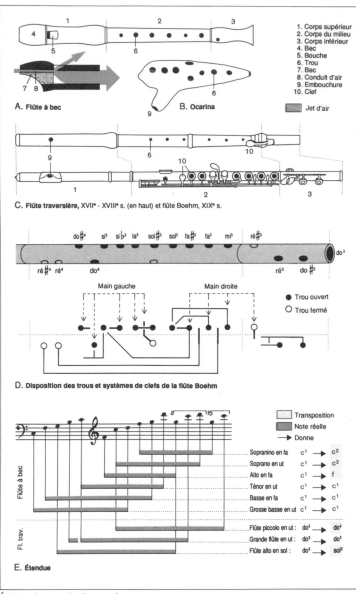

A. Flûte à bec

1. Corps supérieur
2. Corps du milieu
3. Corps inférieur
4. Bec
5. Bouche
6. Trou
7. Bec
8. Conduit d'air
9. Embouchure
10. Clef

B. Ocarina

Jet d'air

C. Flûte traversière, XVIIe - XVIIIe s. (en haut) et flûte Boehm, XIXe s.

Main gauche   Main droite

● Trou ouvert
○ Trou fermé

D. Disposition des trous et systèmes de clefs de la flûte Boehm

Transposition
Note réelle
Donne

Sopranino en fa	c¹ →	c²
Soprano en ut	c¹ →	c²
Alto en fa	c¹ →	f
Ténor en ut	c¹ →	c¹
Basse en fa	c¹ →	c¹
Grosse basse en ut	c¹ →	c¹
Flûte piccolo en ut :	do³ →	do⁴
Grande flûte en ut :	do³ →	do³
Flûte alto en sol :	do³ →	sol²

Flûte à bec

Fl. trav.

E. Étendue

Émission du son, mécanisme, registres

Les flûtes font partie du groupe des bois, bien qu'elles soient faites de matériaux divers (bois, métal, os, argile). **Émission du son** : un jet d'air est envoyé sur une arête (*biseau*) qui le divise. Des tourbillons se forment alors. Correspondant à la fréquence des tourbillons, apparaît ce que l'on appelle un *son labial*, sifflement analogue à celui d'un fouet. Une partie du jet d'air est envoyée à l'extérieur, l'autre entre dans l'instrument et se trouve renforcée par la colonne d'air vibrante du tuyau, ce dernier servant de résonateur. Dans les flûtes qui comportent un **bec**, l'air est conduit mécaniquement sur le biseau : le jet d'air étant fixe, le son l'est aussi, et le jeu de l'instrument est plus aisé. Les flûtes munies d'une **embouchure** permettent de modifier le son, grâce aux lèvres de l'exécutant.

La hauteur du son est déterminée par la longueur de la colonne d'air en vibration (voir p. 14). Dans la **flûte de Pan**, des tuyaux de longueurs différentes sont réunis en séries pentatoniques ou diatoniques. Dans les **flûtes à trous**, la longueur de la colonne d'air en vibration change avec l'ouverture de ces trous. Elle va généralement jusqu'au premier trou ouvert. Si tous les trous sont fermés, on entend le son fondamental. *Les doigtés fourchus* (un trou ouvert entre deux trous fermés) et *l'obturation partielle* des trous agissent sur la formation des nœuds de la colonne d'air (formation des demi-tons).

Le son des flûtes est sombre et doux, car elles ne produisent pas les partiels élevés. Selon la manière dont on les tient, on distingue les flûtes droites et les flûtes traversières ; les flûtes globulaires, que l'on peut tenir de diverses manières, constituent une catégorie à part.

Les flûtes droites existaient déjà aux temps préhistoriques, puis dans l'Antiquité : c'étaient des tuyaux de longueur différente, avec ou sans bec ; ils étaient joués séparément, ou réunis comme dans la flûte de Pan. Ce type de flûte est surtout représenté aujourd'hui par la flûte à bec.

La flûte à bec tire son nom du *bec* contenant le *conduit d'air* qui, pour sa part, conduit le souffle produit par l'exécutant sur le *biseau*. La flûte à bec a la forme d'un cône renversé ; elle comporte à l'avant 7 trous dans une suite diatonique et, à l'arrière, un trou pour octavier (joué par le pouce). Elle existe aujourd'hui en 6 tailles (fig. E). La flûte basse et la grosse basse ont une embouchure en forme de *S* et des clefs pour le petit doigt, en raison de leur grande longueur. L'étendue est pour chacune d'environ 2 octaves.

Les flûtes à bec pénétrèrent en Europe au Moyen Âge, venant d'Asie. Elles furent supplantées au XVIIIe s. par la flûte traversière, plus brillante, mais sont à nouveau très répandues au XXe s., comme instruments domestiques.

Parmi les flûtes droites, on compte aussi :
- **la flûte à bec double**, avec deux tuyaux ;
- **le galoubet ou flûtet** (XVIe s.), instrument se jouant d'une main, généralement accompagné d'un tambourin ;
- **le cor de chamois**, fabriqué dans la corne de l'animal (XVIe s.) ;
- **le flageolet**, précurseur (français) du piccolo au XVIIIe s.

Les flûtes globulaires, avec ou sans bec, sont d'origine asiatique très ancienne ; elles se rencontrent partout, notamment dans les civilisations primitives. En Europe, on les trouve surtout au XVIIIe s., fabriquées en porcelaine. L'**ocarina** est une flûte globulaire à bec, en terre (Italie, 1860, fig. B).

Les flûtes traversières comportent une embouchure sur le côté du corps supérieur ; dans les flûtes modernes, l'embouchure comporte un petit plateau qui permet d'appuyer la lèvre inférieure (BOEHM, cf. fig. C). Elles demandent une technique de souffle très développée et produisent un son dont la hauteur et le timbre sont variables. D'origine asiatique, elles apparurent en Europe au Moyen Âge (XIIe s.) et se rencontraient surtout en Allemagne (l'instrument est en général appelé *flûte allemande* jusqu'au XVIIIe s.). Précurseur de la flûte traversière, le **fifre** militaire comportait un tuyau cylindrique court. Agrandi au XVIe s., ce fifre pénétra bientôt dans l'orchestre. Aux XVIIe-XVIIIe s., la flûte traversière devint un instrument en forme de cône renversé et muni de troisièmes corps interchangeables pour permettre des accords différents, et de plusieurs clefs.

La grande flûte moderne en ut (*flûte Boehm*) : en 1832, BOEHM détermina la position des trous d'après les données acoustiques, et non en fonction du doigté, ce qui l'amena à mettre au point des clefs. En 1847, il remplaça le tuyau conique par un tuyau cylindrique qui donna à l'instrument une sonorité plus égale, mais modifia complètement son timbre. Le corps du milieu et le corps inférieur comportent une suite de trous chromatiques et des trous supplémentaires permettant d'octavier. La conception de l'instrument offre une foule de possibilités de fermeture des trous sans déplacement de la main (fig. D).

La flûte alto, de même facture, est en sol ; **la flûte basse** est en si ♭ ou en ut. **La petite flûte** (*piccolo*) en ut apparut à la fin du XVIIIe s. Elle joue un rôle important dans la musique pour instr. à vent, mais aussi dans l'orchestre depuis BEETHOVEN (*Ve Symphonie*).

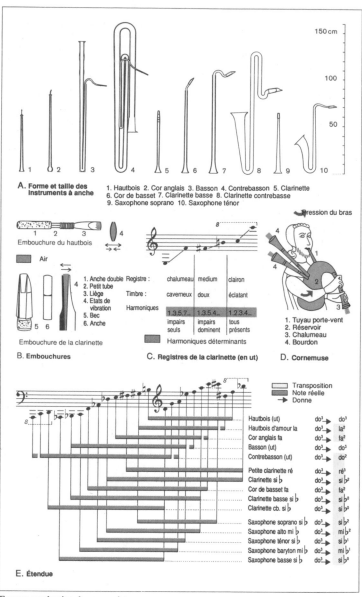

A. Forme et taille des instruments à anche
1. Hautbois 2. Cor anglais 3. Basson 4. Contrebasson 5. Clarinette
6. Cor de basset 7. Clarinette basse 8. Clarinette contrebasse
9. Saxophone soprano 10. Saxophone ténor

Embouchure du hautbois

Air

1. Anche double
2. Petit tube
3. Liège
4. Etats de vibration
5. Bec
6. Anche

Embouchure de la clarinette

B. Embouchures

Registre : chalumeau | medium | clairon
Timbre : caverneux | doux | éclatant
Harmoniques
1.3.5.7... impairs seuls | 1.3.5.4... impairs dominent | 1.2.3.4... tous présents

Harmoniques déterminants

C. Registres de la clarinette (en ut)

Pression du bras
1. Tuyau porte-vent
2. Réservoir
3. Chalumeau
4. Bourdon

D. Cornemuse

Transposition
Note réelle
Donne

	Donne	
Hautbois (ut)	do³→	do³
Hautbois d'amour la	do³→	la²
Cor anglais fa	do³→	fa²
Basson (ut)	do³→	do³
Contrebasson (ut)	do³→	do²
Petite clarinette ré	do³→	ré³
Clarinette si ♭	do³→	si ♭²
Cor de basset fa	do³→	fa²
Clarinette basse si ♭	do³→	si ♭⁰
Clarinette cb. si ♭	do³→	si ♭⁰
Saxophone soprano si ♭	do³→	si ♭²
Saxophone alto mi ♭	do³→	mi ♭²
Saxophone ténor si ♭	do³→	si ♭¹
Saxophone baryton mi ♭	do³→	mi ♭¹
Saxophone basse si ♭	do³→	si ♭⁰

E. Étendue

Formes, production du son, registres

Les **instruments à anche** forment deux familles en fonction de la manière dont est produit le son :

- **instruments à anche double** ou **famille du hautbois** ;
- **instruments à anche simple** ou **famille de la clarinette**.

Instruments à anche double. L'anche double se compose de deux fines lamelles de roseau fixées sur un petit tube de métal et dont les extrémités s'entrechoquent périodiquement en vibrant librement (voir embouchure du hautbois, fig. B). Sur les côtés, l'embouchure est tapissée de liège et elle est enfoncée dans l'instrument.

Le hautbois est un instrument soprano en ut. Son tuyau en bois dur est conique en Allemagne (fig. A, 1), cylindrique en France et comporte 16-22 trous et un mécanisme complexe de clefs. Ayant une taille plus fine, une anche plus fine et une position des trous sensiblement différente, le modèle français donne un son plus aigu que le modèle allemand.

Le hautbois d'amour (« oboe d'amore ») en la a une sonorité plus douce à cause de son pavillon piriforme.

Le cor anglais, hautbois alto en fa, comporte un pavillon piriforme comme le hautbois d'amour (fig. A, 2) ; il se répandit au XVIIIe s. et portait aussi le nom de **oboe da caccia**. Courbe à l'origine, son tuyau devint droit à partir de 1820-30 (facture parisienne).

L'heckelphone est un hautbois baryton en ut (si^1-fa^4) ; il a une large perce et un pavillon piriforme.

Le sarrusophone est un grand hautbois dont le tuyau est en métal et dont la technique s'apparente à celle du saxophone (contrebasse : si $\flat^{-1}$-fa^2).

Le basson (anciennement *Dulcian*) est l'instrument grave de la famille du hautbois ; il se compose de deux tuyaux parallèles en érable, enfoncés dans la culasse (voir fig. A, 3) ; il a 22-24 clefs et 6 trous. A l'époque baroque, le basson était un instrument important pour la basse continue.

Le contrebasson a plusieurs tuyaux recourbés (fig. A, 4).

Venu du Proche-Orient et d'Égypte, le hautbois pénétra en Grèce et à Rome ; plus tard, « arabisé », il vint en Europe en passant par la Sicile. Au Moyen Âge existait la grande et mince **chalemie** (ou **chalemelle**) à 7 trous qui devint aux XVe-XVIe s. la **bombarde**, construite en 7 tailles différentes. On introduisait le tuyau dans la bouche jusqu'à l'appui prévu pour les lèvres : ainsi, le son était fixe. Ce n'est qu'au XVIIe s., avec l'apparition du hautbois, issu de la bombarde soprano, que les lèvres purent jouer un rôle

dans la formation du son, permettant ainsi au hautbois de devenir un instrument expressif. Depuis LULLY (1664), il fait partie de l'orchestre.

Appartiennent à la famille du hautbois : le **courtaud** (XVe-XVIe s.), le **cromorne** à tuyau conique recourbé (du Moyen Age au XVIIe s.), le **sordun**, à tuyau cylindrique et à plusieurs trous (XVe-XVIe s.) et le **cervelas** en forme de boîte (XVIe-XVIIe s.).

Les instruments de la famille de la **clarinette** produisent le son avec une anche simple qui ferme périodiquement l'arrivée d'air dans l'embouchure en forme de bec (fig. B) ; ces instr. quintoient (cf. p. 46). La perce des clarinettes est cylindrique, conique vers le bas (fig. A, 5). Les sons partiels pairs n'apparaissent que dans le medium et sortent tout à fait normalement dans l'aigu ; aussi le timbre des clarinettes est-il doux et sourd dans les graves et devient-il progressivement clair et éclatant dans l'aigu (fig. C).

La clarinette est normalement en si $\flat$, mais aussi en la et en ut, la **petite clarinette** est en ré, mi $\flat$ et fa, la **clarinette alto** en fa ou mi $\flat$, la **clarinette basse** en si $\flat$ (fig. A, 7), la **clarinette contrebasse** en si $\flat$ (fig. A, 8).

Le cor de basset, clarinette alto en fa ou mi $\flat$, apparut à la fin du XVIIIe s. ; jusqu'au milieu du XIXe s., il avait un tuyau courbe ou coudé ; il est aujourd'hui de même facture que la clarinette basse.

La clarinette apparut vers 1720 ; elle est issue du chalumeau, clarinette populaire à trous à laquelle furent ajoutées des clefs et d'autres perfectionnements. Elle fut l'instrument de prédilection des romantiques (WEBER).

Dans la musique de jazz, elle a été progressivement remplacée par le saxophone.

Les saxophones associent le bec des clarinettes à un tuyau en cuivre de forme parabolique. Ils octavient ; leur étendue est d'environ 2 1/2 octaves.

Ils existent en 6 tailles : **sopranino** en fa ou mi $\flat$, **soprano** en ut ou si $\flat$ (fig. A, 9), **alto** en fa ou mi $\flat$, **ténor** en ut ou si $\flat$ (fig. A, 10), **baryton** en fa ou mi $\flat$, **basse** en ut ou si $\flat$.

Les cornemuses se composent d'un réservoir d'air, d'un tuyau porte-vent dans lequel on souffle et de tuyaux de type clarinette : un **tuyau mélodique** nommé **chalumeau** et, le plus souvent, deux **bourdons** donnant le son fondamental et la quinte. La pression de l'air (intensité) est réglée par le bras (fig. D).

D'origine orientale, la cornemuse arriva en Europe au Moyen Âge où elle servit d'instrument pastoral et militaire. La **musette** française (XVIIe s.) a, quant à elle, des tuyaux de **hautbois**.

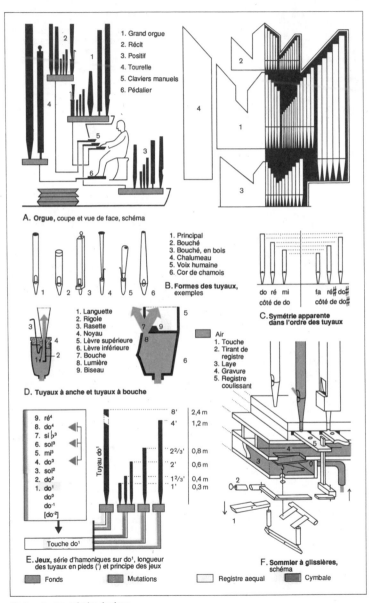

1. Grand orgue
2. Récit
3. Positif
4. Tourelle
5. Claviers manuels
6. Pédalier

A. Orgue, coupe et vue de face, schéma

1. Principal
2. Bouché
3. Bouché, en bois
4. Chalumeau
5. Voix humaine
6. Cor de chamois

B. Formes des tuyaux, exemples

do ré mi | fa ré# do#
côté de do | côté de do#

C. Symétrie apparente dans l'ordre des tuyaux

1. Languette
2. Rigole
3. Rasette
4. Noyau
5. Lèvre supérieure
6. Lèvre inférieure
7. Bouche
8. Lumière
9. Biseau

Air
1. Touche
2. Tirant de registre
3. Laye
4. Gravure
5. Registre coulissant

D. Tuyaux à anche et tuyaux à bouche

9. ré⁴
8. do⁴
7. si ♭³
6. sol³
5. mi³
4. do³
3. sol²
2. do²
1. do¹
do⁰
do⁻¹
[do⁻²]

Tuyau do¹

8'	2,4 m
4'	1,2 m
2²/₃'	0,8 m
2'	0,6 m
1²/₃'	0,4 m
1'	0,3 m

Touche do¹

E. Jeux, série d'hamoniques sur do¹, longueur des tuyaux en pieds (') et principe des jeux

F. Sommier à glissières, schéma

■ Fonds   ■ Mutations   □ Registre aequal   ■ Cymbale

Facture, tuyaux, principe des jeux

L'orgue (du grec : *organon*, machine) se compose :
- d'une **tuyauterie** (fig. A, 1-4 ; B) ;
- d'une **soufflerie** (voir coupe fig. F) ;
- d'une **transmission** (fig. A, 5-6 ; F).

Tuyauterie (*tuyaux à bouche* et *tuyaux à anche*).
Les tuyaux à bouche produisent le son comme des flûtes. L'air est envoyé à travers la **lumière** sur le **biseau de la lèvre supérieure** ; de là, une partie est envoyée vers l'extérieur, une partie dans le tuyau (fig. D). La hauteur du son dépend de la *longueur* du tuyau : le tuyau ut^1 mesure 8' (huit pieds anglais), le tuyau plus grave ut^0 est deux fois plus long, soit 16', le tuyau plus aigu ut^2 est deux fois plus court, soit 4'. Grâce aux tirants de registre, ces trois tuyaux peuvent être reliés à la même touche do^1 (fig. E). On peut ainsi renforcer le 8' avec les octaves 4', 16', 32' utilisées comme *fonds*. Pour obtenir des modifications de timbre, on a construit des tuyaux correspondant à la série des harmoniques du son ut^1 (jusqu'au 9e). Ces tuyaux harmoniques peuvent être accouplés à cette même touche do^1, soit *séparément* (*mutations simples*), soit dans des *combinaisons* (**mutations composées** ou **mixtures**). La fig. E donne un ex. de mixture : la **cymbale** (fondamentale + ut^3 + sol^3 + ut^4). Son timbre, clair et aigu, est très caractéristique.
Le tuyau isolé est complété en séries de gammes, les **jeux** ou **registres**. Les accouplements se rapportent toujours à un jeu entier. Le registre 8', où les touches correspondent à la hauteur des sons, s'appelle **aequal**.
Les tuyaux bouchés sont fermés dans leur partie supérieure (fig. B, 2, 3). Leur son est plus sourd et se situe une octave plus bas. Un tuyau bouché de 4' donne un son de même hauteur qu'un tuyau ouvert de 8' (voir p. 14).
D'autres jeux donnent à l'orgue des timbres différents, en fonction du **matériau** (bois au lieu de métal : fig. B, 3), de la **forme** (conique ou cylindrique) ou de la **taille** (ex. : fig. B).
Les tuyaux à anche produisent le son par une languette fixée à une **rigole** introduite dans le noyau (fig. D). La forme du **pavillon** détermine le timbre. Il y a ainsi le **chalumeau** long et mince, au timbre nasillard (fig. B, 4), la *trompette* au timbre clair, parfois disposée horizontalement, ou la douce *voix humaine* (fig. B, 5). Les tuyaux à anche n'apparaissent qu'à partir des xve-xvie s.

La disposition des jeux change avec chaque instrument et dépend aussi de l'architecture et de l'acoustique de l'édifice religieux ; ils sont classés par groupes de timbre (fig. A).
Le **grand orgue**, au milieu du buffet, est composé surtout de principaux de 8' et 4', et de 16' dans les instruments de grande taille. Il est actionné par le clavier principal (généralement au milieu).
Le **récit**, placé au-dessus, et le **positif**, situé dans le dos de l'exécutant, comportent des jeux de fonds, des mutations simples et des jeux d'anche soigneusement choisis, souvent actionnés par le 1er et le 3e clavier.
Les grandes orgues comportent aussi un **pectoral** (au-dessous du grand orgue, à la hauteur du buste du musicien), avec des jeux solistes clairs. Dans les **tourelles** se trouvent les longs tuyaux de basse (actionnés par la pédale).
Les tuyaux d'un jeu sont rangés par ordre de taille. Pour donner une impression de symétrie, on place les tuyaux par demi-ton, alternativement à droite et à gauche (fig. C).

Soufflerie
On utilisait jadis des soufflets actionnés par des souffleurs ; l'arrivée d'air était irrégulière. C'est pourquoi, à partir du xviie s., on se servit de soufflets doubles : une **pompe** tirait l'air d'un réservoir qui fournissait une pression régulière. Aujourd'hui, la pompe est remplacée par une **soufflerie électrique**. Des canaux conduisent l'air aux **chambres d'air** et aux **sommiers** sur lesquels se trouvent les tuyaux. Principaux systèmes :
- **Le sommier à glissières** (fig. F) : tous les tuyaux commandés par la même touche se trouvent dans la même **gravure**. Les jeux sont actionnés par une réglette de bois coulissante, percée de trous pour chaque tuyau ; la série des tuyaux d'un jeu se trouve ainsi exactement au-dessus des trous. Si la touche actionne l'ouverture de la **soupape**, l'air afflue de la **laye** dans la gravure puis dans les tuyaux mis en jeu (les autres sont bouchés par les registres).
- **Le sommier à pistons** (WALKER, 1842) : tous les tuyaux d'un jeu se trouvent dans la même **gravure** ; par une pression sur la touche, ils reçoivent l'air séparément par une soupape.
- **Le sommier à ressort** (à partir de 1400 environ) : au lieu de registres coulissants, il comporte une soupape dans la gravure sous *chaque* tuyau.

Transmission
Dans la facture classique de l'orgue, le lien entre les touches et les tuyaux (**traction**) est mécanique (rouleaux de bois). Aux xixe-xxe s. fut utilisée la traction *pneumatique*, puis la traction *électromagnétique*. Aujourd'hui, on construit à nouveau des sommiers à glissières mécaniques (fig. F), couplés parfois avec une registration électrique permettant un changement de jeux plus rapide.

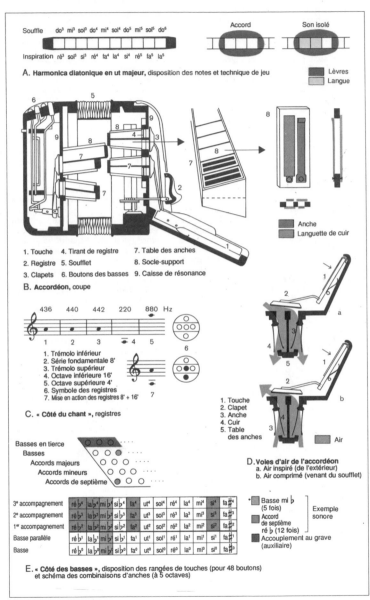

Souffle do³ mi³ sol³ do⁴ mi⁴ sol⁴ do⁵ mi⁵ sol⁵ do⁶

Inspiration ré³ sol³ si³ ré⁴ fa⁴ la⁴ si⁴ ré⁵ fa⁵ la⁵

Accord   Son isolé

A. Harmonica diatonique en ut majeur, disposition des notes et technique de jeu

Lèvres
Langue

1. Touche   4. Tirant de registre   7. Table des anches
2. Registre 5. Soufflet   8. Socle-support
3. Clapets   6. Boutons des basses 9. Caisse de résonance

B. Accordéon, coupe

Anche
Languette de cuir

436   440   442   220   880 Hz
1   2   3   ◡ 4   5

1. Trémolo inférieur
2. Série fondamentale 8'
3. Trémolo supérieur
4. Octave inférieure 16'
5. Octave supérieure 4'
6. Symbole des registres
7. Mise en action des registres 8' + 16'

C. « Côté du chant », registres

1. Touche
2. Clapet
3. Anche
4. Cuir
5. Table
   des anches

D. Voies d'air de l'accordéon
a. Air inspiré (de l'extérieur)
b. Air comprimé (venant du soufflet)

Air

3ᵉ accompagnement	ré♭⁴	la♭⁴	mi♭⁴	si♭⁴	fa⁴	ut⁴	sol⁴	ré⁴	la⁴	mi⁴	si⁴	fa♯⁴
2ᵉ accompagnement	ré♭³	la♭³	mi♭³	si♭³	fa³	ut³	sol³	ré³	la³	mi³	si³	fa♯³
1ᵉʳ accompagnement	ré♭²	la♭²	mi♭²	si♭²	fa²	ut²	sol²	ré²	la²	mi²	si²	fa♯²
Basse parallèle	ré♭¹	la♭¹	mi♭¹	si♭¹	fa¹	ut¹	sol¹	ré¹	la¹	mi¹	si¹	fa♯¹
Basse	ré♭⁰	la♭⁰	mi♭⁰	si♭⁰	fa⁰	ut⁰	sol⁰	ré⁰	la⁰	mi⁰	si⁰	fa♯⁰

Basses en tierce
Basses
Accords majeurs
Accords mineurs
Accords de septième

• Basse mi♭
  (5 fois)   Exemple
  Accord   sonore
  de septième
  ré♭ (12 fois)
  Accouplement au grave
  (auxiliaire)

E. « Côté des basses », disposition des rangées de touches (pour 48 boutons)
et schéma des combinaisons d'anches (à 5 octaves)

Harmonica et accordéon

Les claviers manuels et le pédalier peuvent être **accouplés** de différentes manières, comme les jeux, qui peuvent être partiellement programmés à l'avance dans des **combinaisons**, puis actionnés immédiatement pendant l'exécution.

Boîtes expressives : les tuyaux d'orgue sont régulièrement alimentés en air et n'ont donc aucune possibilité de *crescendo* et de *decrescendo*. Au XVIIᵉ s., on mit certains jeux dans des boîtes de bois fermées pour obtenir des effets d'écho et d'éloignement. *La boîte expressive du récit* (XVIIIᵉ s.) permet d'obtenir des nuances de gradation, en ouvrant ou en fermant lentement les parois et le couvercle de la boîte.

Histoire de l'orgue (pour les débuts de cette histoire, cf. p. 178) : c'est aux VIIIᵉ-IXᵉ s. que des orgues byzantines, offertes par l'empereur à PÉPIN et à CHARLEMAGNE, pénétrèrent dans le royaume des Francs. Les premières orgues d'Église étaient situées à Aix-la-Chapelle (812), Strasbourg (IXᵉ s.), Winchester (Xᵉ s.). Aux XIVᵉ-XVᵉ s., l'orgue comportait déjà de nombreux jeux, plusieurs claviers manuels et un pédalier, particulièrement en Allemagne et en France. Au XVIIᵉ s., on décora richement les buffets et on multiplia les jeux spéciaux. Les facteurs d'orgue les plus importants des XVIIᵉ-XVIIIᵉ s. furent SCHNITGER, SILBERMANN et CLICQUOT. Dans la 2ᵉ moitié du XVIIIᵉ s., l'orgue perdit son caractère primitif au profit d'un idéal sonore romantique, qui recherchait les couleurs orchestrales (orgue de CAVAILLÉ-COLL, Paris 1811-1899). Depuis le début du XXᵉ s., on tente de retrouver l'idéal sonore de l'époque baroque.

Instruments apparentés

Le portatif est un petit orgue transportable, surtout utilisé lors des processions et dans les cortèges (à partir du XIIᵉ s., apogée au XVᵉ s., cf. p. 226, fig. J).

Le positif est un petit orgue généralement sans pédalier, comportant un clavier manuel et un petit nombre de tuyaux, surtout des tuyaux à bouche de 8' et 4'. Le positif existait dès le haut Moyen Âge. A l'époque baroque, il servait surtout d'instrument de basse continue.

La régale est un minuscule orgue portatif comportant des tuyaux à anche de 8', 4' et 16'.

L'harmonium fonctionne avec des anches libres, sans tuyaux. Il comporte des jeux de 4', 8' et 16', 1 ou 2 claviers manuels (ut¹-ut⁶) ; chaque registre est partagé en deux demi-registres, des genouillères permettant le crescendo, le soufflet est actionné par les pieds. Il apparut au XIXᵉ s.

Les instruments de type accordéon produisent le son par des anches métalliques qui vibrent librement dans une colonne d'air (*anches libres*).

L'harmonica est une petite boîte divisée en canaux comportant chacun deux anches ; selon la facture, on obtient des sons différents en soufflant et en inspirant (fig. A). L'exécution des accords y est facile ; pour obtenir des sons isolés, la langue bouche les canaux inutiles.

La mélodica se tient comme une flûte à bec ; un petit clavier (environ si²-ut⁵) envoie la colonne d'air sur les anches.

L'accordéon comporte un soufflet (fig. B). Les anches libres reposent sur des *soclessupports* fixés sur les tables d'anches. Chacun d'eux comporte deux anches placées l'une en face de l'autre et donnant le même son (fig. B). Passant à travers les deux soupapes en cuir correspondantes, l'air fait vibrer la première seule de ces anches en entrant dans le soufflet, la seconde seule en sortant du soufflet (fig. D). Des tirants de registres permettent d'enclencher les tables d'anches. Le « côté du chant » comporte un clavier (environ fa³-la⁵) et plusieurs jeux : une séric fondamentale de 8', 2 séries de trémolo inférieur et supérieur (vibrations obtenues par de légères différences de fréquence, voir fig. C, 1-3), l'octave inférieure 16' et l'octave supérieure 4'. Des points noirs, situés dans un cercle sur les tirants de registre, symbolisent la place des registres.

Le « côté des basses » n'a pas de clavier, mais des boutons (jusqu'à 120 selon les modèles). L'étendue des anches est de 5 octaves (fig. E). Les boutons sont alignés, chaque rangée donnant des combinaisons déterminées :

— **Les basses** (rangée 2) donnent des sons isolés mais doublés sur 5 octaves, p. ex. fig. E : basse *mi b⁰*, basse parallèle *mi b¹*, doublures *mi b², mi b³, mi b⁴*.
— **Les accords majeurs et mineurs** (rangées 3 et 4) font entendre 3 notes dont chacune est redoublée 2 fois.
— **Les accords de septième** (rangée 5) font entendre 4 notes dont chacune est redoublée 2 fois, par ex. : *ré b + fa + la b + do b* (= *si*) (12 anches).
— **Les accords de septième diminuée** (rangée 6, sur certains modèles seulement) comportent, eux aussi, 12 sons.

Dans la 1ʳᵉ rangée se trouvent des **basses en tierce** et des **basses de rechange**, au doigté plus facile. Le « côté des basses » peut aussi permettre de faire entendre des voix séparées. Le mécanisme des basses permet, en outre, bien d'autres combinaisons que celles qui sont fixées à l'avance.

La concertina est un accordéon de forme rectangulaire ou hexagonale (1834) avec des boutons pour le chant et les basses ; elle fut supplantée par le **bandonéon**, de plus grande taille.

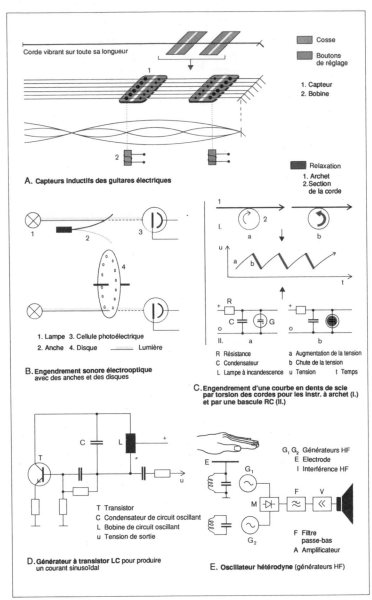

Corde vibrant sur toute sa longueur

Cosse

Boutons de réglage

1. Capteur
2. Bobine

A. Capteurs inductifs des guitares électriques

Relaxation
1. Archet
2. Section de la corde

1. Lampe   3. Cellule photoélectrique
2. Anche   4. Disque   Lumière

B. Engendrement sonore électrooptique
avec des anches et des disques

R Résistance   a Augmentation de la tension
C Condensateur   b Chute de la tension
L Lampe à incandescence   u Tension   t Temps

C. Engendrement d'une courbe en dents de scie
par torsion des cordes pour les instr. à archet (I.)
et par une bascule RC (II.)

T Transistor
C Condensateur de circuit oscillant
L Bobine de circuit oscillant
u Tension de sortie

D. Générateur à transistor LC pour produire
un courant sinusoïdal

G_1, G_2 Générateurs HF
E Electrode
I Interférence HF

F Filtre passe-bas
A Amplificateur

E. Oscillateur hétérodyne (générateurs HF)

Production du son

Les instruments de musique électriques

se classent en deux groupes :

I. les instruments mécaniques d'origine traditionnelle, amplifiés électriquement, comme la guitare électrique (sans caisse de résonance) ;

II. les instruments de facture nouvelle, souvent à clavier (*orgues*).

Ces deux groupes ont en commun le rayonnement acoustique par **haut-parleur**.

Pour le groupe I

La transformation des vibrations mécaniques en oscillations électr. à amplifier se fait au moyen d'un **capteur**. Avec le principe inductif ou électromagnétique, souvent utilisé, le vibrateur ferromagnétique (ex. la corde d'acier) crée un flux magnétique dans le noyau d'une bobine (*cosse*). On induit ainsi dans la bobine une tension alternative fonction des vibrations mécaniques, qui est captée, transformée et conduite à l'amplificateur et au groupe de haut-parleurs. La forme des capteurs et leur position par rapport aux vibrateurs influencent le timbre. Ainsi, avec les cordes, on place les capteurs sous les nœuds de vibration (moins d'harmoniques) ou sous les ventres (plus d'harmoniques). C'est pourquoi les guitares électriques, par exemple, ont souvent deux capteurs ou plus que l'on peut connecter selon le timbre voulu. L'éloignement du noyau de la bobine par rapport à la corde joue aussi un rôle, et il est variable.

Pour le groupe II

Du point de vue de la production des sons, on peut distinguer deux techniques :

– **production mécanique** par des anches, des cordes ou des disques, par ex. ;

– **production électronique** par des générateurs RC, LC ou autres.

Dans les deux cas, les oscillations électr. sont modifiées par des filtres, etc., si bien que la différence n'est plus forcément audible.

La première technique utilise des capteurs selon trois principes :

1. Le principe **inductif** ou **électromagnétique**, décrit ci-dessus.

2. Le principe **capacitif** ou **électrostatique** avec deux procédés :

Dans le *procédé basse fréquence*, le vibrateur métallique ou recouvert de métal (anche, corde ou disque) constitue l'électrode d'un condensateur, dont l'électrode opposée est à proximité. Celui-ci, chargé sur une résistance ohmique élevée, change de capacité en fonction du mouvement vibratoire de l'électrode. On obtient ainsi une tension variable qui peut être recueillie.

Dans le *procédé haute fréquence*, le même condensateur se trouve dans un circuit oscillant de haute fréquence. Ce circuit est désaccordé par la capacité variable du vibrateur mécanique, ex. : une anche. On synchronise la tension HF variable en amplitude et on obtient à nouveau une tension BF correspondant à la vibration mécanique.

3. **Le principe électrooptique.** Un rayon lumineux, périodiquement interrompu par un vibrateur ou un disque tournant percé de trous est dirigé vers une cellule photoélectrique qui délivre la tension électr. variable correspondante. La vitesse d'oscillation ou de rotation est proportionnelle à la fréquence (fig. B).

La seconde technique d'instruments utilise des oscillateurs purement électron. (*générateurs, oscillateurs*). Ils produisent directement une oscillation électrique, dont les paramètres dépendent de ceux du générateur. Les plus fréquents sont les **générateurs BF** (basse fréquence) dont le plus ancien est l'*oscillateur à lampe à incandescence* : un condensateur est chargé lentement sur une résistance jusqu'à ce que l'on atteigne la tension d'allumage d'une lampe à incandescence connectée parallèlement. Avec l'allumage de la lampe, la tension retombe brusquement et la lampe s'éteint. Le processus se répète périodiquement. On obtient une **oscillation de relaxation** riche en harmoniques, comme avec des cordes frottées à qui l'archet impose des tensions de torsion (les cordes adhèrent au crin de l'archet, se tordent en suivant le mouvement jusqu'à ce que la tension soit trop forte et qu'elles se détachent tout à coup). Dans le diagramme, l'oscillation de relaxation ressemble à une « courbe en dents de scie » (fig. C).

La vitesse de recharge du condensateur par la résistance détermine la fréquence et une variation de 6 % env. représente un demiton. La gamme peut être obtenue avec une série de résistances correspondantes avant le générateur RC (jeu monodique) ou avec des générateurs et des diviseurs de fréquences (jeu polyphonique).

Les *générateurs à tubes* ou à *transistors* peuvent fonctionner avec un circuit oscillant composé d'une bobine et d'un condensateur qui est en partie inséré dans le circuit principal (entre l'anode et la cathode dans les tubes et entre le collecteur et l'émetteur dans les transistors. Par accouplement en retour d'une partie de la tension sur l'électrode d'émission, le circuit oscillant émet une tension sinusoïdale accrue (fig. D).

Générateurs HF (haute fréquence) ou oscillateurs hétérodynes : ils servent surtout au jeu monodique (fig. E). La différence de fréquence de deux générateurs HF peut donner une oscillation BF ; la capacité d'un des générateurs peut être influencée par une main qui s'approche (ex. : l'Éthérophone de Théremin).

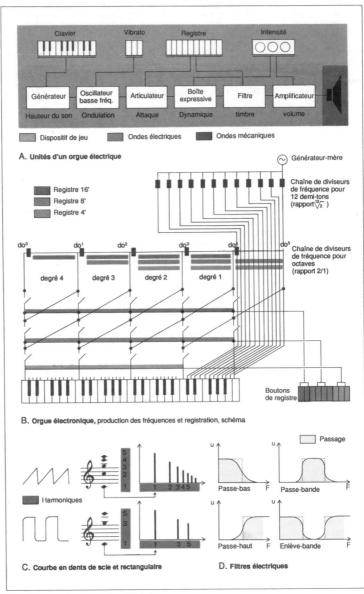

A. Unités d'un orgue électrique

B. Orgue électronique, production des fréquences et registration, schéma

C. Courbe en dents de scie et rectangulaire

D. Filtres électriques

Transformation des sons et dispositif de jeu

Parmi ces instruments, le plus courant est l'**orgue électronique**. Il se compose d'**unités** isolées et d'un **dispositif de jeu** comprenant plusieurs éléments tels que l'interrupteur, les boutons, les registres et les touches (clavier pour les mains dit *manuel*, clavier pour les pieds dit *pédalier*).

La **série des unités** commence avec le ou les *générateurs* (également des *oscillateurs*) de fréquences sonores. Il existe les instruments à engendrement mécanique des sons et ceux qui produisent des oscillations purement électroniques (cf. p. 61).

Les instruments à générateurs électroniques ont rarement un générateur propre pour chaque note, mais un seul pour chacun des douze demi-tons de l'octave supérieure. On obtient les fréquences des autres octaves à l'aide de *diviseurs de fréquence* qui divisent chaque fois les fréquences de base dans le rapport 2/1 (chaque octave étant un degré de division, fig. B). La sonorité de l'ensemble de l'échelle dépend de celle des douze générateurs-mères.

Il est encore plus économique d'utiliser un seul générateur-mère pour toutes les fréquences. Il donne la fréquence la plus haute dont on obtient, par une première chaîne de diviseurs, les fréquences des 11 demi-tons restants de l'octave supérieure, et par une seconde chaîne les demi-tons des autres octaves (fig. B). En changeant la fréquence du générateur-mère, on modifie tout l'accord de l'instr. Les fréquences sont reliées aux touches par octave, au moyen de la *registration* comme pour l'orgue mécanique (16', 8', 4', etc.).

L'**oscillateur basse fréquence** délivre une fréquence de 3 à 10 Hz env. qui interfère avec la fréquence normale. Cela donne un vibrato.

L'**articulateur** imite le profil dynamique des instr. naturels. Les sons percussifs du piano ou de la basse à cordes par exemple, ont un transitoire d'attaque court et un transitoire d'extinction long ; les sons entretenus des cordes frottées ou des vents ont des transitoires différents encadrant une phase stable (cf. p. 14, fig. F). Comme le timbre d'un son dépend de ces transitoires d'attaque et d'extinction, l'articulateur joue donc un rôle important pour le timbre.

Grâce à la **boîte expressive**, l'amplitude moyenne, et par conséquent la dynamique, peuvent être modifiées.

Le **groupe des filtres** est principalement responsable du timbre car il influe sur le spectre harmonique (cf. p. 16). Les générateurs délivrent en outre des courbes différentes. La *courbe en dents de scie* d'un générateur LC est relativement riche en harmoniques, en revanche les signaux rectangulaires correspondent à un son privé d'harmoniques pairs (fig. C), par exemple au timbre d'une clarinette dans le registre grave (cf. p. 54, fig. C). On obtient artificiellement différents spectres harmoniques en *additionnant* des sons sinusoïdaux (*synthèse additive*, rare) ou inversement en *filtrant* à volonté un spectre riche en harmoniques (*synthèse soustractive*).

Les **filtres électriques** servent à atténuer ou à éliminer des fréquences déterminées et à en laisser passer d'autres. Techniquement, il s'agit de circuits LC. RC ou de *filtres actifs* qui combinent les filtres RC avec des éléments amplificateurs. On distingue quatre sortes de filtres :

- **passe-haut** : coupe les basses fréquences et laisse passer les hautes fréquences (timbre des instr. à archet) ;
- **passe-bas** : fonctionnement inverse (timbre des instr. à vent) ;
- **passe-bande** : combinaison d'un passe-haut et d'un passe-bas de sorte que seules les fréquences moyennes peuvent passer (bande large) ;
- **enlève-bande** ; fonctionnement inverse du passe-bande (fig. D).

Les filtres sont groupés en combinaisons bien déterminées. Ils sont mis en service par des registres qui portent souvent un nom d'instr. qui en rappelle la sonorité ; ex. : « violoncelle », « hautbois », etc.

D'autres unités pouvant être connectées par des registres produisent des effets spéciaux comme la réverbération, l'attaque prolongée (*sustain*), le battement dû à une modulation mécanique du timbre (*leslie*), etc. On peut aussi programmer des séquences rythmiques entières dans différents tempos.

Les **amplificateurs** et les **haut-parleurs** renforcent, restituent et transforment les oscillations électriques en vibrations mécaniques c'est-à-dire en sons.

Historique

L'Américain CAHILL construisit le premier « orgue électronique » vers 1900. Il se servit d'alternateurs comme générateurs sonores. Parmi les premières curiosités, il y eut l'« Éthérophone » de THÉREMIN (1924) qui émet un son glissando quand la main s'approche de l'appareil (procédé HF, cf. p. 60, fig. E) et les « Ondes musicales » de MARTENOT (1928).

Après la 2e Guerre mondiale, la production des instruments électroniques augmenta en même temps que la musique électronique d'une part et que la musique légère d'autre part. On chercha en vain à imiter les instr. traditionnels. Toutefois, les instr. électroniques peuvent susciter la recherche de nouvelles sonorités et de nouvelles possibilités d'expression.

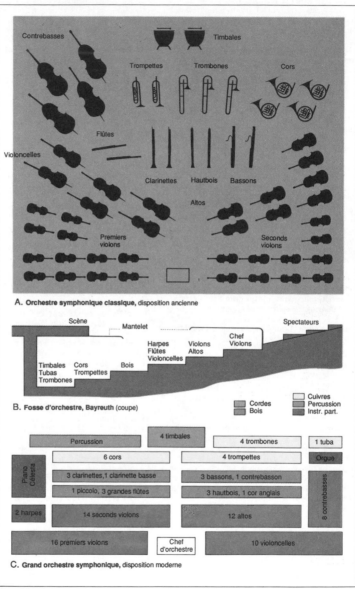

A. **Orchestre symphonique classique,** disposition ancienne

B. **Fosse d'orchestre,** Bayreuth (coupe)

C. **Grand orchestre symphonique,** disposition moderne

Disposition de l'orchestre

On entend par **orchestre** un ensemble plus ou moins important d'instruments groupés par chœurs, contrairement aux ensembles solistes utilisés dans la musique de chambre. Le groupement par chœurs implique une certaine discipline et l'adoption des mêmes techniques (coups d'archet, p. ex.), au profit d'un esprit d'ensemble essentiellement marqué par le chef d'orchestre. Selon la composition, on distingue : l'orchestre *symphonique*, l'orchestre de *chambre*, l'orchestre *à cordes*, l'orchestre d'*harmonie* (instr. à vents seuls), la *fanfare* (cuivres seuls) ; selon la fonction, on peut aussi distinguer les orchestres d'*opéra*, d'*église*, de *musique légère*, de *radio*, etc.

La composition d'un grand orchestre symphonique (et d'opéra) est à peu près la suivante :
- **les cordes** : 16 (le plus souvent 12 seulement) premiers violons, 14 (10) seconds violons, 12 (8) altos, 10 (8) violoncelles, 8 (6) contrebasses ;
- **les bois** : 1 flûte piccolo, 3 grandes flûtes, 3 hautbois, 1 cor anglais, 3 clarinettes, 1 clarinette basse, 3 bassons, 1 contrebasson ;
- **les cuivres** : 6 cors, 4 trompettes, 4 trombones, 1 tuba-basse ;
- **la percussion** : 4 timbales, grand et petit tambour, cymbales, triangle, xylophone, carillon, cloches, gong ;
- **en outre, selon les besoins** : 1-2 harpes, piano(s), orgue, saxophone, etc.

La disposition classique (REICHARDT, Berlin 1775) n'a été que peu modifiée par la disposition américaine (STOKOWSKI, 1945 ; fig. A et C).

L'orchestre d'opéra ne joue pas sur l'estrade : pour des raisons de visibilité, il est placé sous la scène et devant celle-ci, dans la *fosse* ; celle-ci donne une sonorité plus sourde et fondue (fig. B).

L'orchestre était, dans l'Antiquité grecque et romaine, le lieu où l'on exécutait les pièces de théâtre et où se produisait le chœur. Par la suite, il désigne l'endroit où siègent les instrumentistes de l'opéra. Ce n'est qu'au cours du XVIIIᵉ s. qu'il se rapportera à l'ensemble instrumental lui-même.

Le terme de **chapelle** (*cappella*) désignait, à la fin du Moyen Âge et pendant la Renaissance, les ensembles vocaux (accompagnés d'instr.). Avec le développement de la musique instr. aux XVIᵉ-XVIIᵉ s., *cappella* fut aussi employé pour désigner l'ensemble instr. Aujourd'hui, *a cappella* signifie : chant choral sans accompagnement.

Historique
Au Moyen Âge et pendant la Renaissance, le jeu soliste était prédominant, même à l'intérieur d'ensembles instr. plus importants. Les instr. à vent avaient la première place.

Il y avait peu de compositions instr., on jouait des œuvres vocales. L'instrumentation était libre. Le premier, G. GABRIELI attribua des instr. déterminés aux parties de ses *Sacrae Symphoniae* (1597). Désormais, on compose de plus en plus en pensant au timbre des instr. (MONTEVERDI, *Orfeo*, 1607). Au milieu du XVIIᵉ s., l'ensemble diversifié de la Renaissance cède la place à l'orchestre baroque, qui apprécie particulièrement le son des cordes. A Rome, CORELLI écrit pour 4 parties de cordes (14 à 100 exécutants) ; à Paris, LULLY compose à 5 parties pour ses *24 Violons du roi* (le premier orchestre avec une véritable discipline de jeu) ; deux hautbois et un basson renforcent les parties extrêmes, et apparaissent partiellement comme solistes.

L'orchestre baroque se compose de deux groupes opposés :
- *les instruments de basse continue* comme le violoncelle, le basson, le luth, le clavecin, l'orgue, etc. ;
- *les instruments mélodiques* comme le violon, la flûte, le hautbois, etc. (parties supérieures).
L'exécution est dirigée du clavecin ; la composition de l'orchestre baroque est très variable (p. ex. : BACH, *Concertos brandebourgeois*).

L'orchestre classique se développe dans la seconde moitié du XVIIIᵉ s. à Mannheim et à Paris. Sa composition (4 parties de cordes, vents groupés par deux) devint vite normalisée :
Violons I et II, altos, violoncelles (avec les contrebasses), 2 flûtes, 2 hautbois, 2 clarinettes, 2 bassons, 2 cors ; à l'époque préclassique : 2 hautbois, 2 cors. Vers la fin du XVIIIᵉ s. s'ajoutent 2 trompettes et 2 timbales ; chez BEETHOVEN : 3 cors (IIIᵉ *Symphonie*), 1 flûte piccolo, 1 contrebasson, 3 trombones (Vᵉ *Symphonie*), puis 4 cors, triangle, cymbales, grosse caisse (IXᵉ *Symphonie*).

Au XIXᵉ s. **l'orchestre romantique** se développe considérablement (depuis BERLIOZ), surtout dans les cuivres (*l'Anneau du Nibelung* de WAGNER, 1874). L'orchestre continue d'aller en augmentant (STRAUSS, *Elektra* ; SCHOENBERG, *Gurrelieder*, plus de 100 exécutants).

Au XXᵉ s. se développe surtout le groupe des instr. à percussion. Mais, face à l'orchestre géant, apparaissent aussi des ensembles réduits ; ex. : *Symphonie de chambre* de SCHOENBERG (15 exécutants), *Histoire du soldat* de STRAVINSKI (7 exécutants). L'effectif instrumental varie aujourd'hui selon chaque compositeur ; il peut comprendre des instr. électroniques, de même que la diffusion de bandes enregistrées.

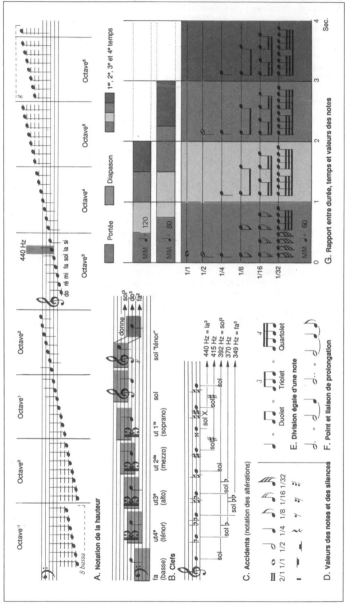

Eléments de notation, relations métriques

La **notation** cherche à fixer par écrit la musique. Elle en traduit les différents paramètres par deux procédés : la **hauteur** et la **durée** des sons sont représentées par la hauteur et la forme des notes ; le **tempo**, l'**intensité**, l'**expression**, l'**articulation**, sont indiqués par des signes et des mots ajoutés, qui, pour la plupart, ne figurent guère dans la notation avant la fin du XVIIIe s. (cf. *Pratique de l'exécution*, p. 82).

Notation de la hauteur (fig. A)
Les 7 notes de base — do (ou ut), ré, mi, fa, sol, la, si — forment une **octave** ; le domaine des hauteurs utilisées en musique couvre 8 octaves, numérotées (du grave à l'aigu) de −1 à 6, depuis le do^{-1} (16,35 Hz) jusqu'au do^7 (4 186 Hz).
Le **diapason** (la^3 = 440 Hz) permet de déterminer la hauteur absolue de chacun des sons de l'échelle entière.
A chaque son correspond une note : la tête en est placée sur une portée, dont les lignes sont à distance de tierce ; le système fut inventé par GUI D'AREZZO au début du XIe s. (cf. p. 187). Les lignes sont normalement au nombre de 5 (4 dans la notation moderne du chant grégorien). Les lignes supplémentaires, dans les registres extrêmes, sont peu lisibles ; c'est pourquoi il est possible d'**octavier** : on utilise vers l'aigu l'indication *8⸺*, **vers le grave** l'indication *8va bassu...* (*octava bassa*), jusqu'au retour de la notation normale (*loco*).
Les **clefs**, placées au début de la portée, déterminent la hauteur des notes. La plus usuelle est la **clef de sol** : le sol^3 est placé sur la seconde ligne à partir du bas (fig. A, au milieu). La **clef de fa** est utilisée pour le registre grave : le fa^2 se trouve sur la 4e ligne (fig. A, à gauche).
On utilise aussi les **clefs d'ut** (ut^3, fig. B) : sur la **4e ligne** (ancienne clef de ténor) pour le violoncelle, le basson, le trombone ténor, etc. ; sur la **3e ligne** (ancienne clef d'alto) pour l'alto, le cor anglais, le trombone alto, etc. ; sur la **2e ligne** (ancienne clef de mezzo-soprano) ; sur la **1re ligne** (ancienne clef de soprano). Au lieu de la clef d'ut 4e, on emploie souvent la clef de sol dite « ténor », qui indique une transposition à l'octave inférieure (son registre est par conséquent voisin de celui de la clef d'ut 4e).

Altérations (fig. C)
Un **dièse** (♯) placé devant une note élève celle-ci d'un demi-ton. Un **bémol** (♭) placé devant une note l'abaisse d'un demi-ton. Un **double dièse** (x) élève une note d'un ton, un **double bémol** (♭♭) l'abaisse d'un ton (cf. p. 84, fig A). Un **bécarre** (♮) annule l'altération. Ces **accidents** ne valent en général que pour une mesure. Les altérations valables pour une pièce entière sont placées au début de celle-ci et forment ce qu'on

appelle l'**armature** ou **armure** (altérations dites « à la clef »).

Valeurs des notes et des silences (fig. D).
La **durée des notes** est indiquée par leur *forme*. le principe en est la division de la *ronde* (1/1). La **carrée** (2/1) a la forme de l'ancienne **brève** (cf. p. 210, 232). Les valeurs plus petites (blanches, noires, croches, etc.) comportent une **hampe**, placée en haut à droite ou en bas à gauche (suivant leur position sur la portée ; cf. fig. A) ; les **crochets** (à partir de la croche) sont toujours placés à droite. Pour permettre une lecture plus aisée, les notes à crochet consécutives peuvent être reliées par des *barres transversales*.
Pour indiquer une division des valeurs autre que la **division binaire normale**, on utilise la valeur inférieure la plus proche et l'on indique par un chiffre le nombre exact de ces divisions régulières. On obtient ainsi des **duolets** (dans une mesure à trois temps), des **triolets**, des **quartolets**, des **quintolets**, etc. (fig. E).
A l'intérieur d'une mesure, une note est **prolongée** de la moitié de sa valeur par un **point** ; chaque point supplémentaire ajoute la moitié du point précédent. Les **liaisons** qui relient des notes consécutives de même hauteur prolongent la durée au-delà des barres de mesure (fig. F).
A chaque valeur de note correspond un **signe de silence** (fig. D). La durée de ces silences peut être allongée grâce à des points (et non grâce à des liaisons comme peuvent l'être les notes). Lorsqu'un silence dure plusieurs mesures, il est surmonté d'un chiffre : celui-ci indique le nombre de mesures.

Unités de temps, tempo
La noire est normalement l'**unité de battue** et l'**unité de temps**. Le *tempo* peut être défini exactement grâce au **métronome de Maelzel** (1816 ; en abrégé : M.M.), qui indique le nombre de battues à la minute. A *M.M.* ♩ =60, il y a 60 battements par minute, donc une noire (c'est-à-dire un temps) par seconde. A *M.M.* ♩ =80, on a 4 temps en 3 secondes, à *M.M.* ♩ =120, 4 temps en 2 secondes. La valeur de chaque temps étant plus brève, le tempo est alors plus rapide.

Division en mesures
Plusieurs temps sont réunis en **mesures** ; le premier temps a généralement un poids particulier. La mesure est définie par une fraction, dont le dénominateur indique la valeur de l'unité choisie, et le numérateur le nombre d'unité par mesure : p. ex., mesures à 3/4, 6/8, etc. La mesure à 4/4 peut aussi être notée par un C ; le ₵ indique que la battue se fait **à la blanche** (*alla breve*), c'est-à-dire dans un tempo deux fois plus rapide.

J. Brahms, *Première Symphonie* op. 68 en ut mineur, début

Bois   Cuivres   Percussion   Cordes

Disposition et structure

On appelle **partition** un tableau permettant la lecture de plusieurs parties instrumentales et/ou vocales superposées. Les notes et les silences qui doivent être exécutés simultanément sont exactement superposés. Les **barres de mesure** permettent une première orientation. La barre de mesure apparut au XVIᵉ s. Depuis le XVIIᵉ s., elle indique aussi l'accentuation de la 1ʳᵉ note qui la suit, ces « temps forts » se répétant régulièrement, conformément à la battue. Les 4 premières mesures de la *Première symphonie* de BRAHMS (fig.) comportent 4 de ces temps forts ; mais les 2 derniers ne sont pas marqués, en raison des liaisons présentes dans les parties de violons et de violoncelles (*syncopes*) : il en résulte un mouvement très large, comme suspendu.

Disposition des parties
Les instruments sont classés par famille, puis, à l'intérieur de chaque famille, par registre. Depuis le XIXᵉ s., les **cordes** forment la base ; juste au-dessus figurent les **instruments à percussion,** puis les **cuivres** (cors, trompettes, trombones et tubas), puis enfin les **bois** : flûtes (le piccolo figure tout à fait en haut de la partition), hautbois, clarinettes et bassons. Les **parties vocales** (solistes au-dessus du chœur) figurent immédiatement au-dessus des cordes (autrefois entre l'alto et la basse d'archet, qui participait à la b. c.), de même que **les instruments solistes** et la harpe.
Le début de la *Première symphonie* de BRAHMS est relativement facile à lire en raison du petit nombre d'instruments transpositeurs et de la répartition des instruments en trois plans sonores (fig.).
Les deux parties de **violons** donnent le thème principal en octaves parallèles.
Les **altos**, notés en clef d'ut 3ᵉ, jouent ici non pas en doubles cordes, mais *2 parties distinctes* (l'une grave, l'autre aiguë), selon l'indication *div.* (*divisa*, divisés). La ligne des altos s'oppose à celle des violons : mouvement mélodique contraire, rythme balancé de la mesure à 6/8 avec deux temps forts (par opposition aux syncopes des violons).
Les **violoncelles** et les **contrebasses,** qui ont souvent la même partie, sont ici séparés. Les violoncelles doublent la ligne des violons, mais à l'octave inférieure (clef d'ut 4ᵉ) : le thème est ainsi énoncé sur 3 octaves, ce qui lui donne un timbre très particulier. La contrebasse fait entendre une pédale de do sur un rythme de croches répétées (note réelle : une octave en dessous, soit do¹).
La **percussion** est notée le plus simplement possible (sur une seule ligne pour les instr. à hauteur non déterminée). Les deux timbales de l'ex. sont accordées sur do et

sol (tonique et dominante) ; les altérations sont donc inutiles.
La plupart des **cuivres** sont des instruments *transpositeurs*. Leur notation est celle de leurs sons naturels (cf. p. 46).
Deux des 4 **cors** (sur 2 portées avec accolade, sans armature) sont ici en ut et renforcent la pédale (do²-do³) ; deux sont en mi : la première tierce qu'ils énoncent (mi♭⁴-sol⁴) donne en réalité, une sixte maj. en dessous, sol³-si ♭³ (doublure des altos).
Les deux **trompettes** en ut font entendre les notes écrites.
Les **bois** sont groupés par paires, ce que traduit la notation ; ils jouent le même motif que les altos et les cors, sur 4 octaves : **flûtes** et **hautbois** font entendre les notes écrites ; la **clarinette** en si ♭ joue un ton en dessous : elle est donc notée en ré min. (1 ♭) et joue en do min. (3 ♭) ; les **bassons** sont notés en sons réels, mais le **contrebasson** sonne une octave plus bas (le do¹ écrit donne donc do⁰).

Différents types de partition
A côté de la grande **partition de direction** (format in-folio) est apparue à la fin du XIXᵉ s. la **partition de poche** (in-8°), destinée à l'étude (la fig. est à peu près en grandeur réelle).
On appelle **particelle** une sorte d'ébauche de partition, dans laquelle le compositeur groupe les différentes voix sur quelques portées, avant de les distribuer sur des portées individuelles.
La **réduction pour piano** représente le report sur deux portées des parties essentielles d'une partition (procédé analogue à la **réalisation à vue** d'une partition au piano). Les réductions pour piano sont particulièrement utiles pour l'étude des opéras (parties vocales et instr., chœur). Les chefs de chœur et organistes des XVᵉ-XVIᵉ s. réalisaient déjà de telles « réductions » en transcrivant en *tablature* des pièces vocales (motets, messes, etc.). Inversement, il est possible, à partir d'une pièce pour piano, d'élaborer une partition d'orchestre (*orchestration*, procédé de composition très fréquent aux XIXᵉ-XXᵉ s.).

Historique. Au XVIᵉ s. apparut la *tabula compositoria*, première forme de partition, qui servait d'auxiliaire dans la composition d'œuvres polyphoniques. Mais jusqu'à la fin du XVIIIᵉ s., on avait coutume d'imprimer et d'exécuter la musique polyphonique sans partition. On dirigeait du clavecin (période de la basse continue). Ce n'est qu'à partir du XIXᵉ s. que s'imposent, dans les exécutions, partitions et chefs d'orchestre. Au XXᵉ s. apparaissent des types entièrement nouveaux de partitions.

Lexique des signes et termes musicaux d'usage courant dans les partitions.
Sauf mention contraire, les termes musicaux étrangers sont italiens.

A : désigne la note *la* en all. et en angl.
a battuta : en mesure (après un passage exécuté librement)
a bene placito : librement, → *ad libitum*
abgemessen (all.) : mesuré
abgestossen (all.) : détaché, → *staccato*
abglichend (all.) : en glissant
abnehmend (all.) : en diminuant
abréviation : notation abrégée. Principales abréviations :
− → trémolo (instr. à archet) : l'abréviation indique la hauteur de la note, sa durée totale, le rythme de sa division :

− trémolo sur deux notes :

− répétition d'un motif, d'une mesure ; la répétition peut être indiquée par → *simile* (ou → *segue*) :

simile

− la répétition d'accords brisés peut aussi être indiquée par → *arpeggio* :

arpeggio

Le signe indiquant la répétition d'un motif (ou d'une mesure) était autrefois : ⅀ , aujourd'hui ✗ . Pour la répétition d'une mesure, on utilise aussi le terme → *bis* :

− répétition d'un motif avec modification de hauteur ; on doit poursuivre de la même manière jusqu'à la note finale :

− doublure à l'octave supérieure ou inférieure :

abstossen (all.) : détacher
Abstrich (all.) : → tiré
a cappella : se dit de compositions vocales sans accompagnement
a capriccio : librement → *ad libitum*
accelerando, accel. : en pressant le mouvement
accent : 1. accentuation d'une note, pouvant être indiquée soit par un signe (—, >, ∧, ∨), soit par une expression abrégée : *sf, sfz* (→ *sforzando*), *sfp* (→ *sforzato piano*), *rf, rfz* (→ *rinforzando*), *fp* (→ *fortepiano*) ; 2. → appoggiature longue, montant ou descendant d'une seconde :

L'accent peut être combiné à d'autres signes ; p. ex. : a) *Accent und Mordent* (accent et mordant ; b), c) : *Accent und Trillo* (accent et trille ; ex. musicaux d'après la table d'ornements de J.S. BACH) :

a)   b)   c)

acceso : enflammé, ardent
acciaccatura : → appoggiature brève et très dissonante utilisée dans la musique de clavecin, généralement dans un accord arpégé :

accident : signe servant à marquer une altération :
– dièse ♯, élévation d'un demi-ton ;
– bémol ♭, abaissement d'un demi-ton ;
– double dièse ✕, élévation de deux demi-tons ;
– double bémol ♭♭, abaissement de deux demi-tons ;
– bécarre ♮, annule toute altération.

Les accidents placés au début d'une pièce, et rappelés en début de chaque portée, sont valables pour la pièce entière : ces altérations dites « à la clef » forment l'*armature* (ou *armure*) et définissent la tonalité de la pièce ; les accidents « de passage » valent pour une seule mesure (cf. p. 67). Les accidents placés au-dessus des notes sont facultatifs, ceux qui figurent entre parenthèses sont dits « de précaution » et servent en général de rappel :

accompagnato, accomp., acc. : avec l'accompagnement prescrit (cf. récitatif, p. 146)

adagietto : diminutif de → *adagio*, désigne un tempo un peu moins lent

adagio : lent (tempo intermédiaire entre → largo et → *andante*)

à deux : lorsqu'un pupitre de l'orchestre est divisé en deux, indique que les deux groupes (ou les deux instruments) doivent jouer la même partie (contraire : → *divisi*)

ad libitum, ad. lib. (lat.) : librement : 1. en matière de tempo ou d'interprétation ; 2. en matière d'instrumentation (caractère facultatif d'une partie vocale ou instrumentale)

a due, a 2 : → à deux

a due corde : sur deux cordes, → pédale

a due cori : à double chœur

ad una corda : sur une corde, → pédale

affabile : aimable

affannato, affanoso : oppressé, angoissé

affettuoso, con affetto : tendrement, avec âme

affretando, affretato : → *accelerando*

agréments : → ornements

al : jusqu'à

al fine : jusqu'à la fin

alla, all' : à la façon de, dans le style de

alla breve, 𝄵 : indique que la mesure doit être battue à la blanche au lieu de la noire (tempo double)

alla marcia : dans un mouvement de marche

alla mente : de tête, improvisé

alla misura : rigoureusement en mesure

alla pollaca : à la polonaise, comme une polonaise

allargando, allarg. : en élargissant le tempo

alla siciliana : à la sicilienne, comme une sicilienne (6/8)

alla tedesca : à l'allemande

alla turca : à la turque

alla zingara, alla zingarese : à la tzigane

alle (all.) : tous, → *tutti*

allegretto, all[tto] : un peu moins vif qu'*allegro*

allegro, all° : gai, rapide

allein (all.) : seul, → *solo*

all'ongarese : à la hongroise

all'ottava, 8va : → *ottava*

all'unisono : → *unisono*

al riverso, al rovescio : à l'inverse, par mouvement contraire

al segno : → *segno*, → *da capo*

alzamento, alzato, alz. : indique un croisement de mains (instruments à clavier)

altra volta : encore une fois

a mezza voce, m.v. : à demi-voix

am Frosch (all.) : au talon de l'archet

am Steg (all.) : → au chevalet

andante, and. : allant, modérément lent (tempo intermédiaire entre → *adagio* et → *allegro*)

andantino, and[ino] : un peu moins lent que → *andante*

angemessen (all.) : modéré, régulier

anima, con anima : âme, avec âme

anmutig (all.) : avec grâce

Anschlag (all.) : désigne généralement l' → appoggiature double

a piacere : librement, → *ad libitum*

appassionato : passionné

appoggiando : lié

appoggiato : appuyé, soutenu, tenu (voix)

appoggiature : → ornement consistant en une note qui précède la note principale, le plus souvent à distance de seconde (inférieure ou supérieure). L'appoggiature peut tomber soit à la place de la note principale (c'est-à-dire sur le temps), soit à la place de la note précédente (c'est-à-dire avant le temps). Aux XVIIe-XVIIIe s., elle était exécutée aussi bien sur le temps qu'avant le temps (1) ; au XVIIIe s., elle se présente de plus en plus comme dissonance accentuée, sur le temps (2, 3, 4) ; au début du XIXe s., elle se place généralement sur le temps, mais sans être accentuée (5a), puis, enfin, avant le temps (5b). Quelques exemples de notation et d'exécution :
1) *forfall* et *backfall* (PURCELL) ;
2) → accent (J.-S. BACH) et → port de voix (RAMEAU) montant et descendant ;
3) suite d'appoggiatures (QUANTZ) :

4) appoggiature longue ;
5) appoggiature brève :

4)   5a)   5b)

appoggiature double (all. *Anschlag*) : appoggiature comportant deux notes, l'une inférieure, l'autre supérieure :

a prima vista : à première vue, en déchiffrant
a punta d'arco : avec la pointe de l'archet
a quattro mani : à quatre mains
arcato : → *arco*
arco, col'arco, c.a. : avec l'archet (après un passage joué en → *pizzicato*)
ardente : enflammé, ardent
ardore, con ardore : ardeur, avec ardeur
arpège, arpègement : accord brisé ; lors de l'exécution sur des instruments à clavier, les deux mains peuvent se succéder ou jouer simultanément :

arpeggiando, arpeggiato, arp. : en arpé-geant (→ arpège)
arpeggio : → arpège
assai : très
a tempo : retour au tempo initial
a tempo giusto : dans un mouvement modéré
attaca : à la fin d'un mouvement, indique qu'il faut enchaîner le suivant sans inter-ruption
attaca subito : enchaîner immédiatement
au chevalet : le plus près possible du chevalet (instruments à archet)
Aufstrich (all.) : → poussé
ausdrucksvoll (all.) : expressif
au talon : → talon
a vista : → a prima vista
a voce piena : à pleine voix

B : désigne le *si* en angl., le *si* ♭ en all.
balancement : → *Bebung*
bassa ottava, 8va bassa : → *ottava*
basso, b. : basse
basso continuo, continuo : basse continue, voir p. 100-101

Bebung (all.) : « balancement » ; sorte de → *vibrato* propre au clavicorde (cf. p. 37), obtenu par des modifications dans la pression du doigt sur la touche, qui produisent de légères variations de hauteur. Notation :

bécarre : → accident
Begleitung (all.) : accompagnement
bémol : → accident
ben, bene : bien
beruhigt (all.) : apaisé
bestimmt (all.) : décidé, précis
bewegt (all.) : agité
bis (all.) : jusqu'à
bis (lat.) : deux fois : répéter (→ abréviation)
Bogen (all.) : archet
Bogenstrich (all.) : → coup d'archet
bocca chiusa, a bocca chiusa : à bouche fermée
bravura, con bravura : avec brio, avec virtuosité
breit (all.) : large
brio, con brio : avec verve
burlando : enjoué

C : 1. la note *do* en allemand et en anglais ; 2. indique la mesure à 4/4
₵ : indique la mesure à 2/2
c : → *con*
c.a. : *col* → *arco*
cadence : 1. formule harmonique conclusive (cf. p. 97) ; 2. improvisation du soliste dans un air ou un concerto (→ point d'orgue ; cf. p. 118) ; 3. trille
cadenzato : en mesure
calendo, cal. : ═►, « en cédant », en dimi-nuant la vitesse et l'intensité
calmando, calmato : apaisé, tranquille
cantabile : chantant
cantus firmus, c.f., (lat.) : « voix fixe », partie donnée dans une composition poly-phonique, voix principale
capotasto : frette, sillet
c.b. : → *col basso*
c.d. : *colla* → *destra*
cédez : ralentir
celere : rapide
c.f. (lat.) : → *cantus firmus*
Cluster (angl.) : « grappe sonore », agrégat réalisé au piano soit avec la main à plat, soit avec le poing, soit avec l'avant-bras ou le coude ; ex. de notation : a) toutes les touches blanches entre fa³ et fa⁴ (durée : une noire ou une blanche) ; b) toutes les touches noires ; c) tous les demi-tons de fa³ à fa⁴ ; d) tous les demi-tons de fa♯³ à do⁴ :

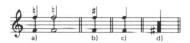

c.o. : *col → ottava*
coda : section terminale d'un morceau
col, coll', colla : → *con*
col arco, c.a. : → *arco*
col basso, c.b. : avec la basse, avec la contrebasse
colla destra : → *destra*
colla parte, colla voce : avec la voix principale ; la partie d'accompagnement doit doubler la partie principale ou soliste
col legno : jouer en frappant la corde « avec le bois » de l'archet
coll'ottava, c.o. : → *ottava*
colla punta d'arco : avec la pointe de l'archet
colla sinistra : → *sinistra*
come prima, come sopra : comme précédemment
come stà : tel quel (sans ajouter d'ornements improvisés)
comodo : à l'aise
con, col, coll', colla, c. : avec
con affetto : tendrement
con alcuna licenza : avec quelque liberté dans l'exécution
con anima : avec âme, avec passion
con brio : avec verve
con fuoco : avec flamme
con gusto : avec goût, avec tact
con moto : mouvementé, animé
con slancio : avec élan
con sordino : avec sourdine
con spirito : avec esprit, avec entrain
concertino : dans le concerto grosso, désigne le petit groupe d'instr. solistes opposé au → *ripieno* ou → *tutti* (cf. p. 119)
concitato : agité
contano, cont. : « comptez » les mesures de silence (pour les membres de l'orchestre)
continuo, cont. : → *basso continuo*
coperto : « recouvert » ; indique la mise en place d'un étouffoir de drap pour assourdir le son des timbales
corda vuota : corde à vide
coulé (all. *Schleifer*) : → ornement comportant deux ou plusieurs notes, montant ou descendant par degrés conjoints vers la note principale ; situé le plus souvent sur le temps, il peut aussi, au XIXᵉ s., être placé avant le temps :

Le coulé existe en de nombreuses variantes ; ex. : a) tierce coulée (CHAMBONNIÈRES, COUPERIN), b) signe à l'époque de BACH, c) *Schleifer* pointé (QUANTZ) :

coup d'archet : mouvement de l'archet déterminant l'articulation et le phrasé ; il existe deux mouvements de base :
– → tiré
– → poussé
Un arc ⌒ peut réunir les notes exécutées par le même coup d'archet.
Par extension, on désigne par cette expression les diverses manières d'utiliser l'archet en fonction du caractère de chaque phrase musicale ; les coups d'archet sont généralement indiqués par des signes : voir → *a punta d'arco*, → *arpeggio*, → *col legno*, → *détaché*, → *flautando*, → *legato*, → louré, → *martelé*, → *ondeggiando*, → sautillé, → *spiccato*, → *staccato*, → *sul ponticello*, → *sul tastiera*, → *tremolo*
crescendo, cresc., ⟨ : en augmentant graduellement l'intensité du son
c.s. : → *colla* → *sinistra*
cuivré : +, indique le son métallique du cor, obtenu par l'introduction de la main dans le pavillon

D : la note *ré* en allemand et en anglais
da capo, D.C. : reprendre soit depuis le début, soit à partir d'un signe convenu **(da capo al segno)** jusqu'à l'endroit marqué du mot *fine* **(da capo al fine)** ou d'un → point d'orgue. Les répétitions partielles à l'intérieur de cette section disparaissent, ce qui s'indique parfois par **da capo senza repetizione**
dal segno, Dal S., D.S. : reprendre à partir du signe ; → *segno*
Dämpfer (all.) : → sourdine
D.C. : → *da capo*
debile : faible
deciso : décidé (rythmiquement)
decrescendo, decresc., decr.,⟩: en diminuant graduellement l'intensité du son
démancher : déplacer la main gauche pour aller d'une position à une autre (instr. à archet)
destra, colla destra, c.d. : avec la main droite
détaché : changement de → coup d'archet à chaque note :

dièse : → accident
diminuendo, dimin., dim., ⟩ : en diminuant l'intensité du son

divisi, div. : indique qu'une partie orchestrale est répartie entre deux ou plusieurs groupes d'un même pupitre (contraire : → *a due*)

dolce : avec douceur

dolente, dolendo, doloroso, con dolore : douloureusement

Doppelkreuz (all.) : double dièse

Doppelschlag (all.) : → *gruppetto*

Doppelt-Cadence (all.) : → ornement se composant d'un → *gruppetto* et d'un → trille (ex. d'après J.-S. BACH) :

Doppelt-Cadence mit Mordant (all.) : → ornement semblable au précédent, mais comportant en outre une terminaison (en all. : *Nachschlag* ; ex. d'après J.-S. BACH) :

doppio : double

double bémol, double dièse : → accident

double cadence : → trille avec terminaison

double corde : exécution simultanée de deux ou plusieurs notes (instr. à archet) ; peut être indiquée par l'expression *non divisi* (→ *divisi*)

doublé : → *gruppetto*

dringend (all.) : avec insistance, en pressant

D.S. : → *dal segno*

due : → *a due*

due corde : sur deux cordes, → pédale

due volte : deux fois

dur (all.) : majeur

E : la note *mi* en allemand et en anglais

ebenso (all.) : de même (ital. : *simile*)

eilend (all.) : en accélérant

einfach (all.) : simple

Einleitung (all.) : introduction

Empfindung (all.) : expression (*mit Empfindung* : avec expression)

enchaînez : → *attaca*

ernsthaft (all.) : gravement

erweitern (all.) : élargir

espressione, con, c. espr. : avec expression

étouffé : interruption du son aussitôt après le coup (instr. à percussion, guitare, harpe)

etwas, (all.) : un peu, légèrement

Euouae» : abréviation pour « seculorum, amen »

F : la note *fa* en allemand et en anglais

f : → *forte*

fastoso : pompeux

fausset : 𝅘𝅥 𝅘𝅥, voix de tête

feierlich (all.) : solennel, joyeux

fermata : → point d'orgue

feurig (all.) : avec feu

ff : → *fortissimo*

ffz : → *forzatissimo*

fin'al segno : (répétition) jusqu'au signe, → *segno*, → *da capo*

fine, al fine : fin, jusqu'à la fin (→ *da capo*)

Flageolett-Töne (all.) : → (sons) harmoniques

flat (angl.) : bémol

Flatterzunge (all.) : sorte de trémolo propre aux instr. à vent (surtout à la flûte), consistant en une succession de notes attaquées par la consonne *d* ou *t* et poursuivies sur des *r* répétés (depuis 1850 environ)

flautando, flautato : sons flûtés, très doux (instr. à archet), obtenus par le jeu de l'archet près de la touche

flebile : plaintif

fliessend (all.) : coulant, aisé

forte (pédale) : → pédale

forte, f (ital.) : fort, fortement

fortissimo, ff : très fort, très fortement

fortississimo, fff : aussi fort que possible

fortepiano, fp : joué *forte*, puis, immédiatement, de nouveau *piano* ; s'applique aux notes isolées comme aux accords isolés ; l'exécution est fonction de l'intensité du contexte

Fortsetzung : suite, au sens de *continuation*

forzando, forzato, fz : indique un brusque renforcement d'intensité sur une ou plusieurs notes (→ *sforzando*)

forzatissimo, ffz : → *forzando* plus accentué

fugato : en style fugué

fuoco, con : → *con fuoco*

fz : → *forzando*

G : la note *sol* en allemand et en anglais

garbato : avec grâce

garbo : grâce

Gebet (all.) : prière

gebunden (all.) : lié

gedämpft (all.) : sourd, assourdi, avec sourdine

Gefühl (all.) : sentiment

gefühlvoll (all.) : avec un sentiment profond

gemendo : en gémissant

gemessen (all.) : précis, mesuré

Generalpause, G.P. (all.) : long silence pour tous les instr. (musique de chambre, orchestre)

gesangsvoll (all.) : chantant

gestopft (all.) : → *gedämpft*

gettato : → jeté

getragen (all.) : soutenu

giocoso : joyeux

giusto : juste ; *a tempo giusto* : dans un mouvement modéré
glissando, gliss. : → technique d'exécution consistant à réaliser un intervalle (ascendant ou descendant) en glissant rapidement sur tous les sons intermédiaires (diatoniques ou chromatiques) :

gliss.

G.O. : grand orgue
G.P. : → *Generalpause*
grave (ital.) : lent, mouvement analogue au → largo
gruppetto, ∾ ʒ (doublé, tour de gosier, tour de gorge ; all. *Doppelschlag*) : → ornement constitué par un petit groupe rapide de 3 ou 4 notes entourant la note principale. Les altérations chromatiques éventuelles sont indiquées par des → accidents placés au-dessus ou au-dessous du signe. Dans un tempo lent, la note finale du groupe peut être allongée :

(→ *Doppelt-Cadence*)
gusto, con : → *con gusto*

H : la note *si* en allemand
harfenmässig (all.) : arpégé
harmoniques : sons produits, sur les instr. à archet, par l'effleurement de la corde à la moitié, au 1/3, au 1/4, etc., de sa longueur (cf. p. 15). On distingue :
1. les harmoniques naturels : le son fondamental est produit par une corde à vide ; on écrit la note jouée (1a : ♩) ou la note produite (1b : ♩) ;
2. les harmoniques artificiels : la fondamentale est un son autre que celui produit par une corde à vide ; on note le doigt posé (♩) et la note effleurée (♩).
La notation varie (le son obtenu figure souvent entre parenthèses) :

son :

notation :

(corde :)
1a)   1b)   2)

harpeggio : → *arpeggio*
Hauptrhythmus (all.), RH ꟾ : désignation du rythme le plus important dans les partitions modernes
Haupstimme (all.) H ꟾ : désignation de la partie principale dans les partitions modernes (→ *Nebenstimme*)
Hauptwerk (all.) : grand orgue
höchst (all.) : extrêmement

im klagenden Ton (all.) : douloureux
im mässigen Tempo (all.) : d'un mouvement modéré
im Volkston (all.) : dans le sentiment d'un chant populaire
immer (all.) : toujours
incalzando : en pressant
indeciso : de tempo libre
in giù : → tiré
in su : → poussé
innig (all.) : intime, intérieur
istesso tempo : même tempo. Indique que, la mesure ayant changé, la durée d'un temps reste la même ; p. ex. :

(2/4) ♩ = (3/4) ♩ ,   ou :   2/4 ♩ = 3/4 ♩.

jeté : → ricochet
Jeu : dans l'orgue, série de tuyaux de même timbre

Kadenz (all.) : → cadence
Kammerton (all.) : → diapason
klagend (all.) : plaintif
kräftig (all.) : avec force
Kreuz (all.) : dièse

lacrimoso, lagrimoso : plaintif
Lage (all.) : position de la main gauche (instr. à archet)
lamento : plainte, lamentation
langsam (all.) : lent
langsamer (all.) : plus lent
largamente : largement
largando : → *allargando*
larghetto : un peu plus rapide que *largo* (à peu près le même mouvement que *adagio*)
largo : très lent
lebhaft (all.) : vif
legatissimo : très lié, → *legato*
legato : en liant les sons (contraire : *staccato*) ; généralement indiqué par un signe de → liaison :

♪♪♪♪

leggiero, leggieramente : léger, légèrement, → *non legato*
legno : → *col legno*
leicht (all.) : léger, facile
leidenschaftlich (all.) : passionnément
leise (all.) : doucement

leise bewegt (all.) : légèrement agité
lento : lent
l.H. (all.) : → *linke Hand*
liaison : ligne arquée placée au-dessus d'un groupe de notes et prescrivant un → *legato* ; une liaison réunissant la tête de deux notes consécutives de même hauteur indique l'addition en une seule note des valeurs de durée
libitum : → **ad libitum**
licenza, con alcuna : avec quelque liberté dans l'exécution
linke Hand (all.) : main gauche
l'istesso tempo : → *istesso tempo*
loco : indique le retour à la normale, après un passage exécuté → *all'ottava* ou *all'ottava bassa*
lo stesso tempo : → **istesso tempo**
louré : coup d'archet : chaque note est légèrement accentuée :

(→ *portato*)
lusingando : avec une expression caressante

m. : → manualiter
ma : mais
ma non troppo : mais pas trop
maestoso : majestueux
malincònico : mélancolique
mancando, manc. : en diminuant progressivement l'intensité et le mouvement
manualiter, man., m. (lat.) : désigne les passages devant être joués exclusivement aux claviers manuels, sans pédalier (orgue)
mano destra, m.d. : de la main droite
mano sinistra, m.s. : de la main gauche
marcato, marcando, marc. : $>$ $\vee$ $\blacktriangledown$ $\wedge$ /, marqué, légèrement accentué
martelé : coup d'archet : chaque son est détaché par une attaque *forte* et un arrêt brusque de l'archet

(→ *martellato*)
martellato : $\blacktriangledown$, → *staccato* renforcé (→ martelé)
m.d. : main droite
m.g. : main gauche
m.s. : → *mano sinistra*
m.v. : → *a mezza voce*
meno : moins
meno mosso : moins animé
meno piano : un peu plus fort
messa di voce : $<$ $>$, technique vocale consistant à tenir un son en le portant progressivement du *pianissimo* au *fortissimo*, puis en le diminuant de même
mesto : triste
mezza voce, m.v. : → **a mezza voce**
mezzo, m. : demi, à-demi

mezzoforte, mf : modérément fort (entre *piano* et *forte*)
mezzopiano, mp : modérément doux (id.)
misurato : mesuré, en mesure, → *a battuta*
mit (all.) : avec
mit Ausdruck (all.), avec expression
mit fröhlichem Ausdruck (all.) : avec une expression joyeuse
mit innigem Ausdruck, mit inniger Empfindung (all.) : dans un sentiment intime
mit Schwung (all.) : avec brio
mit vier Händen (all.) : à quatre mains
M.M. : Métronome de Maelzel, appareil permettant la détermination exacte du tempo, grâce à un pendule gradué dont la fréquence des oscillations peut varier de 40 à 208 à la minute (inventé par MAELZEL, 1816)
M.M. ♩ = **40** signifie : 40 noires à la minute
moderato, mod. : modéré
moll (all.) : mineur
molto : beaucoup, très
mordant (ou *pincé* ; all. : *Mordent*) : → ornement consistant en un battement à la seconde inférieure de la note à orner :

le mordant inversé (battement à la note supérieure) était en usage en Allemagne au XVIIIe s. sous le nom de *Praller* ou *Pralltriller* :

et au XIXe s. sous le nom de *Schneller* :

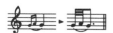

morendo : en éteignant progressivement le son
mosso : animé, agité
moto : mouvement
mp : → *mezzopiano*
mf : → *mezzoforte*
muta : expression indiquant aux joueurs d'instr. à vent et de timbales qu'ils doivent modifier l'accord de leur instrument
mute (angl.) : sourdine
mutig (all.) : hardiment
m.v. : → *a mezza voce*

nach und nach (all.) : peu à peu, progressivement
Nachschlag (all.) : terme désignant les → ornements qui suivent la note principale, le plus souvent à la fin d'un trille (→ trille 9, 10, 11, 13)

Nebenstimme : N , désignation d'une partie secondaire dans les partitions modernes (→ *Hauptstimme*)
non legato : type d'articulation intermédiaire entre → *legato et* → *staccato*, possible seulement dans la nuance piano :

non tanto : pas tant
non troppo : pas trop

0 (zéro), indique le pouce dans le doigté anglais pour clavier ; corde à vide pour les instruments à cordes ; → *tasto solo* dans la pratique de la basse continue (cf, p. 100)
obbligato, obligato, oblig. : désigne à l'époque baroque une partie vocale ou instrumentale dont l'exécution est absolument nécessaire (s'oppose à → *ad libitum*)
ohne (all.) : sans
ondeggiando, ondeggiamento : coup d'archet ondulé sur une ou plusieurs cordes (→ *tremolo*) :

ongarese, all'ongarese : à la hongroise
opus, op. : œuvre (imprimée)
Orgelpunkt (all.) : → point d'orgue
ornements : broderies destinées à orner et à embellir la mélodie, en usage principalement pendant la période baroque (cf. p. 82). L'origine des ornements se situe dans l'improvisation des chanteurs et des instrumentistes. Pendant la Renaissance et la période baroque, un certain nombre de figures deviennent relativement stables, tandis que deux conceptions différentes se dégagent peu à peu : en Italie, les interprètes enjolivent et modifient la mélodie à leur guise, les ornements ne sont généralement pas notés ; en France, les ornements, sous le nom d'*agréments*, sont en général notés sur la partition par des signes. L'Allemagne adopte une attitude moins catégorique et se situe en quelque sorte à mi-chemin.
Dresser une liste exhaustive des ornements est une tâche impossible, car ils varient considérablement d'un auteur et d'un pays à l'autre, de même que les termes qui les désignent et les signes qui les représentent. Voici les principaux : → accent, → *acciaccatura*, → appoggiature, → coulé, → *gruppetto*, → mordant, → trille
ossia : « ou bien » ; indique une variante dans le texte musical (généralement une simplification)

ottava, 8va, 8... : octave
— **all'ottava** : une octave au-dessus ou au-dessous de la note écrite
— **ottava alta, ottava supra** : une octave au-dessus de la note écrite
— **ottava bassa, 8va ba., ottava sotto** : une octave au-dessous de la note écrite
— **coll'ottava, coll 8va., c.o.** : indique une doublure à l'octave (→ abréviations)

P. : → pédale
p : → *piano*
pacato : apaisé
parlando, parlante, parlato : dans les œuvres vocales, indique que le chant doit se rapprocher de la parole ; dans le jeu instrumental, suggère une sorte de déclamation
partie principale : → *Hauptstimme*
partie secondaire : → *Nebenstimme*
Ped. : pédale
pédale : au piano ; les pianos comportent généralement deux pédales :
— la pédale de gauche, appelée *sourdine* ou *pédale douce*, diminue le son en déplaçant latéralement le marteau, l'obligeant ainsi à ne frapper qu'une corde (**una corda**) ou 2 (**due corde**) au lieu de 2 ou 3 ;
— la pédale de droite, appelée *pédale forte*, augmente la durée de résonance des cordes en soulevant les étouffoirs (→ *senza sordino*) ; elle est indiquée par **Ped.** ou **P.** ; la fin est indiquée par *
perdendo, perdendosi : en laissant le son s'éteindre graduellement
pesante : lourdement
piacere : → *a piacere*
piacevole : plaisant
piangendo : plaintif
piano, p. : doucement (s'applique à l'intensité, non au tempo)
pianissimo, pp. : très doucement
pianissimo possibile, ppp. : le plus doucement possible
pichiettato : piqué et léger
pied, 4', 8', 16', 32' : ancienne mesure de longueur (1 pied = 0,324 m) usitée dans la facture d'orgue et de clavecin : le jeu de 8' (8 pieds) sonne conformément à la notation, le 4' une octave au-dessus, le 16' une octave au-dessous, le 32' deux octaves au-dessous (cf. p. 57)
pieno : plein ; **organo pieno**, plein-jeu
pincé : → mordant
piqué : → détaché, → sautillé
più : plus
pizzicato, pizz. : pincé (instr. à archet) : la corde est pincée avec un ou deux doigts de la main droite ; la reprise du jeu normal avec l'archet est indiquée par la mention → *arco* ou *coll'arco*
plaquer : dans le jeu des instruments à clavier, faire entendre en même temps

toutes les notes d'un accord (contraire : → arpéger)

plötzlich (all.) : tout à coup

poco : peu

poco a poco, p.a.p. : peu à peu

poi : puis

point d'orgue : , placé au-dessus d'une note, en prolonge la durée pendant un temps laissé à la discrétion de l'exécutant. Marque l'accord final (*fine*) de la partie principale de l'*aria da capo* ; dans le concerto pour soliste, annonce la cadence improvisée (→ cadence)

pomposo : solennel

ponticello : → *sul ponticello*

portamento : passage d'une note à une autre par glissement de l'une à l'autre, dans le chant ou le jeu des instr. à archet :

(→ port de voix)

portato : porté, type d'articulation intermédiaire entre → *staccato* et → *legato* : notes séparées, très légèrement accentuées :

(→ louré)

port de voix : → *portamento* ; dans la musique fr. des XVIIᵉ et XVIIIᵉ s., désigne généralement l'→ appoggiature

poussé : V, mouvement ascendant de l'archet (→ coup d'archet)

Praller, Pralltriller (all.) : → mordant

prestissimo : très vite

presto : vite

prima volta, Iᵐᵃ volta, seconda volta, IIᵈᵃ volta : première fois, deuxième fois (lors d'une → reprise) :

primo, Iᵐᵒ : le premier ; partie supérieure dans les morceaux pour piano à quatre mains

principale, prine : partie (instr.) principale, soliste ou concertante

punta d'arco, a : → *a punta d'arco*

quasi : comme, presque

quieto : calme, tranquille

rallentando, rallent., rall. : en ralentissant

rasch (all.) : vite

rasend (all.) : violemment, furieusement

rechte Hand, r.H. (all.) : main droite

replica : → reprise ; **senza replica**, sans faire la reprise (p. ex. dans le menuet après le trio)

reprise : répétition d'un morceau ou d'un fragment de morceau placé entre les barres de reprise (→ *prima volta, seconda volta*)

r.H. (all.) : → *rechte Hand*

ricochet : coup d'archet consistant à jeter celui-ci sur la corde et à le laisser rebondir à chaque note de deux à six fois pour chaque coup d'archet :

(→ sautillé, → *spiccato*)

rilasciando : en ralentissant légèrement

rinforzando, rinforzato, rinf., rf, rfz : « en renforçant » ; renforcement subit de la sonorité, sur une note ou sur un accord (→ *forzato*, → *fortepiano*, → *sforzando*)

ripieno, rip. : ensemble des instruments formant le *tutti* dans le concerto grosso, par opposition au petit groupe de solistes formant le → *concertino* (cf. concerto grosso, p. 119)

ripresa : → replica

ritardando, ritard., rit. : → *rallentendo*, en ralentissant progressivement

ritenuto, rit. : en ralentissant brusquement

roulement, rit. : tr⸺ ou 𝄐, répétition rapide du même son dans les instr. à percussion comme le tambour, les timbales, la grosse caisse, etc. (→ *tremolo*)

rubato, tempo rubato : indique un abandon de la stricte mesure, en retardant certaines notes de la mélodie et en précipitant d'autres, l'accompagnement demeurant en principe strictement mesuré

ruhig (all.) : calme

S : → *segno*

Saite (all.) : corde

saltando, saltato : → sautillé

sanft (all.) : doux, suave

Sangsaite (all.) : chanterelle

Satz (all.) : partie, mouvement d'une œuvre instrumentale

sautillé : coup d'archet utilisant, dans un mouvement rapide, le rebondissement de l'archet

(→ *staccato*)

scemando : en diminuant l'intensité

schalkhaft (all.) : espiègle

scherzando, scherzoso : en badinant, dans le caractère d'un *scherzo*

Schleifer (all.) : → coulé

schleppend (all.) : en traînant

schnell (all.) : vite ; **schneller** : plus vite

Schneller (all.) : → mordant

schwach (all.) : faible ; **schwacher** : plus faible, en diminuant

schweigt (all.) : → *tacet*

schwer (all.) : lourd, difficile

sciolto : détaché
scorrevole : coulant, aisé
secco : « sec » ; → *recitativo secco*, p. 144 sq.
seconda volta, II^{da} **volta** : → *prima volta*
secondo, II^0 : le second ; partie inférieure dans les morceaux pour piano à quatre mains
segno : signe figurant au début ou à la fin d'une reprise ; **dal segno**, à partir du signe ; **al segno, sin'al segno, fin'al segno** : jusqu'au signe ; → *da capo*. Les formes du signe varient :

𝄋   𝄌

segue, seg. : « suivez » ; 1. figure en bas d'une page, pour enchaîner directement la suivante ; 2. indique aussi la répétition d'une note ou d'un motif, → abréviations
Sehnsucht (all.) : nostalgie
sehnsuchtsvoll (all.) : nostalgique
sehr (all.) : très
semplice : simplement
sempre : toujours
sentito : expressif
senza : sans ; **senza** → **misura**, sans mesure
senza replica : → *replica*
senza sordino : → pédale
sfogato : léger et aisé
sforzando, sforzato, sf, sfz : en renforçant soudainement le son, sur une note ou sur un accord ; synonyme de → *rinforzando*
sforzatissimo, sffz : en accentuant fortement puis en diminuant aussitôt
sharp (angl.) : dièse
simile : → segue 2.
sin'al fine, sin'al segno : → *segno*
singend (all.) : chantant
sinistra, colla sinistra, c.s. : avec la main gauche
slancio, con : → *con slancio*
slargando : en ralentissant
slentando : en ralentissant
smorzando, smorz. : en laissant s'éteindre le son
solo : seul, soliste, → *tutti*
sons harmoniques : → harmoniques
sopra : sur, au-dessus ; **come sopra** : comme précédemment ; **mano destra (sinistra) sopra** : main droite (gauche) par-dessus (croisement de mains) ; **sopra una corda** : sur une corde
sordino, con sordino, con sord., ◌ : sourdine, avec sourdine ; **senza sordino** : → pédale
sostenendo, sostenuto, sost. : en soutenant le son et en retenant le mouvement
sotto : sous, en dessous ; → *sopra*
sotto voce, s.v. : « sous la voix » ; indique une émission vocale et une expression retenues ; dans le jeu des instr. à archet : → *flautando*
spianato : apaisé

spiccato, spicc. : → détaché, → sautillé
Sprechgesang, Sprechstimme : déclamation vocale intermédiaire entre le chant et la parole non chantée ; notation du rythme (a), notation du rythme et de la hauteur approximative (b) :

staccatissimo : → *staccato* très marqué
staccato : détaché ; coup d'archet dans lequel plusieurs notes sont nettement articulées :

♪♪♪♪   et   ♪♪♪♪

les points indiquent un staccato normal (→ sautillé), les accents, un staccato plus accentué (→ martelé)
stark (all.) : fort, fortement
Steg (all.) : chevalet
sterbend (all.) : → *smorzando*
stretto : serré, pressé
stringendo, string. : en pressant, en accélérant
su, sul : sur
subito : tout à coup
suivez : → *colla parte*
sulla tastiera, sul tasto : sur la touche ; → *flautando*
sul ponticello : → au chevalet
svegliando, svegliato : vif, alerte

tacco : → talon
tacet, tac. (lat.) : indique que telle ou telle partie doit rester silencieuse pendant un mouvement entier ou un fragment assez long
Takt (all.) : mesure ; temps d'une mesure ; espace compris entre deux barres de mesure
talon, au talon, t. : jouer au talon (partie de l'archet que tient l'exécutant)
tanto : tant, beaucoup ; **non tanto**, pas trop
tardo : lentement
tastiera, tasto : touche
tasto solo, T.s., t.s. : locution employée dans la réalisation de la basse continue : les notes de la basse seulement, sans y placer d'accords (cf. p. 100) ; chiffrage : 0
tempo : mouvement
tempo giusto : dans un mouvement modéré
tempo rubato : → *rubato*
teneramente : tendrement
tenuto, ten. : indique qu'il faut soutenir le son pendant toute la durée prescrite
tiré : ⊓ , mouvement descendant de l'archet (→ coup d'archet)
tosto : vite, aussitôt ; **più tosto**, plus vite ; **allegro più tosto andante**, *allegro* mais presque *andante*
tour de gorge, tour de gosier : → *gruppetto*

traurig (all.) : triste
tre : trois ; **tre corde** : sur trois cordes, →
pédale
tremblement : → trille
tremendo : terrible
tremolo, trem. :
– alternance rapide de deux notes à distance
de tierce ou davantage (s'oppose au →
trille, à distance de seconde) :

– sur les instr. à archet, répétition rapide
d'une même note par des mouvements
très brefs d'aller et retour de l'archet :

– en musique vocale, variation rapide d'intensité sur une même note (s'oppose au
→ vibrato)
– tremolo lent, → ondeggiando
trille : → ornement qui consiste en un
battement plus ou moins rapide d'une note
principale avec la note supérieure (à intervalle d'un ton ou d'un demi-ton). Il existait
au XVIIe et au XVIIIe s. plusieurs signes
ayant un sens identique : tr, t, +, ⁓, ⁓ ;
plus tard, on le nota par tr suivi d'une
ligne ondulée (12-14). Sauf indication
contraire, le trille commence par la note
supérieure (1), qui peut d'ailleurs être
prolongée (2, 3 → accent, 6). Si le trille
doit commencer par la note inférieure (4),
il rejoint, par la notation et l'exécution,
ce que J.S. BACH nomme → Doppelt-
Cadence. De même, il peut commencer
par la note supérieure et toucher la note
inférieure avant le battement proprement
dit (5) :

Le tempo et la longueur du trille dépendent
de la longueur de la note au-dessus de
laquelle figure le signe, comme du caractère
du morceau considéré.

Les trilles s'achèvent généralement soit par
une anticipation de la note finale (6), soit
par une terminaison (all. *Nachschlag* ; 8,
9, 10, 12). Fréquemment, ces deux éléments
ne sont pas notés (7, 11, 13) :

Le signe du trille (tr) se rencontre aussi
pour indiquer un unique battement de la
note principale avec la note immédiatement
supérieure, → mordant.
Les ex. 1-5 et 9 sont tirés de la table
d'ornements de J.S. BACH, où ils sont
nommés : 1) *Trillo* ; 2, 3) *Accent und Trillo*
(accent et trille) ; 4, 5) *Doppelt-Cadence* ;
9) *Trillo und Mordent* (trille et mordant).
Au XIXe s., le trille perd sa fonction
harmonique (retard suivi d'une résolution) : commençant par la note principale,
il devient un élément de couleur et de
virtuosité (HUMMEL, 1828). Souvent, une
petite note (appoggiature) le précède (13).
Le signe du trille peut aussi être utilisé
pour deux notes à la fois : trilles doubles
exécutés parallèlement, à distance de tierce,
de sixte ou d'octave (14) :

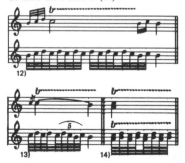

troppo : trop

t.s. : tasto solo

tutta la forza, con : avec toute la force

tutte le corde : toutes les cordes, → pédale

tutti : «tous» ; dans la musique concertante, s'oppose au → concertino ou → solo (cf. p. 119)

Umfang (all.) : étendue d'une voix ou d'un instrument

umgekehrt (all.) : → al riverso

una corda, u.c. : sur une corde, → pédale

ungherese, all'ungherese : à la hongroise

unisono, unis., all'unisono : unisson ; émission de deux sons de même hauteur, ou à distance d'une ou plusieurs octaves

un poco : un peu

vago : gracieux

veloce : rapide

velocissimo : très rapide

Veränderung (all.) : variation

verhallend (all.), verlöschend, verschwindend : → morendo

vezzoso : gracieux

via sordini : ôtez les sourdines

vibrato : répétition rapide d'une légère variation de hauteur sur une note, obtenue par une légère oscillation de la main gauche (instr. à archet)

vide, vi - de (lat.) : "voyez" ; ces deux syllabes marquent le début et la fin d'un

passage de la partition qui peut être omis

viel (all.) : beaucoup, très

vierhändig (all.) : à quatre mains

vivace : vite

vivacissimo : très vite

vivo : vite

voce : voix, → colla parte, → mezza voce, → sotto voce

volta : fois ; → due volte, → prima volta

volti subito, v.s. : tournez tout de suite la page

Vorschlag (all.) : désigne généralement l'→ appoggiature

Vorspiel (all.) : prélude

v.s. : → volti subito

vuota : → corda vuota

weich (all.) : tendre

weinend (all.) : plaintif

wenig (all.) : un peu

zart (all.) : tendre

ziemlich (all.) : assez, passablement

zingarese, alla : à la tzigane

zögernd (all.) : en retardant

zu (all.) : trop

zu vier Händen (all.) : à quatre mains

zunehmend (all.) : en augmentant l'intensité du son

zurückhaltend (all.) : en retenant

zweichörig (all.) : à double chœur

A. Pratique de l'exécution entre la notation et le résultat sonore

B. H. Schütz, *Exequien*, disposition des chœurs

Pos - sen - - - te spir - - - - to

Pos - sen - te spir - - - - - to

(Adagio)

p

(orgue et chitarrone)   (2 violons)

C. Cl. Monteverdi, air d'*Orfeo* (1607), version simple et version ornementée

D. A. Vivaldi, Largo d'un concerto pour violon, notation et exécution

1. Clavecin   3. Hautbois   5. Cors   7. 1ᵉʳˢ violons   9. Altos
2. Basses   4. Flûtes   6. Bassons   8. 2ⁿᵈˢ violons   10. Timbales, trompettes

E. Orchestre de l'Opéra de Dresde (ca 1750), distribution et disposition

Clavecin   Bois   Chœur principal   Notation/résultat sonore
Cordes   Cuivres   Chœur-solo   Pratique de l'exécution

Effets spatiaux, pratique de l'ornementation, distribution

Par « **pratique de l'exécution** » (traduction littérale de l'expression all. *Aufführungspraxis*), on désigne tout ce qui est nécessaire à la *réalisation sonore* de la musique. Plus on remonte dans l'histoire, plus grand est le fossé qui sépare le **texte écrit** du **résultat sonore** (fig. A). Diverses voies permettent d'aborder la pratique de l'exécution de la musique ancienne.

Sont notamment utilisés :
– l'**étude de la notation** et l'**étude comparative des sources** : on peut ainsi éliminer les fautes et additions postérieures (réalisation d'éditions critiques du **texte original**, en all. **Urtextausgaben**) ;
– les **représentations visuelles** d'instr., de musiciens, d'exécutions (cf. p. 246, 258) ;
– les **descriptions littéraires** de la pratique musicale ;
– les **ouvrages théoriques** : traités de composition, d'instruments, etc. ;
– les **directives ou indications pour l'exécution** émanant du compositeur (cf. préface de VIADANA, p. 251) ;
– les **documents d'archives** : documents officiels, actes notariés, liste de musiciens, etc.).

La restauration et la reconstitution d'**instruments anciens** représentent un apport précieux. Le résultat est souvent étonnant pour nos oreilles d'aujourd'hui ; cela montre clairement que la musique se développe aussi *en fonction de l'auditeur* : si la musique a une histoire, l'audition possède aussi la sienne. – L'interprétation de toute musique (et notamment de la musique ancienne) doit se nourrir d'une vérité musicale « subjective », complétée par le savoir musical « objectif ».

Distribution des voix et orchestration
Jusqu'au XVIIᵉ s., les compositeurs prescrivaient rarement une distribution précise. On sait qu'au Moyen Âge les polyphonies relativement complexes étaient exécutées par des *solistes*, tandis que des compositions plus simples étaient confiées aux *chœurs*. On sait aussi que des instruments participaient à la musique vocale, mais on ignore de quelle manière.

Pendant la Renaissance, les instruments accompagnaient les parties vocales. L'exécution dite *a cappella* (purement vocale) n'était pas aussi strictement pratiquée qu'on l'imaginait au XIXᵉ s.

Dans la mesure du possible, chaque partie était confiée à un instr. donné, afin de favoriser la perception de la polyphonie ; pendant la période baroque se dégagea progressivement une réalité nouvelle qui devait s'affirmer à l'époque classique : l'*orchestre*, reposant essentiellement sur le groupe des cordes, et permettant des **alliances de timbres**.

La distribution comme élément de timbre apparaît vers 1600 chez un compositeur comme MONTEVERDI : cf. p. ex. l'air d'*Orfeo* avec orgue, chitarrone et 2 violons (fig. C). On utilisait aussi à cette époque des *effets spatiaux*, comme l'indique p. ex. SCHÜTZ dans la préface de ses *Exequien* : le chœur peut être divisé en 3 groupes distincts (fig. B).

On dirigeait généralement du clavecin (b. c.) ou du violon.

Dans l'orchestre d'opéra du XVIIIᵉ s., les cordes jouent le rôle essentiel. La disposition montre que la direction se faisait du clavecin, tandis qu'un 2ᵉ clavecin accompagnait le récitatif (fig. E).

L'accroissement considérable de l'effectif orchestral au XIXᵉ s. fit apparaître le chef d'orchestre de profession, qui devait coordonner un jeu d'ensemble toujours plus complexe.

Improvisation et ornementation
L'un des grands problèmes que pose aujourd'hui l'exécution de la musique ancienne tient à la place importante qu'y occupait l'improvisation. Il s'agit notamment de **parties nouvelles** improvisées (cf. p. 264), de l'**exécution de la basse continue**, de sections improvisées comme la cadence dans le concerto de soliste (jusqu'à BEETHOVEN) et de la pratique de l'**ornementation**.
Chanteurs et instrumentistes italiens déployaient dans ce domaine une telle virtuosité qu'une mélodie toute simple était à peine reconnaissable. A titre d'exemple, MONTEVERDI note deux versions de l'air d'*Orfeo* : l'une sans, l'autre avec ornements (fig. C).
Une main anonyme a noté la complexité de l'extension donnée à un concerto de VIVALDI (XVIIIᵉ s., PISENDEL ?, fig. D ; certaines notes de base sont conservées).
Au cours du XVIIIᵉ s., la plupart des ornements disparurent ; seuls subsistèrent, pour l'essentiel, le mordant et le trille. Les ornements étaient essentiellement affaire de goût.

La dynamique n'était généralement pas notée à l'époque baroque. Cette absence de notation ne signifie nullement absence de nuances, même si, à la différence des chanteurs et des cordes, p. ex., le clavecin et l'orgue étaient pratiquement réduits à la seule dynamique « par paliers ».

Les adaptations
font aussi partie de la pratique d'exécution. Elles vont de la **contrafacture** (texte nouveau sur la même mélodie) et de la **parodie** (utilisation de motifs profanes dans la musique religieuse) à l'**arrangement** (musique légère), en passant par la **transcription**, la **réduction pour piano** et l'**orchestration**.

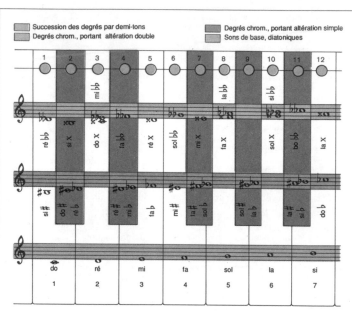

A. Le système tempéré égal (diatonique, chromatique, enharmonique), représenté sur un clavier

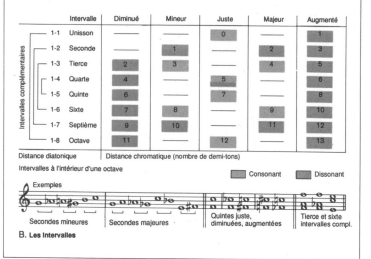

B. Les intervalles

Rapports entre les sons

Pour pouvoir transmettre des informations musicales, le matériau acoustique doit faire l'objet d'une *sélection* et d'une *organisation* : c'est ce que recouvre l'expression *système musical*. Les différents systèmes apparus selon les cultures et selon les époques ont en commun de privilégier, parmi les différents paramètres du son (*hauteur, durée, intensité, timbre*), la hauteur : c'est elle qui fonde une organisation opérée en fonction du principe de l'*identité des octaves* (cf. caractéristiques du son, p. 20). Un système musical se caractérise par la manière dont est divisée l'**octave** : p. ex. en 12 demi-tons (Europe), en 22 shruti (Inde), etc.

Dans le **système musical occidental**, dont l'origine remonte à l'Antiquité grecque, le matériau sonore couvre 7 à 8 octaves (correspondant à l'aire audible), chaque octave comportant 12 demi-tons.
Du point de vue musical, l'importance des rapports entre les sons est primordiale. Ces rapports apparaissent à travers les **échelles** (ou **gammes**) utilisées.

Diatonisme
Notre système repose sur une échelle *heptatonique* (7 sons), composée de 5 tons et 2 demi-tons. Cette succession de tons et de demi-tons porte le nom de **diatonisme** (en grec : *par tons*).
Les 7 sons de base sont do, ré, mi, fa, sol, la, si (en all. et en angl., ils sont désignés par des lettres : cf. p. 189) : cf. fig. A, touches blanches du clavier et portée inférieure. Les deux demi-tons se trouvent entre si-do et mi-fa.

Chromatisme
La division des 5 tons engendre 5 autres demi-tons. On les note et on les désigne à l'aide des sons diatoniques voisins, qui peuvent être haussés d'un demi-ton par un dièse (♯) et abaissés d'un demi-ton par un bémol (♭) (fig. A, touches noires du clavier et portée du milieu ; cf. p. 186).
La suite des 12 demi-tons s'appelle **échelle chromatique** (du grec : *chroma*, couleur).

Enharmonie
Dans le système tempéré, l'altération simple montante du mi et du si, descendante du fa et du do, ne produisent aucun degré nouveau : fa ♭ = mi, si ♯ = do, do ♭ = si.
De même, l'altération double, marquée par un double dièse (x) ou un double bémol (♭♭), hausse ou abaisse une note de 2 demi-tons, sans faire apparaître de nouveaux degrés : do x = ré, ré x = mi, mi ♭♭ = ré, etc. (fig. A, portée supérieure).
L'identité de degrés altérés porte le nom d'**enharmonie**. Grâce à l'enharmonie, les 7 degrés diatoniques et les 14 degrés portant altération simple et les 14 degrés portant altération double donnent seulement 12 sons

différents à l'intérieur d'une octave (fig. A, nombre total de touches et portée supérieure).
Les intervalles
sont les distances qui séparent deux sons. Leur nom est fondé sur la succession *diatonique* ; p. ex. : l'intervalle du 1er au 2e son est une *seconde* (cf. fig. fig. B et fig. A, portée inférieure : 1-2 = do-ré). Mais toutes les secondes (intervalles séparant deux sons consécutifs) ne sont pas identiques : ainsi, p. ex. ré-mi se compose de 2 demi-tons *(seconde majeure)*, mi-fa d'un demi-ton *(seconde mineure)*. Le nombre de demi-tons permet de préciser l'intervalle (ce nombre figure dans les rectangles colorés de la fig. B).
Il y a à l'intérieur de l'octave :
— des **intervalles justes** : unisson, octave, quinte, quarte ;
— des **intervalles majeurs et mineurs** : seconde, tierce, sixte, septième ; un demi-ton sépare l'intervalle majeur du même intervalle mineur ; ex. : la *tierce majeure* comporte 4 demi-tons ; la *tierce mineure* en comporte 3 (cf. fig. B) ;
— des **intervalles augmentés et diminués** : par altération de l'un des sons composant un intervalle juste, majeur ou mineur ; p. ex. : tierce *diminuée* do-mi ♭♭ (2 demi-tons), tierce *augmentée* do-mi ♯ (5 demi-tons), quinte *diminuée* do-sol ♭ (6 demi-tons), etc. (cf. fig. B).
Les intervalles complémentaires se complètent en formant l'octave ; p. ex. : la tierce majeure fa³-la³ et la sixte mineure la³-fa⁴ formant l'octave fa³-fa⁴ (fig. B). Ils peuvent aussi apparaître par transposition à l'octave d'un des sons qui les forment (redoublement).
Au-delà d'une octave, les intervalles portent le nom de **neuvième** (octave + seconde), **dixième** (octave + tierce), **onzième** (octave + quarte), **douzième** (octave + quinte). Ces intervalles sont divisés et évalués comme les intervalles simples.
Les intervalles peuvent être *simultanés, successifs, ascendants* ou *descendants*.
Intervalles consonants et dissonants
Les intervalles, en fonction de leur *qualité*, peuvent être classés selon le principe de la consonance, qui varie d'ailleurs considérablement avec le temps et le lieu. Dans le contrepoint d'école sont en principe considérés comme :
— **consonants** : l'unisson, l'octave, la quinte, la quarte dont la note principale est en haut, toutes les tierces et sixtes ;
— **dissonants** : toutes les secondes et septièmes, tous les intervalles augmentés et diminués, ainsi que la quarte dont la note principale est en bas (fig. B).
La consonance se caractérise par un haut degré de fusion et produit un sentiment de repos et de détente ; la dissonance produit une impression de frottement et de tension, et tend à se résoudre sur une consonance.

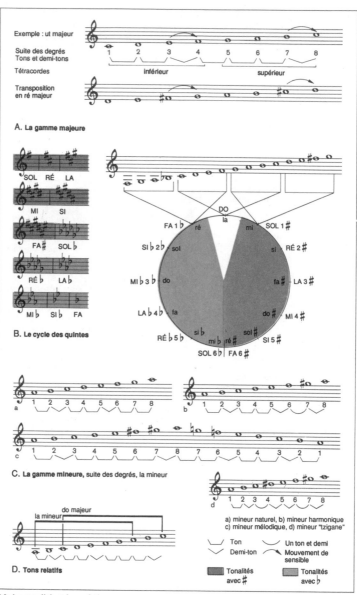

A. La gamme majeure

B. Le cycle des quintes

C. La gamme mineure, suite des degrés, la mineur

a) mineur naturel, b) mineur harmonique
c) mineur mélodique, d) mineur "tzigane"

D. Tons relatifs

Modes, tonalités et leur relation

La **tonalité** est une *organisation hiérarchique* des sons par rapport à un *son de référence* : la *tonique*. L'organisation des sons de ce système selon leur hauteur constitue une *gamme* ; l'ordre de succession des intervalles de la gamme détermine le **mode** (*majeur* ou *mineur*).

La gamme majeure (fig. A)
Les degrés de la gamme majeure se suivent selon le schéma d'intervalles suivant : 1-1-1/2-1-1-1-1/2. C'est en partant de do qu'on en a la représentation la plus simple : do-ré-mi-fa-sol-la-si-do. Cette gamme se compose de deux groupes de quatre notes ou **tétracordes** identiques (1-1-1/2) : do-ré-mi-fa et sol-la-si-do. Ces deux tétracordes sont séparés par l'intervalle d'un ton. Un demi-ton sépare les **sensibles** mi et si des **finales** fa et do. Les quatre degrés situés aux extrémités de ces deux tétracordes sont liés par des relations particulières :
— le **1ᵉʳ degré (I)** est la **note fondamentale** ou tonique ; elle se retrouve comme 8ᵉ degré ;
— le **5ᵉ degré (V)** est la **dominante**, il est situé une quinte au-dessus du 1ᵉʳ (relation de quinte) ;
— le **4ᵉ degré (IV)** est la **sous-dominante** ; il se trouve une quarte au-dessus du 1ᵉʳ degré ou une quinte au-dessous du 8ᵉ : même relation de quinte qu'entre le 5ᵉ et le 1ᵉʳ degrés (*rapport de dominante*).

Les 12 tonalités majeures
Elles s'obtiennent en prenant pour tonique chacun des 12 demi-tons. Le passage d'une tonalité à une autre porte le nom de **transposition**.
Par exemple, en transposant d'une seconde majeure (c'est-à-dire un ton) vers l'aigu, on passe de do (ou ut) majeur à ré majeur (fig. A).
Toute transposition entraîne l'*altération* de certaines notes, pour que l'ordre de succession des tons et demi-tons, caractéristique du mode, se retrouve identiquement : dans l'ex., fa devient fa ♯, do devient do ♯.
Les sons ainsi altérés ne sont pas des variantes chromatiques, mais des degrés diatoniques appartenant à la gamme.
Le cycle des quintes (fig. C)
Il reflète la relation par quinte des tonalités. Les notes fondamentales de deux tétracordes voisins se trouvant à distance de quinte, le tétracorde supérieur d'une tonalité est toujours le tétracorde inférieur de la tonalité voisine, et inversement. Chaque transposition à la quinte entraîne l'addition d'un *dièse* ou d'un *bémol*, jusqu'à l'apparition de six altérations. Dans le système tempéré, sol ♭ majeur est identique à fa ♯ majeur. Grâce à cette *identité enharmonique*, les tonalités à bémols et à dièses se referment en un cercle, le *cycle des quintes*.

La gamme mineure (fig. C)
Elle est issue du mode ecclésiastique éolien.
Son schéma est 1-1/2-1-1-1/2-1-1 (à partir du la, elle se réalise sans altération avec les sons de base la-si-do-ré-mi-fa-sol-la). Des modifications dans le tétracorde supérieur permettent de distinguer trois formes de mineur :
— le **mineur naturel** (*éolien*), avec int. de ton entre le 7ᵉ et le 8ᵉ degré (fig. C, a) ;
— le **mineur harmonique**, avec intervalle de demi-ton entre le 7ᵉ degré (*note sensible*) et le 8ᵉ degré, sur le modèle du mode majeur. Cette sensible, qui forme un intervalle de tierce majeure avec le 5ᵉ degré (dominante), fait apparaître une seconde augm. entre le 6ᵉ et le 7ᵉ degré (fig. C, b) ;
— le **mineur mélodique** élimine la seconde augmentée, difficile à chanter, que comporte le mineur harmonique ; le 6ᵉ degré est également haussé : se trouvent ainsi superposés un tétracorde mineur et un tétracorde majeur. Comme la sensible n'est requise qu'en montant, le mineur mélodique descendant se confond avec le mineur naturel, avec sensible descendante vers la dominante (fig. C, c).
Le **mineur dit « tzigane »** est une variante du mineur harmonique, comportant une seconde sensible montant vers la dominante (fig. C, d).
Ces schémas déterminent les modes mineurs. Leur transposition fait apparaître 12 **tonalités** mineures (do min., ré min., etc.).

Les tonalités relatives (fig. D)
A chaque tonalité majeure correspond une tonalité mineure *relative*, dont la tonique est située une tierce mineure au-dessous de celle de la tonalité majeure.
Les tonalités relatives sont constituées des mêmes notes, et comportent donc les mêmes altérations. Elles peuvent être représentées par le même cycle des quintes. On utilise des capitales pour désigner le majeur, des minuscules pour le mineur (DO = do majeur, do = do mineur, fig. B).

Gammes usuelles
Dans le système tempéré sont utilisées quatre gammes différentes :
— **la gamme pentatonique** : gamme de 5 sons, sans demi-ton, comportant 3 tons et 2 tierces mineures, p. ex. do-ré-mi-sol-la-(do) ; succession des intervalles : 1-1-1 1/2-1-1 (1 1/2) ;
— **la gamme par tons** : gamme de 6 sons, sans demi-ton, comportant 5 tons, p. ex. : do-ré-mi-fa♯-sol♯-la♯-(do) succession des intervalles : 1-1-1-1-1-(1) ;
— **la gamme diatonique** : gamme de 7 sons (5 tons et 2 demi-tons ; ex. : le majeur) ;
— **la gamme chromatique** : gamme de 12 sons, suite de 12 demi-tons.

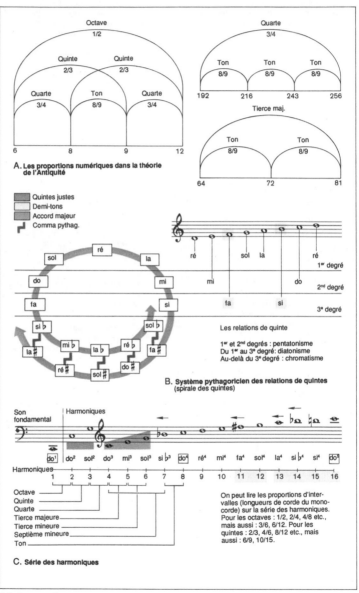

A. Les proportions numériques dans la théorie de l'Antiquité

Quintes justes
Demi-tons
Accord majeur
Comma pythag.

Les relations de quinte

1er et 2nd degrés : pentatonisme
Du 1er au 3e degré: diatonisme
Au-delà du 3e degré : chromatisme

B. Système pythagoricien des relations de quintes (spirale des quintes)

On peut lire les proportions d'intervalles (longueurs de corde du monocorde) sur la série des harmoniques. Pour les octaves : 1/2, 2/4, 4/8 etc., mais aussi : 3/6, 6/12. Pour les quintes : 2/3, 4/6, 8/12 etc., mais aussi : 6/9, 10/15.

C. Série des harmoniques

Relations entre les sons

On peut mesurer les rapports entre les sons selon un *principe quantitatif*, celui de la distance, et les évaluer selon un *principe qualitatif*, celui de la consonance. Le premier permet de définir exactement l'intervalle entre deux sons. Depuis ELLIS (1885), on utilise comme unité le **cent** (un demi-ton = 100 cents, cf. p. 17). Si le principe quantitatif permet une description des systèmes musicaux, il ne donne aucune indication sur les *relations* entre les sons. Celles-ci peuvent être définies grâce au classement des intervalles opéré selon le **principe de consonance**. Les théories du système musical s'efforcent de donner un fondement au caractère consonant ou dissonant des intervalles.

1. Les théories de l'Antiquité : les proportions numériques. Le degré de parenté des intervalles se détermine conformément aux rapports numériques correspondant aux longueurs des cordes (cf. p. 15). Plus le rapport est simple, plus l'intervalle est consonant. Sont considérées comme consonantes : l'**octave** avec 1/2, la **quinte** avec 2/3 et la **quarte** avec 3/4. On peut représenter ces proportions par les nombres 6, 8, 9, 12 ; à l'intérieur de l'octave apparaissent ainsi deux quintes, deux quartes et un ton (8/9 ; cf. fig. A).
Les autres intervalles se déduisent des trois premiers. Ils sont dissonants en raison de leurs proportions numériques plus complexes. Ainsi, la tierce majeure est la somme de deux tons, le demi-ton est la différence entre deux tons et une quarte (fig. A).

2. La superposition de quintes (système pythagoricien). Des sons à distance de quinte — p. ex. ré-la — sont *en relation au Ier degré* ; à distance de deux quintes — p. ex. ré-(la) -mi — ils sont *en relation au 2e degré*, etc. (fig. B). — La quinte pythagoricienne, définie par le rapport 3/2, s'obtient par *division de la corde du monocorde* ; elle est **stricte** (c.-à-d. physiquement juste) et un peu plus grande que l'actuelle quinte *tempérée* (702 cents au lieu de 700). La quarte — qui complète la quinte pour former l'octave — est stricte également (un peu plus petite que la quarte tempérée). La superposition de quintes strictes donne :
— **la gamme pentatonique sans demi-ton** (5 quintes) : do-sol-ré-la-mi ; après réduction d'octaves : ré-mi-sol-la-do ;
— **la gamme heptatonique diatonique** (7 quintes) : fa-do-sol-ré-la-mi-si ; après réduction d'octaves : ré-mi-fa-sol-la-si-do-(ré).
— **la gamme chromatique à demi-tons** (12 quintes) : elle peut s'obtenir soit en montant à partir de si (fa ♯ - do ♯ - sol ♯ ré ♯ - la ♯), soit en descendant à partir

de fa (si ♭-mi ♭-la ♭-ré ♭-sol ♭). Selon la progression, la hauteur des demi-tons est différente : ainsi, p. ex., la ♯ et si ♭ ne sont pas identiques. Le système n'est pas fermé, car le produit de 12 quintes strictes est légèrement supérieure à celui de 7 octaves. La différence est de $(3/2)^{12}$: $(2/1)^7 = 531 441/524 288$, soit environ 74/73, 23,5 cents, ou 5,88 savarts, c'est-à-dire à peu près un quart de demi-ton (**comma pythagoricien**, cf. p. 90, fig. B).

3. La division harmonique de l'octave (système zarlinien). La division harmonique de l'octave (1/2) donne la quinte et la quarte (2/3 et 3/4) ; celle de la quinte (2/3), la tierce majeure et la tierce mineure (4/5 et 5/6) ; celle de la tierce majeure (4/5), le **ton mineur** et le **ton majeur** (8/9 et 9/10). Pas plus que le système pythagoricien, le système zarlinien n'est clos : la superposition de 6 tons ne coïncide pas avec l'octave. La différence entre ton *majeur* et ton *mineur* est de 81/80, soit 21,5 cents, environ 1/5 de demi-ton (**comma syntonique**). Dans l'accord au *ton moyen*, ce comma est éliminé mais les **tierces majeures** restent strictes.

4. La division égale de l'octave (système tempéré). L'octave est divisée en parties égales. Divisions tempérées de l'octave :
— à **5 sons** : dans le slendro javanais (chaque intervalle : 1 1/5 ton) ;
— à **6 sons** : dans les deux gammes par tons tempérés do-ré-mi-fa♯-sol♯-la♯-(do) et ré ♭-mi ♭-fa-sol-la-si (ré ♭) ;
— à **12 sons** : dans la gamme chromatique (chaque intervalle : 1/2 ton ou 1/12 octave) ;
— à **18 sons** : dans la gamme à tiers de tons ;
— à **24 sons** : dans la gamme à quarts de ton.

5. La série des harmoniques, succession de sons dont les fréquences sont des multiples entiers de celle du son fondamental, découverte par SAUVEUR en 1700, a été souvent utilisée, depuis RAMEAU (*Génération harmonique*, 1737), pour tenter de donner un fondement naturel au système musical (théorie dite de la « résonance »). La série contient tous les intervalles, les plus simples dans le grave aux plus complexes dans l'aigu (fig. C : ex. du do^1 jusqu'au 16e harmonique). Les sons 7, 11, 13 et 14 sont un peu plus bas que dans le système tempéré, de sorte que la septième mineure (7/4), notamment, est un peu plus petite que l'intervalle tempéré. Les harmoniques 4, 5 et 6 forment un accord parfait majeur naturel avec tierce majeure et tierce mineure (4/5 et 5/6) ; les harmoniques 7 et 9 forment les accords de 7e et de 9e de dominante. Mais il n'existe pas d'accord parfait mineur correspondant.

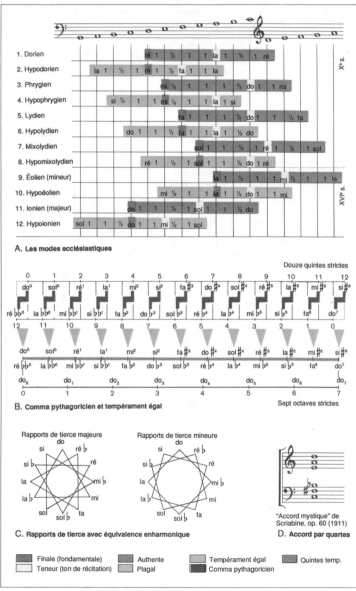

A. Les modes ecclésiastiques

B. Comma pythagoricien et tempérament égal

C. Rapports de tierce avec équivalence enharmonique

"Accord mystique" de Scriabine, op. 60 (1911)

D. Accord par quartes

| ■ Finale (fondamentale) | ■ Authente | ■ Tempérament égal | ■ Quintes temp. |
| □ Teneur (ton de récitation) | ■ Plagal | ■ Comma pythagoricien | |

Rapports anciens et actuels des tonalités

Le système musical occidental remonte à l'Antiquité grecque. Les Grecs basèrent leur système modal sur un **tétracorde** (série de quatre sons) dont les notes extrêmes étaient fixes, les intermédiaires, mobiles, déterminant les 3 **modes** possibles : le **diatonique**, le **chromatique** et l'**enharmonique** (cf. p. 176).

Notre système musical utilise seulement le mode **diatonique** avec des *hauteurs fixes* et renonce aux possibilités de variations, originellement mélodiques, de l'enharmonique et du chromatique grecs (ces deux concepts ayant une autre signification dans le système tonal moderne, cf. p. 85).

Les **modes** grecs se composaient de 2 tétracordes, comme les nôtres, formant l'*octave* avec 7 sons différents (cf. p. 176).

Les modes ecclésiastiques

Le M. Â. distingua 8 (puis 12) divisions de l'octave d'après le modèle gr., les **modes ecclésiastiques** *(modi)*, qui reçurent le nom des modes gr. À la suite d'un contresens, **dorien** désigne ré, **phrygien** mi, **lydien** fa, **mixolydien** sol, etc., ce qui diffère de la nomenclature gr. (fig. A).

On ne considère toujours pas la hauteur absolue, mais les *rapports entre les degrés*. Les modes ecclésiastiques sont donc des systèmes d'octave comparables au majeur et au mineur. Ils peuvent de ce fait être transposés, c.-à-d. construits à partir de chacun des degrés, ex. : le dorien à partir de sol, avec 1 ♭ comme altération car il est transposé à la quarte sup. (de ré à sol). Le caractère des modes ecclésiastiques n'est pas seulement déterminé par les rapports entre les degrés, mais aussi par *l'organisation du plain-chant monodique* :

– **ambitus** (étendue) : les mélodies évoluent souvent dans un ambitus d'octave ;
– **finale** : sorte de fondamentale ou tonique de la mélodie (fig. A) ;
– **teneur** (ton de récitation) : souvent une quinte au-dessus de la finale (fig. A) ;
– **formules mélodiques** ou **cadentielles** : tournures caractéristiques qui apparaissent souvent (p. 188, fig. A).

À chaque ton principal *authente* (ex. : dorien), correspond une tonalité secondaire *plagale* (hypodorien) avec la même finale. L'ambitus est alors décalé d'une quarte vers le grave, la finale se trouve au milieu de l'échelle et la teneur est en principe la tierce (fig. A). Les 8 modes ecclésiastiques médiévaux passent à 12 au XVIᵉ s. (GLAREAN, *Dodekachordon*, Bâle, 1547) :

– **l'éolien** ou *cantus mollis* devint le mineur (éolien) ;
– **l'ionien** ou *cantus durus* devint le majeur ; tous deux ont leur mode plagal (fig. A).

Le système s'enrichit des demi-tons chromatiques par la transposition des gammes diatoniques.

Le système tonal majeur-mineur

Au XVIIᵉ s., majeur et mineur supplantent peu à peu les modes ecclésiastiques. Le système tonal moderne *diatonique-chromatique-enharmonique* (p. 84, fig. A) ne peut cependant se développer totalement qu'avec le **tempérament égal** (WERCKMEISTER, vers 1695), qui élimine les différences (commas) des systèmes précédents en divisant l'octave en 12 parties mathématiquement égales.

Pour cela, on renonce à la justesse naturelle des quintes : 12 quintes strictes, ascendantes ou descendantes, dépassent 7 octaves d'un *comma pythagoricien*, que l'on supprime en raccourcissant légèrement chaque quinte (fig. B).

Possibilités plus récentes

À côté du rapport de quinte, le **rapport de tierce** prend de l'importance au XIXᵉ s.

– La superposition de **tierces majeures** mène aux 4 séries possibles : do-mi-sol♯, ré ♭-fa-la, ré-fa♯-la♯ et mi ♭-sol-si.
– Les **tierces mineures** forment les 3 séries suivantes : do-mi ♭-sol ♭-la, do♯-mi-sol-si ♭ et ré-fa-la ♭-si.

Pour toutes ces séries, on tient compte des équivalences enharmoniques du système tempéré, avec dièse = la bémol, la dièse = si bémol, etc. (fig. C).

Le rapport de tierce s'applique aux notes elles-mêmes mais aussi aux fondamentales des accords majeurs et mineurs. Ainsi do maj. et mi maj. sont en relation de tierce majeure, de même do maj. et mi min., etc. Au XIXᵉ s., les *rapports tonals*, c.-à-d. l'organisation des sons autour d'une tonique commune, s'élargirent au point que les forces qui les créaient devinrent insuffisantes. Le système tonal s'effondra. À la place, on imagina d'autres systèmes, à partir :

– d'une **échelle** ; p. ex. : la gamme par tons (DEBUSSY) ou d'autres construites différemment (BARTÓK) ;
– d'un **intervalle** ; p. ex. : la quarte comme dans l'« accord synthétique ou mystique » dans l'op. 60 de SCRIABINE (fig. D) ou les superpositions de quartes dans la *Kammersymphonie* op. 9 de SCHOENBERG (1906) ;
– d'une **série de 12 sons**, selon la technique de SCHOENBERG, « composition au moyen de 12 sons n'ayant que des rapports réciproques » (cf. p. 102).

Avec l'introduction d'autres paramètres que la hauteur des sons, notamment le **timbre**, la construction de systèmes tonals orientés sur les fréquences perd de son importance. On distingue de moins en moins le bruit du son musical selon le critère de la fréquence. Des catégories structurelles à caractère général telles que *contraste, symétrie, variation*, etc., cherchent à remplacer les catégories plus spécifiques du système tonal.

A. Conduite des voix et accords dans l'écriture polyphonique

B. Étendue normale des voix d'un chœur

C. Les intervalles

D. Types de mouvement des parties

E. Progressions interdites

F. Les 5 espèces de contrepoint dans l'écriture à 2 parties (d'après Fux)

Règles de progression

Le **contrepoint** (du latin *punctus contra punctum*, note contre note) s'applique à l'écriture à plusieurs parties ; celle-ci comporte deux dimensions : une dimension mélodique ou *horizontale* (conduite des différentes voix) et une dimension harmonique ou *verticale* (accords résultant de leur superposition). Ces deux dimensions tiennent compte de la notion de **consonance**.

Si la dimension verticale domine, on parlera d'**homophonie** : une partie principale (généralement la partie supérieure) est accompagnée par des parties secondaires (en accords).

Si la dimension horizontale domine, il s'agira de **polyphonie**, c.-à-d. de plusieurs parties *indépendantes* sur le plan rythmique et mélodique (fig. A).

C'est dans la polyphonie vocale du XVIe s. (LASSUS, PALESTRINA), que le contrepoint a trouvé sa meilleure expression.

La norme classique est l'**écriture à 4 parties** vocales (chœur).

La notation s'effectuait autrefois à l'aide des trois *clefs d'ut* 1re, 3e et 4e (soprano, alto, ténor, cf. p. 67), afin d'éviter les lignes supplémentaires ; notation moderne : clef de sol, clef de sol « ténor », clef de fa (cf. p. 66, fig. B). Registres : l'alto se trouve une quinte au-dessous du soprano, la basse une quinte au-dessous du ténor. Les voix de femmes (ou d'enfants) sont à distance d'octave des voix d'hommes (fig. B).

Intervalles : on distingue les consonances (du latin *consonare* : qui sonne avec) et les dissonances (du latin *dissonare* : qui ne sonne pas avec) :

– **consonances parfaites**, avec haut degré de fusion : unisson, octave et quinte (cf. p. 85) ;
– **consonances imparfaites**, de caractère moins satisfaisant : tierce et sixte.
– **dissonances**, qui produisent une impression de frottement : quarte, seconde, septième, tous les intervalles augmentés et diminués (fig. C).

Mouvement des parties : à 2 parties, il existe 3 mouvements possibles (fig. D) :
– **mouvement direct** : les deux parties montent ou descendent. La direction identique du mouvement peut restreindre l'indépendance des voix. Cas particulier : le mouvement parallèle (permis seulement avec tierces et sixtes) ;
– **mouvement oblique** : une partie est immobile, l'autre monte ou descend ;
– **mouvement contraire** : il favorise l'indépendance des parties et l'équilibre entre chacune des progressions.

Règles de progression. Les règles du contrepoint permettent d'assurer en même temps l'**indépendance** dans la marche de chaque partie et la correction sur le plan de

l'**harmonie** (puisque la superposition de ces parties donne naissance à des *accords*). En ce sens, il existe des « bonnes » et des « mauvaises » progressions ; sont en principe « interdits », en raison du mauvais effet produit, les enchaînements suivants (fig. E) :
– **les unissons, quintes et octaves consécutifs**, qui restreignent l'indépendance des parties ;
– **les unissons, quintes et octaves directs**, c'est-à-dire amenés par mouvement direct ;
– **l'octave succédant à l'unisson**, et inversement ;
– **les sauts** par mouvement direct, surtout lorsque l'une des voix dépasse ainsi la position qu'occupait une autre ;
– **les « fausses relations »**, c'est-à-dire les successions de deux sons à distance de demi-ton chromatique dans deux voix différentes (tolérées dans la même voix).

Les règles du contrepoint figurent sous forme systématique dans des traités, qui font passer progressivement de l'écriture à deux voix aux formations les plus complexes. L'apprentissage se fait en superposant un contrechant (*contrepoint*) librement inventé à un chant donné (*c.f.*). FUX (1725) distingue plusieurs espèces de contrepoint (fig. F) :

1. **Note contre note** (1/1) seules les consonances sont permises.

2. **Deux notes contre une** (2/1) : le temps fort doit être consonant, le temps faible peut être dissonant comme *passage* : le contrepoint doit atteindre et quitter la dissonance par mouvement conjoint, dans la même direction.

3. **Quatre notes contre une** (4/1) : même règle que n° 2 (le 1er et le 3e temps sont « forts », le 2e et le 4e sont « faibles »). La 3e noire peut aussi être dissonance **de passage** si la 2e et la 4e sont consonances. – Le mouvement disjoint d'une consonance sur une autre est toujours possible. Il ne peut y avoir de mouvement disjoint à partir d'une dissonance que dans le cas de la « note échangée de Fux », la **cambiata**.

4. **Syncopes** : sur le temps fort tombe une **dissonance préparée**, qui, par mouvement conjoint descendant, se résout en consonance sur le temps faible suivant :
– **la septième**, note dissonante *supérieure*, se résout sur la sixte ;
– **la seconde**, note dissonante *inférieure*, se résout sur la tierce ;
– **la quarte**, dissonance *supérieure* ou *inférieure*, se résout par conséquent sur la tierce ou sur une quinte.

5. **Fleuri** : mélange des 4 autres espèces, avec usage sporadique de croches, presque toujours comme *anticipation* dans la clausule.

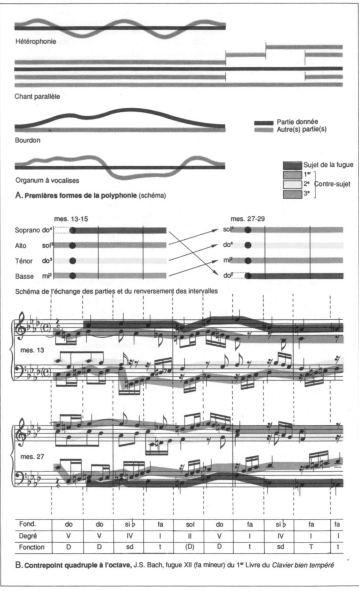

A. Premières formes de la polyphonie (schéma)

B. Contrepoint quadruple à l'octave, J.S. Bach, fugue XII (fa mineur) du 1ᵉʳ Livre du *Clavier bien tempéré*

Conduite des voix

Principales **structures, formes** ou **techniques de composition** contrapuntiques :
- **technique du cantus firmus** : on ajoute successivement à un *chant donné* un certain nombre de parties ; le *cantus firmus* est généralement un fragment de plain-chant ou de chanson ;
- **imitation libre** : un motif important à l'une des voix est repris par les autres voix ; ces passages « en imitation » alternent avec des sections « libres » (sans imitation) ;
- **canon** : imitation stricte, qui ne peut être interrompue et se poursuit jusqu'au bout (pour les différents types de canon, cf. p. 112-113) ;
- **contrepoint double** : l'expression signifie que, contrairement au contrepoint simple, les deux parties peuvent être inversées (la partie supérieure devenant inférieure, et vice versa) ; **contrepoint double** à l'octave : la partie supérieure est transposée à l'octave (ou à la double octave) grave, tandis que la partie inférieure est transposée à l'octave (ou à la double octave) aiguë ; tous les intervalles se trouvent renversés. − Lorsque le renversement s'applique à trois ou quatre parties, on parlera de **contrepoint triple** ou **quadruple**.
Un exemple de **contrepoint quadruple à l'octave** figure dans la *fugue en fa mineur* du 1er Livre du *Clavier bien tempéré* de BACH (fig. B). Le sujet de la fugue apparaît d'abord au soprano, les contrepoints (contre-sujets) à l'alto, au ténor et à la basse (mes. 13). Puis, mes. 27, le sujet se trouve transposé deux octaves au-dessous, à la basse, tandis que les contre-sujets sont transposés à l'octave supérieure (soprano, alto et ténor).
L'accord de sixte (mi²-do³-sol³-do⁴) du 2e temps de la mes. 13 devient à la mes. 27, par le renversement des intervalles, accord parfait à l'*état fondamental* (do²-mi²-do⁴-sol⁴). Ainsi, harmonie, degrés et fonctions sont inchangés (bas de la fig. B).

Historique du contrepoint
On ne peut parler de polyphonie véritable (et donc de contrepoint) que lorsqu'on est en présence de plusieurs voix relativement autonomes ; cela n'est pas le cas dans le chant en octaves parallèles, tel qu'il se rencontre naturellement dans le chant des femmes, des enfants et des hommes. − Les premières formes de polyphonie sont (fig. A) :
- **L'hétérophonie** : forme première de la polyphonie. Une mélodie est superposée à sa (ou ses) propre(s) variation(s).
- **Le chant parallèle**, pratiqué dans l'Antiquité et dans l'**organum** primitif du Moyen Âge (cf. p. 199). Une ou plusieurs voix sont superposées en quintes ou octaves parallèles à un plain-chant donné ; la

position et le nombre des voix peuvent varier ; l'indépendance et le caractère propre des voix sont limités.
- **La technique du bourdon médiéval** : une basse sert de fondement à une voix donnée. Différents intervalles apparaissent ; la basse, cependant, n'est pas à proprement parler un contrepoint, mais plutôt une *pédale*.
- **L'organum à vocalises** du Moyen Âge : la voix organale acquiert une certaine indépendance ; quoique de caractère improvisé, elle respecte les règles du contrepoint (cf. p. 203).
Le concept de *contrepoint* n'apparaît qu'au xive s. Les brefs traités de contrepoint définissent les consonances permises sur les points d'appui, entre lesquels on dispose d'une certaine liberté. Au xve s., les dissonances font à leur tour l'objet de règles définies (**syncope, note de passage, cambiata**). Les règles de contrepoint strict s'appliquent à la composition (*res facta*), alors que l'improvisation d'une ou plusieurs voix sur un c.f. revêt un caractère plus libre (« chant sur le livre »). A l'opposé de la polyphonie classique des Pays-Bas se développa au xvie s. un style libre, utilisant dissonances et chromatisme au service de la traduction expressive d'un texte, particulièrement dans le madrigal. D'autre part, une tendance à l'homophonie se fit jour, surtout dans la chanson profane.
Ces deux courants sont à l'origine de la **monodie** et de la **basse continue**, apparues à la fin du xvie s. Mais le contrepoint rigoureux resta en usage comme *stylus antiquus* (ou « style sévère »), principalement dans l'enseignement et dans le domaine de la musique religieuse.
L'accent étant mis désormais non sur la conduite des voix, mais sur la *structure harmonique*, l'harmonie devint aussi, aux xviie et xviiie s., le fondement de compositions contrapuntiques comme le canon, la fugue, etc. Pour BACH, la basse continue est « le fondement le plus parfait » de la musique.
Le contrepoint joue aussi un rôle important à l'époque classique. Il apparaît alors essentiellement comme *travail thématique*, principalement dans le développement des mouvements de forme sonate.
Le xixe s. s'intéressa au contrepoint en raison de son intérêt pour l'histoire (« retour » à PALESTRINA) ; cependant, le développement de la polyphonie chromatique devait finalement conduire à la fin de l'harmonie tonale. Cette fin de la tonalité devait permettre au xxe s. une renaissance de la pensée contrapuntique ; des techniques comme le canon, le renversement, l'augmentation, etc., jouent un rôle important dans les nouvelles techniques sérielles.

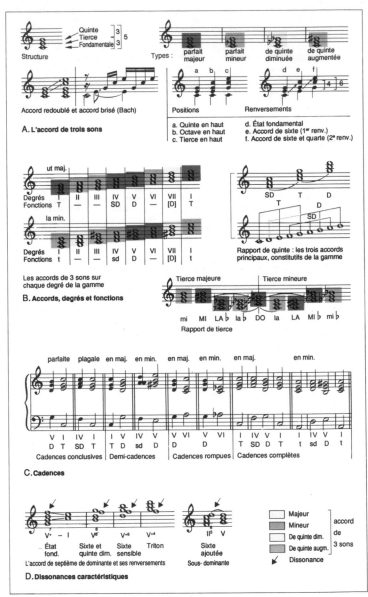

A. L'accord de trois sons

B. Accords, degrés et fonctions

C. Cadences

D. Dissonances caractéristiques

L'harmonie traite des accords et de leurs enchaînements dans la musique tonale (donc de 1600 à 1900 environ). Elle repose principalement sur l'accord de 3 sons.
L'**accord de trois sons** se compose d'une fondamentale, d'une quinte et d'une tierce ; il peut se présenter sous 4 formes (fig. A) :
– **accord parfait majeur** : quinte juste et tierce majeure ;
– **accord parfait mineur** : quinte juste et tierce mineure ;
– **accord de quinte diminuée** : quinte diminuée et tierce mineure ;
– **accord de quinte augmentée** : quinte augmentée et tierce majeure.
Les notes d'un accord peuvent être *redoublées* à *l'octave* ou *arpégées* sans que soit altérée l'identité de l'accord (fig. A, à gauche).
Positions : on appelle *changement de position* une modification dans la disposition des notes d'un accord, lorsqu'elle n'affecte pas la basse de l'accord : peuvent ainsi apparaître, à la partie supérieure, soit la quinte, soit l'octave, soit la tierce de l'accord (fig. A, a-c).
Renversements : la note qui est à la basse détermine l'**état** de l'accord (fig. A, d-f) ;
– **état fondamental** : la fondamentale est à la basse ;
– **1ᵉʳ renversement** : la tierce de l'accord est à la basse, la fondamentale forme avec elle un intervalle de *sixte*, d'où le nom d'**accord de sixte** (exactement : accord de sixte et tierce) ;
– **2ᵉ renversement** : la quinte de l'accord est à la basse, la fondamentale forme avec elle une *quarte*, la tierce de l'accord, une *sixte* : d'où le nom d'**accord de sixte et quarte**.

Accords, degrés et fonctions
Sur chaque degré de la gamme majeure prend place un accord de trois sons (fig. B) :
– **accord parfait majeur** : sur les 3 **degrés principaux** I, IV, V (**notes tonales**). Ces degrés sont en relation de quinte. Depuis RAMEAU (1722), chacun d'eux porte un nom désignant sa *fonction* : **tonique** (I), **dominante** (V), **sous-dominante** (IV) ;
– **accord parfait mineur** : sur les 3 **degrés secondaires**, qui portent les noms (peu employés) de *sus-tonique* (II), *médiante* (III) et *sus-dominante* (VI) ;
– **accord de quinte diminuée** : sur le VIIᵉ degré (**sensible**) ; il est fréquemment considéré comme un *accord de septième de dominante sans fondamentale* (cf. infra).
Les accords suivants apparaissent dans la gamme mineure harmonique :
– **accord parfait mineur** : sur les degrés I *(tonique)* et IV *(sous-dominante)* ;
– **accord parfait majeur** : sur le Vᵉ degré *(dominante)* et le VIᵉ degré ;

– **accord de quinte diminuée** : sur les degrés II et VII ;
– **accord de quinte augmentée** : sur le degré III.

Rapport de quinte : on peut considérer les accords parfaits sur les 3 degrés fondamentaux comme générateurs de la gamme maj. : Le premier accord parfait constitue les degrés I, III et V, p. ex. : do-mi-sol. L'accord parfait sur la **quinte supérieure** (dominante), donne les degrés (V), VII et IX (= II), donc (sol-)si-ré ; avec l'accord parfait sur la **quinte inférieure** (sous-dominante), on obtient les degrés IV et VI, donc fa et la. Il en va de même pour le mineur (fig. B).
Rapport de tierce : les accords sont liés les uns aux autres par un rapport de tierce, que les fonctions tonales ne peuvent expliquer (fig. B ; certains accords comportent une ou deux notes communes).

Cadences : la tonique marque la conclusion. L'enchaînement D-T, lorsque les 2 accords sont à l'état fondamental, porte le nom de **cadence parfaite**, l'enchaînement SD-T celui de **cadence plagale** (dans les deux cas, il s'agit de **cadences conclusives**). Un arrêt sur la dominante s'appelle demi-cadence (p. ex. T-D ou SD-D).
On appelle **cadences rompues** ou **évitées** tous les enchaînements cadentiels dans lesquels l'accord de tonique attendu est remplacé par un autre accord (il s'agit le plus souvent de celui du VIᵉ degré). La **cadence complète** se compose de l'enchaînement T-SD-D-T (en mineur : t-sd-D-t). Elle renforce le caractère de la tonique comme centre tonal : tension de T à SD (rapport de dominante), tension inverse de D à T (fig. C).

Accords de plus de trois sons : ils sont formés de la combinaison d'une septième avec un accord de 3 sons **(accords de septième)**, d'une neuvième avec un accord de 4 sons **(accords de neuvième)**, etc. Ils peuvent aussi être placés sur tous les degrés.
L'**accord de septième de dominante** (accord parfait majeur et septième mineure) est le plus usité des accords de septième ; il a pour fondamentale le Vᵉ degré (D). *Dissonance caractéristique*, la septième de dominante se résout sur la tierce de l'accord de tonique. Les renversements de l'accord de septième de dominante sont désignés d'après le ou les intervalle(s) le(s) plus carctéristique(s) qui le compose(nt) (fig. D). La **sixte ajoutée** est une *dissonance caractéristique* de la SD : elle transforme l'accord parfait sur le IVᵉ degré en accord de quatre sons, avec fonction de SD (cet accord peut aussi être considéré comme accord de septième sur le IIᵉ degré : la dissonance est alors le do, et non le ré).

1. Accord de neuvième de dominante : neuvième majeure et résolution (a), neuvième mineure (b), neuvième mineure sans fondamentale (c)

2. Accord de sixte napolitaine

3. Altération ascendante (a) et descendante (b) de la quinte

4. Accord de sixte augmentée : sixte (a), sixte et quarte (b), sixte et quinte (c), tierce et quarte (d), seconde (e)

A. Accords de neuvième, accords altérés

5. Résolution naturelle de l'accord de sixte augmentée et quinte sur l'accord parfait de dominante (a), sur l'accord de sixte et quarte (b)

6. Libre appoggiature

B. Dominantes secondaires

C. Modulations diatonique, chromatique, enharmonique

D. Analyse harmonique , J.S. Bach, Choral *Wer in dem Schutz des Höchsten ist,* BWV 339

Tonalité de départ   Modulation passagère   Tonalité finale   Accord pivot

Relations élargies des accords

L'accord de neuvième de dominante est, de même, le plus usité des accords de 5 sons ; il prend place sur le Ve degré (fig. A, ex. 1) : en majeur, la neuvième est majeure (a), elle est mineure en mineur (b) ; lorsque manque la fondamentale de l'accord de neuvième mineure, il se forme un *accord de septième diminuée* (c).

Accords altérés. Outre les notes appartenant à la gamme, on peut avoir dans les accords des modifications chromatiques (**altérations**). Il s'agit toujours de **dissonances** qui doivent **se résoudre** par mouvement chromatique conjoint : une note haussée par un dièse tend à monter, une note abaissée par un bémol tend à descendre. La **tension** et la **couleur** sont particulièrement fortes dans les accords altérés. La fig. A (ex. 2 à 6) montre ces principaux accords (tous relatifs à la tonique do) :
− **accord de sixte napolitaine** (ex. 2) : presque toujours employé en mineur, il est formé par l'altération descendante du IIe degré (formant sixte avec le IVe degré à la basse) ; l'enchaînement direct sur l'accord de dominante produit un intervalle mélodique de tierce diminuée ;
− **accords issus de l'altération de la quinte**, généralement dans l'accord parfait de la dominante (ex. 3) : altération ascendante (ex. 3a), altération descendante (ex. 3b) ;
− **accord de sixte augmentée** (ex. 4 et 5) ; généralement employé en mineur, il est formé par l'altération ascendante du IVe degré (*SD altérée*), « attiré » par le Ve (D) ; il peut se présenter sous 5 formes différentes : sixte, sixte et quarte, sixte et quinte, tierce et quarte, seconde (ex. 4). Cet accord a généralement la fonction d'une « dominante secondaire » ; la résolution normale de l'accord de sixte augmentée et quinte sur la dominante entraîne deux quintes consécutives (ex. 5a ; emploi fréquent chez Mozart).
La plupart des accords altérés ont une fonction de dominante. Au XIXe s., les altérations deviennent de plus en plus complexes et le même accord peut avoir plus d'une signification. Dès lors, la fonction de l'accord altéré s'estompe, et il est bien souvent une *libre appogiature chromatique* de l'accord suivant (ex. 6).

Dominantes secondaires (ou **de passage**)
Les dominantes secondaires se rapportent à un autre accord qu'à celui de tonique. Dans la cadence de base T-SD-D-T p. ex. (fig. B), la tonique peut porter une septième mineure et devenir ainsi dominante de la sous-dominante (mes. 1) ; la *dominante de la dominante* apparaît souvent après la sous-dominante ou à sa place (mes. 2).

Modulations
Le centre tonal (tonique) peut changer. Si ce changement est très bref, on parlera d'**emprunt** ou de **modulation passagère** ; sinon, il s'agit d'une véritable **modulation** dans une nouvelle tonalité. Au XVIIIe s., on modulait surtout aux *tons voisins* de la SD, de la D et du relatif (VIe degré en majeur, IIIe degré en mineur). Depuis l'époque classique, ce domaine s'est étendu.
Il existe de nombreuses sortes de modulations et davantage encore de manières de moduler. Souvent, on utilise un *accord pivot*, qui appartient aux 2 tonalités, mais avec une fonction différente. Les trois sortes principales de modulations sont (fig. C) :
− la **modulation diatonique**, grâce aux dominantes secondaires, cadences rompues, etc. (fig. C : de do majeur à fa majeur) ;
− la **modulation chromatique**, grâce à des notes chromatiques communes à l'ancienne et à la nouvelle tonalité : p. ex., grâce à la sixte napolitaine (fig. C : de do maj. à la ♭ maj.) ;
− la **modulation enharmonique** par modification enharmonique des notes d'accords altérés, et donc grâce au changement de fonction de l'accord. On utilise souvent à cette fin l'accord de **septième diminuée** (neuvième mineure de dominante sans fondamentale), qui peut se résoudre dans 3 nouvelles directions ; ainsi (fig. C) :
si, tierce de l'ancienne dominante sol, devient **do** ♭, neuvième mineure d'une nouvelle dominante si ♭ (tonique : mi ♭) ;
la ♭, **neuvième** de l'ancienne dominante, devient sol ♯, tierce d'une nouvelle dominante mi (tonique : la) ;
fa, **septième** de l'ancienne dominante, devient mi ♯, tierce d'une nouvelle dominante do ♯ (tonique : fa ♯).
Ces nouvelles dominantes peuvent se résoudre en majeur ou en mineur.

Analyse harmonique
La connaissance de l'harmonie permet d'aborder l'un des éléments de l'analyse musicale, celui de l'analyse harmonique. La fig. D propose l'analyse harmonique d'un choral de J.-S. Bach. Les deux lignes supérieures indiquent d'abord la **tonalité** (la maj., modulation passagère en fa ♯ min., retour en la maj.), puis, pour chaque accord : 1. en chiffres romains : le chiffrage du **degré** (*fondamentale* de l'accord) ; noter que la modulation en fa ♯ min., comme le retour en la maj., s'effectue au moyen d'un *accord pivot* ; 2. en exposant, et en chiffres arabes, le chiffrage de l'**accord** (*chiffrage d'intervalles*, effectué à partir de la *basse*) ; les chiffres utilisés ici trouvent leur origine dans la pratique de la b.c. (cf. p. 100-101). La ligne inférieure la **fonction** de chaque accord.

A. **Basse continue non chiffrée,** exemple de cadence

1. Notes de basse écrites
2. Tierce et quinte attendues
3. Doublures possibles
4. Position serrée (4 voix)
5. Position large (4 voix)

B. **Chiffrage de la basse continue**

C. **L'accord et ses renversements, principe du chiffrage**

3 sons 4 sons

empfind ich Höl-len- angst und Pein___, empfind ich

D. **Basse continue de Bach,** Cantate *Ach Gott, wie manches Herzeleid,* BWV 3 (chiffrage original, réalisation du XVIIIe s.)

E. **Basse continue primitive,** réalisation partagée entre les deux mains

F. **Basse continue en accords pleins**

Notes de basse écrites
Accords non écrits

Accords et styles

« La basse continue est le *fondement entier de la musique*, elle se joue avec les deux mains, de telle sorte que la main gauche joue les notes écrites, tandis que la main droite ajoute *consonances* et *dissonances*, ce qui produit une *harmonie* agréable pour la louange de Dieu et le légitime plaisir des sens ; car la seule fin et le seul but de la *basse continue*, comme de toute *musique*, ne peuvent être que la louange de Dieu et la *récréation* de l'âme. Lorsque cela est perdu de vue, il ne peut y avoir véritablement de *musique*, mais seulement des bruits et des cris infernaux » (J.-S. BACH, 1738).

Technique de la basse continue. La basse continue est une sorte de sténographie musicale de l'époque baroque. Seule était notée une **ligne de basse** chiffrée, que l'on complétait par des accords improvisés. Les instruments de basse continue étaient le luth, le théorbe, le clavecin, l'orgue (dans la musique religieuse), etc., auxquels on adjoignait un instrument mélodique : viole de gambe, violoncelle, contrebasse, basson.

Basse continue non chiffrée : chaque note de basse non chiffrée supporte un **accord parfait** appartenant à la gamme (fig. A, 1 et 2). Les notes de l'accord parfait peuvent être doublées (fig. A, 3), de façon à obtenir dans la pratique des enchaînements satisfaisants (A, 4 et 5).

Aux premiers temps de la basse continue, la basse n'était généralement pas chiffrée : l'harmonie étant relativement simple, l'exécutant devait la trouver lui-même (fig. E, F).

Chiffrage de la basse continue : les chiffres indiquent les intervalles, comptés à partir de la basse ; l'accord parfait n'est généralement pas chiffré ; certains intervalles sont sous-entendus (tierce dans l'accord de sixte, tierce et quinte dans l'accord de septième, etc.) ; les altérations accidentelles, indiquées par ♭, ♯ ou ♮, précèdent ou suivent le chiffre (l'altération seule se rapporte à la tierce) ; accords de la fig. B (de gauche à droite) :
— **accord parfait appartenant à la gamme** : pas de chiffre ;
— **altération de la tierce** ;
— **accord de sixte** ;
— **accord de sixte et quarte** ;
— **accord de septième de dominante** ;
— **accord de sixte et quinte** ;
— **accord de sixte et quinte diminuée** ;
— **accord de tierce et quarte** ;
— **accord de sixte sensible** ;
— **accord de seconde** ;
— **accord de triton** ;
— **accord de triton** ;
— **accord de neuvième** (ici sans septième) ;
· — les **chiffres supérieurs à 9** indiquent des positions particulières ;
— les **mouvements des voix** (correspondant

souvent à des retards) peuvent être indiqués : 4-3, 6-5, 8-7 ♭ ;
— **même harmonie** : trait horizontal ;
— **accord anticipé** : trait horizontal avant le chiffre (— 7) ;
— **même chiffrage** : trait oblique après le chiffre (7/) ;
— **aucun accord** : 0 (zéro) ou *t.s.* (*tasto solo*, la touche seule).

L'enchaînement des accords doit se conformer aux règles du contrepoint.
Exécution : aux premiers temps de la basse continue, on partageait la réalisation entre les deux mains (fig. E). Cette pratique fut abandonnée par la suite : dès lors, la main gauche jouait la basse, la main droite réalisant un accompagnement à 3 voix (fig. D).
On pouvait aussi réaliser une **exécution à 2 ou 3 voix**, dans un style contrapuntique rigoureux, ou, au contraire, un **jeu en accords très pleins**, avec un rythme libre (fig. F ; mes. 2 : *acciaccatura*).
La basse continue était un accompagnement et devait donc rester à l'arrière-plan. Elle pouvait toutefois être embellie par des ornements, des notes de passages, des arpèges, etc., à condition de ne pas gêner les solistes.

Historique de la basse continue
Au XVIᵉ s., on réalisa des *transcriptions* d'œuvres vocales pour le luth, l'orgue, etc. Celles-ci pouvaient servir d'*accompagnement*, lorsque ces œuvres (des motets, p. ex.) étaient données avec un petit nombre d'exécutants. On se contentait alors des voix principales, et surtout d'une ligne de basse *ininterrompue*, qui suivait la partie la plus grave. Cette *basse pour orgue* était appelée *basso continuo* ou *seguente*, mais aussi *basso principale* ou *generale*.
L'apparition de la basse continue est liée à l'émergence, au cours du XVIᵉ s., d'une pensée harmonique fondée sur l'accord parfait. Elle coïncide aussi avec l'apparition du nouveau style *monodique* (madrigaux pour soliste, premiers opéras, etc.).
L'usage de la basse continue se généralisa bientôt pendant l'époque baroque (*période de la basse continue*). Assurant la basse harmonique, elle permettait le libre jeu des parties supérieures (*style concertant*).
À partir du milieu du XVIIIᵉ s., la basse continue perdit de son importance. Trop rigide, elle devenait une gêne pour l'harmonie plus simple de la période pré-classique. Les compositeurs écrivaient à présent les parties intermédiaires.
Au XIXᵉ et surtout au XXᵉ s., le « retour » à la musique baroque a entraîné des recherches historiques sur la pratique de la basse continue. Les éditions modernes de musique baroque proposent généralement une réalisation de la basse continue pour venir en aide aux exécutants peu familiarisés avec cette musique.

A. Les quatre formes de la série dodécaphonique et leur première transposition,
A. Schoenberg, *Variations pour orchestre* op. 31

B. Formation de thème (vlc.), variation (cor angl.) et superposition de séries (vl.), A. Schoenberg, op. 31

C. Rupture de séries, A. Schoenberg, op. 26, série, partie principale et partie secondaire, pédale

D. « Allintervallreihe », A. Berg, *Suite lyrique*, série, premiers accords

E. Série commençant par une succession d'accords parfaits, A. Berg, *Concerto pour violon*

F. Série construite symétriquement, A. Webern, *Quatuor à cordes* op. 28

↓   Cordes du violon

Bornes des 2 demi-séries

Sol min.

Ré maj.

La min.

Mi maj.

Tons

Séries

Après la phase de *libre atonalité*, HAUER (à partir de 1919) et SCHOENBERG (à partir de 1921 env., de façon systématique avec la *Suite für Klavier* op. 25, 1923) inventèrent deux sortes de **technique dodécaphonique**. Il s'agissait d'imaginer une nouvelle organisation capable de remplacer les principes de forme de l'harmonie tonale. Le matériau de départ est fourni par les 12 sons de l'échelle chromatique tempérée.

Théorie des tropes de HAUER : 2 groupes de 6 sons permettent de constituer 44 combinaisons possibles ou *tropes*. La méthode de HAUER, qui mène à une « monotonie voulue » (STEPHAN), n'a pas réussi à s'imposer.

La méthode de « composition avec 12 sons » de SCHOENBERG (lettre à HAUER, 1923) prend pour point de départ des **séries dodécaphoniques**. Elle laisse la plus grande place à l'imagination et à la capacité créatrice du compositeur.

La série dodécaphonique est différente pour chaque œuvre. Elle détermine l'ordre de succession des 12 sons et des intervalles. Elle apparaît sous 4 formes (fig. A, portée du haut) :
– **série originale** (SO) ;
– **rétrograde** (RT) : mouvement récurrent ;
– **renversement** (RV) : SO avec renversement de tous les intervalles ;
– **rétrograde du renversement** (RR).

Les 4 formes peuvent prendre pour point de départ chacun des 12 sons de l'échelle chromatique : la série originale SO peut donc partir non seulement de si b^3, mais aussi de la^3, 1 demi-ton plus bas, d'où SO-1. Cette **transposition** va jusqu'à SO-11 vers le bas, jusqu'à SO12 vers le haut (fig. A, 2e portée) ; il en est de même pour RT, RV et RR. On dispose ainsi de **48 séries** comme matériau de départ pour chaque composition.

Mélodies et thèmes : la formation la plus simple est fournie par la succession des 12 notes de la série originale comme indiqué fig. B ; portée supérieure (mes. 34 sqq.) : thème au vlc. ; portée inférieure (mes. 502 sqq.) : variation du thème au cor anglais. (Dans la pratique, c'est souvent l'inverse : le *matériau* que constitue la série est obtenu à partir d'un *thème premier* de 12 sons.)

Harmonie et accords apparaissent grâce à :
– **la superposition de séries** : plusieurs séries se font entendre simultanément ; (fig. B, portée inférieure : SO + RV 10) ;
– **la rupture de séries** : dans l'op. 26 de SCHOENBERG, les notes 1, 6, 7 et 12, qui constituent les bornes de 2 demi-séries presque identiques, jouent un rôle particulier (fig. C) : dans l'ex. 1, elles forment au cor la **partie principale** (*Hauptstimme*), tandis que les autres forment au basson la **partie secondaire** (*Nebenstimme*) ; dans

l'ex. 2, elles forment un **accord de 4 sons** (pédale), les autres formant le solo de flûte.

La disposition des notes de la série, à l'intérieur des agrégats sonores, n'est soumise à aucune règle. La disposition de la série tout entière semble très libre dans les 3 premiers accords de la *Suite lyrique* de BERG, qui sont en fait constitués de quintes superposées (fa-do-sol-ré, etc.). **L'accord de 12 sons** représente la concentration extrême de la série. Considérant les 12 sons comme strictement égaux, la technique sérielle veut éviter la formation de centres tonaux. C'est pourquoi aucune des notes de la série ne doit réapparaître avant que les 11 autres n'aient été entendues. Seule est permise (et fréquemment employée) la répétition immédiate d'une même note (cf. fig. B et C).

Différents types de série. SCHOENBERG se sert surtout de séries composées d'une succession d'intervalles très dissonants.

Les séries de BERG présentent souvent des intervalles très consonants, de caractère parfois presque tonal. La série du *Concerto pour violon*, p. ex., commence par une succession d'arpèges d'accords parfaits ; ses notes 1, 3, 5 et 7 représentent en même temps les cordes à vide du violon ; elle s'achève par un fragment de gamme par tons qui correspond au début du choral de BACH *Es ist genug*, cité au cours du concerto (fig. E).

La série de la *Suite lyrique* et des *Storm-lieder* est célèbre : elle expose tous les intervalles contenus dans une octave (**All-intervallreihe**, fig. D) ; le triton central est en outre un centre de symétrie, qui fait apparaître les intervalles complémentaires : seconde mineure ($2-$) et septième majeure ($7+$), tierce mineure ($3-$) et sixte majeure ($6+$), etc.

Les séries de WEBERN ont souvent une structure interne très élaborée, organisée symétriquement. Ainsi, la série du *Concerto* op. 24 contient en elle-même forme originale, rétrograde, renversement et rétrograde du renversement en quatre groupes symétriques de trois notes (cf. p. 104). De même, la série du *Quatuor à cordes* op. 28 se compose de groupes de 4 notes, qui constituent série originale (SO), renversement (RV), rétrograde (RT) et rétrograde du renversement (RR) ; une autre symétrie fait apparaître la seconde moitié de la série comme rétrograde du renversement de la première.

La musique sérielle. La généralisation du principe de la série, d'abord réservé aux hauteurs, aux autres paramètres musicaux (**durée, intensité, timbre,** etc.) marque la naissance de la musique sérielle (à partir de 1950 environ).

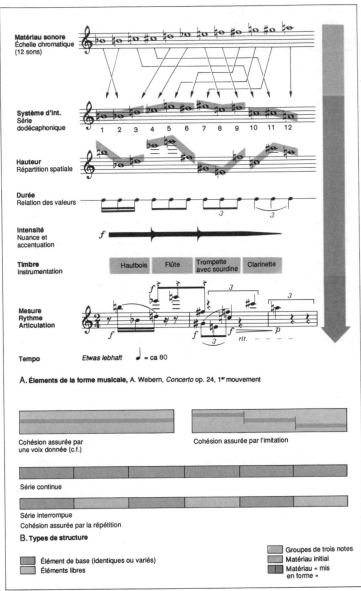

A. Éléments de la forme musicale, A. Webern, *Concerto* op. 24, 1ᵉʳ mouvement

Cohésion assurée par
une voix donnée (c.f.)

Cohésion assurée par l'imitation

Série continue

Série interrompue
Cohésion assurée par la répétition

B. Types de structure

Élément de base (identiques ou variés)
Éléments libres

Groupes de trois notes
Matériau initial
Matériau « mis
en forme »

Matériau et élaboration formelle

La forme est une notion très complexe. Elle recouvre d'une part les « éléments de la forme » (qui constituent *la forme musicale*, au singulier), d'autre part ce qu'on pourrait appeler des « modèles abstraits » (*les formes musicales*). La forme musicale peut se décomposer en trois éléments :
— le **matériau sonore**, point de départ « préformel » ;
— les **principes d'organisation formelle** ;
— les **« idées »**, forces créatrices à l'œuvre dans toute élaboration formelle.

1. **Le matériau sonore** se compose de vibrations physiques. La musique est donc liée au déroulement du temps. Cette nature lui permet de réfléchir ou de susciter, dans une sorte de parallélisme, un mouvement physique ou une activité psychique. La forme musicale ne peut être perçue immédiatement, mais seulement à l'aide de la mémoire.

Le matériau acoustique de base (sons périodiques, bruits) fait l'objet d'une première sélection, *non formelle*, par la constitution d'échelles (cf. p. 84 sqq.).

Ce sont les quatre paramètres du son qui permettent une élaboration formelle :
— la **hauteur** : mélodie et harmonie ;
— la **durée** : tempo, rythme et mesure ;
— l'**intensité** : dynamique ;
— le **timbre** : coloris, instrumentation.

A cela s'ajoutent les transitoires d'attaque et d'extinction, les interférences, etc. : ces « vibrations parasites » (WINCKEL) jouent en musique un rôle essentiel.

Tous ces éléments pris séparément s'organisent à un niveau supérieur pour constituer une *forme globale*, et ne sont dissociés qu'à des fins d'analyse. La fig. A propose un exemple ; elle retrace les étapes théoriques qui mènent du matériau acoustique à l'œuvre musicale :
— **matériau** : le point de départ est constitué par les 12 sons chromatiques de l'échelle tempérée ;
— **système d'intervalles** : les 12 sons sont organisés en une *série* ; celle-ci est typique de WEBERN : elle se compose de 4 groupes de 3 notes, chaque groupe étant formé d'un demi-ton et d'une tierce majeure, ces 2 intervalles par mouvement contraire (pour les rapports entre les groupes de cette série, cf. p. 103, 2ᵉ col.) ;
— **hauteur** : certaines notes de la série sont transposées à l'octave, de sorte que soient conservées les 4 tierces majeures et accentués les mouvements contraires ;
— **durée** : à chaque groupe de 3 notes correspond une *figure rythmique* ; les valeurs du groupe 2 sont deux fois plus lentes que celles du groupe 1 ; de même pour les groupes 3 et 4 ;
— **intensité** : *forte* pour les 3 premiers groupes ; *decrescendo* jusqu'au *piano* pour le dernier ;

— **timbre** : à chaque groupe correspond un instrument.
L'ex. mus. montre d'autres éléments formels : l'**articulation** change à chaque groupe : *legato, staccato, legato, portato*.
L'indication de tempo métronomique (♩ = ca 80) et l'expression *etwas lebhaft* (« un peu vif ») précisent le *caractère* du morceau. A cela s'ajoute l'**interprétation**. Tous ces éléments concourent à donner une existence à l'œuvre.

2. **Les principes d'organisation formelle** se répartissent en 2 catégories ; les premiers sont d'ordre *esthétique général* (p. ex. : équilibre, contraste, alternance, etc.), les autres sont d'ordre *spécifiquement musical* : répétition, variation, transposition, marche ou séquence, etc. Les éléments de forme les plus organisés sont la structure de la phrase et les points « forts », qui permettent à la mémoire d'appréhender la forme (en « fixant » en quelque sorte le déroulement du temps).

« Unité dans la diversité » (RIEMANN), la forme musicale dépend de la manière dont s'effectue la **cohésion** de l'ensemble. Quelques exemples permettront d'illustrer cette idée :
— un **cantus firmus** peut être cet élément de cohésion, autour duquel s'organise un matériau secondaire ;
— cette cohésion apparaît aussi grâce à l'**imitation** d'une voix par une autre, comme dans la fugue, le canon, etc. ;
— la **répétition** d'éléments de forme peut elle aussi assurer cette cohésion : soit dans une série continue où le même élément se trouve immédiatement répété (p. ex. : des variations), soit dans une série interrompue par des éléments contrastants (p. ex. : le rondo).
La mémoire s'appuie sur des éléments de base pour mieux appréhender la forme (fig. B).

3. **Les « idées »** donnent à la forme musicale un fondement différent : le rapport interne entre ce que l'on pourrait appeler « l'impulsion créatrice » et l'élaboration formelle.
Cette « impulsion » peut être d'ordre *extra-musical* (émotions, atmosphères, représentations visuelles, etc.) ou *purement musical* (thèmes et motifs inventés ou empruntés, etc.).
Cette « impulsion » peut être considérée comme le « contenu » ; mais celui-ci est entièrement sublimé dans l'œuvre musicale. C'est pourquoi il n'existe en musique aucune antithèse entre « forme » et « fond », mais seulement d'éventuelles « mauvaises formes » musicales. La musique est l'une des possibilités d'expression humaine : c'en est, c'est un langage. Mais la compréhension de ce « langage » s'effectue sans aucun secours des mots, à travers la seule forme musicale.

Motifs analogues,
sur un rythme continu

Motifs nettement délimités,
contrastés

Motifs nettement délimités,
correspondant à un développement

A. Type « extension » de l'époque baroque, J.S. Bach, 3ᵉ *Concerto brandebourgeois*, 1ᵉʳ mouvement

B. Type « lied » de l'époque classique, W.A. Mozart, *Symphonie en sol mineur*, K 550, finale, 1ᵉʳ thème (période de 8 mes.)

C. Type « développement » de l'époque classique, L.v. Beethoven, *Sonate* op. 2 n°1 en fa mineur, 1ᵉʳ mouvement, 1ᵉʳ thème (période de 8 mes.)

Différents types de structure de la phrase

La forme particulière de telle œuvre musicale est un phénomène singulier, individuel. Le rôle de l'analyse est de mettre en lumière les rapports que chacune des parties de l'œuvre entretient avec le tout, c'est-à-dire la manière dont l'œuvre s'efforce d'atteindre son unité. Mais l'analyse ne peut se concevoir sans *méthode*, ni sans l'élaboration de *modèles* plus ou moins schématiques, qui permettent notamment de *comparer* des œuvres entre elles. Dans la musique occidentale, ces modèles sont fondés principalement sur la structure *mélodique*. Pour décrire la *structure de la phrase*, on définit des *unités* (noter que la terminologie, variable d'un auteur à l'autre, n'est pas toujours clairement ni rigoureusement établie) :

— **Motif** : désigne en général la plus petite unité mélodico-rythmique (fig. A, motifs a, a', b, b'). Un motif est une figure *autonome*, qui peut être *répétée, modifiée* ; des modifications importantes peuvent faire apparaître un nouveau motif, apparenté au précédent (fig. A, motif b : broderie inférieure comme dans le motif a, mais sur le temps ; la suite diffère).

— **Phrase** : (all. *Phrase*) : groupement de motifs ; le style classique utilise fréquemment des phrases de 2 mes. (cf. ci-dessous et ci-contre, fig. B et C).

— **Période** (all. *Periode, Satz*) : terme utilisé surtout dans l'étude du style classique pour désigner une unité clairement délimitée et articulée. La période de 8 mes. n'est qu'un type parmi d'autres, privilégié en raison de sa structure symétrique : elle se divise en 2 demi-périodes (all. *Halbsätze*) symétriques de 4 mes. chacune ; la première demi-période (*antécédent*, all. *Vordersatz*) s'achève généralement par une demi-cadence, la 2e (*conséquent*, all. *Nachsatz*) par une cadence parfaite. Chaque demi-période se compose de 2 *phrases* de 2 mes. chacune (fig. B).

— **Sujet** : désigne généralement le « thème » d'une fugue.

— **Thème** : la définition de ce terme, très difficile à établir, dépend en fait du *style* considéré (p. ex. : le thème classique constitue généralement une période).

— **Groupe** : désigne habituellement l'unité de groupement immédiatement supérieure.

— **Partie** : l'unité la plus grande dans la division d'un mouvement ou d'une pièce musicale ; elle est souvent reprise comme un tout (p. ex. : *exposition* de la sonate).

— **Mouvement** chacun des morceaux successifs d'une œuvre musicale qui en comporte plusieurs (suite, sonate, etc.).

Pour désigner les différentes unités, on utilise couramment des lettres (majuscules pour les grandes divisions, minuscules pour les petites unités) ; elles permettent d'indiquer l'identité

(a a), la parenté ou la ressemblance (a a'), la différence (a b).

Différents types de structure de la phrase

La terminologie qui vient d'être proposée ne donne guère d'indication sur la structure de la phrase musicale. Les 3 exemples ci-dessous, tirés d'œuvres du XVIIIe s., illustrent 3 types de structure très différents ; le premier est caractéristique du style baroque, les 2 autres appartiennent au style classique.

Type « extension » (fig. A). La phrase baroque n'a généralement pas de limite bien nette. Un motif mélodico-rythmique, une fois présenté, est étendu, ou plus exactement *étiré*, grâce notamment au procédé de la *séquence* ou *marche d'harmonie* (répétition du même motif sur différents degrés). La facture rythmique est simple, homogène, et toute périodicité est le plus souvent évitée.

Type « lied ». La phrase classique, au contraire, est *courte, périodique* et *articulée* ; le *principe de symétrie* et les *contrastes rythmiques* jouent ici un rôle essentiel. Le thème de MOZART (fig. B) se compose de 4 phrases de 2 mesures chacune. Une première phrase ascendante de 2 mes., dans la nuance *piano*, se compose elle-même de 2 motifs a et b : un arpège ascendant (a), puis une « retombée » d'un demi-ton (b). Suit une 2e phrase de caractère *contrastant*, formant réponse : nuance *forte*, ambitus restreint, rythme de croches égales (motif c) aboutissant à une valeur longue (motif d). Ces 4 premières mes., qui s'achèvent par une demi-cadence, forment l'antécédent, que suit un bref silence. Le conséquent une sorte de reprise variée de l'antécédent auquel il « répond » : il s'achève par une cadence parfaite.

Par le rôle qu'y jouent les principes de contraste et de symétrie, ce type de phrasé s'apparente à la **forme lied** (cf. p. 108-109), d'où son nom.

Type « développement »

La 1re phrase du thème de BEETHOVEN (fig. C, mes. 1 et 2) ressemble au 2 premières mes. de l'ex. précédent : arpège ascendant (a) suivi d'une « retombée » (b). Mais la 2e phrase est une reprise variée (a' b') de la 1re ; l'élision de l'anacrouse initiale contribue à *intensifier* le mouvement. Comme chez MOZART, cette 2e phrase s'achève sur la dominante. Les 4 mes. suivantes sont un *développement* du motif b (modification affectant la hauteur, le rythme, la mélodie). L'ensemble de ces 8 mes. s'achève à nouveau par une demi-cadence (sentiment d'attente), et se différencie de l'ex. précédent par la progression dramatique et par la suspension finale marquée par le point d'orgue : le mouvement est interrompu.

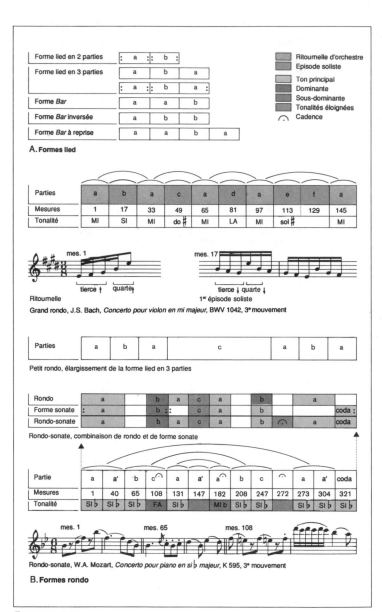

A. Formes lied

Ritournelle
Grand rondo, J.S. Bach, *Concerto pour violon en mi majeur*, BWV 1042, 3ᵉ mouvement

Petit rondo, élargissement de la forme lied en 3 parties

Rondo-sonate, combinaison de rondo et de forme sonate

Rondo-sonate, W.A. Mozart, *Concerto pour piano en si♭ majeur*, K 595, 3ᵉ mouvement

B. Formes rondo

Formes par addition

Les formes musicales sont des modèles abstraits de l'œuvre musicale. Elles tentent de saisir les phénomènes de relation sous leurs multiples aspects.

On distingue ainsi **formes vocales** et **formes instrumentales** (distribution des parties), **formes monodiques** et **formes polyphoniques** (type de texture), **formes « logiques »** et **formes « plastiques »**, c'est-à-dire **formes par addition** et **formes par développement** (type de cohésion), etc.

Mais ces distinctions ne sont guère opérantes en pratique : une fugue peut être vocale ou instrumentale, des parties de caractère polyphonique peuvent se rencontrer dans un mouvement de sonate essentiellement homophone, etc.

Forme et genre sont deux notions très voisines. La sonate, par exemple, est à la fois un genre et une forme instrumentale caractéristique. La symphonie, en revanche, est un *genre* à l'état pur : sa *destination* est l'orchestre, sa *forme* est la sonate. Ainsi, dans la plupart des cas, plusieurs points de vue concourent à la définition d'un genre : la **destination** (quatuor à cordes, symphonie), le **texte** (oratorio sacré, opéra profane), la **fonction** (prélude, danse, sérénade), le **lieu d'exécution** (sonate d'église et sonate de chambre), la **structure** (toccata, fugue), etc. La plupart des formes sont traitées dans l'étude des genres (*Genres et formes*, p. 110 sqq.). Mais certaines formes sont si générales qu'elles doivent être présentées ici comme modèles.

Addition signifie soit répétition continue du même élément, avec différentes modifications (**série de variations**), soit addition continue de parties nouvelles. Les formes lied font partie des formes par addition.

Les formes lied se composent de 2 ou 3 parties dans diverses combinaisons. L'expression fut créée par A.B. MARX en 1839. Elle ne se rapporte pas seulement au lied, mais à toutes les formes instrumentales et vocales construites de manière analogue :
– **forme lied en deux parties** (dite aussi *forme binaire*) : chaque partie est en principe reprise. Le début et la fin de chaque partie sont souvent semblables (fig. A) ;
– **forme lied en trois parties** : elle apparaît par la répétition de la 1re partie, après une partie centrale différente. La symétrie de cette forme exclut toute progression dramatique ; l'*aria da capo* (cf. p. 110-111) adopte cette forme. Elle se rencontre aussi dans les *mouvements lents* de cycles instrumentaux (sonate, concerto, etc.). La première partie est ici souvent reprise, de même que l'ensemble des 2e et 3e parties : cette double reprise engendre une forme bipartite (mouvement de suite ou de

sonate). Si ces trois parties se divisent à leur tour, on obtient des formes lied « élargies », telles que le *petit rondo* (fig. B), ou le *menuet avec trio* (cf. p. 148) ;
– **forme Bar** : elle se compose de 2 *Stollen* (a) et d'un *Abgesang* (b) ; elle peut aussi se présenter comme **forme Bar inversée** et comme **forme Bar à reprise** (fig. A). Les formes *Bar* se rencontrent surtout chez les *Minnesänger* (cf. p. 192 sqq.).

Formes rondo. Le rondo instrumental apparaît au XVIIIe s. et n'a en commun, avec le *rondeau* vocal du Moyen Âge (p. 192), que la structure comportant un refrain. Il s'agit d'une forme lied composée.
– **grand rondo** : apparitions successives d'une **ritournelle** (refrain), séparées par des **épisodes** (couplets). La ritournelle peut apparaître à chaque fois dans la même tonalité, ou bien dans des tonalités voisines. Les épisodes modulent en conséquence. Dans le concerto de BACH (fig. B), l'orchestre fait entendre 5 fois la ritournelle, toujours au ton principal (mi maj.). Les épisodes solistes parcourent les tons de la dominante, du relatif, de la sous-dominante et du relatif de la dominante. Toutes les parties ont la même longueur (16 mes.), mais le dernier solo a une longueur double. Cette succession par « blocs » des différentes parties s'accompagne de subtils liens thématiques : le début du 1er épisode procède par renversement de la ritournelle (ex. mus.).
– **petit rondo** : deux parties semblables encadrent une partie centrale contrastante (fig. B), qui peut à son tour se diviser (ex. : menuet et trio, cf. supra et p. 148-149).
– **rondo-sonate** : combinaison de rondo et de forme sonate ; il se trouve surtout comme finale des cycles classiques (sonate, symphonie, concerto, quatuor, etc.). Sous l'influence de la forme sonate, la partie b prend le caractère d'un « 2^d thème » (le rondo-sonate ne comporte pas de reprise), la partie c prend le caractère d'un développement (harmonie plus recherchée, travail thématique), la partie b revient au ton principal (réexposition). Fréquemment, on trouve ensuite une cadence, suivie d'une coda (schéma fig. B).
L'exemple de rondo-sonate tiré de MOZART (fig. B : les schémas se rapportent les uns aux autres) montre la difficulté de saisir en un schéma autre chose qu'une esquisse de la structure, et notamment la richesse mélodique, harmonique, technique, en un mot musicale d'un chef-d'œuvre artistique vivant.

Au XIXe s., le rondo s'élargit considérablement et apparaît sous des formes très différentes (p. ex. : R. STRAUSS, *Till Eulenspiegel*).

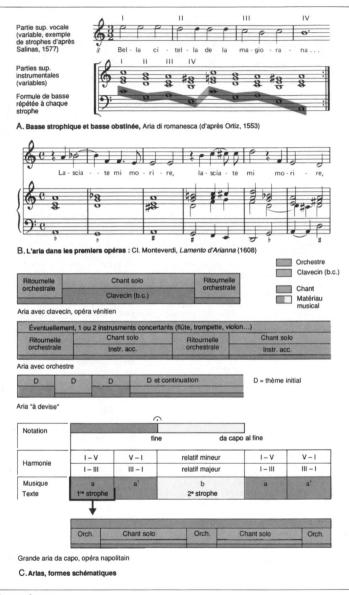

Partie sup. vocale
(variable, exemple
de strophes d'après
Salinas, 1577)

Bel - la   ci - tel - la   de   la   ma - gio - ra - na ...

Parties sup.
instrumentales
(variables)

Formule de basse
répétée à chaque
strophe

A. Basse strophique et basse obstinée, Aria di romanesca (d'après Ortiz, 1553)

La - scia - - te mi mo - ri - re,   la - scia - te mi   mo - ri - re,

B. L'aria dans les premiers opéras : Cl. Monteverdi, *Lamento d'Arianna* (1608)

| Ritournelle orchestrale | Chant solo | | Ritournelle orchestrale |
| Clavecin (b.c.) | | |

Aria avec clavecin, opéra vénitien

Orchestre
Clavecin (b.c.)
Chant
Matériau musical

Éventuellement, 1 ou 2 instruments concertants (flûte, trompette, violon…)			
Ritournelle orchestrale	Chant solo	Ritournelle orchestrale	Chant solo
	Instr. acc.		Instr. acc.

Aria avec orchestre

| D | D | D | D et continuation |

D = thème initial

Aria "à devise"

Notation		fine		da capo al fine	
Harmonie	I – V	V – I	relatif mineur	I – V	V – I
	I – III	III – I	relatif majeur	I – III	III – I
Musique Texte	a 1ʳᵉ strophe	a'	b 2ᵉ strophe	a	a'

| Orch. | Chant solo | Orch. | Chant solo | Orch. |

Grande aria da capo, opéra napolitain

C. Arias, formes schématiques

Types et formes

Aria et basse obstinée

Le terme *aria* désigne, du XVᵉ s. au XVIIIᵉ s., une formule de basse cadentielle qui, plusieurs fois répétée, sert de base pour des variations*(basso ostinato)*. Ces types de basse, très appréciés, étaient très répandus : *aria di ruggiero, aria di siciliano, aria di romanesca* (fig. A ; cf. aussi p. 263), etc.

Schéma permettant l'improvisation, l'aria, à partir de la fin du XVIᵉ s., joue le même rôle pour la composition. Elle se rencontre essentiellement dans :

– **la danse** : jusqu'au XVIIIᵉ s., dans la *suite*, l'aria conserve le caractère de danse ;
– **les variations instrumentales** (basse obstinée), notamment dans la musique pour clavier et pour luth, mais aussi pour cordes (ORTIZ, 1553) ;
– **la musique vocale** : des strophes différentes se succèdent sur le même motif de basse qui se répète, la mélodie étant souvent légèrement variée. Il existait des textes innombrables chantés sur la même basse, généralement des *ottave rime* (8 vers) ; la mélodie pouvait être improvisée. Fig. A, le texte adapté à la *romanesca* (italienne) est de l'Espagnol SALINAS.

Cette forme vocale s'appelait **air** en France (notamment *air de cour*) et **ayre** en Angleterre. En Italie, l'aria strophique se rencontrait aussi dans les cantates et les premiers opéras.

L'aria dans les premiers opéras.

Dans les premiers opéras, le chant, très lié au texte, était un récitatif accompagné par la b. c. ou par l'orchestre ; un style mélodique très proche du madrigal donna naissance à de plus vastes unités de style *arioso*, et de forme libre.

Fig. B se trouve partiellement reproduit un célèbre exemple d'aria de ce type : le *Lamento d'Arianna*, seul fragment conservé de l'opéra *Arianna* de MONTEVERDI (Mantoue, 1608 ; cf. la version madrigal, p. 124). Le motif initial exprime la douleur de façon saisissante (chromatisme, silences, mouvement mélodique ascendant, puis chute finale exprimant la résignation). La musique suit le texte de très près : elle est à son service.

Dans l'opéra vénitien du XVIIᵉ s., apparaît une certaine normalisation des arias, qu'expliquent en partie l'abondance et la rapidité de la production (jusqu'à 80 arias par opéra). Il s'agit de pièces brèves sur des rythmes de danses connues comme la *forlane* (à 6/4), la *villota* (danse rapide à 6/8), la *sicilienne* (danse modérée à 6/8). Principaux types d'arias illustrés à Venise ;

– **L'aria avec clavecin** : accompagnée par la seule b. c., encadrée par des ritournelles orchestrales.
– **L'aria avec orchestre** : accompagnement

d'orchestre, avec ritournelle entre les strophes ; plus tard apparaissent 1 ou 2 instruments concertants, généralement des vents.

L'air à devise représente une extension de ce type : le motif initial, tel une devise, est présenté par l'orchestre, repris par le chanteur accompagné par la seule b. c., puis repris une fois encore par l'orchestre avant que commence l'aria proprement dite (fig. C).

L'aria da capo devint avec Alessandro SCARLATTI (1660-1725), à l'apogée de l'*opéra napolitain*, la forme principale de l'aria de l'époque baroque. Presque toutes les arias de BACH et de HAENDEL sont de ce type. Le texte se compose de 2 courtes strophes ; après la seconde, qui contraste par son caractère avec la première, celle-ci est reprise en entier (cette reprise est indiquée à la fin de la seconde partie par *da capo al fine* ; fig. C).

A partir de 1700 environ, la première strophe bipartite, avec ritournelle orchestrale (a), est répétée avec quelques modifications (a'). Le schéma tonal est fixe (fig. C, harmonie : ligne supérieure pour une aria en majeur ; ligne inférieure pour une aria en mineur). La reprise de la 1ʳᵉ partie donne au chanteur l'occasion de déployer sa virtuosité en ornant sa mélodie.

En raison de la reprise, l'aria da capo est une forme statique, non dramatique ; elle ne permet pas la poursuite de l'action. Ce rôle revient au **recitativo secco**, de sorte que *récitatif* et *aria* sont généralement liés. Un bref *arioso*, ou un récitatif accompagné (cf. p. 147) les sépare parfois. L'aria, pour sa part, exprime les sentiments.

Exemples d'aria da capo : l'**aria di bravura** (exprimant la colère, la vengeance, la passion, etc.), l'**aria di mezzo carattere** (pour exprimer la tendresse, l'amour, la douleur, etc.), l'**aria parlante**.

Évolution ultérieure de l'aria

Pour éviter que soit interrompu le cours de l'action, GLUCK réduit les dimensions de l'aria, qui doit aussi exprimer plus naturellement le texte.

HAYDN et MOZART cultivent volontiers les **cavatine**, de forme généralement bipartite (sans reprise). Issue de l'opéra buffa du XVIIIᵉ s., l'**aria di scena** (libre alternance de sections différentes), se retrouve au XIXᵉ s., à côté de la **cabaletta**, aria reposant sur un même motif rythmique (VERDI).

La fin du XIXᵉ s. voit disparaître les formes closes et structurées d'aria (mélodie continue de WAGNER) ; certains compositeurs néoclassiques du XXᵉ s. cultivent à nouveau les formes anciennes de l'aria (p. ex. STRAVINSKI, *The Rake's Progress*).

Voix libre
Conséquent
Antécédent

a Distance d'entrée
b Intervalle d'entrée
⌢ Fin possible

A. Canon obligé, à 3 voix

B. Canon circulaire à 4 voix, France, XIIIᵉ s. (?)

Réponse réelle

C. Canon mélangé

Bach, *Variations Golberg*,
canon à la seconde

D. Sens du mouvement

Bach, canon en miroir à la sixte
sur "Vom Himmel hoch"

1. Mouvement semblable
2. Renversement (canon en miroir)
3. Rétrograde (canon à l'écrevisse)
4. Rétrograde du renversement
(canon en miroir et à l'écrevisse)

notation

soprano : proprotio dulpa   (¢)
alto :   tempus perfectum   (o)
ténor : proportio tripla   (¢3)
basse : tempus imperfectum (c)

Réalisation

E. Canon de proportions, Pierre de la Rue, *Messe de l'Homme armé*, Agnus Dei

Types de canon et conduite des voix

Canon signifie l'imitation stricte d'une voix (*dux* ou *antécédent*) par une autre (*comes* ou *conséquent*). Au sens propre, le *canon* est la *règle* qui fixe cette imitation.

Canon obligé (fig. A). Seul l'antécédent est noté. Il est reproduit exactement par les autres voix, qui entrent successivement à intervalles de temps réguliers (**distance d'entrée a** : chiffres 1, 2, 3) et, éventuellement, sur une autre note (**intervalle d'entrée b** ; p. ex. : quinte, octave, quarte). A la fin du canon, les voix peuvent terminer chacune l'une après l'autre, ou bien toutes ensemble (point d'orgue).

Canon circulaire ou **perpétuel** : les différentes voix retournent à leur commencement, de sorte que le canon peut se poursuivre indéfiniment (*canon perpetuus*, fig. B). La plupart des canons de société appartiennent à ce type.

Canon en spirale : canon perpétuel dans lequel l'antécédent termine un ton plus haut qu'il n'a commencé, de sorte que les voix s'élèvent à chaque fois d'un ton, formant ainsi une spirale (ex. J.S. BACH, *l'Offrande musicale*, n° 3).

Canon énigmatique : distance et intervalle d'entrée ne sont pas indiqués et doivent être découverts.

Canon mélangé (fig. C). Il se compose d'un canon obligé auquel s'ajoutent des voix *libres*. On trouve le plus souvent deux parties supérieures en canon et une basse libre.

Éléments caractéristiques du canon

1. **Nombre de voix** : il est normalement de 2 ou 3, mais peut atteindre 8 et davantage. Les canons comportant un grand nombre de voix se composent en général de canons simples superposés : 2 pour le **canon double**, 3 pour le **canon triple**, etc. Ces canons simples entrent généralement simultanément.

2. **Distance d'entrée** : plus elle est réduite, plus la progression harmonique est difficile. Cette distance est nulle dans le cas du faux-bourdon (cf. p. 230) et du *canon sine pausis* (*sans silences*, cf. fig. E).

3. **Intervalle d'entrée** : il peut être différent pour chacun des conséquents (cf. fig. E) ; le plus souvent, cependant, il est le même pour tous les conséquents : **canons à l'unisson** (fig. B), **à la seconde** (fig. C), **à la tierce**, etc. La réponse donnée par le conséquent comporte souvent des altérations (réponse **tonale**), parce qu'une imitation exacte des intervalles de l'antécédent (réponse **réelle**), amènerait une modulation trop éloignée (la fig. C indique ce qu'aurait été la réponse réelle).

4. **Sens du mouvement** (fig. D) : dans le **canon normal**, le conséquent suit l'an-

técédent dans le même sens (*mouvement semblable*). Dans le **canon en miroir**, le conséquent progresse par *mouvement contraire* comme si tous les intervalles se trouvaient *réfléchis* par un *miroir* horizontal. Dans le **canon à l'écrevisse** (ou canon **rétrograde**), le conséquent marche *à reculons* ; dans le **canon en miroir et à l'écrevisse**, les deux mouvements (contraire et rétrograde) se combinent.

5. **Relation de rythme et de tempo entre antécédent et conséquent** : le rythme et le tempo peuvent être différents d'une voix à l'autre. Ici apparaît l'art le plus complexe du canon : le canon de proportions.

Le canon de proportions.
Dans le système de notation mensuraliste des XIIIe-XVIe s., différentes relations rythmiques pouvaient être indiquées par des signes de proportion. Dans le canon représenté fig. E, une seule voix engendre une composition à 4 parties. Les voix entrent **simultanément** à la quinte et à l'octave. Elles font entendre les mêmes notes, mais avec des rythmes *différents* :

— **soprano** : demi-cercle barré (*alla breve*), correspondant à la mesure à 2/4 ;
— **alto** : cercle, correspondant à la mesure à 3/4 ;
— **ténor** : comme le soprano, mais avec le chiffre 3, correspondant à la mesure à 2/4 avec triolets (ou mesure à 6/8) ;
— **basse** : demi-cercle, correspondant à la mesure à 2/2. Cf. aussi p. 240, fig. B.

La notation ultérieure ne permit plus que d'accélérer ou de ralentir le tempo, en conservant le rapport entre les valeurs de durée (canon *par augmentation* ou *par diminution*).

Historique.
Le premier canon qui nous soit parvenu est une œuvre anglaise datant du XVIIe s. (p. 212, fig. A). Au XIVe s., la **chasse** française (p. 219) et la **caccia** italienne (p. 221) évoquent l'une et l'autre des scènes de chasse, que traduisent les voix du canon qui se poursuivent. La technique de composition et les pièces portent aussi le nom de *fuga* (fuite). La polyphonie vocale franco-flamande des XVe-XVIe s. voit l'apogée du canon ; celui-ci devient un objet d'étude et est considéré comme un critère des capacités d'un compositeur (nombreuses représentations de canons sur des portraits de musiciens). Le canon occupe une place privilégiée dans les dernières œuvres de BACH : les *Variations Goldberg* (fig. C), les *Variations canoniques* sur *Vom Himmel hoch* (fig. D), *l'Offrande musicale* et *l'Art de la fugue*. L'époque classique et la période romantique ne firent que peu usage de cette technique. Le XXe s. connaît une certaine renaissance du canon, notamment grâce aux techniques sérielles (cf. p. 103).

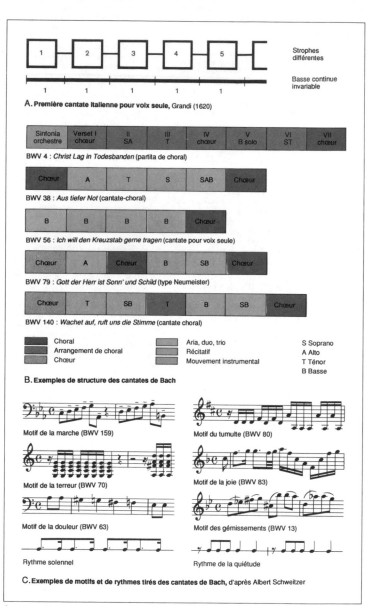

A. **Première cantate italienne pour voix seule,** Grandi (1620)

BWV 4 : *Christ Lag in Todesbanden* (partita de choral)

BWV 38 : *Aus tiefer Not* (cantate-choral)

BWV 56 : *Ich will den Kreuzstab gerne tragen* (cantate pour voix seule)

BWV 79 : *Gott der Herr ist Sonn' und Schild* (type Neumeister)

BWV 140 : *Wachet auf, ruft uns die Stimme* (cantate choral)

Choral
Arrangement de choral
Chœur

Aria, duo, trio
Récitatif
Mouvement instrumental

S Soprano
A Alto
T Ténor
B Basse

B. **Exemples de structure des cantates de Bach**

Motif de la marche (BWV 159)

Motif du tumulte (BWV 80)

Motif de la terreur (BWV 70)

Motif de la joie (BWV 83)

Motif de la douleur (BWV 63)

Motif des gémissements (BWV 13)

Rythme solennel

Rythme de la quiétude

C. **Exemples de motifs et de rythmes tirés des cantates de Bach,** d'après Albert Schweitzer

Structure et figures

La **cantate** est une œuvre pour voix avec accompagnement d'instruments ; elle comporte en général plusieurs mouvements indépendants (récitatifs, arias, chœurs, ritournelles instrumentales).

La cantate en Italie

A la fin du XVIᵉ s., l'évolution de la musique polyphonique aboutit en Italie à la monodie accompagnée. Cette tendance s'affirme au début du XVIIᵉ s. chez CACCINI (*Nuove musiche*, 1601), chez PERI (*Varie musiche*, 1609) et, dans le domaine religieux, chez VIADANA (*Cento concerti ecclesiastici*, 1602). Mais le terme de *cantata* n'apparaît, comme titre d'une composition, qu'en 1620, chez GRANDI. Cette première cantate italienne, pour voix seule, est de structure strophique : une basse obstinée se retrouve identique à chaque strophe, tandis que la mélodie varie d'une strophe à l'autre (fig. A).

Déjà chez FERRARI (1633-1641) se rencontre l'alternance de sections de type récitatif et de sections de type arioso ; l'évolution ultérieure de la cantate est marquée par l'abandon de la basse obstinée, le développement des arias et des récitatifs, l'apparition de ritournelles instrumentales. *L'École romaine* (ROSSI, CARISSIMI) s'illustre surtout dans la cantate pour voix seule et basse continue. *L'École de Bologne*, avec notamment COLONNA et TOSI, développe considérablement l'accompagnement orchestral. Avec *l'École napolitaine*, la forme devient en quelque sorte normalisée : 2 ou 3 arias da capo séparées par des récitatifs. Compositeurs principaux : A. SCARLATTI, STRADELLA, LEO, VINCI, HASSE, HAENDEL.

La cantate d'église en Allemagne

La cantate profane se répandit peu hors d'Italie au XVIIᵉ s.

En revanche, un genre spécifique se développa dans le domaine de la musique religieuse protestante : la **cantate d'église** (généralement nommée à l'époque *concerto*). Les premières cantates d'église reposaient sur des textes bibliques, des chorals, des odes spirituelles, et parfois des textes libres, de caractère contemplatif. On peut donc distinguer, d'après le *texte* utilisé :

− la **cantate-biblique** ;
− la **cantate-choral** (*Choralkantate*) : elle utilise les strophes d'un choral, soit de façon très stricte (**variation de choral** ou **partita de choral** : chaque mouvement de la cantate est une variation sur le même hymne), soit plus librement ;
− la **cantate-ode** (*Odenkantate*), transposition de la cantate italienne pour voix seule : chanson strophique, dont chaque strophe est traitée différemment ;
− des **formes intermédiaires,** mêlant des éléments de ces trois formes principales.

La « réforme » de Neumeister.
Vers 1700, ERDMANN NEUMEISTER, pasteur de Weissenfels, écrit des textes de cantates pour tous les dimanches et jours de fêtes religieuses de l'année (*Geistliche Cantaten statt einer Kirchen-Musik*, 1700). Considérant la cantate comme un opéra, il destine ses vers à être traités soit en récitatifs, soit en **arias da capo**. Par la suite, il revient en partie à la cantate ancienne, reprenant textes bibliques et strophes de choral à partir de son 3ᵉ cycle (1711). Les textes de NEUMEISTER ont été mis en musique notamment par KREIGER, ERLEBACH, TELEMANN et BACH.

Les cantates de BACH (fig. B) sont, dans l'ensemble, conformes aux types de NEUMEISTER (principaux librettistes de BACH : S. FRANCK à Weimar, HENRICI, dit PICANDER, à Leipzig) ; mais elles présentent une très grande diversité formelle :
La cantate n° 4 (composée vers 1708, mais remaniée en 1723-24) est un exemple de **partita de choral**, forme archaïque, particulièrement stricte, de cantate-choral : le choral est traité en c.f., chaque verset constituant un mouvement différent de la cantate ; comme dans les anciens *Concerts spirituels*, l'œuvre commence par une *introduction instrumentale* (*Sinfonia*) et s'achève par un **choral à 4 voix**. Le n° 38 (1724) et le n° 140 (1731) représentent deux autres types, plus libres, de **cantate-choral**. Le n° 56 (1726) est une cantate de type italien, pour voix seule. Le n° 79 (composé vraisemblablement en 1725) appartient au type « réformé » de NEUMEISTER. Toutes les cantates s'achèvent par un choral.
Les cantates étaient souvent composées en cycles annuels (BACH écrivit à Leipzig 5 cycles comprenant chacun 59 cantates ; 3 seulement ont été conservés). Leur exécution prenait place pendant l'office, *avant* et *après* la prédication (les cantates sont souvent bipartites ; ex. n° 79). La musique doit renforcer le sens du texte liturgique. Dans la tradition du figuralisme, BACH forge son propre langage : les mêmes motifs mélodiques ou rythmiques se trouvent placés sous des textes semblables (fig. C).
Après BACH, la cantate religieuse déclina. Seule se maintint au XIXᵉ s. la cantate profane, p. ex. chez MENDELSSOHN.

La cantate en France
Importée d'Italie à la fin du XVIIᵉ s., la cantate s'épanouit au début du XVIIIᵉ s. (CLÉRAMBAULT, RAMEAU). Elle disparaît vers 1750, pour renaître pendant la période révolutionnaire, sous le nom d'ode ou de chant patriotique. Quelques compositeurs du XIXᵉ s. illustreront à nouveau ce genre (BERLIOZ, GOUNOD, FRANCK).

A. Chanson polyphonique du XIVᵉ s., structure couplets/refrain et différents types

B. Tenorlied des XVᵉ - XVIᵉ s., H. Finck, *Ach herziges Hers*

C. Chanson du XVIᵉ s., R. de Lassus, *Bonjour mon cœur*

D. Lied populaire du XVIIIᵉ s., J.A.P. Schulz, *Der Mond ist aufgegangen* (Claudius)

E. Lied artistique du XIXᵉ s., Fr. Schubert, *Marguerite au rouet* (Goethe)

Types

Sur le plan *littéraire*, **lied** désigne un poème dont les strophes ont la même structure (nombre de vers et de pieds), sur le plan *musical*, la mise en musique d'un tel texte.

Chaque strophe peut être chantée sur la même mélodie (*lied strophique*) ou sur une mélodie différente (*lied durchkomponiert*, « à composition continue »).

- **Lied strophique** : la mélodie épouse le rythme des vers et la structure des strophes, en traduisant le *ton général* de l'ensemble du texte sans tenir compte de l'éventuel changement d'atmosphère d'une strophe en particulier (idéal de GOETHE, réalisé par ZELTER).

- **Lied durchkomponiert** : une relation très étroite peut s'instaurer entre texte et musique car celle-ci exprime chaque détail du texte mais se trouve à son tour mise en valeur par le texte lui-même.

Au Moyen Âge, à côté des **hymnes** spirituelles apparaissent les chansons profanes des troubadours, des trouvères et des Minnesänger puis des Meistersinger (cf. p. 192 sq.). Les chansons sont à une voix, leur forme strophique est très recherchée.

Au XIIIe s. apparaissent aussi des pièces polyph., notamment le **conduit** religieux à 2-4 v. (époque de Notre-Dame) et le **rondeau** profane à 3 v. (ADAM DE LA HALLE).

Au XIVe s., fleurit en **France** la **chanson polyph.**, expressive et de haute valeur poétique (MACHAUT) avec ses formes à refrain : *rondeau*, *ballade* et *virelai* (fig. A). La voix principale, chantée (*cantus*, *discantus* ou *duplum*) est au-dessus du *tenor* instr. et, dans le type à 3 v., au-dessus du *contratenor*. Il s'y ajoute un *triplum* dans le type à 4 v., plus rare (fig. A).

Le Trecento italien connaît une riche tradition profane avec la **ballata**, la **caccia** et le **madrigal** (cf. p. 220 sq.).

Au XVe-XVIe s., c'est la **chanson polyph.** française qui domine.

En Allemagne apparaît le **tenorlied**. La mélodie du lied est à la partie de ténor, les autres parties sont jouées ou chantées (fig. B). Les principaux compositeurs en sont : H. FINCK, H. ISAAC, L. SENFL. Les *ténors* proviennent du lied courtois ou sont nouvellement composés. L'écriture syllabique en accords prédomine avec des passages mélismatiques plus mouvementés, comme dans les motets.

A ceci s'oppose la **chanson** française du XVIe s., de caractère différent, plus aimable, avec souvent des passages rapidement déclamés (fig. C, surtout après la double barre). La chanson est généralement à 3-6 v. Il existe un grand nombre d'arrangements pour une voix chantée avec accompagnement au luth.

Si l'Italie adopte la *canzone alla francese*, elle n'en possède pas moins une riche culture dans le domaine de la chanson : **frottole**, **villanelle** (p. 252) et **madrigal** (p. 126).

Avec la monodie, vers 1600, apparaissent de nombreuses formes de chansons avec accompagnement de b.c. telles que **l'air de cour** fr., le **madrigal à 1 v.** (MONTERVERDI), les **concerts spirituels** (SCHÜTZ), les **cantates** (GRANDI) et les lieder strophiques appelés **arias** (ALBERT, KRIEGER).

Vers la fin du XVIIIe s., apparaît le concept de **lied populaire** développé par HERDER dans un mouvement enthousiaste pour le naturel et la simplicité qui s'y rattache. La mélodie *Der Mond ist aufgegangen* (*La lune s'est levée*) de J.A.P. SCHULZ (fig. D ; *Lieder im Volkston*, 1785) présente les caractéristiques typiques du lied populaire :

- **une tournure simple** qui « cherche à rendre l'apparence de la chose connue... » (SCHULZ), un rythme calme, équilibré, un ambitus restreint, pas d'intervalles difficiles, facile à chanter et à retenir ;

- **une organisation claire** calquée sur le poème : deux inflexions mélodiques avec la même fin (a, a') sur la même rime, une 3e, de tournure voisine avec fin suspensive (b 1) et conclusive à la répétition (b 2).

Le XIXe s., après la préparation du classicisme viennois (MOZART, BEETHOVEN), marque l'avènement du **lied artistique** all. (SCHUBERT, SCHUMANN, BRAHMS, WOLF). Le lied *Marguerite au rouet* fut écrit par Schubert à l'âge de dix-sept ans (fig. E), et passe pour être le premier du genre. L'œuvre traduit le contenu et l'atmosphère du poème de GOETHE. L'accompagnement du piano devient un élément essentiel : les doubles croches de la main droite rendent, en un dessin circulaire, le mouvement de rotation du rouet, le rythme de la main gauche, l'action du pied sur la pédale, la blanche pointée le support immobile du rouet. Le prélude crée le climat avant même que le texte commence puis le chant s'élève comme une méditation.

Le lied artistique est également regroupé en grands cycles comme *la Belle meunière* et *le Voyage d'hiver* de SCHUBERT, *les Amours du poète* de SCHUMANN, *Magelone* de BRAHMS entre autres.

Le lied avec accompagnement d'orchestre (*le Chant de la terre*, MAHLER) est une extension du genre.

Le lied artistique trouve un prolongement hors d'Allemagne, avec la **mélodie** (MOUSSORGSKY, DUPARC, DEBUSSY). Il n'y a pas de nouveau type de lied au XXe s. mais l'École de Vienne, avec SCHOENBERG (*Livre des jardins suspendus* op. 15, 1908), BERG et WEBERN, enrichit considérablement ce genre.

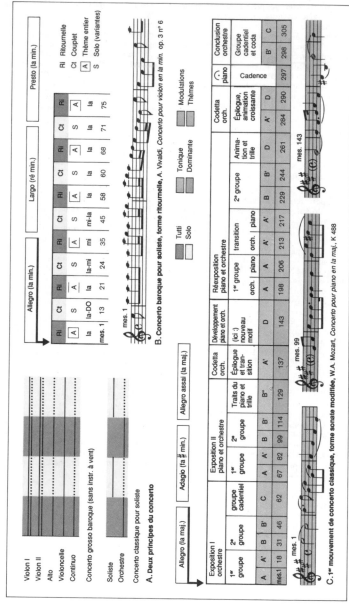

Violon I
Violon II
Alto
Violoncelle
Continuo

Concerto grosso baroque (sans instr. à vent)

Soliste
Orchestre

Concerto classique pour soliste

A. Deux principes du concerto

Allegro (la maj.)						Adagio (fa ♯ min.)			Allegro assai (la maj.)			

Ri Ritournelle
Ct Couplet
A Thème entier
S Solo (variantes)

Tutti
Solo

Tonique
Dominante

Modulations
Thèmes

| Allegro (la min.) | | | | | | | Largo (ré min.) | | | | | Presto (la min.) | |

Concerto grosso baroque

Ri	Ct	Ri	Ct	Ri	Ct	Ri	Ct	Ri	Ct	Ri	Ct	Ri
A	S	A	S	A	S	A	S	A	S	A	S	A
la	la-DO	la	la-mi	mi	mi-la	la	la	la	la	la	la	la
mes.1	13	21	24	35	45	58	60	68	71	75

mes. 1

B. Concerto baroque pour soliste, forme ritournelle, A. Vivaldi, *Concerto pour violon en la min.* op. 3 n° 6

Concerto classique

Exposition I orchestre							Exposition II piano et orchestre						Codetta orch.	Développement piano et orch.	Réexposition piano et orchestre								Conclusion orchestre		
1er groupe		2e groupe			groupe cadentiel		1er groupe		2e groupe		Traits du piano et trille	Épilogue et transition		(ici :) nouveau motif	1er groupe		transition		2e groupe		Anima-tion et trille	Codetta orch.	Épilogue, animation croissante	Cadence	Groupe cadentiel et coda
															orch.	piano	orch.	piano							
A	A'	B	B'	C		A	A'	B	B'	B''	A'		D	A	A'	A'	A'	B	B'	D	D	A'	D	B'	C
mes.1	18	31	46	62		67	82	99	114		129	137	143	198	206	213	217	229	244	261	284	290	297	298	305

mes. 1

mes. 99

mes. 143

C. 1er mouvement de concerto classique, forme sonate modifiée, W.A. Mozart, *Concerto pour piano en la maj.*, K 488

Structures et formes

Avant de désigner un genre bien défini, le terme concerto (ou concertato ; du lat. concertare, lutter) désignait, au début du XVIIᵉ s., un style fondé sur l'opposition de plusieurs groupes vocaux et instr. Issu de la polychoralité de l'École vénitienne (fin XVIᵉ-début XVIIᵉ s. ; cf. p. 250 et 264), ce stile concertato devint caractéristique de la période dite « baroque » (ca 1600-1750), souvent nommée « ère du style concertant ». Le style concertant repose aussi sur la basse continue (cf. p. 101).

Le concerto vocal baroque
Les premiers concertos étaient pour la plupart des œuvres vocales, issues de la tradition du motet et du madrigal ; p. ex. : les Cento concerti ecclesiatici de VIADANA (1602) ou les Kleine Geistliche Konzerte de SCHÜTZ (1636-1639) pour 1 à 3 voix solistes, b. c. et quelques instr. solistes. Par la suite, avec l'introduction de sections orchestrales et chorales, de récitatifs et d'arias, le concerto vocal devint cantate (cf. p. 115).

Le concerto instrumental baroque
On peut distinguer 3 types de concertos :
— Le concerto orchestral : opposition de deux ou plusieurs groupes de force sensiblement égale, selon l'ancienne tradition vénitienne ; ex. particulièrement célèbre : le 3ᵉ Concerto brandebourgeois de BACH.
— Le concerto grosso : un groupe de solistes (concertino, soli) s'oppose à un groupe plus important (concerto grosso, tutti, ripieno). Le concertino comprend normalement 3 parties instr., correspondant à l'effectif de la sonate en trio : 2 violons (ou flûtes, ou hautbois) et b. c. (violoncelle, clavecin). Le ripieno se tait pendant les épisodes solistes, mais les solistes participent aux tutti (au contraire, l'alternance est complète dans le concerto classique : fig. A). Le concerto grosso apparut en Italie du Nord vers 1670 (STRADELLA 1676, CORELLI 1680, VIVALDI à partir de 1700). La succession et la structure des différents mouvements correspondaient à la sonate d'église ou à la sonate de chambre ; à partir de VIVALDI, les mouvements sont en général au nombre de 3 (vite-lent-vite).
— Le concerto de soliste : il apparut à peu près en même temps que le concerto grosso. Principaux instr. solistes : trompette, hautbois, violon (TORELLI, 1698), clavier (BACH, à partir de 1730 environ). Les concertos de VIVALDI (à partir de l'op. 3, publié en 1712) sont particulièrement significatifs. Ils comportent 3 mouvements ; les cantilènes du mouvement lent central étaient souvent improvisées sur quelques accords de la b. c. Les 2 mouvements rapides adoptent la forme de la ritournelle : le tutti fait entendre un

certain nombre de fois le thème principal, intégralement ou par fragments (fig. B : partie centrale seule pour la 2ᵉ ritournelle, début seul pour la 3ᵉ, en mi min., etc.) ; entre ces ritournelles du tutti s'insèrent des épisodes solistes modulants (couplets). La thématique des concertos de VIVALDI, reposant sur l'accord parfait, est d'une grande solidité harmonique (ex. mus. fig. B). L'influence de ces concertos fut considérable au XVIIIᵉ s.

Le concerto classique et romantique
Le concerto classique, dont le soliste est souvent le violon ou le piano, est généralement en 3 mouvements. Le 1ᵉʳ mouvement est de forme sonate modifiée avec double exposition (schéma fig. C ; tous les concertos sont différents, et la fig. C ne propose qu'un ex.) : L'orchestre présente seul une exposition abrégée des deux groupes de thèmes, mais le second groupe reste ici dans la tonalité principale. Le soliste entre alors pour une 2ᵉ exposition ; il introduit (fig. C : A', mes. 82) la modulation usuelle à la tonalité de la dominante pour le 2ᵈ groupe de thèmes, qui contraste généralement avec le 1ᵉʳ (fig. C, mes. 1 et 99). Une section virtuose, d'animation croissante, s'achève habituellement par un trille ou un double trille, et clôt cette 2ᵉ exposition (B''). L'orchestre assure la transition vers le développement, pendant lequel dialoguent le soliste et l'orchestre. Après la réexposition, juste avant la conclusion, se trouve la cadence : le soliste, seul, improvise sur les thèmes précédemment entendus, tout en donnant libre cours à ses capacités techniques. Jusqu'à l'époque de BEETHOVEN, cette cadence était improvisée ; elle fut ensuite entièrement écrite. Le mouvement central est en général de caractère cantabile et de forme lied ; le finale, de caractère virtuose, adopte souvent la forme rondo.
A côté du concerto pour soliste, il existe double et le triple concerto (BEETHOVEN : pour violon, violoncelle et piano) et la symphonie concertante, genre très voisin, pour différents instruments concertants (MOZART). A l'époque romantique, on enchaîne parfois certains mouvements (attaca, déjà chez BEETHOVEN) ; le Konzertstück (WEBER) est en un seul mouvement, mais le concerto peut aussi comporter 4 mouvements (BRAHMS, Deuxième Concerto pour piano en si ♭ maj., avec scherzo). La partie de soliste est toujours plus virtuose.

Au XXᵉ s., on assiste en partie à un retour à l'ancienne conception faisant librement concerter tous les instruments : BARTÓK, Concerto pour orchestre (1944) LUTOS-LAWSKI, Concerto pour orchestre (1954).

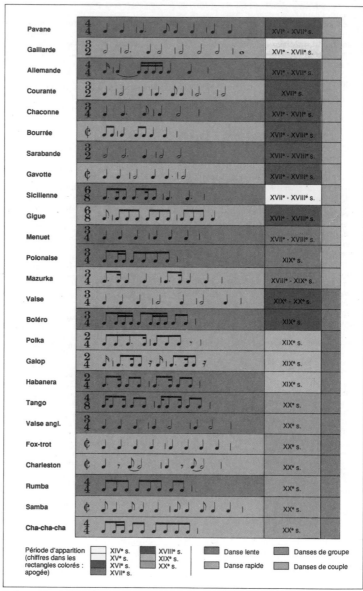

Rythmes et types de danses, historique

La danse, présente dès les premiers stades de l'évolution de l'humanité, a toujours été étroitement liée à la musique.

Aux pas et contre-pas de la danse correspondent le **nombre pair** des accents et la structure mélodique en **périodes symétriques** ; à cela s'ajoute le principe de **répétition.** Pendant l'Antiquité, le Moyen Âge et la Renaissance, la musique de danse était le plus souvent **improvisée.**

Structure typique : la répétition d'incises musicales (*puncta*) avec *ouvert* et *clos*, selon le principe de la séquence (estampie, ductie, cf. p. 212-213).

Une mélodie de base (ou *armature*) pouvait aussi former le point de départ d'une improvisation monodique ou polyphonique, à la manière du blues dans la musique de jazz. Ce principe est celui de la *basse danse,* répandue surtout en Bourgogne au XVe s. et dans la première moitié du XVIe s.

Ces **basses danses** étaient des danses marchées de différents caractères, déjà groupées en suites. Les traités de l'époque décrivent en outre un très grand nombre d'autres danses.

Toutes les danses, qu'elles fussent populaires ou aristocratiques, étaient des **danses de groupe,** avec formation de couples au sein du groupe ; la **danse de couple,** aujourd'hui prédominante, n'apparut qu'au XIXe s. Dès la Renaissance se constituent des **paires** de danses : une danse lente de rythme binaire est suivie d'une danse rapide de rythme ternaire. Ces paires restent en usage pendant la période baroque, mais de véritables **suites** apparaissent à cette époque, notamment dans les nombreux ballets que comportent les opéras (sujet allégorique et représentation scénique) ; la noblesse elle-même participe à ces ballets (cf. p. 153). Les principales danses de la période baroque figurent sur le tableau ci-contre ; sont indiqués : leur rythme, l'époque de leur apparition et celle de leur apogée :

Pavane, de l'esp. *pavo* (le *paon*), ou du nom de la ville ital. de Padoue : danse solennelle de cour, remplace la **basse danse** vers le milieu du XVIe s. ; généralement suivie d'une **saltarello** ou d'une **gaillarde** ; au début du XVIIe s., introduit fréquemment la suite orchestrale en Allemagne.

Gaillarde : danse rapide ital. et fr. de rythme ternaire, suit la pavane.

Allemande : danse modérée, de rythme binaire, commençant par une anacrouse ; stylisée, se place en tête de la suite.

Courante : danse rapide ital. et fr. de rythme ternaire ; la **corrente** ital. est plus rapide que la *courante* fr. ; 2e pièce de la suite.

Chaconne : chanson à refrain d'origine espagnole, puis danse sur **basse obstinée,** comme la **passacaille.**

Bourrée : ronde française d'Auvergne, devient danse de cour à la fin du XVIe s.

Sarabande : danse lente d'origine espagnole, s'introduit au XVIIe s. à la cour fr. ; à 3 temps, avec début de phrase sur le 1er, et prolongation du 2e temps ; de caractère grave et solennel, elle devient la 3e pièce principale de la suite.

Gavotte : danse populaire fr., modérée ; pénètre à la cour au XVIIe s. ; comporte généralement une anacrouse.

Sicilienne :, pièce de caractère dansant, très proche de la *pastorale.*

Gigue, de l'angl. *jig* (instr. servant à faire danser) : danse populaire d'origine anglaise ou irlandaise ; s'introduit à la cour fr. au XVIIe s. ; rapide, d'écriture fuguée ; danse conclusive de la suite.

Menuet : danse française sans doute d'origine populaire (Poitou) ; introduit par LULLY à la cour de Louis XIV au milieu du XVIIe s. ; mouvement modéré, rythme ternaire.

Polonaise : danse nationale polonaise, sans doute de rythme binaire à l'origine, à 3/4 depuis le XVIIIe s. ; lente, souvent de caractère mélancolique.

Avec la chute de l'Ancien Régime, l'ancienne danse de cour déclina et la danse bourgeoise prit sa place. L'éveil de la conscience nationale au XIXe s. entraîna le développement des différentes **danses nationales.**

— **La polonaise** et la **mazurka** vinrent de Pologne ;
— **la polka,** de Tchécoslovaquie ;
— **le boléro,** d'Espagne ;
— **la habanera,** de Cuba ;
— **le tango,** d'Argentine ;
— **l'écossaise,** de rythme ternaire, d'Écosse ;
— **le ländler,** danse populaire assez lente, à 3 temps, pratiquée en Autriche, en Allemagne du Sud et en Suisse alémanique ; donne naissance au XVIIIe s. à
— **la valse :** elle devient la danse la plus répandue au XIXe s., sous le nom de **valse viennoise ;**
— en France, on cultive particulièrement le **quadrille** (dansé par 4 couples au moins), le **galop** (dont le rythme imite celui d'un galop de cheval), et le **cancan** (issu du galop, vers 1860).

Toutes ces danses étaient aussi présentes dans l'opérette du XIXe s.

Au XXe s., les danses *américaines* sont à la mode : la **valse anglaise** ou **valse lente** (1920), le **fox-trot,** le **slow fox,** le **blues** (proche du jazz) et le **charleston ;** puis les danses *latino-américaines* d'origine africaine : la **samba** brésilienne (années 1920) et les danses cubaines : **rumba** et **cha-cha-cha** (années 1950).

Thème

1er ⎫
2e ⎬ Contrepoint
3e ⎭

Voix libre

Pédale

Exp Exposition   E Épisode (divertissement)
D   Développement   C Coda

| Exp | E | D | E | D | E | D | E | D | E | C |

Réponse

Sujet

Sujet

J.S. Bach
Clavier bien tempéré I,
fugue II (ut mineur)

A. Schéma et exposition d'une fugue

II
I
II
I

Double fugue, entrée simultanée
des thèmes I et II

| I | II | I+II | III | I+II+III |

Double fugue
Triple fugue

Double et triple fugues, entrées successives
des différents thèmes

B. Fugues polythématiques

Soprano									
Alto									
Ténor									
Basse									
Mesures	1	2	3	4	5	6	7	8	9

C. Fugue avec permutation des voix, J.S. Bach, Cantate BWV 182

Structure et types

La **fugue** est une forme polyphonique vocale ou instrumentale très organisée ; elle se caractérise notamment par l'entrée successive des différentes voix selon le principe de l'*imitation stricte*. Le nombre des voix est généralement de 3 ou 4.

Forme très stricte dans son principe , la fugue, dans sa réalisation, permet à l'imagination de se déployer très librement.

Toutes les fugues sont différentes. Prenons, à titre d'ex., une fugue de BACH, fig. A. Elle est à **3 voix** et, comme toute fugue simple, elle est **monothématique**. La première présentation du thème, à la voix intermédiaire, est appelée **sujet** ou **dux** (conducteur) ; la seconde, à la voix supérieure (mes. 3-4), s'appelle la **réponse** ou **comes** (accompagnateur). Le sujet est dans le ton principal, ut min., tandis que la réponse, transposée à la quinte supérieure, est dans le ton de la dominante (sol min.).

Pour des raisons harmoniques, le saut de quarte do⁴-sol³ du sujet (mes. 1) devient, dans la réponse, saut de quinte, sol⁴-do⁴ (mes. 3) ; ce changement, qui porte le nom de **mutation**, permet d'obtenir une **réponse tonale** au lieu d'une **réponse réelle** (cf. canon, p.112, fig. C). - Tandis que la voix supérieure fait entendre cette réponse, la voix intermédiaire se poursuit par une ligne de **contrepoint** appelée **contre-sujet**.

La 3ᵉ entrée est à nouveau celle du sujet, à la voix inférieure (mes. 7-8) ; elle est précédée d'un retour à la tonalité principale (mes. 5-6). Le contre-sujet apparaît à la voix supérieure, tandis que la voix intermédiaire fait entendre un 2ᵉ contrepoint (mes. 7-8).

Ainsi s'achève ce qu'on appelle l'**exposition** de la fugue (cf. *exposition* et *développement* de la sonate, p. 150-151) : toutes les voix ont fait entendre une fois le thème entier. La **succession sujet-réponse** est obligatoire (dans une fugue à 4 voix, on entendrait à présent une autre réponse), mais l'*ordre d'entrée* des différentes voix est variable.

Le schéma (haut de la fig. A) montre, à l'échelle, le déroulement ultérieur de cette fugue en ut min. L'exposition est suivie d'un **divertissement** (ou *épisode*) *modulant,* sur la « tête » du sujet (mes. 9-10), puis d'un **développement** (mes. 11-12) : la partie supérieure, seule, *développe* le thème dans son intégralité, tandis que les 2 autres voix font entendre les 2 contrepoints. Le développement est au ton relatif, mi ♭ maj.

Viennent ensuite : un divertissement (mes. 13-14) ; un développement au ton de la dominante (sol min.) avec le thème à la voix intermédiaire (mes. 15-16, milieu de la fugue) ; un divertissement (mes. 17-19),

un développement au ton principal (ut min.), avec thème à la voix supérieure (mes. 20-21) ; un divertissement plus important (mes. 22-26) ; enfin, un dernier développement, en ut min., avec le thème à la basse (mes. 27-28). Un épisode cadentiel (mes. 29) mène à la **coda**, qui fait entendre pour la dernière fois le thème, en ut min., au-dessus d'une *pédale* de tonique, à la basse (mes. 29-31).

La fugue fait ainsi alterner des sections de contrepoint strict (**développements**) et des épisodes plus souples (**divertissements**). Le nombre de ces sections, leur longueur, le plan tonal, etc., varient d'une fugue à l'autre, de même que les procédés contrapuntiques utilisés : *strette* (entrée du thème à l'une des voix avant que la précédente ait terminé), *renversement, récurrence, augmentation, diminution,* etc. (cf. p. 112-113).

La **fugue avec permutation des voix,** sans divertissements, est une forme particulière de la fugue simple (fig. C). Autres types de fugue : les fugues *polythématiques* (à plusieurs thèmes) :

—**double fugue** : fugue à 2 thèmes, qui peuvent entrer simultanément dès le début de la fugue (p. ex. MOZART, Kyrie du *Requiem*), ou bien séparément, dans deux expositions successives, avant d'être liés l'un à l'autre (fig. B) ;

—**triple fugue** : fugue à 3 thèmes, exposés de la même manière que dans le 2ᵉ type de double fugue (fig. B) ;

—**quadruple fugue** : fugue à 4 thèmes sur le même principe que la triple fugue.

La fugue peut être précédée d'un prélude, d'une toccata ou d'une autre forme libre de ce genre.

Historique

La fugue (le terme latin *fuga,* fuite, désigna d'abord le canon, cf. p. 112) se développa au XVIIᵉ s. à partir des formes instr. du XVIᵉ s. et du début du XVIIᵉ s. comme la *fantaisie,* le *tiento* et surtout le *ricercar* (p. 260).

À partir de la fin du XVIIᵉ s., elle figure dans certains contextes bien définis : la section centrale de l'ouverture à la française, les mouvements rapides de la sonate d'église, le concerto grosso (fugue concertante) ; la fugue chorale se trouve dans la cantate, l'oratorio, la messe (Kyrie, Amen du Gloria, Credo), etc. La fugue connaît son apogée avec l'œuvre de J.S. BACH (notamment : *Clavier bien tempéré I,* 1722 et *II,* 1744, *l'Art de la fugue,* 1749-50).

La période classique, puis le Romantisme, tentèrent de lier la fugue à la forme sonate, ou de l'associer à un contenu « poétique » (BEETHOVEN) ou « programmatique ». Aux fugues monumentales du post-romantisme (LISZT, REGER) succédèrent les fugues « néoclassiques » du XXᵉ s. (HINDEMITH, STRAVINSKI).

A. **Le madrigal du Trecento**, Giovanni da Cascia, *Angnel son biancho*

B. **Le madrigal du XVIe s.**, Ph. Verdelot, *Ogn'hor voi sospiro* (extrait)

C. **Madrigal tardif**, Cl. Monteverdi, *Lamento d'Arianna*, 1re partie

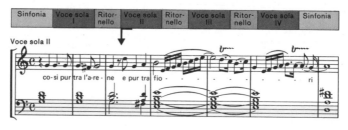

D. **Madrigal pour voix seule et basse continue**, Cl. Monteverdi, *Tempro la cetra*, structure et 2e épisode soliste (début)

Types

Le **madrigal** est un genre vocal polyphonique italien ; il existe 2 types bien distincts :
– le madrigal du XIVᵉ s. (madrigal du Trecento, cf. p. 220 sqq.) ;
– le madrigal de la Renaissance, qui se
répandit largement hors d'Italie (cf.
p. 254).

Le madrigal du Trecento connut son
apogée pendant le second tiers du XIVᵉ s.
L'étymologie du terme est incertaine. Les
thèmes principaux sont l'amour et l'érotisme.
La plupart des images poétiques viennent de
la nature. Les poètes les plus représentatifs
sont PÉTRARQUE, BOCCACE, SACCHETTI et
SOLDANIERI. Comme la langue, la forme
du texte est relativement simple :
À son époque de maturité, le madrigal est
constitué de 2 ou 3 tercets *(terzetti)* suivis
d'un refrain de 2 vers *(coppia)* ; chaque
vers compte de 7 à 11 syllabes ; l'ordre
des rimes est de type abb, cdd... ee ou
aba cbc... bb (fig. A).
Le madrigal est écrit généralement pour
2 voix (parfois 3). Les strophes ont la même
mélodie, le refrain une mélodie distincte
(fig. A). Dans les tercets, la voix sup. est
volontiers virtuose, embellie de mélismes,
tandis que la partie de ténor est plus simple
(cf. p. 220). Le refrain est plus bref, mais
présente une facture analogue (fig. A).
Sous l'influence de la **caccia** apparut dans
la 2ᵉ moitié du XIVᵉ s. le **madrigal en
canon**, à 2 ou 3 voix (avec, dans ce cas
canon aux 2 voix sup. et partie de ténor
indépendante).
Principaux compositeurs : JACOPO DA BOLO-
GNA, GIOVANNI DA CASCIA (JOHANNES DE
FLORENTIA), PIERO MAGISTER, puis FRAN-
CESCO LANDINI (cf. p. 221 et 223).

Le madrigal de la Renaissance n'a, du
point de vue musical, rien de commun avec
le madrigal du Trecento. Cependant, ses
poètes se réclament des auteurs de madrigaux
du XIVᵉ s., notamment de PÉTRARQUE et
BOCCACE.
Équivalent profane du motet, le madrigal
devient un genre raffiné, expressif et marqué
par le maniérisme : un art pour connaisseurs
et amateurs *(musica reservata,* cf. p. 225). Il
est interprété par des solistes (1 voix par
partie), éventuellement doublés par des instruments.
Le texte du madrigal est généralement en
rimes libres. Les poètes les plus importants
sont PIETRO BEMBO, ARIOSTE, LE TASSE,
etc. La musique s'organise en fonction du
texte en une suite de brèves sections, destinées
surtout à mettre en valeur tel passage du
texte, tel mot *(imitar le parole,* ZARLINO,
1558). Grâce à cette liberté formelle, le
madrigal devient au XVIᵉ s. une sorte de
laboratoire pour la nouvelle musique.

Le premier madrigal (1ᵉʳ recueil publié :
1530) est encore simple ; de structure alternativement homophone et polyphonique, il
est écrit le plus souvent à 4 voix, souvent
groupées en bicinium.
La fig. B présente un fragment tiré d'un
madrigal de PHILIPPE VERDELOT (1540) :
les voix sup., puis les voix inf., forment
un bicinium, avant la cadence commune.
Noter aussi le brusque saut harmonique
de ré maj. à si ♭ maj. (relatif de sol min.),
qui fait apparaître (mes. 2) une fausse
relation éclatante entre le ténor
(fa ♯) et l'alto (fa ♮). Le texte dit à cet
endroit : « silencieux, amoureux, *enflammé
d'amour* ».

Le madrigal classique (ca 1550-1580 ; division en périodes p. 255) est généralement à
5 voix (parfois 6). Des tournures inhabi-
tuelles, dans le domaine du rythme, de
l'harmonie, du chromatisme, sont de plus en
plus utilisées, à des fins expressives *(madrigalisme).* Les principaux compositeurs sont
VERDELOT, FESTA, ARCADELT, puis WIL-
LAERT, DE RORE, LASSUS, PALESTRINA,
DE MONTE, A. GABRIELI (cf. p. 255).

Les derniers madrigalistes (jusqu'en 1620
env.) poussent à l'extrême cet art expressif
et raffiné ; les plus importants sont
GESUALDO, MARENZIO et MONTEVERDI.
La fig. C montre l'arrangement par MON-
TEVERDI en madrigal à 5 voix (VIᵉ Livre
de madrigaux, 1614) de la monodie du
Lamento d'Arianna (de l'opéra perdu
Arianna, Mantoue, 1608). Le texte est
chanté par toutes les voix. Noter les
imitations, le mouvement contraire entre
les voix, les fausses relations, le chromatisme expressif, l'accentuation des mots
lasciate et *mi* (*laissez*-moi mourir, laissez-
moi mourir) et le calme cadence parfaite
dans le registre grave sur le mot *morire,*
mourir. (Version primitive : p. 110, fig. B.)
Avec le Vᵉ Livre de madrigaux de MON-
TEVERDI (1605) apparaissent le **madrigal
pour voix seule** avec b. c. et le **madrigal
concertant,** qui annoncent le nouveau style
du XVIIᵉ s.
La fig. D présente la structure d'un
madrigal pour voix seule de MONTEVERDI
(VIIᵉ Livre de madrigaux, 1619). Aux
instruments seuls sont confiés l'**introduction** *(Sinfonia),* les **intermèdes** (conclusion
de la sinfonia reprise comme ritournelle)
et la **conclusion** (élargissement de la
sinfonia initiale). Les ritournelles sont
identiques ; les sections vocales, toutes
différentes, comportent des mélismes de
caractère virtuose et des ornements improvisés (ex. mus.).

Au XVIᵉ et au début du XVIIᵉ s., le madrigal
ital. fut pratiqué à l'étranger, notamment en
Allemagne et en Angleterre (cf. p. 256 sqq.).

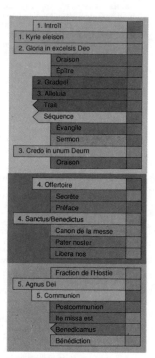

B. Structure de la messe

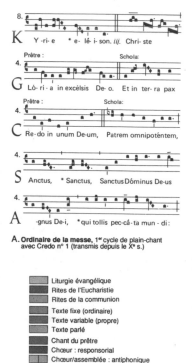

A. Ordinaire de la messe, 1er cycle de plain-chant avec Credo n° 1 (transmis depuis le Xe s.)

Liturgie évangélique
Rites de l'Eucharistie
Rites de la communion
Texte fixe (ordinaire)
Texte variable (propre)
Texte parlé
Chant du prêtre
Chœur : responsorial
Chœur/assemblée : antiphonique

	Mozart	Berlioz	Verdi
Introït : « Requiem aeternam... »	n° 1	n° 1	n° 1
Kyrie eleison, Christe eleison,...	n° 1	n° 1	n° 1
Graduel : « Requiem aeternam... »			
Trait : « Absolve, Domine,... »			
Séquence : « Dies irae, dies illa,... »	nos 2-7	nos 2-6	nos 2,1-9
Offertoire : « Domine Jesu Christe... »	nos 8-9	nos 7-8	n° 3
Sanctus et Benedictus	nos 10-11	n° 9	n° 4
Agnus Dei avec « Dona eis requiem... »	n° 12	n° 10	n° 5
Communion : « Lux aeterna... »	n° 12	n° 10	n° 6
Absoute : « Libera me... »			n° 7

Messe des morts

C. Requiem, organisation liturgique et adaptations musicales de Mozart, Berlioz et Verdi

Parties et structure

La **messe** (du lat. *missa*, de l'*Ite missa est* final) est, outre les heures canoniales de l'office, le service religieux le plus important de l'Église catholique. Sa forme liturg. définitive en langue lat. se fixa à partir du Ve s. env. pour l'Occident, à la différence de l'Orient, plus diversifié. Elle fut réformée au *Concile de Vatican II* (1964-69) dans l'intention de faire participer plus activement les fidèles à la célébration (par ex. langue du pays au lieu du latin), mais sa **structure** est demeurée la même tout au long de l'histoire de la musique (fig. B) :

La liturgie évangélique commence par un chant d'entrée (**introït**) et l'invocation de l'assemblée (**Kyrie** *eleison, Christe eleison, Kyrie eleison,* chacun 3 fois), puis retentit le chant de louange de la *doxologie* (**Gloria**) et la prière du prêtre (**oraison**). Suivent les leçons (**épître** et **évangile**), chantées *recto tono* depuis le jubé à la grand-messe, entre lesquelles s'intercalent des chants tropés (**graduel** avec **alleluia** ou **trait** et **séquence** pendant les jours de carême et de pénitence). La liturgie évangélique s'achève avec le sermon, la profession de foi (**Credo**, uniquement les dimanches et jours de fête) et l'**oraison** (*oratio communis*).

Les rites de l'Eucharistie comprennent le chant d'**offertoire**, la prière du prêtre sur les offrandes (**secrète**) et la partie centrale de la messe avec la prière solennelle (**préface**), l'invocation des Saints (**Sanctus** et *Benedictus*) et la consécration du pain et du vin en une prière silencieuse (**canon de la messe**). Puis viennent le Notre Père (**Pater noster**) et la prière d'intercession (**Libera nos**).

La communion commence par la fraction de l'hostie et l'invocation de l'assemblée à l'Agneau de Dieu (**Agnus Dei**) puis viennent la **communion** des fidèles et la dernière prière du prêtre (**postcommunion**). La messe se termine par une formule de congé (**Ite missa est**) et une réponse de l'assemblée (**Deo gratias**, le Jeudi saint et aux messes de procession : **Benedicamus Domino**). Depuis Vatican II, la **bénédiction** précède l'Ite missa est.

Le **chant grégorien** fait partie de la messe (p. 114, 184 sq.), il est chanté par le prêtre, le chœur (*schola cantorum*) et l'assemblée. On distingue la **messe basse**, simple, de la **messe solennelle** (grand-messe, messe pontificale et papale). Font partie des chants du chœur et de l'assemblée :

- l'**ordinaire de la messe : Kyrie, Gloria, Credo, Sanctus, Agnus Dei.** Ces 5 parties ont le même texte pour toutes les messes, mais pas toujours la même musique (fig. B). Le Gloria et le Credo sont entonnés par le prêtre avant la schola ;

- le **propre de la messe : introït, graduel, alleluia, offertoire, communion.** Ces 5 parties changent à chaque messe. Elles sont **cycliques** selon l'année liturgique (*pr. du temps*) ou les fêtes des Saints (*pr. des Saints*).

L'ordinaire est antiphonique ; dans le propre, le graduel et l'alleluia (ou le trait) sont responsoriaux, l'introït, l'offertoire et la communion sont antiphoniques. A ceci s'ajoute le chant soliste du prêtre (fig. A). Les mélodies de l'ordinaire sont parfois très anciennes, et certaines datent du Xe s. Mais les chants du propre sont encore plus anciens que ceux de l'ordinaire.

Adaptations polyphoniques de la messe

Les adaptations du propre sont courantes au temps de la polyphonie primitive puis se font rares en raison de l'étendue des cycles annuels (*Magnus liber* vers 1200 ; *Choralis Constantinus* d'ISAAC avant 1517 ; *Cycles d'offertoires* de PALESTRINA de 1593).

De l'**ordinaire**, on ne mit en musique, au Moyen Âge, que quelques fragments d'abord, réunis en cycles au XIVe s. (*Messe de Tournai*) jusqu'à ce que, à partir des XVe-XVIe s., l'adaptation complète des 5 parties de l'ordinaire devienne une règle (**messe musicale**).

Le plain-chant liturgique (*cantus firmus*) fut la base et la source de l'adaptation polyphonique aux XVe-XVIe s.

Pour la forme de composition, on distingue :

- **la messe à teneur :** *cantus firmus* à la partie supérieure ou au ténor ;
- **la messe-chanson :** chanson profane utilisée comme *cantus firmus* ;
- **la messe-parodie :** adaptation d'un motet ou d'une chanson polyphonique.

Avec le changement de style autour de 1600 apparaît la **messe concertante** avec voix solistes, b. c. et instruments.

La **messe-cantate** baroque, influencée par l'opéra et l'oratorio et qui décompose les parties de l'ordinaire en **numéros**, arias, duos, chœurs, mène aux **messes orchestrales** classiques (HAYDN, MOZART) et romantiques (SCHUBERT, BRUCKNER).

Depuis le XVIIe s., les versets *Christe* dans le Kyrie et *Benedictus* dans le Sanctus sont très souvent écrits pour solistes, l'*Amen* du Gloria et du Credo ainsi que l'*Hosanna* du Sanctus sont traités en fugue.

La *Messe en si mineur* de BACH et la *Missa solemnis* de BEETHOVEN dépassent, par leur envergure, le cadre de la liturgie (exécution en concert).

Requiem. Dans l'ordinaire de la **messe des morts** (1570), il manque le Gloria et le Credo, en revanche le propre comprend le **graduel**, le **trait** et la **séquence** *Dies irae* (cf. p. 190), partie la plus développée dans les adaptations polyphoniques (fig. C).

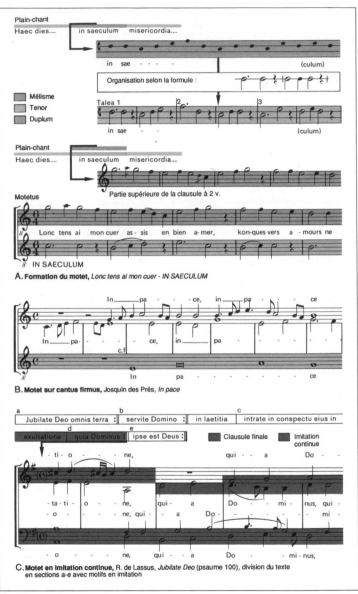

A. Formation du motet, *Lonc tens ai mon cuer - IN SAECULUM*

B. Motet sur cantus firmus, Josquin des Prés, *In pace*

C. Motet en imitation continue, R. de Lassus, *Jubilate Deo* (psaume 100), division du texte en sections a-e avec motifs en imitation

Évolution

Le **motet** est un genre polyph. de la musique vocale. Il vient du Moyen Âge et a subi de nombreuses transformations au cours de son histoire.

Formation du motet. Au Moyen Âge, pour mettre en valeur le texte de certaines parties solistes du plain-chant, on pouvait utiliser la **polyphonie.** Dans le plain-chant polyph. de l'époque de Notre-Dame, vers 1200, on adapta les sections **mélismatiques** du plain-chant (fig. A : *in saeculum*) d'une manière très rationnelle : on ordonna les notes de ces mélismes selon une formule rythmique courte, la **talea** (cf. p. 202 sq.) : fig. A, cette formule comprend 5 valeurs de notes (et 2 silences). Si on répète la formule 3 fois, on obtient 15 notes du mélisme *in saeculum* ordonnées rythmiquement. Si toutes les notes du mélisme ont été utilisées après la n^e répétition de la formule, on peut les répéter (color). Au-dessus de ce mélisme ainsi organisé en partie de soutien ou « tenor », on dispose une voix sup. libre (*organum double*). Cette section à 2 v. est appelée **déchant** ou **clausule.**
A l'époque de Notre-Dame, la partie sup. de la clausule a encore un texte en vers **lat.,** initialement un trope du texte du tenor (ici *in saeculum*) mais qui, bientôt, peut aussi être en **fr.,** *profane,* voire érotique (fig. A : chanson d'amour française).
Le double avec texte s'appelle **motetus** (cf. p. 205), ainsi que le genre nouveau qui en résulte. Il se détacha du plain-chant et devint le principal genre profane de l'Ars antiqua et de l'Ars nova (XIIIe-XIVe s.).
Les clausules à 3 v. pourvues de textes avec 2 parties sup. devinrent les **doubles motets,** les clausules à 4 v. les **triples motets** avec 2 ou même 3 textes différents (cf. p. 206).
Le **motet isorythmique** est le motet spécifique de l'Ars nova au XIVe s. (VITRY, MACHAUT). La formule rythmique, la talea, est plus longue et polyphonique. Sous une forme fragmentée, elle englobe toute la pièce (cf. p. 218 sq.).

Au XVe s., le motet redevient **sacré,** liturgique et est utilisé pour le traitement musical du propre de la messe ou des offices. Ses textes peuvent alors être ceux des **psaumes** ou des **évangiles.** Une forme nouvelle de motet à 3 v. apparaît avec le style de chanson, sans cantus firmus.
Le **motet sur cantus firmus aux XVe-XVIe s.** prend pour cantus firmus une section de plain-chant à la partie de ténor mais sans organisation rythmique rigide, en lui laissant sa fluidité naturelle. Toutefois, le ténor évolue plus lentement que les parties sup. mais avec souvent le même texte que celles-ci. Les valeurs longues du ténor traversent la pièce

en servant de soutien. Le cantus firmus a un caractère symbolique. Sa mélodie est souvent imitée partiellement par les autres voix, ou est utilisée comme matériau thématique.
Dans le motet à 1 v. *In pace* de JOSQUIN (fig. B), l'alto commence par un mouvement ascendant à la quarte suivie d'une seconde descendante, imité par le soprano à intervalle de quinte. Ce motif est apparenté au ténor par les quatre premières notes du cantus firmus. Plus loin, il reparaît au soprano, mes. 5.
En Allemagne, apparaît au XVIe s. le **motet-lied.** Il prend pour cantus firmus une mélodie religieuse all. (*choral*) et l'introduit au ténor ou au soprano, dans le style du choral harmonisé à 4 v. ou du *tenorlied,* mais avec une vivante alternance des parties homophoniques et polyphoniques.
En Angleterre apparaissent au XVIe s. les **anthems,** motets anglais d'après les modèles du continent.
Le motet en imitation continue du XVIe s. constitue l'apogée de l'évolution du motet et l'aboutissement de la polyphonie vocale franco-allemande. Le cantus firmus disparaît, toutes les voix participent également au matériau thématique, les **soggetti,** qui sont composés, et changent pour chaque partie du motet.
Le motet de LASSUS (fig. C) comporte 5 sections qui s'agencent selon une division judicieuse du texte. Le but est en effet d'exprimer pleinement le contenu du texte par la musique.
Les sections sont reliées entre elles par le mouvement ample et sans cassure des voix. Ainsi s'insère, dans la cadence finale de la 3e section (ex.), le nouveau soggetto *quia* au ténor. Il est immédiatement repris aux basse/alto puis au soprano, donc à toutes les voix (*imitation continue*).
L'exécution était purement vocale (*a capella*) ou accompagnée d'instruments.
Formes tardives
Au XVIIe s. apparaît le **motet concertant** avec soliste et b.c. Les premiers recueils en sont les *Concerti ecclesiastici* de VIADANA (1602). Les *Kleine Geistliche Konzerte (Petits concerts spirituels)* de SCHÜTZ sont aussi des motets de ce style composés sur des versets de la Bible (cf. p. 119). Ce genre se développe particulièrement en France sous la forme du **grand motet** (M.A. CHARPENTIER, CAMPRA, DU MONT).
En outre, le **motet pour chœur polyph.** dans l'ancien style subsiste, ex. : la *Geistliche Chormusik* de SCHÜTZ comportant de nombreux motets à double chœurs à la manière vénitienne ; on le trouve encore avec les 6 motets de BACH.
Les XIXe et XXe s. n'ont pas créé de nouveaux types de motet mais on en écrivit cependant (BRAHMS, HINDEMITH, POULENC).

Cordes

A. Vivaldi, *les Quatre Saisons*, « L'été », 2ᵉ mouvement

Grand orchestre, basses et timbales

L. v. Beethoven, *VIᵉ Symphonie*, 4ᵉ mouvement

4 Timbales

ppp —————— *cresc.* *f dim.* — *pp*   *ppp*

H. Berlioz, *Symphonie fantastique*, 3ᵉ mouvement, « Scène aux champs »

Rossignol (fl.)   Caille (htb.)
Coucou (cl.)

L.v. Beethoven, *VIᵉ Symphonie*, 2ᵉ mouvement, « Scène au bord du ruisseau »

A. **Musique descriptive,** tonnerre et chants d'oiseaux

A. Vivaldi, *les Quatre saisons*,
« L'Automne » (« le gibier fuit et meurt ») « Le Printemps », (éclair)

L. v. Beethoven, *VIᵉ Symphonie*,
4ᵉ mouvement, « Orage » (éclair)

Extrait de *la Marseillaise*

C. Debussy, *Préludes*, IIᵉ Livre, « Feux d'artifice »

B. **Transposition musicale** par analogie et par association

p espress.

C. **Expression d'atmosphère,** M. Moussorgsky, *Tableaux d'une exposition*, « Le vieux château »

| La source de la Moldau |
| Leitmotiv de la Moldau |
| Chasse dans les bois |
| Noces paysannes |
| Clair de lune ; danse nymphes |
| Leitmotiv de la Moldau |
| Défilé de saint Jean |
| La Moldau s'élargit |
| Motif de Vysehard |
| (disparition dans le lointain) |

Flûte

p ————— Viol. pizz.

p ————— *sf* ═══ *p*

Viol. con sordini, dolcissimo
pp ═══ ═══

D. **Musique à programme et forme musicale**
B. Smetana, *la Moldau*

Bruit   Idée
Image   Sentiment

Rapport entre le fond et la forme

Par l'expression **musique à programme**, on désigne ce type de musique instrumentale dont le « sujet extra-musical » est indiqué par un **titre** ou par un **programme**. Le « sujet » est de préférence une succession de situations, d'actions, de tableaux ou de pensées.

On peut aussi considérer comme musique à programme les **ouvertures** (d'opéras, d'oratorios, de musiques de scène), dans la mesure où elles reflètent le contenu des œuvres qu'elles introduisent, de même que la plupart des **ouvertures de concert** (cf. p. 137) et des **pièces de caractère** (cf. p. 140).

N'appartiennent à ce genre, en revanche (et en dépit de leur sujet extra-musical), ni la musique vocale, ni la musique de ballet, ni la musique de film.

Au domaine de la musique à programme s'oppose celui de la musique « pure », « libre » de tout sujet extra-musical, et dans laquelle impressions et sentiments ne sont pas — en dehors des indications pour l'interprétation — traduits en mots.

Il existe trois possibilités de « traduire » en musique le domaine de l'« extra-musical » :
- l'imitation des bruits et sons naturels (musique descriptive) ;
- la transposition musicale d'impressions visuelles et l'expression symbolique ;
- l'expression de sentiments et d'atmosphères.

La musique descriptive (fig. A) repose sur l'*imitation,* notamment celle des cors de chasse, des chants d'oiseaux (« tierce du coucou ») et du tonnerre. Les moyens mis en œuvre et l'exécution, d'abord très stylisés, deviennent plus raffinés grâce à l'extension de l'orchestre au XIXe s.

Ainsi VIVALDI imite le sombre roulement du tonnerre par la répétition d'une même note en doubles croches rapides, dans le registre grave des cordes. Pour obtenir le même effet, BEETHOVEN utilise dissonances, grondement des violoncelles et des contrebasses, et roulement de timbales dans la nuance *ff.* BERLIOZ, enfin, utilise 4 timbales et peint avec réalisme le grondement du tonnerre qui enfle en se rapprochant, puis diminue en s'éloignant. La citation des chants d'oiseaux, chez BEETHOVEN, apparaît très stylisée : mesure à 6/8, tonalité de si ♭ maj., timbre des bois.

Transposition et expression symbolique
Si la musique permet d'imiter directement les sons et les bruits, en revanche les *impressions visuelles* (les sens autres que l'ouïe et la vue ne jouent aucun rôle en musique) ne peuvent être traduites musicalement que par des *analogies* :
- **le mouvement** : un changement de *vitesse* sera rendu par un changement de *tempo* correspondant ; un changement de *hauteur*

par un changement de *tessiture* (haut/aigu, bas/grave) ; un changement de *distance* par un changement de *nuance* (près/fort, loin/doux). — Les mêmes procédés permettent de « décrire » un *état,* comme la profondeur, l'éloignement, etc. Certains timbres peuvent aussi jouer un rôle (appel de cor dans le lointain, p. ex.) ;
- **la lumière** : clarté ou obscurité sont rendues par des sons aigus ou graves. Ainsi, VIVALDI décrit la fuite du gibier poursuivi, puis sa mort, par un trait rapide s'achevant dans le grave (« à terre »). Les éclairs, au contraire, sont évoqués par un rapide mouvement ascendant brusquement interrompu (brève note finale suivie d'un silence ; fig. B).

Pour exprimer ce qui ne relève pas du monde matériel, la musique utilise une sorte de **symbolisme,** que l'on désigne généralement sous le nom de **figuralisme.** Celui-ci se développe essentiellement pendant la période baroque ; les théoriciens, surtout en Allemagne, dressèrent à cette époque une sorte de répertoire de « figures » musicales : p. ex., la quarte descendante en degrés chromatiques conjoints exprime la douleur (cf. p. 120 et tableau des motifs chez BACH). Lorsqu'une mélodie est, à l'origine, liée à un texte, la seule citation de la mélodie, grâce au mécanisme de l'**association**, renvoie clairement au texte.

Ainsi, vers la fin de « Feux d'artifice » (*Préludes,* IIe Livre), DEBUSSY cite des fragments de *La Marseillaise* (fig. B).

La technique du leitmotiv repose aussi sur l'association : entendu une première fois avec une idée, un personnage, etc., le leitmotiv, à chacune de ses apparitions ultérieures, renvoie à cet élément extra-musical (p. ex. : le motif de la Moldau chez SMETANA).

L'expression de sentiments et d'atmosphères convient tout à fait à la musique, en raison du caractère imprécis du « sujet ». Il ne s'agit plus ici de « programme » au sens strict. Certes, la musique repose sur certaines associations (tristesse/mouvement lent, joie/mouvement rapide), mais celles-ci sont assez vagues et floues.

P. ex., MOUSSORGSKY rend par une mélodie sombre et triste les sentiments que provoque la vue d'un « vieux château » (« Il vecchio castello » ; fig. C).

Musique à programme et forme musicale
La musique à programme commande la succession des mouvements d'un **poème symphonique** comme *La Moldau* de SMETANA ; mais la structure de chaque mouvement peut être davantage déterminée par les règles de la musique « pure » que par le programme (p. ex., forme lied dans les *Noces paysannes* ; fig. D).

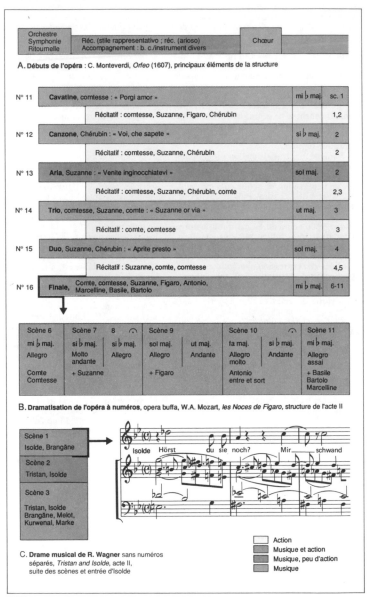

A. Débuts de l'opéra : C. Monteverdi, *Orfeo* (1607), principaux éléments de la structure

B. Dramatisation de l'opéra à numéros, opera buffa, W.A. Mozart, *les Noces de Figaro*, structure de l'acte II

C. Drame musical de R. Wagner sans numéros
séparés, *Tristan and Isolde*, acte II,
suite des scènes et entrée d'Isolde

Différents types de structure

L'**opéra** est un drame musical dans lequel la musique participe essentiellement au *déroulement de l'action* et à la peinture des *atmosphères* et des *sentiments*. La réunion de différents arts (musique, dramaturgie, décors, danse, etc.) est fertile en possibilités, mais aussi en contradictions ; aussi l'histoire de l'opéra présente-t-elle des aspects très variés.

L'opéra apparut à la fin du XVIᵉ s. à **Florence**, où un cercle d'humanistes (poètes, musiciens, érudits), la *Camerata fiorentina*, cherchait à redonner vie au drame antique, auquel participaient à la fois acteurs, chœurs et orchestre. Ainsi furent créés, sur le modèle des pastorales du XVIᵉ s., les premiers livrets d'opéra, que l'on mit en musique avec les moyens de l'époque :
— la nouvelle **monodie** (voix accompagnée par la b. c., cf. p. 147) ;
— les **chœurs** madrigalesques ;
— les **ritournelles** et **danses instrumentales.**

Les premiers opéras, sur des textes de RINUCCINI, sont *Dafne* (1597, perdu) et *Euridice* (1600) de PERI ainsi que *Euridice* de CACCINI (1600 ; cf. p. 146, fig. A).

Le passage au grand opéra baroque se fit avec l'*Orfeo* de MONTEVERDI (Mantoue 1607, texte de STRIGGIO).

Le récitatif de MONTEVERDI, très expressif, appartient au *stile rappresentativo* (cf. p. 147) ; l'*Orfeo* comporte aussi des passages traités en *arioso* (déclamation plus chantante, accompagnement orchestral), des chœurs, des arias et un orchestre fourni, avec symphonies, ritournelles et danses (fig. A).

Venise devient bientôt le centre de l'opéra en Italie du nord. Le premier opéra commercial y ouvre ses portes en 1637. Les légendes héroïques et l'histoire ancienne fournissent les thèmes des dernières œuvres de MONTEVERDI et des innombrables opéras nouveaux, ceux notamment de CAVALLI et de CESTI. — A **Rome** se développe, à côté de l'opéra profane, un opéra sur des sujets religieux (cf. p. 135).

A la fin du XVIIᵉ s. et au début du XVIIIᵉ s., l'**École napolitaine** domine, avec A. SCARLATTI (1660-1725). Précédé d'une ouverture dite **à l'italienne** (cf. p. 136), l'**opera seria** (opéra sérieux) napolitain présente une succession de **recitativi secci**, exposant l'action, et d'**arias da capo**, où s'expriment les sentiments des personnages. La musique occupait la première place dans l'opera seria, et l'action devenait presque accessoire ; les morceaux de musique furent numérotés (**opéra à numéros**, cf. fig. B). C'est à Naples qu'apparut, au début du XVIIIᵉ s., l'**opera buffa** ; ce genre *comique*, né de la réunion des **intermezzi** qui entrecoupaient l'*opera seria*, mettait en scène les personnages de la

commedia dell'arte (ex. : PERGOLESI, *La Serva padrona*, 1733). L'opera buffa du XVIIIᵉ s. donna l'élan qui ébranla la forme rigide de l'opera seria, notamment par l'introduction d'*ensembles* vocaux et de *finales*.
— D'autre part, une réforme de l'opera seria fut tentée par GLUCK, vers 1770. — Vers 1750 apparut en Allemagne le **Singspiel**, genre *comique* très simple en langue all. (comédie parlée mêlée de chansons).

L'opéra de la période classique, notamment l'opera buffa de MOZART, représente une *dramatisation* de l'ancien opéra à numéros. L'acte II des *Noces de Figaro* de MOZART (1786) en offre un bon exemple (fig. B). Le rec. secco est chargé, conformément à la tradition, de présenter l'action ; mais la forme et le rôle dramatique sont très différents d'un numéro à l'autre : arrêt de l'action et expression musicale pure (nᵒˢ 11, 12, 14), action simple (nᵒ 13 : déguisement), union étroite entre action et musique (nᵒ 15 : Chérubin saute par la fenêtre ; nᵒ 16 : finale tourbillonnant). Noter d'autre part, la structure tonale de l'acte entier (tonalité de base : mi ♭ maj.) et la structure du finale (présence d'un centre de symétrie, augmentation du nombre des personnages, accélération du tempo et de la progression dramatique).

La **France** avait, dès la fin du XVIIᵉ s., sa propre tradition d'opéra avec la **tragédie lyrique** de LULLY. Très influencée par la tragédie littéraire (5 actes), celle-ci comportait, sur le plan musical, des **récitatifs** très variés, des airs, ainsi que des **chœurs** et **danses** en grand nombre ; elle était introduite par une **ouverture à la française**. — Au milieu du XVIIIᵉ s., la *Querelle des Bouffons* donna l'impulsion au développement de l'**opéra-comique** bourgeois (comportant des dialogues parlés).

Après la Révolution et l'Empire apparaissent le **grand opéra** (MEYERBEER), puis l'**opéra lyrique** (GOUNOD, MASSENET) et l'**opérette** (OFFENBACH).

En **Allemagne**, la dissolution de l'opéra à numéros, amorcée avec l'*opéra romantique* (WEBER, *le Freischütz*, 1821), se réalise radicalement dans le *drame musical* de R. WAGNER, caractérisé notamment par un nouveau type de chant (*mélodie continue*), le rôle dramatique de l'orchestre, l'emploi du *leitmotiv*, celui du chromatisme (fig. C).

Le XIXᵉ s. voit apparaître des formes nationales d'opéra dans la plupart des pays européens ; l'opéra italien poursuit sa brillante carrière (ROSSINI, VERDI, PUCCINI).

Au XXᵉ s., qu'ouvre une œuvre très particulière (*Pelléas et Mélisande* de DEBUSSY, Paris 1902), on assiste à une utilisation nouvelle des anciennes formes (BERG), puis à l'expérimentation dans le domaine du **théâtre musical** (ZIMMERMANN, KAGEL).

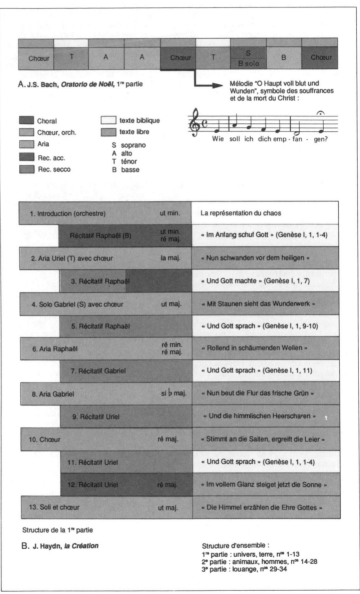

A. J.S. Bach, *Oratorio de Noël*, 1ʳᵉ partie

Mélodie "O Haupt voll blut und Wunden", symbole des souffrances et de la mort du Christ :

Wie soll ich dich emp - fan - gen?

■ Choral
■ Chœur, orch.
■ Aria
■ Rec. acc.
■ Rec. secco

☐ texte biblique
■ texte libre
S soprano
A alto
T ténor
B basse

1. Introduction (orchestre)	ut min.	La représentation du chaos
Récitatif Raphaël (B)	ut min. / ré maj.	« Im Anfang schuf Gott » (Genèse I, 1, 1-4)
2. Aria Uriel (T) avec chœur	la maj.	« Nun schwanden vor dem heiligen »
3. Récitatif Raphaël		« Und Gott machte » (Genèse I, 1, 7)
4. Solo Gabriel (S) avec chœur	ut maj.	« Mit Staunen sieht das Wunderwerk »
5. Récitatif Raphaël		« Und Gott sprach » (Genèse I, 1, 9-10)
6. Aria Raphaël	ré min. / ré maj.	« Rollend in schäumenden Wellen »
7. Récitatif Gabriel		« Und Gott sprach » (Genèse I, 1, 11)
8. Aria Gabriel	si ♭ maj.	« Nun beut die Flur das frische Grün »
9. Récitatif Uriel		« Und die himmlischen Heerscharen »
10. Chœur	ré maj.	« Stimmt an die Saiten, ergreift die Leier »
11. Récitatif Uriel		« Und Gott sprach » (Genèse I, 1, 1-4)
12. Récitatif Uriel	ré maj.	« Im vollem Glanz steiget jetzt die Sonne »
13. Soli et chœur	ut maj.	« Die Himmel erzählen die Ehre Gottes »

Structure de la 1ʳᵉ partie

B. J. Haydn, *la Création*

Structure d'ensemble :
1ʳᵉ partie : univers, terre, nᵒˢ 1-13
2ᵉ partie : animaux, hommes, nᵒˢ 14-28
3ᵉ partie : louange, nᵒˢ 29-34

Structure

Par **oratorio,** on entend généralement une œuvre religieuse pour soli, chœur et orchestre, exécutée en concert (c'est-à-dire sans représentation scénique).

L'oratorio apparut en **Italie** au début du XVIIᵉ s., mais le terme ne se généralisa que vers 1650. La *Rappresentazione di anima e di corpo* de CAVALIERI (Rome, 1600), un des premiers témoignages du genre, est en fait un *opéra religieux* (réc., chœurs et danses ; mais surtout : action scénique et costumes). L'oratorio sera d'ailleurs constamment influencé par l'opéra et ne s'en distinguera parfois que très peu.

Le personnage principal de l'oratorio est le **narrateur** (*historicus, testo*) dont les **récitatifs** (ténor et b. c.) présentent le texte biblique ; sur cette trame se greffent les différents épisodes musicaux. Les sujets sont empruntés à l'Ancien Testament, mais aussi au Nouveau Testament et aux légendes des saints. Le livret peut être en *latin* (*oratorio latino*) ou en *italien* (*oratorio volgare*). Le meilleur représentant de l'*oratorio latin* fut G. CARISSIMI à Rome (1605-1674). Son élève M.-A. CHARPENTIER introduisit en **France** ce type d'oratorio, sous le nom d'*histoire sacrée*.

L'*oratorio volgare* connaît un développement considérable à partir de la fin du XVIIᵉ s. D'une part, sous l'influence de l'école napolitaine (avec notamment A. SCARLATTI), l'opposition entre **recitativo secco** et **aria da capo** s'impose dans l'oratorio comme dans l'opéra. D'autre part, l'oratorio italien se répand à l'étranger (surtout à Vienne). — Enfin, l'*oratorio volgare* de l'époque baroque va trouver sa plus belle expression dans les 26 *oratorios anglais* de HAENDEL (p. ex. : *Esther*, 1732 ; *Israël en Egypte*, 1739 ; *le Messie*, 1741) ; ils se distinguent surtout par le rôle prépondérant des *chœurs* et auront une influence importante, notamment sur les 2 derniers oratorios de HAYDN (cf. infra).

En **Allemagne,** les livrets de C.F. HUNOLD, dit MENANTES (ca 1700) et de BROCKES (1712) marquent véritablement la naissance de l'oratorio en langue all., que préfiguraient, au XVIIᵉ s., les *Historien* de SCHÜTZ. L'*Oratorio de Noël* de BACH (1733-34) est une série de 6 cantates pour les *3 jours de Noël,* la *circoncision,* le *premier dimanche de l'année,* la *fête de l'Épiphanie.* Le texte biblique (recitativo secco, confié au ténor) alterne avec des textes libres (chœurs, récitatifs accompagnés, arias). La musique de plusieurs morceaux est empruntée à des cantates profanes antérieures, selon le *procédé de la parodie* ; ainsi, p. ex., le 1ᵉʳ chœur « Jauchzet, frohlocket ! » (musique : cantate *Tönet ihr Pauken,* BWV 214). Par sa mélodie, « O Haupt voll Blut

und Wunden », le 1ᵉʳ choral « Wie soll ich dich empfangen » présente symboliquement les souffrances du Christ (fig. A). L'oratorio de C.W. RAMLER *Der Tod Jesu* (1755), musique de C.H. GRAUN, inaugure un nouveau type d'oratorio (souvent appelé « drame lyrique »), en accord avec la sensibilité de la 2ᵈᵉ moitié du XVIIIᵉ s.

Les 2 oratorios all. de HAYDN, *la Création* (1797) et *les Saisons* (1801) ouvrent une page nouvelle dans l'histoire du genre. Le texte de *la Création,* dû à G. van Swieten, est fondé sur le livre de la *Genèse* et sur le *Paradis perdu* de Milton ; il décrit la création de la terre, des plantes, des animaux, de l'homme, puis évoque la vie du premier couple humain au Paradis. D'inspiration religieuse, il est surtout un hymne à la nature et à l'amour humain. Haydn fait ici un usage saisissant de la musique descriptive, p. ex. dans la « Représentation du Chaos » (sombre tonalité d'ut min., emploi des cordes avec sourdine, alternance de *forte* et *piano,* harmonie très dissonante), suivie de l'apparition soudaine de la lumière (*fortissimo* de tout l'orchestre sur un accord d'ut maj.).

L'œuvre s'organise en 3 parties (le plus souvent, 2 parties seulement à l'époque baroque) ; comme un opéra, elle est divisée en numéros ; réc. acc., arias et chœurs alternent, tandis que la narration de la Création elle-même est confiée aux 3 archanges (rec. secco). L'œuvre s'achève par un chœur, vaste fugue à la louange de Dieu.

Le succès de *la Création* fut considérable ; il suscita la formation de chœurs en grand nombre et donna une nouvelle impulsion au genre lui-même. Les oratorios sont nombreux au XIXᵉ s., qu'il s'agisse de sujets religieux (p. ex. : BEETHOVEN, *Le Christ au mont des oliviers,* 1803 ; MENDELSSOHN, *Paulus,* 1836, *Elias,* 1846) ou de sujets féeriques (SCHUMANN, *le Paradis et la Péri,* 1843). Dans la *Légende de Ste Elisabeth* (1862), LISZT utilise exclusivement des textes latins tirés des Écritures, mais introduit des morceaux instrumentaux, dans l'esprit du poème symphonique.

L'oratorio acquiert aussi un nouvel essor en France au XIXᵉ s., sous des titres variés (*Mystère, Drame sacré,* etc.), et dans des formes diverses, sous la plume notamment de BERLIOZ (*L'Enfance du Christ,* 1854), SAINT-SAËNS et FRANCK. Le XXᵉ s. marque une renaissance du genre, dans des directions très variées ; p. ex. : *le Roi David* (1921) et *Jeanne d'Arc au bûcher* (1935) d'HONEGGER, l'opéra-oratorio profane *Oedipus Rex* de STRAVINSKI (1927), *l'Échelle de Jacob* de SCHOENBERG (1917-1922).

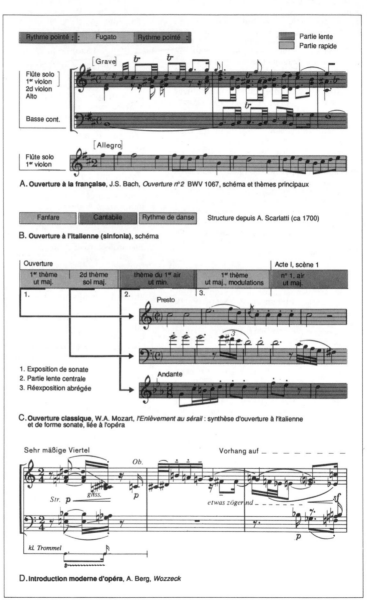

A. Ouverture à la française, J.S. Bach, *Ouverture n° 2* BWV 1067, schéma et thèmes principaux

B. Ouverture à l'italienne (sinfonia), schéma

C. Ouverture classique, W.A. Mozart, *l'Enlèvement au sérail* : synthèse d'ouverture à l'italienne et de forme sonate, liée à l'opéra

D. Introduction moderne d'opéra, A. Berg, *Wozzeck*

Structures de base

L'**ouverture** est une pièce instr. servant d'introduction à un opéra, un oratorio, une suite, etc.

Jusqu'au XVII⁰ s., ces préambules n'avaient pas de forme fixe. Il s'agissait généralement de pièces brèves destinées à attirer l'attention de l'auditeur, marquant ainsi le début de la représentation. Ainsi se présente, p. ex., la brève fanfare qui, sous le nom de « Toccata », ouvre l'*Orfeo* de MONTEVERDI (1607). Au XVII⁰ s. l'ouverture d'opéra prend très souvent, en Italie, le nom de *sinfonia*, et adopte volontiers une structure bi-partite (lent-vif), qui sera celle de l'ouverture à la française.

L'ouverture à la française

Créée par LULLY, elle devient le type d'ouverture le plus répandu à l'époque baroque. Elle se compose de 2 ou 3 parties :
- 1ʳᵉ **partie** : lente, de caractère majestueux ; mesure binaire, rythme pointé, style homophonique ;
- 2ᵉ **partie** : rapide, généralement en mesure ternaire ; le style est contrapuntique (cette partie commence habituellement par un fugato) ;
- 3ᵉ **partie** (facultative) : à l'origine, retour au tempo primitif pour les accords cadentiels ; par la suite, reprise partielle de la 1ʳᵉ partie (fig. A).

Il était courant de rassembler, sous le nom de *suite*, une série de danses orchestrales, dont l'exécution était précédée d'une ouverture à la française. Les 4 *Ouvertures (Suites)* pour orchestre de BACH illustrent ce procédé (fig. A ; cf. p. 152, fig. D).

L'ouverture à l'italienne

Un type d'ouverture très différent apparut à Naples, notamment dans l'œuvre de A. SCARLATTI (à partir de 1696). Cette ouverture, qui porte le nom de **sinfonia,** s'organise en 3 parties :
- 1ʳᵉ **partie** : rapide (*allegro*), souvent réduite à quelques accords ;
- 2ᵉ **partie** : lente (*andante*), de caractère chantant (*cantabile*), souvent réservée à un soliste (violon) ;
- 3ᵉ **partie** : très rapide (*presto*), sur un rythme de danse.

Sans rapport avec l'opéra qu'elle introduisait, ·la *sinfonia* s'en détacha bientôt et fut exécutée au concert (début du XVIII⁰ s.) ; puis on composa des *sinfonie* directement pour de telles exécutions. L'ouverture à l'italienne devint ainsi la source essentielle de la *symphonie* (cf. p. 154, fig. A).

L'ouverture classique

Elle répond au désir — souvent exprimé en France au cours du XVIII⁰ s. — que l'ouverture introduise véritablement l'opéra : création d'atmosphère, lien thématique

(RAMEAU, GLUCK). L'ouverture adopte souvent la forme sonate.

L'ouverture de *l'Enlèvement au sérail* de MOZART (1781-82) suit encore clairement le schéma de la *sinfonia* italienne. Mais la 1ʳᵉ partie est en même temps une exposition de sonate, comportant la modulation caractéristique du ton principal (ut maj.) au ton de la dominante (sol maj.) pour le 2ᵈ thème. (Ce 2ᵈ thème, A', est d'ailleurs issu du 1ᵉʳ, A.) Au lieu d'un développement vient ensuite la partie lente centrale, qui présente, en mineur, le thème du premier air de l'opéra (Belmonte : « Hier soll ich dich denn sehen »). L'ouverture n'est donc pas seulement une introduction directe à la première scène de l'opéra ; au-delà de la « couleur locale » turque, elle présente le véritable sujet de l'œuvre : l'amour, triomphant des épreuves. La 3ᵉ partie est une reprise de la 1ʳᵉ ; mais le thème A' est ici remplacé par une série de modulations (fig. C).

L'ouverture aux XIXᵉ s. et XXᵉ s.

Les ouvertures de BEETHOVEN pour *Fidelio* sont toutes liées à l'opéra : les ouvertures *Léonore* I, II et III créent l'atmosphère et annoncent le point culminant du drame (appel des trompettes signalant l'arrivée du gouverneur). La IVᵉ ouverture (*Fidelio*), contrairement aux 3 premières, introduit la 1ʳᵉ scène de l'opéra.

L'ouverture « à programme » apparut à l'époque romantique : musique à programme se rapportant au sujet de l'opéra (WEBER, *Der Freischütz*).

L'ouverture de concert, écrite directement pour le concert, n'introduit pas à un opéra ; elle s'apparente souvent à la musique à programme (MENDELSSOHN, *Les Hébrides*), mais ce n'est pas toujours le cas (*Ouverture tragique* et *Ouverture académique* de BRAHMS).

L'ouverture pot-pourri rassemble les principales mélodies de l'opéra (ROSSINI).

Enfin, l'ouverture peut introduire une **musique de scène** (BEETHOVEN, *Egmont*, MENDELSSOHN, *Songe d'une nuit d'été*).

Au cours du XIXᵉ s. apparaît le **prélude,** qui crée une certaine atmosphère et conduit directement à l'opéra (WAGNER, *Tristan*). Comme au XIXᵉ s. il n'existe au XXᵉ s. aucune norme pour les ouvertures : chacune est une solution individuelle.

P. ex., l'introduction de *Wozzeck,* de BERG, est très brève (fig. D). Elle commence par un accord de ré min., reposant sur la quinte diminuée mi-si ♭ ; un crescendo conduit à une forte dissonance (situation de conflit sans issue), sur un roulement de tambour « décrivant le milieu militaire » (BERG). Le thème final des hautbois se retrouvera par la suite avec les mots : « mir wird ganz Angst um die Welt » ; il joue le rôle d'un leitmotiv.

Types, structure

La représentation de la **Passion** du Christ
à l'Église repose sur les récits contenus dans
les Évangiles. C'est sans doute du IXᵉ s.
que date la répartition des rôles entre plusieurs
personnages, à chacun desquels étaient attri-
buée une corde de récitation (*teneur*) différente :
— **le Christ** : teneur fa² (texte chanté par le
prêtre) ;
— **l'Évangéliste** : teneur ut² (texte chanté
par le diacre) ;
— **autres personnages,** individuels (*soliloquentes*) et collectifs (*turbae*) : teneur fa³
(texte chanté par le sous-diacre) ; cf.
p. 142, fig. B.
Le « ton de la Passion » fut conservé comme
base des compositions polyphoniques ; c'est
pourquoi la plupart des Passions ultérieures
étaient en fa.

La Passion-motet (fig. A)
Dans ce type de Passion, l'ensemble du texte
évangélique, y compris la partie de l'Évangéliste, est traité *polyphoniquement*. A l'exception du chœur introductif et du chœur
conclusif, seul est utilisé le texte biblique.
Étroitement lié au ton de la Passion, ce type
de Passion s'organise, *à la manière du motet,*
en différentes sections, reposant chacune sur
un motif qui lui est propre, et comportant
des imitations ; le nombre de voix varie (4
voix pour l'Évangéliste, 2 ou 3 voix pour
les *soliloquentes,* 4 ou 5 voix pour les chœurs).
Le plus ancien exemple connu est dû à
A. de LONGUEVAL (longtemps attribué à
OBRECHT) et date de 1500 environ ; son
texte mêle les 4 Évangiles. La passion
réformée, en langue all., fut illustrée notamment par BURCK (1568), LECHNER (1598)
et DEMANTIUS (1631).

La Passion-répons
Ici, le chantre alterne avec le chœur ; les
paroles de l'Évangéliste sont chantées à 1
voix, celles des *soliloquentes* à 2 ou
3 voix ; Les *turbae* sont traitées polyphoniquement (fig. B).
Ce type de Passion polyphonique apparut
en France, sans doute dès la fin du XIVᵉ s.
Son apogée se situe au XVIᵉ s.
La *Passion selon saint Matthieu* de LASSUS
(1575) est introduite par un bref chœur à
5 voix. La narration revient à l'Évangéliste : le texte des *soliloquentes* est écrit à
2 ou 3 voix : ces brefs duos et trios sont
traités en imitations (ex. mus. B). Les
chœurs de foule (*turbae*) sont à 5 voix.
Les premières Passions en langue allemande
sont dues à J. WALTER (ca 1530) ; chez lui,
seuls les chœurs de foule (*turbae*) sont
polyphoniques.
La Passion-répons réformée se répandit rapidement en Allemagne, où elle trouva sa plus
belle expression chez SCHÜTZ (selon Luc,

après 1653 ; selon Matthieu et Jean, toutes
deux vers 1665).
L'Évangéliste et les *soliloquentes* sont à
1 voix ; la récitation liturgique est parfois
remplacée par un nouveau type de déclamation qui s'appuie sur le principe de la
monodie (cf. p. ex. le saut expressif de
quarte sur la répétition du mot « Ich » :
ex. mus. B).
Les *turbae* sont à 4 voix ; très expressives,
elles sont traitées à la manière du madrigal
(cf. ex. mus. B : dans le mot « wahrlich »,
une note longue est placée sous la syllabe
principale, une note brève sous la syllabe
secondaire ; imitée à toutes les voix, une
quarte agressive, telle un doigt qui se
pointe, souligne le « du, du »).

La Passion-oratorio
Au cours du XVIIᵉ s., plusieurs innovations
apparurent dans la Passion : la basse continue, l'accompagnement orchestral, le **choral**
(chanté par l'assemblée) et l'**air** (Th. SELLE,
1643). Ainsi apparaît la Passion-oratorio qui,
sous l'influence de l'opéra et de l'oratorio
adopte :
— **le recitativo secco,** pour la partie de
l'Évangéliste et des *soliloquentes,* soutenu
par l'orgue et une basse d'archet ;
— **le récitatif accompagné,** qui s'intercale
en général entre le recitativo secco et l'air ;
— **l'aria da capo, l'arioso** et les **chœurs**
sur des textes libres.
BROCKES, METASTASIO, entre autres, écri-
virent de véritables *livrets* de Passions. L'utilisation de textes libres offrit de nouvelles
possibilités aux compositeurs, soit pour la
construction des scènes, soit pour l'architecture d'ensemble.
La *Passion selon saint Matthieu* de BACH
(1729) se compose de 78 numéros (les
morceaux de musique sont numérotés,
comme dans l'opéra et l'oratorio) ; elle
s'organise en 2 parties et comprend
3 doubles chœurs, 13 chorals, 11 ariosi et
15 airs (le texte est de PICANDER ;
fig. C).
Les Passions-oratorios les plus célèbres sont
celles de HAENDEL (selon saint Jean, 1704),
KEISER (selon saint Marc, av. 1717), TELE-
MANN (46 Passions, 1722-1764), BACH (selon
saint Jean, 1723 ; selon saint Matthieu, 1729 ;
selon saint Marc, quelques fragments seulement conservés ; selon saint Luc, perdue).

Dans la seconde moitié du XVIIIᵉ s. et au
XIXᵉ s., se développèrent deux types nouveaux de Passions, dont le texte est entièrement versifié ; l'**oratorio de la Passion,**
et la **cantate de la Passion,** de caractère
non plus narratif, mais contemplatif et dramatique (ex. : C.H. GRAUN, *Der Tod Jesu,*
1756 ; texte de RAMLER ; cf. p. 135).
Le XXᵉ s. marque un renouvellement complet
du genre ; la Passion utilise parfois des
procédés musicaux d'avant-garde (ex. PEN-
DERECKI, *Passion selon saint Luc,* 1964-65).

A. Titre indiquant le caractère, Fr. Couperin, *Pièces de clavecin* (1713), « La Fleurie ou la tendre Nanette »

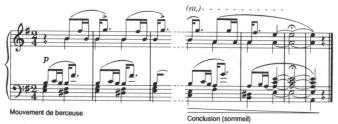

B. Peinture musicale, R. Schumann, *Scènes d'enfants* op. 15 (1838), « L'Enfant s'endort »

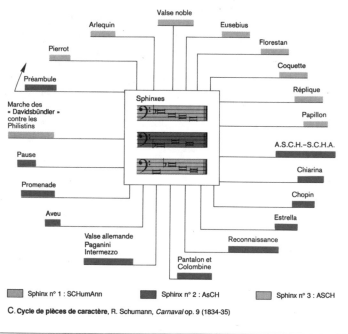

C. Cycle de pièces de caractère, R. Schumann, *Carnaval* op. 9 (1834-35)

Contenu et forme

La **pièce de caractère** (ou *pièce de genre*) est une pièce instrumentale brève, écrite le plus souvent pour clavier, et qui porte généralement un titre extra-musical. Elle n'a pas de forme fixe. Toutefois, la **forme lied** domine, en raison de la brièveté et du contenu souvent lyrique de ce type de compositions.

La pièce de caractère se situe entre la musique pure et la musique à programme. Ainsi, dans la pièce de COUPERIN dont le début est cité fig. A, on peut considérer comme éléments de musique pure la structure bipartite (forme suite), le caractère de danse, ainsi que la manière dont doit être interprétée cette pièce, clairement indiquée par l'expression « gracieusement ». Mais, d'autre part, elle porte un titre extra-musical, qui tente d'en caractériser l'atmosphère. Le titre est donc subjectif, poétique ; sa signification n'est ni claire, ni évidente (COUPERIN propose deux titres).

La genèse d'une pièce de caractère peut se présenter sous deux aspects différents :
- à partir d'idées purement musicales, le compositeur écrit une pièce présentant un caractère très marqué ; une fois la composition achevée, il lui donne un titre ; le titre peut aussi être ajouté par la suite, à la demande de l'éditeur ;
- le compositeur part d'un sujet extra-musical (tableau, poème, personnage, paysage, etc.), dont il réalise une « transposition » musicale.

Le second procédé correspond à la méthode de composition de la **musique à programme** (cf. p. 130). Mais celle-ci tente plutôt de représenter une action ou une suite de tableaux, tandis que la pièce de caractère cherche davantage à rendre une atmosphère, un état effectif.

En élargissant la notion de pièce de caractère, on peut aussi considérer comme appartenant à ce genre des pièces qui présentent un caractère homogène et très marqué, mais ne comportent pas de titre. Plus les éléments extra-musicaux sont un facteur déterminant dans le processus de composition, plus la pièce de caractère se rapproche de la musique à programme. Au sens le plus large du terme, on peut considérer comme pièces de caractère :
- **des préludes** (p. ex. chez BACH), notamment les **préludes de choral**, dont le caractère est déterminé par le texte du choral ; au XIXᵉ s., les *Préludes* de CHOPIN ; au XXᵉ s., ceux de DEBUSSY (qui comportent un titre placé à la fin), etc. ;
- **des pièces sans caractère particulier :** danses, marches, fantaisies, moments musicaux, impromptus, etc. ;
- **des pièces** comportant un caractère **spécifique** : ballade, berceuse, capriccio, élé-

gie, intermezzo, nocturne, rhapsodie, romance, etc. ;
- **des pièces de caractère au contenu « programmatique »** : *tombeau* ou *lamento* (épitaphe, chant funèbre), *bataille* (évocation d'un combat), *caccia* (évocation de la chasse) ; ces pièces se rencontrent dès le M. Â. et la Renaissance ;
- **des pièces de caractère** dont le **contenu extra-musical** est explicité dans un titre.

Pièce de caractère et peinture musicale

Il s'agit d'orienter l'imagination de l'auditeur dans des directions déterminées. En réalité, la frontière n'est pas toujours très nette entre peinture d'un état (pièce de caractère) et peinture d'une action (musique à programme). P. ex., la pièce de SCHUMANN intitulée *Kind im Einschlummern* (« L'enfant s'endort ») peint à la fois une atmosphère et des « événements » : elle commence par un balancement de berceuse et s'achève par l'évocation d'un brusque endormissement (accord « suspendu » ; fig. B).

Cycles de pièces de caractère

Les pièces de caractère étaient souvent publiées en recueil (*Bagatelles* de BEETHOVEN, *Romances sans paroles* de MENDELSSOHN). Mais une idée centrale, poétique ou musicale, peut en outre lier les pièces pour fournir un *cycle* (ainsi, p. ex., les *Papillons*, le *Carnaval* et les *Scènes de la forêt* de SCHUMANN) ; il peut aussi s'agir d'un *cycle de variations* (un même thème donnant naissance à des variations de différents caractères ; ex. : les *Variations Abbegg* de SCHUMANN).

Dans le *Carnaval*, 20 pièces de caractère (personnages et situations d'un bal masqué) s'ordonnent autour d'une idée centrale, symbolisées musicalement par trois *sphinxes* (fig. C). Il s'agit de la petite ville de ASCH, en Bohême, ville d'origine d'ERNESTINE V. FRICKEN *(Estrella)*, fiancée de Schumann. Les 4 lettres **ASCH** désignent, en all., soit les 4 notes la-mi ♭-do-si (A-Es-C-H), soit les 3 notes la-do-si (As-C-H) ; dans un ordre différent, elles figurent aussi dans le nom de SCHUMANN : mi ♭-do-si-la (Es-C-H-A).)

Bref historique

Des pièces de caractère se rencontrent déjà chez les luthistes des XVIᵉ et XVIIᵉ s., chez les virginalistes angl., les clavecinistes fr. et leurs successeurs all. du XVIIIᵉ s. La théorie des passions et celle de l'imitation jouèrent ici un rôle. Étrangère à la période classique, la pièce de caractère devient une forme essentielle à l'époque romantique, puis se dilue dans la musique de salon du XIXᵉ s. Comme la musique populaire, la musique légère et la musique pop du XXᵉ s. font couramment usage de titres caractéristiques.

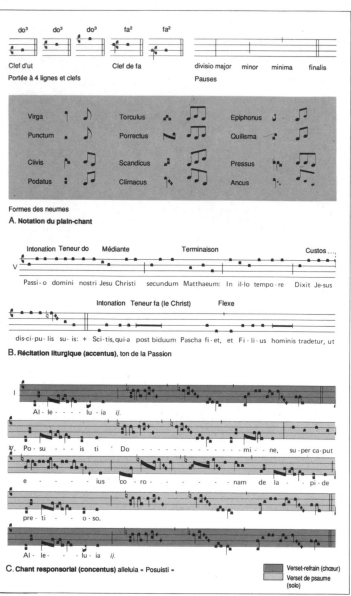

Formes des neumes

A. Notation du plain-chant

B. Récitation liturgique (accentus), ton de la Passion

C. Chant responsorial (concentus) alleluia « Posuisti »

Verset-refrain (chœur)
Verset de psaume (solo)

Éléments et styles

Le **plain-chant** est le chant à l'unisson, sans accompagnement, de la liturgie catholique (*chant grégorien*, cf. p. 184), plus tard aussi celui de la communauté protestante. Les chants des deux formes principales du service religieux cathol., classés selon l'année liturgique, se trouvent dans deux livres :
− Le **Graduel Romain** contient les chants de la messe et d'abord les pièces qui changent à chaque messe *(propre)* : *introït, graduel, alleluia, trait* (Carême, Requiem), *séquence* (fêtes, Requiem), *offertoire* et *communion* ; puis les parties fixes *(ordinaire)* : *Kyrie, Gloria, Credo, Sanctus* avec *Benedictus, Agnus Dei* ; puis le Requiem entre autres cf. p. 128).

− L'**Antiphonaire Romain** contient les chants des offices diurnes : *laudes* (louange au lever du soleil), *prime* (1re heure = 7 heures), *tierce* (3e heure = 9 heures), *sexte* (6e heure = midi), *none* (9e heure = 15 heures), *vêpres* (louange au coucher du soleil, 18 heures), *complies* (fin du jour, 20 heures). Les chants nocturnes, les **matines**, se trouvent dans le **Matutinale** ou le **Liber responsariale**.

Le *chant grégorien* est exécuté par le prêtre, le chantre, le chœur des ecclésiastiques, les enfants de chœur *(schola cantorum)* et par l'assemblée. Interprétations (cf. p. 180) :
− *soliste* : prêtre et chantre ;
− *responsorial* : alternance de solo et de chœur ;
− *antiphonique* : alternance de deux chœurs.

Notation du plain-chant. On utilise 4 lignes et 2 clefs, ce qui convient à l'étendue normale du plain-chant : la clef d'ut et la clef de fa, toutes deux dans différentes positions.
Pour la notation, on se sert de **neumes**, qui évoluèrent de leur forme ancienne du Moyen Âge à leur forme actuelle, carrée ou losangique, toujours utilisée (ex. fig. A, p. 186). Les neumes déterminent la hauteur du son, pas le rythme. Si le chant est syllabique, une note isolée, *virga* ou *punctum*, se trouve au-dessus de chaque syllabe, le rythme suit le texte et sa prosodie. Si le texte est mélismatique, deux sons ou plus sur la même syllabe sont représentés par des neumes à plusieurs notes. Les neumes tels que *epiphonus, pressus, ancus, quilisma* n'indiquent pas la hauteur du son mais l'interprétation (cf. p. 186). A la fin de chaque portée, il y a un *custos*, une petite note sans texte qui indique la hauteur du son du début de la portée suivante.

Accentus et concentus désignent depuis ORNITOPARCHUS, 1517, des styles de plain-chant :
1. **L'accentus** est une récitation liturgique sur un degré déterminé, la *teneur*, ou *tuba*,

comportant certains ornements mélodiques en relation avec la structure du texte : l'**intonation** au début de la pièce (montée à la teneur), la **terminaison** à la fin de la phrase (descente vers la finale), la **flexe** comme virgule, le **mètre** comme point-virgule ou deux points (suspensif), l'**interrogation** comme point d'interrogation, et, dans les chants solennels, la **médiante** à la place de la flexe ou du mètre, etc. (fig. B). L'**accentus** est principalement chanté par le prêtre à l'office lors des oraisons et des leçons, à la messe pour l'épître, l'évangile, etc. Plus la forme est solennelle, plus la mélodie est ornée ou « fleurie » (préfaces, passions, etc.). Les teneurs aussi alternent comme à la fig. B où les paroles de l'évangéliste sont chantées sur do, celles du Christ plus solennellement sur le fa grave. L'assemblée participe aussi parfois à l'accentus (*acclamations*, ex. : « Amen »).
2. **Le concentus** comprend les chants proprement dits. Le rapport musique-verbe va ici du simple *syllabisme* avec une note par syllabe, au *mélism.* fleuri avec de nombreuses notes sur chaque syllabe, en passant par les *monnayages* sur des syllabes isolées.
Modalité. Le plain-chant est diatonique. Pour les 8 tons ecclésiastiques *(modi)*, cf. p. 90 et 188.

Les principaux chants de l'office sont, outre les **répons nocturnes** :
− les **antiennes de l'office** : syllabisme simple, psalmodiques avec antiphonie ;
− **les antiennes à la Vierge** : chœur mélismatique, il n'en subsiste que 4, ex. : le *Salve Regina* de PETRUS DE COMPOSTELA († 1002).
Les principaux chants de la messe sont :
antiphoniques :
− **introït** : chant entrecoupé de mélismes ;
− **offertoire** : chœurs antiphoniques sans versets de psaume, également mélismatiques ;
− **communion** : syllabique, simple comme les antiennes de l'office.
responsoriaux :
− **graduel** : chant ancien, souvent en 4 parties, aux versets très mélismatiques *(solo psalmodié)* ;
− **alleluia** : à l'origine pour soliste, chant le plus mélismatique de la messe. Alleluia et versus sont souvent liés par leur sujet, le jubilus a des formes telles que aab ou abb, etc. Interprétation : intonation en solo de l'alleluia sans jubilus, soliste : versus, chœur : alleluia avec jubilus, soliste : versus, chœur : alleluia avec jubilus (fig. C) ;
− **offertoire** : de nouveau responsorial depuis 1958 ; avec antienne et solo psalmodié, riche en mélodies très travaillées.
A cela s'ajoutent les chants en chœur de l'ordinaire.

Première toccata, d'une seule pièce — XVᵉ - XVIᵉ s.

Toccata faisant alterner sections libres et sections fuguées (Frescobaldi, etc.) — XVIᵉ - XVIIᵉ s.

Diptique toccata et fugue ; toccata de type ancien avec fugue centrale (Bach) — XVIIIᵉ s.

A. Formes de la toccata

Type "arpèges"

Types "figures régulières"

Type "toccata"

Type "aria"

Type "invention"

type "sonate en trio"

B. Principaux types de préludes chez J.S. Bach, *Clavier bien tempéré*, I

UT UT# RÉ MIb MI FA FA# SOL LAb LA SIb SI
1. 3. 5. 7. 9. 11. 13. 15. 17. 19. 21. 23.

2. 4. 6. 8. 10. 12. 14. 16. 18. 20. 22. 24.
ut ut# ré mib mi fa fa# sol sol# la sib si

J.S. Bach, *Clavier bien tempéré*, I

C. Classement des préludes par tonalités

Fugué / Libre — Principal / Subordonné — Majeur / Mineur

F. Chopin, *Préludes* op. 28

Types et cycles

Le **prélude** (lat. *praeludium*, de *praeludere*, se préparer à jouer) est à l'origine une pièce instrumentale, servant d'introduction soit à une œuvre vocale (chanson, motet, madrigal, etc.), soit à une œuvre instrumentale (une fugue, p. ex.). Au XIXᵉ s., il devient une pièce indépendante et s'apparente à la pièce de caractère.

Les premiers préludes (XVᵉ-XVIᵉ s.)
Le prélude fait partie des premières pièces de musique instrumentale autonome (orgue et clavier, XVᵉ s.). S'il n'est pas véritablement indépendant (puisqu'il sert d'introduction), il ne s'appuie sur aucun modèle vocal existant et se développe donc dans un style propre, typiquement instrumental : **traits, accords, doubles cordes, figures** (cf. p. 260). Ces préludes étaient généralement **improvisés**. Tout au long de son histoire, le prélude a conservé ce style typiquement instrumental et une certaine **liberté formelle** qui tient à son origine improvisée.
Les premières sources sont la tablature d'orgue d'ILEBORGH (1448), et d'autres tablatures d'orgue et de luth du XVᵉ s. (cf. p. 261).
Dans ces sources anciennes, de nombreux termes apparaissent, qui seront encore pratiquement synonymes au XVIIᵉ s. : *praeambulum, intonatio, capriccio, toccata, intrada, fantasia, ricercar, tiento*, etc. (ces trois derniers comportent des imitations).
La **toccata** connaît une évolution particulière (fig. A) : à la fin du XVIᵉ s. elle comporte des passages fugués. Cette évolution aboutit aux toccatas en plusieurs sections de BUXTEHUDE (jusqu'à 3 sections fuguées), puis à la formation du diptyque **toccata et fugue** chez BACH. Mais la toccata avec fugue centrale est encore cultivée par BACH (6ᵉ *Partita* pour clavier), et se retrouve même chez SCHUMANN (brève partie fuguée dans la *Toccata* op. 7).

Les préludes de BACH
Le prélude, chez BACH, est très souvent associé à une fugue, qu'il précède. On peut distinguer plusieurs types de préludes (fig. B) :
−Type « **arpèges** » : une suite d'accords (souvent notée comme telle) se décompose en une succession d'arpèges. La pulsation rythmique régulière contribue à créer une impression de balancement.
−Type « **figures régulières** » : la suite d'accords se décompose ici en une sorte de guirlande composée de figures symétriques, qui prend appui sur une basse marquant régulièrement chaque temps.
−Type « **toccata** » : les suites d'accords se décomposent en arpèges, figures et traits rapides, de caractère volontiers virtuose, qu'interrompent soudain des accords plaqués, souvent sur un rythme pointé.

−Type « **aria** » : sur un accompagnement en accords se développe une longue mélodie expressive.
−Type « **invention** » : les différentes voix procèdent par imitation (comme dans les *Inventions* à 2 et 3 voix).
−Type « **sonate en trio** » : 2 voix en imitation au-dessus d'une solide ligne de basse, analogue à une b. c.
Le prélude peut s'appuyer sur bien des formes existantes (sauf la fugue) : *concerto grosso, ouverture*, etc. Dans le *Clavier bien tempéré* (I, 1722 et II, 1744), Bach a classé les préludes et fugues par tonalités : les 24 tonalités maj. et min. sont représentées, en une succession chromatique ascendante (fig. C).
Le prélude de choral, exécuté à l'orgue, jouait à l'époque baroque un rôle important dans le culte luthérien ; sa fonction était l'intonation, c.-à-d. qu'il « donnait le ton » avant le chant de choral par l'assemblée. Les diverses formes d'arrangement du choral pour orgue (choral-fugue, prélude, partita, fantaisie de choral) reposent sur un *cantus firmus* (la mélodie du choral). Dans le prélude de choral, la c. f. simple ou orné, se fait entendre intégralement, généralement à la voix supérieure ; les autres voix accompagnent avec des motifs différents, ou forment des contrepoints qui procèdent par imitation de la voix principale.

Le prélude aux XIXᵉ et XXᵉ s.
Le prélude disparaît complètement à l'époque classique. Il est « redécouvert » par les Romantiques. MENDELSSOHN et SCHUMANN composent des préludes et fugues, directement inspirés de BACH. Mais le prélude perd bientôt sa fonction d'introduction et devient une **pièce de caractère** indépendante (cf. p. 140). Chaque prélude s'appuie généralement sur un motif déterminé, et possède un caractère qui lui est propre.
Les 24 *Préludes* op. 28 de CHOPIN (1839) sont, comme ceux de BACH, classés par tonalités, non dans une succession chromatique, mais selon le cycle des quintes, chaque tonalité majeure étant suivie de son relatif mineur (fig. C).
Genre essentiellement poétique, le prélude est le plus souvent destiné au piano ; son style s'adapte étroitement à l'instrument. Après CHOPIN, les principaux compositeurs sont DEBUSSY (2 fois 12, 1910-13), SCRIABINE, RACHMANINOV (24 préludes, op. 23 et 32), MESSIAEN (8 préludes, 1929) et CHOSTAKOVITCH (48 dont 24 associés à une fugue). Mais le prélude peut aussi être une œuvre orchestrale : en ce cas, il s'apparente au poème symphonique (LISZT).
Enfin, l'ouverture d'opéra, aux XIXᵉ et XXᵉ s., est parfois remplacée par un bref *prélude*, de forme libre (cf. p. 137).

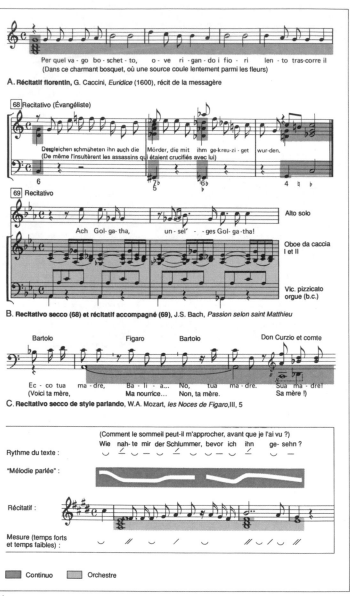

Per quel va - go bo - schet - to, o - ve ri - gan - do i fio - ri len - to tras-corre il
(Dans ce charmant bosquet, où une source coule lentement parmi les fleurs)

A. Récitatif florentin, G. Caccini, *Euridice* (1600), récit de la messagère

68 Recitativo (Évangéliste)

Desgleichen schmäheten ihn auch die Mörder, die mit ihm ge-kreu-zi - get wur-den.
(De même l'insultèrent les assassins qui étaient crucifiés avec lui)

69 Recitativo

Ach Gol- ga- tha, un - sel' - - ges Gol- ga -tha!

Alto solo

Oboe da caccia
I et II

Vlc. pizzicato
orgue (b.c.)

B. Recitativo secco (68) et récitatif accompagné (69), J.S. Bach, *Passion selon saint Matthieu*

Bartolo   Figaro   Bartolo   Don Curzio et comte

Ec - co tua ma - dre,   Ba - li - a...   No,   tua   ma - dre.   Sua ma - dre!
(Voici ta mère,   Ma nourrice...   Non, ta mère.   Sa mère !)

C. Recitativo secco de style parlando, W.A. Mozart, *les Noces de Figaro*, III, 5

Rythme du texte :

(Comment le sommeil peut-il m'approcher, avant que je l'ai vu ?)
Wie nah- te mir der Schlummer, bevor ich ihn ge- sehn ?

"Mélodie parlée" :

Récitatif :

Mesure (temps forts
et temps faibles) :

██ Continuo   ▢ Orchestre

Styles

Le **récitatif** est un **chant librement déclamé**. Son origine remonte à l'Antiquité, et notamment à la *psalmodie* des premiers chrétiens ; il joua un rôle dans la musique religieuse du Moyen Âge (*récitatif liturgique*, p. 142, fig. B). C'est à la fin du XVIᵉ s. qu'il fit son apparition, en Italie, dans la musique profane.

Le récitatif au XVIIᵉ s. : Italie
Les premiers opéras se composaient essentiellement de *récitatifs* et de *chœurs*. Le récitatif avait théoriquement pour modèle la **monodie** du drame grec ; en pratique, aucun exemple concret de monodie antique n'étant alors connu, on imagina une déclamation chantée, acc. par la b. c. (cf. p. 133).
La voix se déploie librement sur les accords de la b.c. Celle-ci est exécutée soit par l'orchestre, soit, plus généralement, par des **solistes** : luth, clavecin (à l'église : orgue), et un ou plusieurs instruments mélodiques de basse (viole de gambe, violoncelle, basson).
Dans la première moitié du XVIIᵉ s., on distinguait en Italie au moins deux styles de récitatif :
– **le stile narrativo** (style narratif), le plus simple, était souvent réservé aux messagers, comme dans l'*Euridice* de CACCINI (fig. A).
La mélodie s'organise en fonction du texte : ponctuation et unités de sens déterminant les césures (fig. A : après *boschetto*, puis *fiori*). Pour chacune de ces sections, l'harmonie reste la même ; elle change avec l'apparition d'une nouvelle idée, ou pour mettre un mot en valeur. Le rythme suit la déclamation du texte (p. ex. : accent principal sur la syllabe principale *boschetto*, qui est en même temps la note la plus haute atteinte jusque-là). Des parallélismes dans la structure du texte font apparaître certaines analogies (p. ex. : boschetto - fiori)
– **le stile rappresentativo** (style représentatif) permet de rendre les sentiments et états d'âme des principaux personnages. Ce style plus expressif, proche du madrigal de cette époque (cf. p. 125) est aussi celui du dialogue et de l'action dramatique (MONTEVERDI). Il s'apparente à l'*aria* des premiers opéras (p. 110) et à l'*arioso*.
Au cours du XVIIᵉ s., l'expression des sentiments fut de plus en plus confiée à l'*aria*, le récitatif ayant désormais pour seul rôle de présenter l'**action**. Cette séparation entre récitatif et aria, déjà accomplie dans l'opéra vénitien (CAVALLI, CESTI) devient la règle, à partir de 1690 environ, dans l'opéra napolitain (A. SCARLATTI).

Le récitatif au XVIIᵉ s. : France
Le récitatif naît en France avec la tragédie lyrique, créée par LULLY (1673). Calqué sur la déclamation de la tragédie, il est plus mélodique que le récitatif italien, et se caractérise surtout par sa souplesse rythmique (nombreux changements de mesure).

Le récitatif au XVIIIᵉ s.
Au XVIIIᵉ s. coexistent deux types bien distincts de récitatif :
Le **récitativo secco** (en France : *récitatif simple*), accompagné de la seule basse continue. Il supporte l'action (dans l'opéra) ou la narration de l'action (dans l'oratorio, la cantate, la Passion). Sa forme et son rythme sont libres.
Certaines formules déterminées apparaissent (fig. B) :
accord de sixte initial ; notes rapides sur les syllabes brèves (« schmäheten hin » : répétition pour ainsi dire martelée) ; les mots essentiels sont mis en valeur par des accords altérés (p. ex. *Mörder* et, plus encore, *him* : point culminant de la mélodie, avec un accord de sixte napolitaine) ; conclusion « anticipée » par la voix ; l'accord final est souvent celui de dominante, sur lequel s'enchaîne l'air qui suit (dans l'ex. B, l'accord initial du nᵒ 69 est celui de la ♭ maj., qui apporte un nouvel « éclairage »).
Le **recitativo accompagnato** (en France : *réc. accompagné* ou *obligé*) est soutenu par l'orchestre (l'**arioso** est une forme particulièrement ample et pathétique de réc. acc.). Plus rare que le *rec. secco*, il est en quelque sorte intermédiaire entre celui-ci et l'aria. Réservé au monologue, il exprime des sentiments agités, violents.
Dans l'**opera buffa**, le recitativo secco adopte le style dit **parlando**, qui permet un dialogue rapide, quasi improvisé : la notation est réduite au minimum (fig. C).
Au cours de la 2ᵉ moitié du XVIIIᵉ s., l'opera seria voit s'étendre le récitatif accompagné ; cette évolution trouve son aboutissement chez GLUCK, qui élimine complètement le rec. secco.

Le récitatif depuis le XIXᵉ s.
Le *rec. secco* disparaît progressivement au début du XIXᵉ s. Le *rec. accompagné* quant à lui, se maintient, p. ex. chez Weber et Verdi (cf. fig. D : noter ici comment coïncident texte et moment et comment est mis en valeur le mot « ihn » par l'accent, l'harmonie de dominante, l'allongement de la durée). Wagner crée ensuite un type « ouvert » de déclamation, à mi-chemin entre réc. et air : la *mélodie continue*. Un peu plus tard, Debussy crée lui aussi un mode nouveau de déclamation, adapté à la langue fr., et qui s'efforce d'en suivre au plus près le mouvement et le rythme naturels (*Pelléas et Mélisande*, 1902). En Allemagne, une technique nouvelle de déclamation mise au point par SCHOENBERG, le *Sprechgesang* (*Pierrot lunaire*, 1912) et utilisée notamment par A. BERG dans *Wozzeck* (1922).

A. **Structures de la sérénade**, W.A. Mozart, *Sérénade Haffner* n° 1, K 250 et n° 2

B. **Structure d'un menuet avec trio**, W.A. Mozart, *Une petite musique de nuit*, K 525

C. **Effectif instrumental de la sérénade** (exemples)

Forme et effectif instrumental

Les termes de **sérénade, divertimento, notturno, cassation,** désignent des formes très voisines, qui appartiennent à un genre particulier de musique des XVIIe et XVIIIe s. : la *musique de divertissement* (ou de *circonstance*, au plein sens du terme). Musique « légère », sans prétention, destinée le plus souvent à des formations instr. réduites.

La **sérénade** (ital. **serenata,** de *sereno,* ciel serein) est exécutée le soir, en plein air, pour célébrer une fête (mariage princier, anniversaire, etc.). Composition vocale à l'origine (qui, au XVIIe s., s'apparente à la cantate), elle devient à l'époque classique (2e moitié du XVIIIe s.) une forme instr., dont la structure et la distribution des parties instr. sont très variables.
Le **divertimento** est plus proche de la musique de chambre ; le nombre de mouvements varie de 3 à 12.
Le **notturno** (fr. *nocturne*) et la **cassation** (étymologie incertaine) s'apparentent à la sérénade.
Sérénade et formes apparentées jouèrent un rôle essentiel dans la formation du style classique et dans la naissance des genres classiques de la musique de chambre. Dans son propre catalogue, HAYDN désigne ses premiers quatuors à cordes, jusqu'à l'op. 20 (1772) du nom de *cassatio,* puis de *divertimento a quadro.*

Structure de la sérénade. La sérénade se compose de 5 à 7 mouvements, parfois davantage (comme la 1re *Sérénade Haffner* de MOZART, K 250, fig. A).
La sérénade s'ouvre et se clôt par une *marche,* au son de laquelle arrivaient, puis repartaient les musiciens. La 1re *Sérénade Haffner* nous est parvenue sans marche ; mais elle était sans aucun doute précédée — et suivie — de la marche K 249.
Héritière de la *suite,* la sérénade comporte en général au moins 2 **menuets** ; les autres mouvements l'apparentent à la **symphonie** (ou à la **sonate**) et au **concerto.**
K 250 commence par un allegro de forme sonate (c'est-à-dire comme une symphonie). Les 3 mouvements suivants (andante en sol maj., menuet en sol min. et rondo en sol maj.) constituent un véritable **concerto pour violon** : c'est là un trait caractéristique de la sérénade salzbourgeoise. L'andante à variations et l'allegro final (précédé d'une introduction lente) sont chacun précédés d'un menuet.
Sérénade et symphonie sont très proches l'une de l'autre : la *Symphonie Haffner* K 385 (1782), p. ex., est issue d'une 2e *Sérénade Haffner,* que MOZART transforma lui-même en symphonie, en supprimant la marche (K 385 a) et le 1er menuet (aujourd'hui perdu), et en modifiant l'or-

chestration (fig. A). De même la *Petite musique de nuit* K 525 (1787) était à l'origine une sérénade (ou un divertimento) : elle comportait un 1er menuet (aujourd'hui perdu) entre l'allegro initial et l'andante.

Le caractère de la sérénade est généralement gai, léger : c'est une musique de divertissement, d'accès facile. Clarté et équilibre de la structure (notamment celle des menuets), simplicité du parcours harmonique, symétrie et régularité des phrases : tout concourt à faire de cette forme une sorte de « modèle » de l'art classique.
Les menuets se composent toujours de *3 parties* : **menuet, trio** (2e menuet formant contraste, écrit à l'orgine pour 2 hautbois et basson), **reprise du menuet** (sans les reprises internes ; cf. fig. B).
La 1re section (fig. B, 1re ligne) du menuet de la *Petite musique de nuit* comprend 2 phrases a et a'. La phrase a se compose d'une montée *staccato* jusqu'en do^4 (mes. 2), d'une descente par tierces (mes. 3) et d'une demi-cadence qui, par son mouvement de croches égales, dissimule l'anacrouse au moment de la reprise variée de a que constitue a' (mes. 4, 3e temps). Lors de cette reprise, la descente par tierces est avancée d'un temps (mes. 6-7), de façon à assurer une solide cadence parfaite (mes. 8). La 1re phrase b de la 2e section (2e ligne) contraste avec a : nuance *p* (au lieu de *f*), mouvement descendant, *legato,* rythme en croches égales, qui rappelle la mes. 4 de a. Le menuet s'achève par a' (mes. 13 sqq.).
Le **trio** (dans le ton de la dominante) fait entendre une cantilène c de 8 mes., dans la nuance *piano,* qui contraste avec la section a. La brève section d contraste avec c du point de vue de la dynamique, mais lui est apparentée sur le plan thématique ; elle débouche d'ailleurs sur une reprise de c. Le menuet est ensuite repris, ce qui assure la symétrie de l'ensemble.

L'effectif instrumental de la sérénade et du divertimento (fig. C), très variable, va de l'orchestre (MOZART, K 239, 250, 286 ; BRAHMS, op. 11) à différentes formations de musique de chambre (solistes) : cordes seules (BEETHOVEN, *Sérénade* op. 8 pour trio à cordes, 1797), cordes et vents (MOZART, K 205, 247, 251). Le *Septuor* op. 20 de BEETHOVEN (1799) et l'*Octuor* op. 166 de SCHUBERT (1824), s'ils n'en portent pas le titre, ont cependant les caractères essentiels de la sérénade.
Les **sérénades pour instruments à vent** constituent une catégorie particulière, toujours destinée à être exécutée en plein air (MOZART, K 361, 375, 388).

A. La sonate, cycle de mouvements, principaux types

Preludio la	Allemanda la	Corrente la	Gavotta la

A. Corelli, *Sonate en trio op. 4 n° 5* (sonate de chambre)

Grave la	Fuga la	Andante UT	Allegro la

J.S. Bach, *Sonate pour violon seul*, BWV 1003 (sonate d'église)

Allegro RÉ	Andante SOL	Allegretto RÉ

W.A. Mozart, *Sonate pour piano et violon*, K 306

Allegro UT	Adagio MI	Scherzo UT, la	Allegro UT

L.v. Beethoven, *Sonate pour piano op. 2 n° 3*

Allegro	Adagio	Menuetto	Prestissimo

■ Lent ☐ Vif

B. Distribution des parties de la sonate en trio et de ses « successeurs »

	Sonate en trio exécution normale	Sonate en trio pour orgue (Bach)	Sonate avec clavecin obligé (Bach)	Trio avec piano	Quatuor à cordes	Trio à cordes
1re partie sup.	1er violon	Orgue m.d.	Violon (flûte, gambe)	Violon	1er violon	1er violon
2e partie sup.	2e violon	m.g.	Clavecin m.d.	Piano m.d.	2e violon	
Remplissage harmonique	Clavecin m.d.				Alto	Alto
Partie de basse	Violoncelle	Pédalier	m.g. Violoncelle	m.g. Violoncelle	Violoncelle	Violoncelle

■ Tonique ■ Relatif ■ Modulations

C. Forme sonate, L.V. Beethoven, *Sonate op. 2 n° 1*, 1er mouvement

Exposition

1er groupe	Transition	2d groupe		Groupe cadentiel
1er thème	Modulations	2e thème	3e thème	Syncopes
fa min.	fa – LAb	LAb	LAb	LAb
mes. 1	9	21	33	41

Développement

1er thème	2e thème	Syncopes	Motif du 2e thème	Motif du 1er thème
LAb, fa	sib, do...	LAb, fa	fa	fa
49	55	73	82	95

Réexposition

1er groupe	Transition	2d groupe		Groupe cadentiel	Coda
		2e thème	3e thème		Accords
fa	fa	fa	fa	fa	fa
101	109	120	132	140	146

Cycles de mouvements et structures

La **sonate** est une composition instrumentale en plusieurs mouvements.

L'apparition de la sonate (du lat. *sonare*, sonner) se situe à Venise, à la fin du XVIᵉ s. Les premières sonates n'ont pas une structure bien précise. Elles se caractérisent souvent par l'usage de la *polychoralité* — qui permet des contrastes dans le domaine de la dynamique et du timbre — et par une division en plusieurs sections, qui donnera naissance à la construction en plusieurs mouvements. Principaux compositeurs : A. et G. GABRIELI (cf. p. 264).

La sonate baroque. Au cours du XVIIᵉ s. apparaissent deux types principaux, qui reçoivent à la fin du XVIIᵉ s. une forme bien déterminée, chez CORELLI (1653-1713) :
- **la sonate de chambre** (*sonata da camera*) : un prélude suivi de 2 à 4 danses (forme ital. de la suite, cf. p. 152) ;
- **la sonate d'église** (*sonata da chiesa*) ; 4 mouvements : **lent** (de style sévère) - **vif** (fugué) - **lent** - **vif** (fig. A).

Chaque mouvement est généralement bipartite, chacune des parties étant reprise (*forme binaire*). Tous les mouvements sont dans la même tonalité (mais le 3ᵉ mouvement de la sonate d'église est parfois au ton relatif : cf. fig. A).

Du point de vue de la distribution des parties, la sonate baroque se présente sous deux aspects principaux :
- **la sonate en trio** : écrite à l'origine pour 2 parties sup. (2 violons) et b.c. ; adaptée par J.S. BACH d'une part à l'*orgue* seul, d'autre part à *2* instruments : un *instr. mélodique* (flûte ou violon) et un clavecin avec *2 parties obligées* (précurseur de la sonate classique piano-violon) (fig. B) ;
- **la sonate en solo** (un violon et b.c.), apparue au début du XVIIIᵉ s. (CORELLI).

La sonate préclassique, généralement en 3 mouvements (vif-lent-vif), repose sur l'emploi de motifs courts et de phrases nettement contrastées. Les *sonates pour clavier seul* de D. SCARLATTI (en un mouvement) sont caractéristiques de ce style.

La sonate classique se compose de 3 ou 4 mouvements (fig. A) :
- **1ᵉʳ mouvement** : rapide et dramatique, parfois précédé d'une introduction lente ; il est de *forme sonate* ;
- **2ᵉ mouvement** : lent et lyrique, il est de *forme sonate* ou de *forme lied*, ou bien se compose d'un *thème et variations* ; il est en général dans un ton voisin ;
- **3ᵉ mouvement** : il s'agit d'un **menuet** (cf. *sérénade*, p. 148), puis, depuis BEETHOVEN, d'un **scherzo** ; il est absent lorsque l'œuvre ne comporte que 3 mouvements ;
- **4ᵉ mouvement (finale)**, rapide : *rondo* ou de *forme sonate* ; comme le menuet le plus souvent, il est dans le ton principal.

Le menuet (scherzo) est parfois en 2ᵉ position, le mouvement lent étant alors en 3ᵉ position. Ce schéma comporte de nombreuses exceptions ; p. ex. : sonates en 2 mouvements seulement (BEETHOVEN, op. 111), thème et variations comme 1ᵉʳ mouvement (MOZART, K 331, BEETHOVEN, op. 26, etc.).

Ce qu'on appelle « **forme sonate** » était à l'époque classique non un schéma, mais un principe de forme, mis en œuvre dans l'ensemble de la musique instrumentale (sonate pour 1 ou 2 instruments, trio, quatuor, symphonie, etc.). Un mouvement de forme sonate comporte une *exposition* (parfois précédée d'une *introduction lente*), un *développement*, une *réexposition* et, éventuellement, une *coda* (fig. C).
- L'exposition *présente* les différents thèmes. Un **premier groupe de thèmes** est exposé dans le ton principal (fig. C, mes. 1). Une *transition* (ou *pont*) développe l'un de ces thèmes ou introduit un matériel nouveau ; elle assure la modulation au ton de la dominante (ou au relatif lorsque l'œuvre est en mineur). Une fois cette nouvelle tonalité affirmée est exposé un **second groupe de thèmes**, souvent de caractère contrasté (fig. C, mes. 21). L'exposition s'achève, dans cette nouvelle tonalité, par un **groupe cadentiel**.
- **Le développement** utilise soit des thèmes présentés dans l'exposition, soit des thèmes nouveaux, qu'il *dramatise* et fait *moduler* dans des tonalités plus éloignées. Il s'achève en général par une demi-cadence au ton principal.
- **La réexposition** reprend, intégralement ou en partie seulement, le matériel de l'exposition, mais cette fois dans le ton principal (comparer les mes. 21 et 120).
- **La coda** éventuelle constitue la conclusion ; elle est une sorte de développement terminal.

La forme sonate prend sa source dans la forme binaire de la suite : de là le maintien des deux parties reprises (exposition d'une part, développement et réexposition d'autre part). Le développement devenant plus dramatique, on abandonna peu à peu la reprise de la 2ᵉ partie, puis aussi, souvent, celle de l'exposition (à partir de la sonate op. 57 de BEETHOVEN, 1804-05).

Au XIXᵉ s., la sonate est de plus en plus traitée comme un modèle abstrait, dont on s'écarte plus ou moins (*Sonate* de LISZT, en un mouvement).

Au XXᵉ s., avec l'abandon du système tonal qui en était le fondement, la sonate est conçue sur des bases entièrement nouvelles.

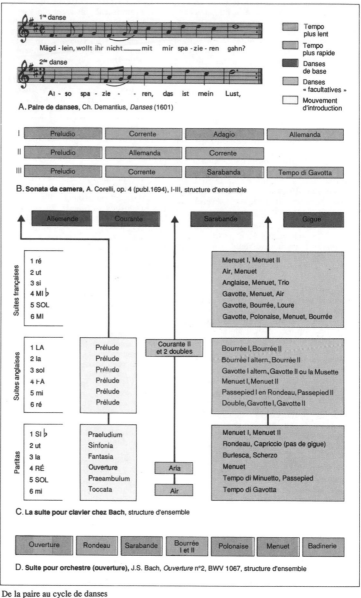

A. Paire de danses, Ch. Demantius, Danses (1601)

Tempo plus lent
Tempo plus rapide
Danses de base
Danses « facultatives »
Mouvement d'introduction

B. Sonata da camera, A. Corelli, op. 4 (publ.1694), I-III, structure d'ensemble

C. La suite pour clavier chez Bach, structure d'ensemble

D. Suite pour orchestre (ouverture), J.S. Bach, Ouverture n°2, BWV 1067, structure d'ensemble

De la paire au cycle de danses

La **suite** est une succession de danses, véritables ou stylisées, ou de pièces libres ; elle joue un rôle particulièrement important à l'époque baroque. En général, les différents mouvements sont dans la même tonalité. La suite trouve son origine dans les **paires de danses** du XVIᵉ s., qui font succéder à une danse *lente* de *rythme binaire* une danse *rapide* de *rythme ternaire* (fig. A). A la cour, on les désigne sous les noms de **pavane** et **gaillarde** ou de **pavane** et **saltarello**. Au XVIIIᵉ s., elles sont remplacées par l'**allemande** (lente, à 4/4) et la **courante** (rapide, à 3 temps) ; d'autres danses s'ajoutent fréquemment à cette paire (XVIIᵉ s.) : la **sarabande** espagnole (lente, grave, à 3/2), la **gigue** anglaise (rapide, à 6/8 ou 12/8). Ces 5 danses formeront ultérieurement la base de la suite (cf. ci-dessous).

Le nom de **suite** apparaît pour la première fois dans un recueil de danses publié par ATTAINGNANT à Paris en 1557. La *suytte de branles* désigne ici une succession de branles plus ou moins rapides (gavotte, courante, etc., sont aussi des branles). La suite française du XVIᵉ s. comprend généralement 4 branles, de plus en plus rapides. Les 2 premiers sont de rythme binaire, les 2 derniers de rythme ternaire.

D'autres termes servent à désigner la suite :
— **partita** (ital., de *partire*, partager) ;
— **ordre** : terme utilisé par F. COUPERIN dans ses *Pièces de clavecin* ;
— **ouverture** : le mouvement introductif donne ici son nom à la suite entière (cf. ci-dessous J.S. BACH) ;
— **titres libres** : p. ex., le *Banchetto musicale* de SCHEIN (1617 ; contient 20 suites pour orchestre) et les *Lustgarten neuer teutscher Gesäng, Balletti, Galliarden und Intraden* de Hassler (1601).

En Italie, la suite prend au XVIIᵉ s. la forme de la **sonata da camera** qui mêle parfois aux danses des mouvements libres. La succession des mouvements n'est pas fixe, mais mouvements lents et rapides alternent généralement. CORELLI place en tête une prélude. Chacune de ses sonates constitue véritablement un *cycle* : tous les mouvements sont dans la même tonalité, et sont parfois liés par certaines parentés thématiques (fig. B).

En France se développent particulièrement la **suite de ballet** et la **suite pour orchestre** (LULLY, RAMEAU), toutes deux de structure assez libre. En revanche, la **suite pour luth** ou pour **clavecin** s'appuie sur les 4 danses de base, que complètent d'autres danses de cour : gavotte, bourrée et menuet (CHAMBONNIÈRES, GAULTIER). Les *ordres* de COUPERIN, de structure très libre, comprennent de nombreuses pièces de caractère (cf. p. 140).

En Allemagne, la suite prend volontiers, dans la 1ʳᵉ moitié du XVIIᵉ s., la forme d'un *cycle*

de variations (souvent pour orchestre), précédé d'une *Intrada*. Dans la 2ᵉ moitié du siècle, sous l'influence fr., la **suite pour clavecin** s'appuie sur les 4 danses de base : **allemande - courante - sarabande - gigue** (chez FROBERGER, la gigue est en 2ᵉ ou 3ᵉ position). Les suites pour instrument seul de BACH, encore fidèles à ce modèle, constituent l'apogée du genre.

Les suites de BACH sont généralement groupées par 6 (fig. C) :
Dans les *Suites françaises* comme dans les *Suites anglaises* (ca 1720), outre les 4 danses de base, de 2 à 4 danses s'intercalent entre la sarabande et la gigue. Les *Suites anglaises* commencent par un prélude ; la 1ʳᵉ comporte en outre une 2ᵉ courante accompagnée de 2 *doubles* (variations).

Les *Partitas* (1731) comportent aussi un mouvement d'introduction, dont le titre et la structure diffèrent d'une œuvre à l'autre. Dans la 4ᵉ et dans la 6ᵉ, un *air* vient s'intercaler entre la courante et la sarabande ; dans chacune des partitas aussi, des danses libres prennent place entre la sarabande et la gigue.

Les 6 *Suites pour violoncelle*, qui commencent par un prélude, s'apparentent aux *Suites anglaises*. En revanche, la succession des mouvements diffère dans chacune des 3 *Partitas pour violon seul* (I : chacune des 4 danses est suivie d'un *double* ; II : une immense *chaconne* suit les 4 danses de base ; III : des 4 danses de base, seule la gigue terminale est présente). Même liberté dans les 4 *Ouvertures* (suites) pour orchestre, qui commencent par une *ouverture à la française* très développée (fig. D).

HAENDEL prend les mêmes libertés dans ses suites pour orchestre (*Water Music* et *Music for the Royal Fireworks*) ; mais ses suites pour clavier s'appuient sur les 4 danses de base.

Vers le milieu du XVIIIᵉ s., la suite fut supplantée par le divertimento, la sérénade, la sonate et la symphonie. Des anciennes danses de cour, seul se maintient, dans les nouveaux genres de la musique instrumentale, le **menuet**.

Aux XIXᵉ et XXᵉ s., les divers aspects de la suite peuvent être groupés en deux principales tendances : la **Suite de ballet** (RAVEL, *Daphnis et Chloé* ; STRAVINSKI, *L'Oiseau de feu*) et la **suite de danses**, de tendance archaïsante ou néo-classique (DEBUSSY, *Pour le piano* ; SCHOENBERG, *Suite für Klavier* op. 25). Mais le terme est pris parfois dans une acception très vague, sans guère de rapport avec son origine (BERG, *Suite lyrique*).

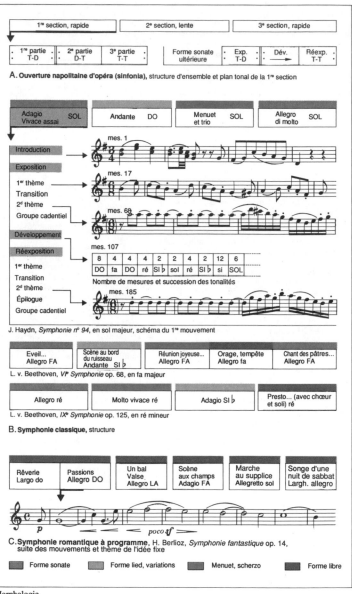

A. Ouverture napolitaine d'opéra (sinfonia), structure d'ensemble et plan tonal de la 1ʳᵉ section

J. Haydn, *Symphonie n° 94*, en sol majeur, schéma du 1ᵉʳ mouvement

L. v. Beethoven, *VIᵉ Symphonie* op. 68, en fa majeur

L. v. Beethoven, *IXᵉ Symphonie* op. 125, en ré mineur

B. Symphonie classique, structure

C. Symphonie romantique à programme, H. Berlioz, *Symphonie fantastique* op. 14, suite des mouvements et thème de l'idée fixe

Forme sonate   Forme lied, variations   Menuet, scherzo   Forme libre

Morphologie

Dans sa forme classique, la **symphonie** est une œuvre orchestrale en 3 ou 4 mouvements, qui adopte une structure analogue à celle de la sonate.

La symphonie préclassique. Depuis la fin du XVIᵉ s., on désigne en Italie du nom de **sinfonia** des pièces instrumentales sans structure bien précise, destinées à introduire, ou séparer, des compositions vocales. L'*ouverture napolitaine d'opéra (sinfonia)*, en perdant dans la 1ʳᵉ moitié du XVIIIᵉ s. sa fonction d'ouverture, forme l'origine essentielle de la symphonie (cf. p. 136).

L'ouverture napolitaine se compose de 3 sections (vite-lent-vite) ; la première, par sa structure tonale et ses deux parties reprises, préfigure la forme sonate (fig. A). Dans la **symphonie préclassique**, la b.c. disparaît peu à peu ; les cordes constituent le noyau de l'orchestre, les vents ayant un rôle d'accompagnement (2 hautbois, 2 cors ; cf. p. 65). Le style est homophone, l'harmonie simple. Des contrastes thématiques apparaissent.

Les principaux centres, à partir de 1730-40 environ, sont l'**Italie du nord** (SAMMARTINI, 1700-1775), puis l'**École de Mannheim** (J. STAMITZ, 1717-1757) et l'**École de Vienne** (MONN, 1717-1750 ; WAGENSEIL, 1715-1757).

La symphonie classique. Elle est représentée surtout par l'œuvre de J. HAYDN (106 symphonies, comp. de 1757 à 1795) et par celle de W.A. MOZART (46 symphonies conservées, comp. de 1764 à 1788). Les premières symphonies de HAYDN sont encore proches du divertimento ; le nombre de mouvements se fixe à 4 à partir de 1765 environ.

La symphonie n° 94 de HAYDN, dite « La Surprise » (fig. B) appartient au 1ᵉʳ groupe (comp. en 1791-92) des 12 *Symphonies londoniennes*. Le 1ᵉʳ mouvement est suivi d'un *andante*, *thème et variations*, puis d'un **menuet** et trio, enfin d'un **finale** rapide, synthèse de *rondo* et de *forme sonate*. Le **1ᵉʳ mouvement**, de forme sonate, se trouve précédé d'une *introduction lente* (ex. mus.). L'exposition, qui s'enchaîne sans solution de continuité, présente 2 thèmes assez contrastés. Le *développement* est très dramatique ; intense travail thématique, modulations de plus en plus rapides (mes. 108 sqq.). la *réexposition* fait entendre le second thème dans la tonalité principale (ex. mus.), et introduit un épilogue avant le groupe cadentiel.

Les 9 symphonies de BEETHOVEN (comp. entre 1800 et 1823) atteignent à une puissance dramatique jusqu'alors inconnue. La forme s'élargit (développement, coda), l'orchestre s'agrandit (cf. p. 65). La symphonie prend véritablement une dimension nouvelle, liée parfois à un « contenu extra-musical » : la

VIᵉ Symphonie, ou *Symphonie pastorale*, op. 68 (1806-08) est, selon BEETHOVEN, une « Sinfonia caracteristica — ou un souvenir de la vie à la campagne » ; mais il ne s'agit pas pour autant de « musique à programme » : « expression du sentiment plutôt que peinture », écrit BEETHOVEN. La succession des différents mouvements (qui tous portent un titre) ne s'écarte guère du schéma classique (cf. symphonie de HAYDN, fig. B) :
1. *Éveil d'impressions joyeuses en arrivant à la campagne*, allegro ma non troppo de forme sonate (fa majeur) ;
2. *Scène au bord du ruisseau*, andante de forme lied (si ♭ majeur) ;
3. *Réunion joyeuse des paysans*, danse paysanne avec trios (au lieu de l'habituel menuet ou scherzo) ;
4. *Orage, tempête*, mouvement supplémentaire intercalé (fa mineur), de forme libre ;
5. *Chant des pâtres, sentiments de contentement et de reconnaissance après l'orage*, allegretto de forme sonate.

La *IXᵉ Symphonie*, avec son grandiose chœur final, est une sorte de synthèse de symphonie et de cantate. Le mouvement final n'a plus rien de commun avec le finale habituel de la symphonie ; sa forme et son « contenu » sont étroitement liés au texte de l'*Ode à la joie* de SCHILLER (fig. B).

Au XIXᵉ s., la symphonie suit deux directions différentes, qui se réclament toutes deux de BEETHOVEN :
— La première est celle de la « musique pure », qui tente d'*élargir* la symphonie classique (SCHUBERT, MENDELSSOHN, SCHUMANN BRAHMS, BRUCKNER, etc.) ;
— la seconde tente de trouver d'autres formes symphoniques, grâce à un « programme » extra-musical. Elle conduit à la **symphonie à programme** (BERLIOZ), puis au **poème symphonique** (LISZT, R. STRAUSS). La *Symphonie fantastique* op. 14 de BERLIOZ (1830) évoque une passion vécue par le compositeur ; la femme aimée est en quelque sorte symbolisée par un thème qui parcourt toute l'œuvre : l'« idée fixe » (ex. mus., fig. C). En dépit de ce programme, l'ancienne forme symphonique est aisément reconnaissable (2 scherzi : « Un bal » et « Marche au supplice », fig. C).

Les 9 symphonies de MAHLER (1884-1910 ; la Xᵉ est demeurée à l'état de fragments) représentent une synthèse de toutes les possibilités symphoniques.

Le XXᵉ s. a produit un très grand nombre de symphonies, pour grand orchestre ou pour orchestre de chambre ; ce sont autant de réalisations individuelles, très éloignées du genre symphonie qu'avait élaboré la période classique (SCHOENBERG, WEBERN, STRAVINSKI, PROKOFIEV, CHOSTAKOVITCH, SIBELIUS, MESSIAEN, BERIO).

Thème
(début)

Variation I
diminution

Variation V
changement
de rythme

Variation XI
changement
de tempo

Adagio

fp   *fp*

Variation XII
changement
de mesure

Variation III
harmonie constante

Variation VIII
var. contrapuntique
imitation

Variation II
variation sur c.f. :
voix supplémentaire

A. **Variations sur une mélodie,** W.A. Mozart, *Variations* sur « Ah ! vous dirais-je, Maman », K 265

Thème

■ Mineur
□ Majeur
■ Quarte
descendante
● Notes-pivot

Basse obstinée

| Thème et 32 variations | 19 variations | 12 variations |

B. **Variations sur une base obstinée,** J.S. Bach, « Chaconne » extraite de la *Partita* en ré mineur pour violon seul, BWV 1004

Éléments variables et éléments constants

La **variation**, transformation d'un élément musical donné, est un **principe fondamental d'organisation formelle** de la musique. En outre, elle a donné naissance à des **formes musicales** (p. ex. la *chaconne* ; cf. infra).

La transformation peut affecter le rythme, la dynamique, l'articulation, la mélodie, l'harmonie, le timbre, la distribution des parties, etc., mais jamais tous ces facteurs simultanément. Technique de composition, la variation apparaît dans des formes plus vastes, généralement pour modifier une répétition (p. ex., la reprise dans l'aria da capo).

Les techniques de la variation peuvent être mises en lumière dans une *série de variations* (fig. A).
1. **Variation mélodique** par *ornementation* (var. I). Les éléments principaux de la mélodie demeurent (**notes-pivots**). Le monnayage de ces notes-pivots en valeurs inférieures (*diminution*) fait apparaître **broderies** (mes. 1 : si³), **appoggiatures** (mes. 1 : ré⁴) et **notes de passage** (mes. 3-4), etc. — Ce type de variation se rencontre dans la musique instrumentale dès le xvᵉ s.
2. **Transformation rythmique** d'une mélodie (var. V) ; changements de tempo et de mesure sont fréquents (var. XI, XII).
3. **Modifications dans la conduite des voix.** Seules demeurent constantes la **longueur** et l'**harmonie** du thème, tandis que la mélodie (ou la basse) disparaît en partie ou en totalité. Dans la var. III, les notes-pivots do⁴ et sol⁴ sont remplacées, aux mes. 1 et 2, par un arpège et un trait d'ut majeur. Le rythme se trouve lui aussi modifié (triolets). — Le maintien de l'harmonie permet une grande liberté de structure, notamment dans les variations sur *basse obstinée*.
4. **Transformation harmonique** : elle joue un rôle important dans la musique tonale ; p. ex. : alternance majeur-mineur (var. VIII), modulations passagères, etc.
5. **Variation contrapuntique** par des imitations libres (var. VIII). Ce travail contrapuntique se rencontre dans le motet, la fugue, le développement de la « forme-sonate » (*travail thématique*), etc.
6. **Variation sur cantus firmus** par l'adjonction d'autres voix à une voix donnée. Dans la var. II, la voix inf. est mise en relief par le procédé de la *diminution* (contraste avec la var. I), tandis que les contre-chants harmoniques renforcent la voix sup., qui joue le rôle de cantus firmus. — Ce type d'adjonction de voix nouvelles se rencontre dans le motet, dans l'arrangement de choral, etc.
7. **Fantaisie-variation** : variation libre utilisant certains motifs mélodiques, harmoniques ou rythmiques ; elle se rencontre dans les divertissements de fugue, les

développements de sonate, les *variations de caractère* du xixᵉ s., etc.

Dans la musique moderne, la variation systématique des différents paramètres joue un rôle important. Le dodécaphonisme et la technique sérielle reposent par exemple sur la variation continue de la série, en rapport avec la hauteur du son, l'intensité, le rythme, la distribution des parties, etc.

La variation, forme musicale
La suite de variations sur un même thème (mélodie ou ligne de basse) existe depuis le xvɪᵉ s.

I. Variations sur une mélodie
Toujours simple et clairement périodique (2, 4, 8, 16 ou 32 mesures), la mélodie employée est facilement mémorisable et se prête aisément à des variations de complication constante. On utilise souvent une mélodie connue. Principales formes :
— la **suite variée** (xviiᵉ s.), avec changement de rythme dans chacune des variations ;
— le **double** français (xviiᵉ-xviiiᵉ s.), répétition ornée d'une danse ;
— la **variation de choral** ou **partita de choral** (xviiᵉ-xviiiᵉ s.) : la mélodie de choral, traitée en cantus firmus, est ornée ou fait l'objet d'une construction contrapuntique ;
— le **thème avec variations** (xviiiᵉ-xixᵉ s.) : pièce isolée (fig. A), ou mouvement lent de sonate, de quatuor, de symphonie, etc. Ce type de variations, pratiqué dès la période baroque, se développe considérablement à l'époque classique et surtout pendant le Romantisme.

II. Variations sur une basse
La basse utilisée, généralement brève (4 ou 8 mesures), présente une harmonie claire et solide (mouvement cadentiel) ; elle est constamment répétée. Principales formes de cette technique de la *basse obstinée* :
— l'**aria strophique** ital. (cf. p. 110-111) et la série de variations sur un motif de danse : *romanesca, follia*, etc. (xviᵉ-xvii s.) ;
— le **ground** anglais (xviᵉ-xviiiᵉ s.) ;
— la **chaconne** et la **passacaille** : d'origine espagnole (xviᵉ s.), elles se répandirent en Italie, en France et en Allemagne, où elles connurent un grand succès pendant la période baroque (BACH, HAENDEL) ; quelques exemples à la fin du xixᵉ s. (BRAHMS, finale de la *IVᵉ Symphonie*), et au début du xxᵉ s. (WEBERN, op. 1).
La *chaconne* de BACH (2ᵉ partita pour violon seul) utilise comme thème mélodique la partie supérieure des 4 premières mesures ; mais les variations reposent en fait sur les 4 notes de basse qui constituent un clair schéma cadentiel (I, V, VI, V, I). Ce schéma, répété 64 fois, donne lieu à des variations d'une extraordinaire richesse (fig. B).

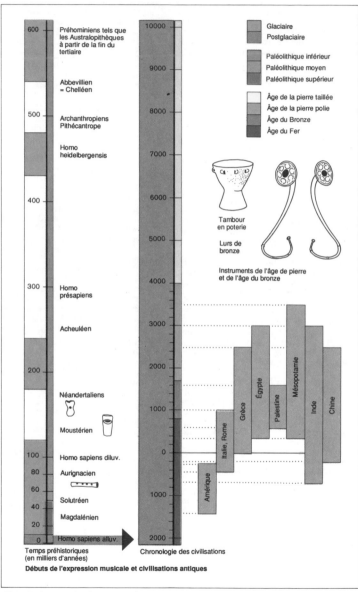

Chronologie et premiers instruments de musique

Préhistoire et protohistoire 159

Les **commencements de la musique** ne sont pas connus. Les mythes anciens attribuent à la musique une origine divine. Faisant partie du culte, elle inclut alors bien d'autres phénomènes que ceux que désigne pour nous le concept de *musique* : la notion que recouvre ce terme en Occident remonte à l'Antiquité grecque ainsi qu'aux civilisations antiques du Proche-Orient et de l'Extrême-Orient.

Les premiers témoins de la musique sont
- **les découvertes d'instruments** : du paléolithique, c'est-à-dire de « *l'héritage primitif* » (cf. infra) ;
- **les inscriptions** : du 3ᵉ mill. av. J.-C. (pictogrammes égyptiens, cf. p. 164) et du IIIᵉ s. av. J.-C. (notation alphabétique grecque (cf. p. 170 sq.) ; mais elles sont très peu nombreuses ;
- **les enregistrements musicaux** : depuis le phonographe d'EDISON (1877) ; mais l'interprétation de tels documents est difficile, en raison des changements dans les habitudes de pensée et d'écoute ;
- **les écrits sur la musique** : littérature, chroniques, théorie musicale, etc., depuis l'Antiquité.

Par l'étude de la musique des civilisations dites « primitives », l'**ethnomusicologie** peut contribuer à étendre le champ de nos connaissances sur la musique des premiers âges de l'humanité.

En outre, depuis la fin du XVIIIᵉ s., un certain nombre de **théories** voient les origines de la musique dans le langage (HERDER), dans les **cris d'animaux** — notamment par l'imitation des **chants d'oiseaux** (DARWIN) — dans des **onomatopées** (STUMPF), dans des **interjections affectives** (SPENCER), etc.

Les plus anciens instruments de musique
Certains instruments semblent avoir existé de tous les temps, même aux temps préhistoriques, parce que leur « invention » tombe sous le sens. On trouve dans cet « héritage primitif » :
- **les battements** : rythmes frappés par les pieds, les mains, les jambes, éventuellement avec des bâtons, des verges, etc. ;
- **les bruisseurs** : faits de pierres, de morceaux de bois, de lamelles métalliques, de chaînes ;
- **les racles et planchettes ronflantes** : de formes et de matériaux très divers ;
- **les tambours** : souches ou troncs creux ;
- **les flûtes** : en roseau, en même temps que les premières trompettes ;
- **les trompes** : cornes d'animaux ;
- **les arcs musicaux** : comme les arcs de tir, ils sont à l'origine de tous les instruments à cordes.

Découvertes d'instruments
Paléolithique : les instruments les plus anciens sont des **sifflets taillés dans des** phalanges de pattes de rennes datant de la fin du paléolithique. Ils ne donnent qu'une note et sont davantage des instruments signalétiques que des instruments de musique. C'est de la dernière époque glaciaire, peut-être même plus tôt, que datent les premières **flûtes à encoche**, également en os de renne ; dès l'*aurignacien* sont attestées des flûtes en os à 3 puis à 5 trous, véritables premières mélodiques (*pentatonisme ?*). Les reproductions d'arcs sur les parois des cavernes permettent de conclure à leur utilisation comme **arcs musicaux** (*magdalénien*).
Néolithique : les premiers **tambours** (en poterie) et les premières **timbales à mains** ne se rencontrent en Europe qu'au 3ᵉ mill. av. J.-C. (Bernburg). Leur corps est décoré (usages religieux) et porte des anneaux pour fixer la membrane (fig.). De la même époque datent les **hochets** d'argile, qui ont souvent la forme de petits animaux ou de petits hommes.
Âge du bronze : on trouve en Europe des décorations en métal pour des **cornes d'animaux** disparus, mais aussi des trompes de **métal** à l'image des cornes d'animaux. Les **lurs** nordiques, venant surtout du Danemark et du sud de la Suède, représentent une forme particulière de ces trompes (fig.). Leur corps mince, long de 1,50 m à 2,40 m, décrit une large courbe ; ils comportent une embouchure fixe, semblable à celle du trombone, et, au lieu de pavillon, un disque plat et décoré ; leur son est plein et doux. A l'imitation des cornes d'animaux, on trouve presque toujours les lurs **par paire**, accordés ensemble, afin de renforcer le son, peut-être aussi pour réaliser des accords (on a découvert trois paires de lurs réunis : deux étaient en do et un en mi bémol). Les autres instruments de l'âge du bronze sont les trompettes, les cymbales, les crotales, des hochets en métal ou en terre, etc.
Chronologie des civilisations antiques
La lignée humaine s'inscrit dans une telle durée que l'époque de l'homme post-glaciaire (*homo sapiens alluvialis*) n'apparaît pas avant 10 000 ans av. J.-C. environ (cf. l'échelle ci-contre). Mais la période des civilisations antiques ne commence qu'après les catastrophes naturelles et les inondations qu'évoquera le « Déluge » (Bible, Épopée de Gilgamesh), c'est-à-dire vraisemblablement vers 3000 av. J.-C. Dans les civilisations antiques, la musique reste d'abord liée au culte et ne devient que plus tard un mode d'expression esthétique. L'improvisation y joue un rôle important.
Si les conceptions sur la musique n'ont cessé d'évoluer, les instruments de musique sont restés relativement les mêmes dans leurs principes. L'invention de l'électronique au XXᵉ siècle marque une étape fondamentale nouvelle sur le plan technique, pas forcément un progrès sur le plan artistique.

2500	[Sumériens ca 3500-2800] Dynasties primitives 2800-2500 1re dyn. d'Our et de Lasash ca 2500 Assyriens depuis 2500 Royaume d'Akkad à partir de 2350 (Sargon Ier)
2000	Domination des Goutéens 2150-2050 3e dyn. d'Our 2050-1950 Apogée de l'art babylonien
	Ancien Empire assyrien 1800-1350 Hammourabi 1728-1686 (Babylone)
1500	Invasion des Hittites 1531 Époque des Kassites 1530-1160
	Moyen Empire assyrien 1375-1047
1000	Elamites 1160 Nabuchodonosor Ier 4e dyn. babyl. à partir de 1137
	Nouvel Empire assyrien 883-612
	Nouvel Empire babyl. 625-539 Nabuchodonosor II 604-562
50··	Domination perse à partir de 539
	Alexandre à Babylone 331

A. Lyre sumérienne posée sur le sol, en forme de taureau (a) Lyre posée sur le sol provenant d'Our (b)

B. Luth suméro-babylonien

C. Harpe angulaire assyrienne (a), harpes arquées sumériennes (b,c)

D. Timbale

E. Grand tambour

■ Sumériens   ■ Assyriens   ☐ Kassites
■ Babyloniens   ■ Perses

Chronologie, instruments de musique

La Mésopotamie a une histoire très mouvementée. C'est là que s'établirent au IVe millénaire av. J.-C. les Sumériens, puis les Akkadiens ou Babyloniens, les Assyriens, mais aussi les Hittites, les Kassites, les Elamites et les Perses jusqu'à ce que, finalement ALEXANDRE LE GRAND entre dans Babylone en 331 av. J.-C. La Mésopotamie occupe une situation centrale. Elle eut une forte influence sur les pays environnants, au sud (Arabes), à l'ouest (Hittites, Phrygiens, Phéniciens, Égyptiens, Grecs), au nord (Iran, peuples indo-européens), à l'est (jusqu'à l'Inde). Aussi retrouve-t-on la musique mésopotamienne et surtout ses instruments dans tous ces pays, même si l'on constate aussi des influences en sens inverse. Lors des conquêtes, il était d'usage d'épargner les musiciens des peuples étrangers et de s'approprier la musique comme un bien précieux. Documents littéraires, reproductions (des cylindres-sceaux le plus souvent), reliefs de pierre, enfin instruments retrouvés dans des fouilles : telles sont les sources dont nous disposons.

Instruments à cordes
La lyre est l'instrument national des Sumériens, représenté dès la fin du IVe mill. av. J.-C. On a retrouvé dans les tombes royales d'Our I des lyres de grande valeur, décorées d'or, d'argent et de coquillages. Ces premières lyres sumériennes étaient si grandes qu'on les posait sur le sol (fig. A). La caisse de résonance prenait l'aspect d'un taureau, symbole de fertilité (cf. cylindre-sceau, fig. A a). Plus tard, la forme est stylisée mais une tête de taureau demeure pour décorer la colonne frontale (fig. A b). L'exécutant était assis devant l'instrument et touchait les cordes avec ses deux mains. Sur les reproductions, le nombre des cordes varie entre 4, 5 et 7 ; les instruments que l'on a découverts en comportaient de 8 à 11. Elles étaient nouées au joug et passaient sur un chevalet au-dessus de la caisse de résonance.
Aux lyres posées sur le sol succédèrent les **lyres portatives**, représentées à partir de l'époque babylonienne (vers 1800 av. J.-C.).
La harpe se rencontre aussi dès l'époque sumérienne. Dans un premier type, tenu verticalement, la caisse de résonance et la console constituent un tout en forme d'arc (**harpe arquée**, fig. C b). Un second type est tenu horizontalement ; de forme arquée à l'époque sumérienne (fig. C c), il adopte à l'époque babylonienne une forme angulaire. Les Assyriens connaissaient surtout la **harpe angulaire** verticale : sa caisse de résonance est en haut, et forme avec la console un angle aigu (fig. C a). — Le nombre de cordes, de 4 à 7 d'après les

reproductions, était en réalité plus élevé (de 11 à 15).
Le luth est appelé en sumérien *pan-tur* (« petit arc »). Les reproductions babyloniennes du IIe mill. av. J.-C. le montrent surtout aux mains des femmes, mais on en trouve de semblables chez les Assyriens (fig. B). Remarquons surtout le long manche (**luth à long manche**) et le corps résonnant de petite taille, tendu de peau, en forme de demi-citrouille.

Instruments à vent
— **Les flûtes** furent utilisées très tôt. Ne comportant pas d'embouchure, elles étaient tenues presque verticalement.
— Dans les tombes d'Our I ont été découverts deux tuyaux en argent de même longueur, sans embouchure, et comportant chacun 4 trous : ils constituaient vraisemblablement un **aulos double**.
— **Les trompettes**, droites ou recourbées, n'apparaissent qu'à l'époque assyrienne (Ninive). On s'en servait d'instrument d'appel à l'armée.

Instruments à percussion
Il y en avait toute une série : **bruisseurs, bâtons entrechoqués, sistres** en forme de U, **cloches de bronze, cymbales,** grandes **timbales** en métal (fig. D). — On connaissait le petit **tambour cylindrique**, le petit tambour sur cadre (**tambourin**) et un **grand tambour** sur cadre (Ø 1,50-1,80 m environ) avec deux membranes, joué par deux exécutants. Vraisemblablement d'origine asiatique, il était souvent surmonté d'une statuette (fig. E).

La musique elle-même est peu connue. Le nombre de cordes et de trous que comportaient les instruments permet de conclure au **pentatonisme** ou à l'**heptatonisme**. Pour les Sumériens déjà, la musique était en rapport avec le cosmos, de sorte que le *nombre* jouait ici un rôle particulier (lié aux saisons, aux planètes, etc.).
Outre la monodie, il semble que l'on connaissait certaines formes de **polyphonie** : lyres et harpes étaient presque toujours jouées des *deux* mains ; de même, le double aulos était à *deux parties* (*bourdon ?*).
De nombreuses représentations montrent plusieurs musiciens réunis en petits **orchestres** ; p. ex. : *deux harpes et chanteurs,* ou bien *lyre, harpe, tambour, cymbales,* ou encore *double aulos, harpe, lyre,* etc., par conséquent des combinaisons de timbres délicatement définies. Il existait des musiciens professionnels. D'après les représentations, la musique accompagnait les fêtes religieuses, la danse et les combats, mais elle était présente aussi pendant les repas et dans les jardins.

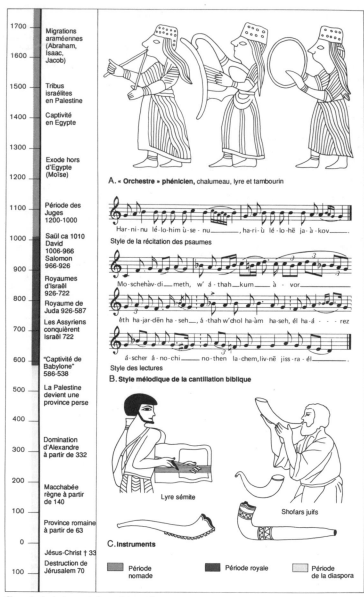

A. « Orchestre » phénicien, chalumeau, lyre et tambourin

Har-ni-nu lé-lo-him ù-se - nu_____ , ha-ri-ù lé -lo -hē ja-à - kov_____ .

Style de la récitation des psaumes

Mo-schehàv-di___meth, w' á - thah___kum____ à - vor_____

éth ha-jar-dēn ha - seh___, á -thah w'chol ha-àm ha-seh, él ha-á - - - rez

á-scher á - no - chi_____ no - then la -chem, liv-nē jiss - ra - él_____ .

Style des lectures

B. Style mélodique de la cantillation biblique

Lyre sémite

Shofars juifs

C. Instruments

Période nomade   Période royale   Période de la diaspora

Chronologie, instruments de musique, styles vocaux

La Palestine entretenait des échanges musicaux très suivis avec ses voisins, en particulier avec la Mésopotamie et l'Égypte. En Palestine même prédominaient les peuples phéniciens et hébreux.

Les Phéniciens passaient pour avoir inventé quelques instruments comme le *double aulos* (double chalumeau) et le *psaltérion* (incertain). Certaines combinaisaons instrumentales étaient en effet typiques : *flûte double, lyre* et *tambour sur cadre*, c'est-à-dire un instrument à vent, un instrument à cordes et un instrument à percussion (fig. A).

Les Hébreux. La musique juive se développa durant les trois grandes périodes que constituent l'époque nomade, l'époque royale et l'époque de la diaspora. Malheureusement, il existe peu d'instruments et de reproductions. C'est pourquoi on se reporte aux textes de l'*Ancien Testament*.

A l'origine, il n'y avait pas de musiciens professionnels. Le chant, le jeu et la danse étaient l'affaire de tous, mais surtout des femmes. L'existence de chœurs alternés est attestée : Moïse et Myriam étaient respectivement chantres des hommes et des femmes (*Ex 15, 1-21*). Juval ou Jubal est d'après la Bible (*Gn 4, 21*) le premier joueur d'instrument ; les auteurs médiévaux le considèrent encore comme l'inventeur de la musique. Nous lui devons le **kinnor,** l'**ugab** et peut-être aussi le **shofar** (*yobel*) (« de lui nous viennent les violonistes et les flûtistes », selon la traduction de Luther).

Kinnor, traduit par *harpe*, était l'instrument du roi David. En réalité, il s'agit d'une lyre portative hébraïque à 5-9 cordes, semblable à celles que l'on a trouvées en Assyrie (fig. C). C'était, à l'époque royale, l'instrument préféré pour accompagner le chant au Temple.

Ugab, longue flûte, mais peut-être aussi instrument de type clarinette ou hautbois. Instrument populaire et pastoral, il n'était pas utilisé au Temple.

Hazozra, trompettes d'argent utilisées au Temple.

Shofar, corne (de bélier) sans embouchure, instrument religieux. De nombreux exemplaires en ont été conservés ou représentés (fig. C). Parmi les nombreux **instruments à percussion,** citons le **toph,** ancien tambourin hébraïque selon le modèle mésopotamien, joué surtout par des femmes, et les **pa'amon,** clochettes des princes de l'État.

A l'époque royale s'ajoutent d'autres instruments venant de l'étranger, apportés notamment par les femmes étrangères de

Salomon. Parmi elles, la fille du pharaon apporta nombre d'instruments égyptiens ; le **chalumeau double** apparaît sous le nom de « flûte phénicienne » (fig. A), la **nebel** est une harpe angulaire. L'**asor** est un instrument proche de la cithare, également d'origine phénicienne (*psaltérion* ?).

A cette époque apparaissent les musiciens professionnels attachés au service divin (les **lévites)** ainsi que des chœurs et des orchestres étoffés (*2. Chron. 5, 12-14*) formés dans les écoles du Temple.

Lors de la division du royaume, le développement des formes vocales de la déclamation synagogale (*cantillation*) prit le pas sur la musique instrumentale, suivant le modèle fourni par les **psaumes** de David. Cette période ne nous a laissé aucune notation de mélodie. Mais les prolongements de cette tradition orale abondent encore aujourd'hui dans certaines régions isolées d'Afrique du nord, du Yémen, de Perse et de Syrie ; ces témoignages ne nous sont recueillis par les ethnomusicologues et par les spécialistes de la musique hébraïque (comme, p. ex., Idelsohn : cf. fig. B). On distingue dans la liturgie trois styles de chant : la *psalmodie,* la *leçon* et l'*hymnodie.*

1. La psalmodie (récitation des psaumes) : la musique suit la structure d'un vers psalmique : elle transpose le vers parlé dans une phrase mélodique précise, dite « **formule pslamique** » (cf. p. 180). La langue détermine le rythme des syllabes et des sons sur la corde récitative, appelée *tuba* ou *shofar.* Le début, le milieu et la fin de la phrase sont soulignés par des mélismes sur plusieurs notes : une **montée mélodique** au début (intonation, ou *initium*) ; au milieu, une sorte de **demi-cadence** sur la note voisine (médiante, ou *mediatio*) ; à la fin, **descente** vers la note fondamentale et cadence (*finalis* ; fig. B). D'abord *antiphoné,* c'est-à-dire chanté par deux chœurs alternés, le chant des psaumes devint *responsorial* : les versets du psaume étaient récités par un soliste, auquel répondait un chœur.

2. La leçon (lectures) : la lecture de la Prose biblique et les prières étaient elles aussi exécutées dans un chant proche du langage parlé (attesté à partir du Ve s. av. J.-C.). ce *Sprechgesang* souligne le début et la fin des phrases, les césures et les endroits particulièrement importants par des *accents ekphonétiques.* Des mélismes ornementaux et expressifs animaient aussi les lectures, toujours faites par un soliste (fig. B).

3. L'hymnodie : la répétition par strophes des mélodies dépend de la structure du texte. Issue peut-être de la psalmodie, l'hymnodie est devenue la forme typique du chant collectif chrétien.

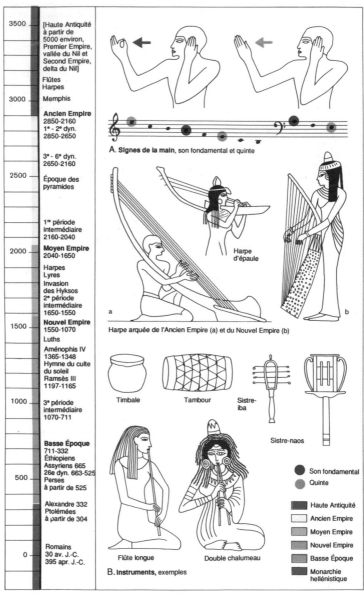

3500	[Haute Antiquité à partir de 5000 environ, Premier Empire, vallée du Nil et Second Empire, delta du Nil]
	Flûtes Harpes
3000	Memphis
	Ancien Empire 2850-2160 1er - 2e dyn. 2850-2650
	3e - 6e dyn. 2650-2160
2500	Époque des pyramides
	1re période intermédiaire 2160-2040
2000	**Moyen Empire** 2040-1650
	Harpes Lyres Invasion des Hyksos 2e période intermédiaire 1650-1550
1500	**Nouvel Empire** 1550-1070
	Luths Aménophis IV 1365-1348 Hymne du culte du soleil Ramsès III 1197-1165
1000	3e période intermédiaire 1070-711
	Basse Époque 711-332 Éthiopiens Assyriens 665 26e dyn. 663-525 Perses à partir de 525
500	
	Alexandre 332 Ptolémées à partir de 304
0	Romains 30 av. J.-C. 395 apr. J.-C.

A. **Signes de la main**, son fondamental et quinte

Harpe d'épaule

Harpe arquée de l'Ancien Empire (a) et du Nouvel Empire (b)

Timbale   Tambour   Sistre-iba

Sistre-naos

Flûte longue   Double chalumeau

B. **Instruments**, exemples

● Son fondamental
● Quinte

Haute Antiquité
Ancien Empire
Moyen Empire
Nouvel Empire
Basse Époque
Monarchie hellénistique

Chronologie, instruments de musique, styles vocaux

Le pays qui borde le Nil est l'un des plus anciens sites habités de la Terre. Son héritage instrumental est très riche : *bruisseurs, sifflets en bois, flûtes globulaires* en coquillage et en terre, etc. Durant la première période de prospérité de la ville de Memphis, vers 3000 av. J.-C., et au moment de la fondation de l'*Ancien Empire*, la musique s'est déjà dégagée de ses origines liées au culte et à la magie pour devenir un art que l'on pratique différemment au temple, à la cour et dans le peuple. Les instruments qui remontent au IVe mill. av. J.-C. sont la **flûte longue** et la **harpe**, qui fut, en quelque sorte, l'*instrument national* égyptien.

Ancien Empire (2850-2160 av. J.-C.)
Les **instruments à cordes** sont représentées par la grande harpe posée sur le sol (fig. B). Le corps sonore d'un seul tenant rappelle les anciens *arcs musicaux* (cf. p. 34) ; il se termine par un large résonateur en forme d'aileron. Les cordes sont au nombre de 6 à 8. Sur les reproductions, la harpe sert à accompagner chanteurs, joueurs de flûte, etc. ; on peut même voir un exemple d'orchestre de 7 harpes.
Instruments à vent : on trouve l'ancienne **flûte longue**, le **chalumeau double** et la **trompette**. La flûte longue est un tuyau en bambou de 100-120 cm de long, à 4-6 trous et sans embouchure (fig. B). Elle existe encore aujourd'hui sous forme de *nay* et de *uffata* dans la musique savante ou populaire d'Égypte. Le chalumeau double, dont on jouait en croisant les mains, se retrouve dans l'actuelle *zummara* égyptienne. Les tuyaux étaient de même longueur (fig. B). Peut-être jouait-on la même mélodie deux fois en même temps, avec de légers battements ; peut-être s'agissait-il d'hétérophonie (bourdon). — Les trompettes servaient pour le culte des morts.
A cela s'ajoutaient les **instruments à percussion** : **tambours de basque, tambours** (fig. B), **crécelles, sistres** pour le culte d'Isis.
Les **musiciens professionnels** existaient ; certains noms nous sont connus (le plus ancien : KHUFU-ANCH, chanteur et flûtiste à la cour, IIIe mill. av. J.-C.).
Le **système musical** semble avoir été pentatonique ou heptatonique : c'est du moins ce que l'on peut déduire du nombre de cordes des harpes et de la mesure des intervalles entre les trous des flûtes et des chalumeaux. Il n'existait aucune notation, mais les Égyptiens mirent au point la plus ancienne **chironomie** connue : certains signes de la main et certaines positions des bras désignent des notes déterminées (fig. A, d'après HICKMANN). de nombreuses reproductions montrent des « chefs d'orchestre » exécutant ces gestes pour des chanteurs, des flûtistes, des harpistes, etc.

Moyen Empire (2040-1650 av. J.-C.)
De nouveaux instruments apparaissent : notamment la **lyre**, qui vient d'Asie Mineure, et de nouveaux **types de tambours** (tendus par des courroies comme les tambours cylindriques d'Afrique, fig. B). A côté de l'ancien **sistre-iba** en forme de fer à cheval, apparaît le **sistre-naos** qui prend la forme stylisée d'un temple (fig. B).

Nouvel Empire (1550-1070 av. J.-C.)
Dès le Moyen Empire apparaissent de nouvelles formes de harpe, qui figurent sur les reproductions du Nouvel Empire : la **harpe posée sur le sol**, pourvue de nombreuses cordes (8-16, le plus souvent 10-12) et d'une caisse de résonance arquée ; la **harpe d'épaule**, plus petite, en forme de bateau, et comportant de 3 à 5 cordes (fig. B b) ; les **harpes à main**, plus récentes et encore plus petites (*harpes de chanteurs*) ; les **harpes géantes**, de la taille d'un homme ; la **harpe angulaire**, plus petite, originaire du Proche-Orient (Assyrie, cf. p. 160) ; enfin, de nouvelles formes de **lyre**. C'est aussi à cette époque que le **luth** s'introduit en Égypte, sous trois formes : luth à long manche (cf. p. 160), instrument de type rebâb, instrument de type guitare.
Le **hautbois double** s'ajoute aux instruments à vent, de nouveaux **tambours de basque** et des **cymbales** aux percussions.
En mesurant les intervalles qui séparent d'une part les frettes du luth, d'autre part les trous du nouveau hautbois, on s'aperçoit que *les intervalles entre les sons ont diminué* : il semble donc que soit apparu dès cette époque le système utilisant les demi-tons de l'Antiquité tardive.
Cette période nous a légué des *chants d'amour* et le texte d'un *hymne au soleil* de l'époque d'AMÉNOPHIS IV (AKHÉNATON).

La Basse-Époque (711-332 av. J.-C.)
et la **domination des Ptolémées** apportèrent aussi en Égypte des instruments connus dans le bassin méditerranéen et en Asie Mineure : **grands tambours, tambours en barillet** analogues à la *darbukka* arabe d'aujourd'hui (cf. fig. B), **castagnettes**, enfin quelques instruments à vent.
En réaction aux influences étrangères (importation d'instruments, de musiciens, mais aussi de conceptions musicales venues de l'étranger) se développa en Égypte une pensée musicale conservatrice ; elle se retrouve dans les écrits sur la musique des auteurs classiques grecs, comme ceux d'HÉRODOTE et PLATON.
De la période hellénistique datent le premier orgue, l'**hydraule** de CTÉSIBIOS d'Alexandrie (IIIe s. av. J.-C., cf. p. 178) et l'un des plus anciens témoins de la notation chrétienne : l'hymne d'Oxyrhynchos (IIIe s. apr. J.-C., cf. p. 180).

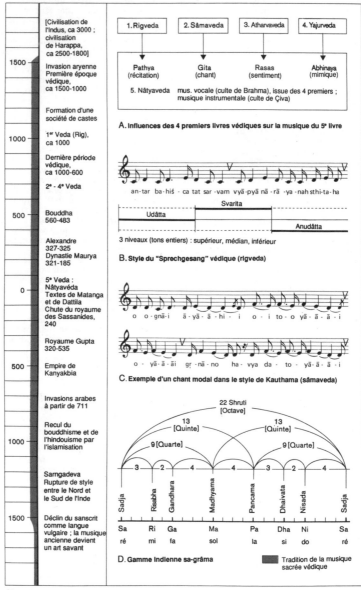

Chronologie, styles vocaux, système musical

Au IIIᵉ millénaire, au nord-ouest de l'Inde, existait une vieille civilisation plus ou moins en relation avec la Mésopotamie et l'Égypte. La musique de cette période ancienne ne nous prouve que des conjectures. Vers 1500 av. J.-C., les envahisseurs aryens formèrent l'élite des nouvelles castes. Leur musique était proche de celle de l'Occident, surtout de la musique grecque. Elle s'adapta étroitement au nouveau *culte védique* prédominant (dieu *Brahma* ; sanscrit *veda*, le Savoir). La caste supérieure détenait les 4 *livres védiques*. Vers 200 av. J.-C. apparaît un 5ᵉ livre védique, le **Nâtyaveda**, destiné aux autres castes. On y trouve le premier *texte indien relatif à la musique* ; ce texte figure dans le passage relatif au théâtre car la musique indienne est liée à la langue, à la danse et aux gestes. L'auteur fictif, BHARATA, composa à partir des quatre anciens livres védiques, une **musique vocale** qu'il dédia au dieu *Brahma*. A ce culte de Brahma s'opposait la musique profane ; constituée essentiellement par des **chants d'amour** et par la **musique instrumentale**, elle était liée, semble-t-il, au culte du dieu non aryen local, *Çiva* (fig. A). Dans les sources plus récentes constituées par les textes de MATANGA et de DATTILA (Iᵉʳ s. après J.-C.), on continue à distinguer la musique sacrée védique de la musique légère, expressive et courtoise dédiée au dieu Çiva (*deshi*). Au XIVᵉ s., le nord de l'Inde fut islamisé et la musique sacrée védique passa à l'arrière-plan. Les anciennes traditions ne survécurent intactes que dans le sud. Vers 1500 après J.-C., la *musique sacrée*, comme l'ancienne *langue sanscrite*, finirent pas ne plus concerner qu'un petit groupe social très cultivé, dans lequel on cherche encore aujourd'hui à les garder vivantes.

La musique sacrée védique est une musique vocale à une seule voix. Ses mélodies s'appuient sur certains modes que BHARATA fut le premier à utiliser, mais qui rappellent de très anciennes pratiques modales. Les textes du Rigveda étaient exécutés sous la forme d'un « **Sprechgesang** » syllabique, dans un ambitus restreint formé de deux tons entiers (fig. B).
La forme la plus solennelle de la musique sacrée védique figure dans le 2ᵉ livre, le **Sâmaveda**. Ici, le texte sert de base à un **chant** modal, qui donne lieu fréquemment à une véritable vocalise : dans la fig. C, sur *a*, sur *o*, et sur des syllabes dépourvues de sens en elles-mêmes. Cet exemple nous vient d'une des écoles de Sâmaveda (qui sont encore en activité de nos jours dans le sud de l'Inde) nommée *Kauthama* (legs pouvant remonter jusqu'à 3000 ans).

Le système musical est modal ; il fut d'abord transmis par BHARATA. Il se base

sur une échelle de 7 degrés, où l'intervalle entre les sons est mesuré en **shruti**. Une octave se compose de 22 shruti ; un shruti est donc un peu plus grand qu'un quart de ton. Le critère de mesure n'est pas mathématique, comme chez les Grecs, mais auditif (en indien, *shuri* = entendre). **L'échelle modale** (grâma) se compose de 3 types d'intervalles superposés (à l'origine, les shruti étaient disposés *en descendant*, comme les intervalles grecs) : 2 shruti (environ un demi-ton), 3 shruti (un ton mineur), 4 shruti (un ton majeur). La seconde gamme fondamentale commence sur la note *sa(dja)* ; ce **sa-grâma** correspond à peu près au mode de ré, c'est-à-dire au mode phrygien grec ou au mode dorien ecclésiastique (fig. D). Dans ce système modal, on fait la distinction entre la **note centrale** du mode (*vadi*) — *sa*, abréviation de *sadja*, dans le *sa-grâma* — les **consonances** (*samvadi*) — 9 et 13 shruti (quartes et quintes) —, les **dissonances** (*vivadi*) — 2 ou 20 shruti (secondes, septièmes) et les **assonances** (*anuvadi*) — autres intervalles. La seconde gamme fondamentale est le **magrâma** qui part de *ma* et correspond au mode de sol avec tierce majeure. Les 7 degrés servent de notes de départ pour les 7 modes appelés **mûrchanâ** : 4 sur le modèle du sa-grâma et 3 sur celui du ma-grâma. Ces 7 modes purs (*jâti*) forment, à côté des 11 modes composites, la base du *système des râga*. Les échelles modales que constituent les râgas dépendent en outre du nombre de degrés de la gamme utilisés (ex. : 5 pour le pentatonique, 6 pour l'hexatonique, 7 pour l'heptatonique, etc.), de l'ambitus de la mélodie, de la note de départ, de la note centrale, de la note finale, etc.

Le rythme est lui aussi modal. La musique *védique* se limite à trois valeurs, auxquelles la musique *deshi* ajoute 2 valeurs plus brèves (1/2 et 1/4). Les temps se combinent en cycles rythmiques (*tala*) de 2 à 4 mes. qui se répètent. Les 7 cycles de base et les 5 dérivés (dans le sud) proviennent du fonds indien pré-védique. La superposition de rythmes différents donne naissance à une **polyrythmie**, typique de la musique indienne : main droite et main gauche battent le rythme de base et sa variation tandis que la mélodie (voix ou instruments) forme une troisième composante.

Les instruments
accompagnent le chant. La flûte et le tambour sont vraisemblablement d'origine locale ; tous les autres instruments viennent de l'Ouest ; la **tanpura** (luth persan ?), la **vina** (cithare sur bâton, d'après la harpe arquée égyptienne ?), le **shahnaï** (hautbois persan ?). Certes, les instruments indiens ont connu une certaine évolution, mais ils ne se sont jamais éloignés de leurs modèles antiques.

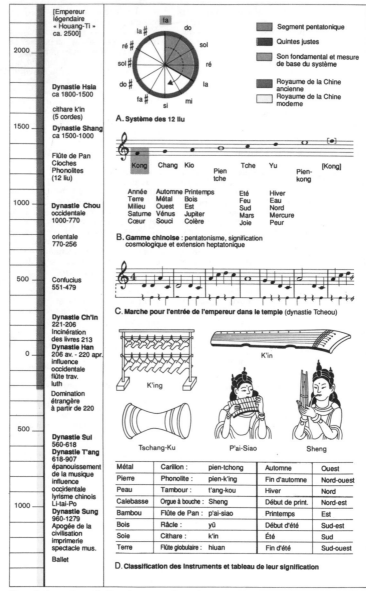

Chronologie de gauche :

[Empereur légendaire « Houang-Ti » ca. 2500]

2000

Dynastie Hsia
ca 1800-1500
cithare k'in
(5 cordes)

1500 — Dynastie Shang
ca 1500-1000

Flûte de Pan
Cloches
Phonolites
(12 liu)

1000 — Dynastie Chou
occidentale
1000-770

orientale
770-256

500 — Confucius
551-479

Dynastie Ch'in
221-206
Incinération
des livres 213
Dynastie Han
206 av. - 220 apr.
influence
occidentale
flûte trav.
luth
Domination
étrangère
à partir de 220

500 — Dynastie Sui
560-618
Dynastie T'ang
618-907
épanouissement
de la musique
influence
occidentale
lyrisme chinois
Li-tai-Po
Dynastie Sung
960-1279
Apogée de la
civilisation
imprimerie
spectacle mus.

Ballet

Légende :
- Segment pentatonique
- Quintes justes
- Son fondamental et mesure de base du système
- Royaume de la Chine ancienne
- Royaume de la Chine moderne

A. Système des 12 liu

Kong   Chang   Kio   Pien   Tche   Yu   Pien-   [Kong]
                       tche   kong

Année	Automne	Printemps	Eté	Hiver
Terre	Métal	Bois	Feu	Eau
Milieu	Ouest	Est	Sud	Nord
Saturne	Vénus	Jupiter	Mars	Mercure
Cœur	Souci	Colère	Joie	Peur

B. Gamme chinoise : pentatonisme, signification cosmologique et extension heptatonique

C. Marche pour l'entrée de l'empereur dans le temple (dynastie Tcheou)

K'ing   K'in

Tschang-Ku   P'ai-Siao   Sheng

Métal	Carillon :	pien-tchong	Automne	Ouest
Pierre	Phonolite :	pien-k'ing	Fin d'automne	Nord-ouest
Peau	Tambour :	t'ang-kou	Hiver	Nord
Calebasse	Orgue à bouche :	Sheng	Début de print.	Nord-est
Bambou	Flûte de Pan :	p'ai-siao	Printemps	Sud-est
Bois	Râcle :	yü	Début d'été	Sud
Soie	Cithare :	k'in	Été	Sud
Terre	Flûte globulaire :	hiuan	Fin d'été	Sud-ouest

D. Classification des instruments et tableau de leur signification

Chronologie, système mélodique, instruments de musique

Remontant à l'âge de la pierre, apparaît en Chine, au IIIe millénaire av. J.-C., une première civilisation développée sous le règne des cinq *empereurs légendaires*.
C'est au plus vieux d'entre eux, HOUANG-TI (l'empereur jaune), que la légende attribue la découverte de l'écriture et de la musique.
Le son fondamental *houang-tchong (cloche jaune)* constitue la base du système général de mesure. Lui est directement liée la longueur de la première flûte que LIN-LOUEN, ministre de HOUANG-TI, tailla dans une forêt de bambous occidentale et rapporta en Chine.
Le système musical chinois est, en fait, arrivé de l'ouest, berceau de la civilisation asiatique et des traditions mésopotamiennes.
Ce système était **pentatonique** et déjà, sous la **dynastie des Hsia** (ca 1800-1500), semble exister un précurseur de la cithare **k'in** à cinq cordes.

Dynastie Shang (ca 1500-1000)
Les instruments sont alors les **cloches en bronze**, les **phonolites**, les **flûtes globulaires** et les **flûtes de Pan**, les **cithares**, les **tambours**, etc. — La musique est liée à la religion céleste : elle ordonne les sons de la gamme pentatonique selon leur équivalent cosmologique ; le son fondamental désigne le tout et les sons suivants le particulier (fig. B). La musique est le reflet du monde et de la vie intérieure de l'homme.
Le système musical est fondé sur les **12 liu** (demi-tons), issus du cycle des quintes justes. Une tranche de 5 quintes donne le matériau d'une game pentatonique. Chacun des 5 sons peut être le son fondamental de la gamme si bien que l'on a 5 *modes* par gamme. La gamme pentatonique pouvant être construite sur chacun des 12 *liu*, on obtient 60 modes (fig. A).

Dynastie Cheou (ca 1000-256)
Appréciant le rôle esthétique et éducatif de la musique, les empereurs Cheou lui assignèrent une place de choix dans la vie sociale. Il existait un ministère de la musique qui organisait son enseignement et sa pratique. On préserva longtemps cette relation entre musique et politique : à nouveau régime, musique nouvelle. Le système des 12 *liu* demeura mais il fut élargi au plus tard vers 300 av. J.-C. par des gammes heptatoniques : on ajouta un demi-ton à chacun des sons *tche* et *kong* (*pien-tche* et *pien-kong*). La musique heptatonique faisait alors figure d'*innovation*.
A la fin de la période Cheou, on comptait 84 modes.
À CONFUCIUS (551-479) sont attribués l'apparition de la **théorie musicale**, prônant l'éthique et la pratique ancienne, le **Livre des vers** (300 textes environ sans mélodie) et le **Livre des Rites** (cérémonial musical).
Une révolution culturelle, survenue en 213

av. J.-C., entraîna l'incinération de tous les livres parus ; mais la tradition orale sauva des mélodies que l'on put partiellement réécrire et transmettre jusqu'à nous. Cet héritage comporte aussi les *chansons* de CONFUCIUS et la *Marche pour l'entrée de l'empereur dans le temple* (fig. C, avec instruments mélodiques et rythmiques), rigoureusement pentatonique.
Le **Livre des rites** nous transmet aussi une **classification des instruments de musique** selon leur matériau de fabrication :
— **métal** : petites cloches à battant de bois, tenues à la main ; lourdes cloches suspendues, à battant métallique ;
— **pierre** : phonolites de jade ou de calcaire (fig. D) ;
— **cuir** : différents tambours, comme le *t'angkou* à deux membranes que l'on portait sur le ventre (fig. D) ;
— **calebasse** : un orgue à bouche, le *sheng* encore utilisé de nos jours (fig. D) ;
— **bambou** : flûte de Pan *p'ai-siao* (fig. D), flûte longue *yo* à 3 trous et *ti* à 6 trous, flûte traversière *ch'ih* ;
— **bois** : par exemple le tambour en bois *tchou* et le *yü*, racle au dos denté, en forme de tigre ;
— **soie** : les 5-7 cordes de la cithare *k'in* sont en soie ; sous sa forme actuelle, cette cithare mesure à peu près 1,20 m sur 0,20 m ; la cithare *se*, plus récente, est longue d'environ 2,10 m et compte de 17 à 50 cordes ;
— **terre** : la flûte globulaire *hiuan*, à 6 trous.
Les instruments sont aussi classés selon un système cosmologique bipolaire opposant le principe masculin lié au soleil et le principe féminin lié à la lune (fig. D).
Les reproductions d'instruments remontant à la dynastie T'ang (IXe s.), mais elles s'inspirent de modèles de l'Antiquité.

La dynastie Han (206 av. — 220 apr. J.-C.) est considérée comme l'époque de la restauration de la musique ancienne *(confucianisme)* et aussi de l'influence occidentale. C'est ainsi que l'aulos et le luth *(p'i-p'a)* arrivèrent en Chine. On élabora un système de **notation**. Le département impérial de musique conservait les documents de musique ancienne et développait, avec plus de 800 musiciens, la musique sacrée, la musique de cour et la musique militaire.
Il existait aussi des départements particuliers pour la musique populaire et celle de chacun des pays étrangers.
Après la domination extérieure et la **dynastie Sui**, pendant lesquelles la musique a essentiellement subi une influence turque, la **dynastie T'ang** (618-907) puis la **dynastie Sung** (960-1279) revivifièrent l'ancienne musique chinoise tout en subissant d'autres influences occidentales.

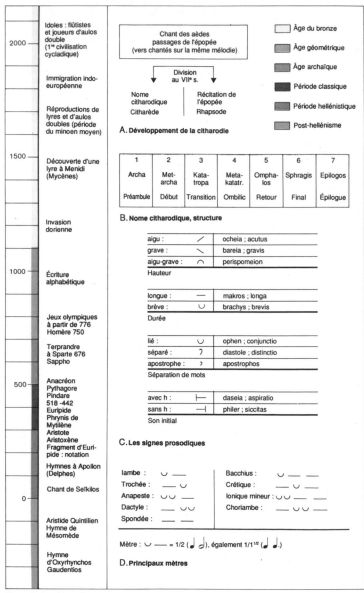

Chronologie, citharodie, prosodie, métrique

Dans les îles égéennes de Théra et de Cos, on trouva, sous forme d'idoles de marbre, des **joueurs de harpe et d'aulos double** (environ 2500 av. J.-C.). Ces statuettes attestent l'influence musicale de la Mésopotamie, de la Phrygie et de l'Égypte sur la *première civilisation cycladique* ; des reproductions de **lyres** et **d'aulos doubles** témoignent de la même influence sur la civilisation *minoenne* (vers 1500 av. J.-C.). Sur le continent, les tombes mycéniennes à coupole révélèrent un fragment d'une somptueuse *lyre en ivoire* (vers 1200 av. J.-C.). A l'**époque géométrique** se multiplient les représentations relatives à la pratique musicale. C'est aussi le temps des **dieux** et des **mythes**. Voici les personnages les plus importants :

Apollon, fils bien-aimé de Zeus, dieu de la lumière, de la vérité, de l'interprétation des songes (oracle de Delphes), de la musique et de la poésie ; il joue de la lyre et dirige le chœur des muses *(Apollon musagète)* ;

Dionysos, fils de Zeus, dieu des forces enivrantes de la nature, dieu du vin, de la danse et du théâtre. Dans son cortège de **silènes** et de **nymphes**, **Marsyas** joue de l'aulos. Le combat que se livrent Apollon et Marsyas (celui-ci fut vaincu) oppose les deux principes de la musique grecque : le principe **apollinien** lumière-clarté, ordre-beauté et le principe **dionysien** volupté-extase, ivresse-mythe ;

les 9 muses, nymphes puis déesses du rythme et du chant, filles de Zeus et de *Mnémosyne* (divinité de la mémoire), habitent sur les monts *Hélicon* et *Parnasse.* Elles incarnent les différents aspects de la *musique,* du langage, de la danse et du savoir : **Clio,** l'histoire et l'épopée ; **Calliope,** la poésie et le récit chanté ; **Melpomène,** la tragédie ; **Thalie,** la comédie ; **Uranie,** la poésie didactique et l'astronomie ; **Terpsichore,** le chant choral et la danse ; **Érato,** l'élégie ; **Euterpe,** la musique et la flûte ; **Polymnie,** le chant et les *hymnes.*

Période géométrique (XIᵉ-VIIIᵉ s.)

Les nombreuses reproductions figurant sur les vases et, d'autre part, *l'Illiade* et *l'Odyssée* d'Homère (VIIIᵉ s.) nous donnent une image plus exacte de la musique. Le chant domine, accompagné par les instruments à cordes **(citharodie)** ; il est exécuté par les héros homériens eux-mêmes ou par des chanteurs professionnels, les **aèdes.** On choisissait des passages du poème épique et on en chantait tous les vers sur la même mélodie. Vers 750, selon la légende, le Phrygien Olympos créa l'**aulodie,** ou chant accompagné par l'*aulos,* instrument appartenant au culte de Dionysos. Le *chant choral* existe aussi à cette époque.

Période archaïque (VIIᵉ-VIᵉ s.)

Au VIIᵉ s., la déclamation de l'épopée revient progressivement à un récitant, le **rhapsode,** tandis qu'apparaît le **nome citharodique,** pièce musicale autonome qui passe pour avoir été inventée par Terpandre, le vainqueur des jeux musicaux de Sparte en 676. Cette pièce, indépendante de l'épopée, est exécutée par un **citharède** ; elle se compose de 7 parties (fig. B).

Terpandre passe aussi pour avoir augmenté le nombre de cordes de la lyre (de manière variable suivant les traditions).

C'est au VIIᵉ s. qu'apparaît, principalement à Lesbos, la **lyrique,** ou chant accompagné à la lyre. Les plus célèbres exécutants en furent Archiloque de Paros (vers 650), Sapho de Lesbos (vers 600) et Alcée de Lesbos (vers 600). Seuls les textes ont été conservés.

Le vers grec constitue une entité musicale et linguistique désignée par le terme *mousikê.* Le rythme du vers ne résulte pas de la succession des accents d'*intensité* comme dans la langue allemande, mais du nombre *(quantité)* que représente la suite des longues et des brèves ; cependant, en grec, les accents toniques *(arsis)* peuvent accompagner les brèves et les accents contre-toniques *(thesis)* les longues. De plus, le vers suit un **mouvement mélodique,** dont l'amplitude est à peu près d'une quinte. La langue devient mélodie, et le poète est à la fois chanteur et musicien. L'unité du concept de *mousikê* se disloqua à la fin de la période classique : la langue (prose) et la musique (surtout la musique instrumentale) se développèrent séparément. Au moment de ce déclin se constitua une théorie du vers grec classique. La fig. C montre les signes et les noms de cette prosodie grecque :

— **tonoï** ou *accents toniques* pour les hauteurs : aigu, grave, et aigu-grave *(perispomeion* correspond à *circonflexe*) ;
— **chronoï** pour la durée des syllabes : longue-brève ;
— **padae** pour les séparations entre les mots (plus tard *trait d'union, virgule* et *apostrophe*) ;
— **pneumata** pour le son initial.

Ce système de longues et de brèves engendra ce que nous nommons les **pieds** (ou *mesures*), dont les principaux sont donnés fig. D : iambe et trochée ont 3 temps, anapeste, dactyle et spondée en ont 4, les autres 5, 6 et plus. Outre le rapport 1/2 (« mesure à 3 temps », il y aurait aussi le rapport 1/1/2 (mesure à 5/8, présente dans le *syrtos kalamatianos,* danse actuelle). Les pieds étaient groupés en vers : ainsi, 6 dactyles formaient un **hexamètre dactylique.** Les mesures plus compliquées portaient fréquemment le nom du poète qui les utilisait.

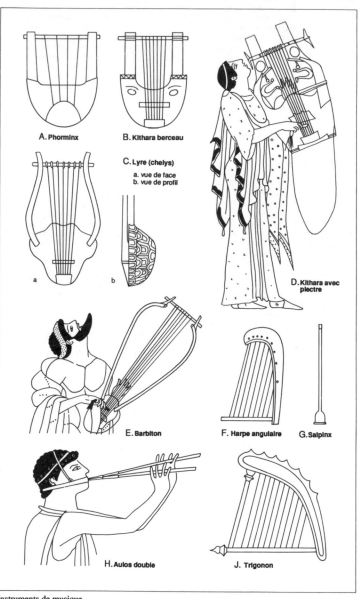

A. Phorminx

B. Kithara berceau

C. Lyre (chelys)
 a. vue de face
 b. vue de profil

a

b

D. Kithara avec plectre

E. Barbiton

F. Harpe angulaire

G. Salpinx

H. Aulos double

J. Trigonon

Instruments de musique

Outre la citharodie et l'aulodie, on pratiquait le **chant choral** (toujours accompagné d'instruments). Dans ce domaine, les principaux poètes-musiciens se nomment ALCMAN à Sparte (*chœurs de jeunes filles*), STÉSICHORE et PINDARE. Les formes principales sont :
– **le péan**, chant en l'honneur d'Apollon, avec acc. de cithare ;
– **le dithyrambe**, chant dédié à Dionysos, acc. par l'aulos ou le barbiton ;
– **l'hymne**, chant solennel adressé aux dieux, avec cithare ;
– **le thrène**, chant funèbre avec aulos ;
– **l'hyménée**, chant nuptial acc. par l'aulos ;
– **la scolie**, chanson de banquet avec aulos ou barbiton.

Au VIIᵉ s. apparaît aussi le jeu purement instrumental : la **citharistique** pour les cordes, l'**aulétique** pour l'aulos ; en 586, SACADAS D'ARGOS décrit sur son aulos la lutte d'Apollon contre le serpent Python. Au VIᵉ s. s'épanouit la musique pour chœur et solistes, notamment chez ANACRÉON.

La période classique (Vᵉ-IVᵉ s. av. J.-C.)
La forme la plus importante est alors la **tragédie**. Elle se développa à partir des fêtes de Dionysos, qui comportaient des dithyrambes chantés par les chœurs. Les instrumentistes et le chœur (il pouvait réunir jusqu'à 15 chanteurs) se tenaient dans une pièce semi-circulaire, l'*orchestre*, devant la scène proprement dite.
Le chœur exécutait le chant d'*entrée* (*parodos*), puis les chants de *scène* (*stasimon*), enfin le chant de *sortie* (*aphodos*) ; ces chants étaient généralement liés à la danse et à la pantomime.
Les solistes dialoguaient avec le chœur (*commos*), ou bien chantaient seuls, ou encore récitaient sur un accompagnement d'aulos (*paracatalogè*).
ESCHYLE (525-456) et SOPHOCLE (496-406) sont les auteurs classiques de la première période.
EURIPIDE (485-406) représentent la seconde période. L'importance du chœur diminue, tandis qu'on représente davantage les états d'âme et les passions individuelles. Les solistes chantent des « solos » et des « duos » de *forme strophique* ou de *forme libre*, souvent dans le genre enharmonique, très expressif.
Le principal représentant de la **comédie attique** est ARISTOPHANE (445-388). Ses chœurs et ses morceaux solistes sont plus simples (*chansons*).
Au Vᵉ s., la **musique nouvelle** cherche l'expression subjective. On élargit la tessiture, on donne la préférence aux genres chromatique et enharmonique. PHRYNIS DE MYTILÈNE (vers 450) et THIMOTHÉE DE MILET (vers 400) furent les maîtres de ce nouveau courant qui révéla aussi de grands *instrumentistes virtuoses*.

Les instruments de musique grecs
Instruments à cordes
La phorminx est la plus ancienne lyre grecque ; le corps semi-circulaire de l'instrument supporte deux bras liés à un joug, qui porte 4 ou 5 cordes, 7 à partir du VIIᵉ s. (fig. A).
La kithara, dérivée de la phorminx, se développe au VIIᵉ s. Sa caisse de résonance, plus grande, est plate à l'avant, bombée en arrière et droite en bas. Les 7 cordes (12 à partir du Vᵉ s.) passent sur un chevalet. La main droite les pince ou joue avec un **plectre**, la main gauche servant peut-être de sourdine (fig. D). La kithara est consacrée à Apollon.
La kithara-berceau possède une caisse de résonance arrondie, comme la phorminx ; c'est un instrument domestique (fig. B).
La lyre a pour caisse de résonance une carapace de tortue, et ses bras sont à l'origine des cornes de chèvres (fig. C). On l'appelle aussi *chelys* (tortue). Comme la kithara, elle fait partie du culte d'Apollon.
Le barbiton a des bras plus longs que la lyre et il est plus étroit. Il accompagne les chants des banquets ; sur les vases, on représente souvent le chanteur en extase (fig. E). C'est le seul instrument à cordes du culte de Dionysos.
La harpe ne se répand qu'à partir du milieu du Vᵉ s., sous forme de harpe angulaire (fig. F) ou de harpe triangulaire, *trigonon* (fig. I).
Le luth n'est représenté qu'à partir du milieu du IVᵉ s. sous forme de *pandoura*, luth à long manche (en grec : *trichordon*, à trois cordes).
Instruments à vent
L'aulos, fait en bois, en ivoire ou en métal, possède une anche double (comme le hautbois). Le plus souvent, on souffle dans 2 auloi à la fois : les joueurs de cet *aulos double* portent sur le visage un *phorbeia*, bande de cuir ou de tissu évitant le gonflement des joues (fig. H). L'aulos faisait partie du culte de Dionysos. Sa sonorité était douce et langoureuse. Il provenait d'Asie Mineure.
La syrinx, appelée aussi **flûte de Pan** (du nom du dieu berger d'Arcadie) est faite de 5 ou 7 (jusqu'à 14 au IIIᵉ s.) tuyaux de longueur et de hauteur différentes attachés côte à côte.
La flûte traversière est rare ; elle est représentée à partir du IVᵉ s.
La salpinx, trompette en métal munie d'une embouchure en corne ; c'était un instrument d'appel (fig. G).
Instruments à percussion
– **crotales** : sorte de castagnettes ;
– **cymbales** : à partir du VIᵉ s. ;
– **tympanon** : tambour sur cadre ;
– **xylophone** : à partir du IVᵉ s. (douteux).

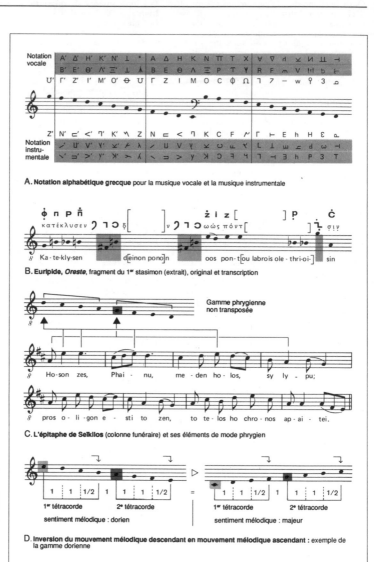

A. Notation alphabétique grecque pour la musique vocale et la musique instrumentale

B. Euripide, *Oreste*, fragment du 1ᵉʳ stasimon (extrait), original et transcription

C. L'épitaphe de Seikilos (colonne funéraire) et ses éléments de mode phrygien

D. Inversion du mouvement mélodique descendant en mouvement mélodique ascendant : exemple de la gamme dorienne

Notation, fragments musicaux

Théorie musicale.

Dès le VIᵉ, PYTHAGORE avait fondé la musique sur des bases numériques. Il s'agit là surtout de rapports d'intervalles (cf. p. 88), qui intègrent aussi la croyance selon laquelle le mouvement du cosmos et celui de l'âme humaine reposent sur les mêmes proportions harmoniques. Et puisqu'elle est fondée sur des nombres, la musique reflète l'ordre du monde ; mais, en retour, elle influe sur le cœur et sur le caractère de l'homme : elle est un facteur moral et social de premier plan dans l'éducation et dans la vie publique. La musique est en péril quand elle viole les anciennes règles impératives et quand elle adopte des formes nouvelles, orgiaques ou dangereusement subjectives. C'est en ce sens que PLATON (427-347) proteste contre la *musique nouvelle* des Vᵉ-IVᵉ s. (cf. p. 165), ARISTOTE (384-322), en revanche, élabore la **doctrine de l'éthos** et place à côté de la **musique nouvelle** une **esthétique** qui lui correspond. La **théorie** se renforce alors, surtout avec ARISTOXÈNE DE TARENTE (354-300), élève d'ARISTOTE et qui, à l'inverse des pythagoriciens, ne se réfère pas au *nombre* mais à l'*expérience auditive*. Puis viennent EUCLIDE D'ALEXANDRIE (vers 300 av. J.-C.) et une foule de théoriciens (cf. p. 178), qui traitent des problèmes de l'harmonie, des rapports d'intervalles, du rythme, de la notation, etc.

La **notation musicale grecque** (à partir du VIᵉ s. av. J.-C.) joua un rôle dans la théorie et l'enseignement. Il y avait deux systèmes, un plus ancien pour la musique instrumentale et un plus récent pour la musique vocale. Tous deux étaient alphabétiques. La **notation vocale** utilisait systématiquement l'alphabet ionien : chaque lettre désignait une hauteur, *alpha* le degré de base *diatonique fa*, *bêta* le même degré haussé une fois (1/4 à 1/2 ton et *gamma* le même degré haussé deux fois (1/2 ton à un ton). Dans la **notation instrumentale**, le même signe est renversé deux fois (fig. A). L'octave initiale est l'octave centrale, l'octave sup. est désignée par un trait (comme aujourd'hui) et l'octave inf. est caractérisée par la position du signe.

Fragments musicaux

Des 40 exemples de notation musicale grecque découverts jusqu'ici (PÖHLMANN), les suivants datent d'**avant J.-C.** :
- **Un fragment d'Euripide**, fin du IIIᵉ s., papyrus Vienne G 2315 (fig. B).
- **Un autre fragment d'Euripide** (inconnu de Pöhlmann), milieu du IIIᵉ s., papyrus Leyde 510.
- **Un fragment tragique** (3 lignes), IIᵉ s., papyrus Zénon 59533.
- **5** autres petits **fragments de drame**, IIᵉ s., papyrus Vienne 29825a-f.
- **2 hymnes à Apollon**, entiers, IIᵉ s., gravés

dans la paroi sud du Trésor des Athéniens à Delphes.
- **L'épitaphe de Seïkilos**, entière, IIᵉ s. (ou Iᵉʳ s. apr. J.-C. ?), stèle funéraire aujourd'hui à Copenhague, Inv. 14879 (fig. C).

Des premiers siècles **après J.-C.**, nous avons, outre quelques exemples dans des traités de théoriciens :
- **Trois hymnes** de MÉSOMÈDE de Crète (celui-ci travaillait au IIᵉ s. à la cour d'HADRIEN) dédiés à la *Muse*, au *Soleil* et à *Némésis*.
- **1 fragment tragique**, Iᵉʳ-IIᵉ s., papyrus Oxyrhynchos 2436.
- **2 fragments tragiques**, IIᵉ s., papyrus Oslo 1413.
- **2 fragments de drame**, IIᵉ s., papyrus Michigan 2958.
- **5 fragments**, IIᵉ s., papyrus Berlin 6870.
- **5 pièces instr.** (très courtes) provenant de l'enseignement musical antique.

Il faut encore ajouter l'**hymne paléo-chrétien** d'Oxyrhynchos (IIIᵉ s., cf. p. 180).

Le fragment d'Euripide provient d'*Oreste*, et fut noté environ 200 ans après sa composition (musique originale de la tragédie ?). La fig. B donne un extrait (les vers 327 ou 343). Au-dessus du texte se trouvent les lettres désignant les notes chantées, à la hauteur du texte figurent les signes pour les interludes instrumentaux (*silence, fa* ♯ et *si*). La mélodie est chromatique ou enharmonique. Le rythme est défini par le texte.

L'Épitaphe de Seïkilos est une scolie, chant de banquet qui invite à jouir de la vie trop courte (fig. C, entier). Le ton est marqué par la mélodie : l'ambitus d'octave *mi-mi*, la note centrale *la (mèse)*, les notes supérieure et finale *mi (finalis)*, les demi-cadences sur *sol* (mes. 4 et 6), enfin la répartition des demi-tons caractérisent le ton **phrygien** ; en principe de *ré* à *ré*, il est ici transposé un ton entier au-dessus (deux dièses).

Ce ton était, pour les Grecs, doux et plaintif. Néanmoins, le chant semble être dans notre majeur actuel, de caractère enjoué. C'est que le sentiment mélodique et modal a changé. Il dépend en fait de la **structure** d'une gamme. Le ton grec classique était le dorien ; son caractère rayonnant se rapproche de notre mode majeur, dont la structure est la même : la dernière note du 2ᵈ tétracorde (note principale, aujourd'hui *tonique* ; la 1ʳᵉ note du 2ᵈ tétracorde, la *mèse*, est notre dominante. Étant sensibles à un mouvement mélodique descendant, les Grecs réalisèrent l'échelle dorienne comme gamme descendante de mi, alors que la même structure, en montant, donne une gamme de *do* (fig. D). La gamme de *mi* nous semble *proche du mineur*, tandis que la gamme de *do* est pour nous le *majeur*.

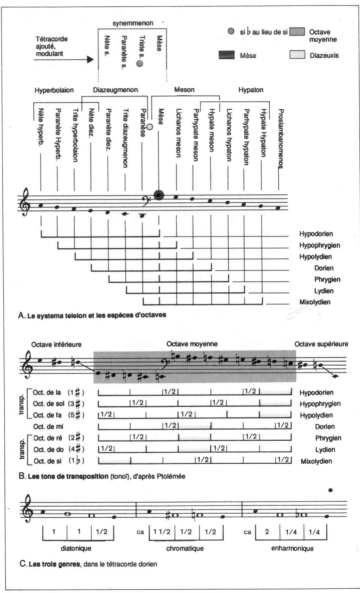

A. Le systema teleion et les espèces d'octaves

B. Les tons de transposition (tonoï), d'après Ptolémée

C. Les trois genres, dans le tétracorde dorien

Système parfait, tons, genres

Le système musical grec est la base du nôtre. Après le *pentatonisme* des premiers temps, l'*heptatonisme* domine à partir du VIIIᵉ s. Peu après apparaît le *systema teleion diatonique*. À la fin de l'ère classique et pendant la période hellénistique apparaissent les genres *chromatique* et *enharmonique*, et le système se trouve dès lors modifié.

Le systema teleion (*système parfait* ; fig. A). L'élément principal du système grec est la quarte descendante ou **tétracorde** (*quatre cordes*), qui correspond au nombre de cordes de la phorminx. C'est aussi des instruments à cordes que viennent les noms des notes : les notes de l'octave moyenne *mi²-mi²* d'une cithare accordée en dorien se nomment
- **hypate** (*chorde*), (*corde*) « supérieure » dans la tenue de l'instrument (tenue semblable à celle de la guitare), c'est-à-dire la corde la plus grave : *mi²* ;
- **parhypate**, « à côté de la (corde) supérieure » : *fa²* ;
- **lichanos**, l'« index », *sol²* ;
- **mèse** (*chorde*), (*corde*) « moyenne » : *la²* ;
- **paramèse**, « à côté de la *mèse* » : *si²* ;
- **trite**, « troisieme » (corde) en partant du bas : *do³* ;
- **paranète**, « à côté de la *nète* » : *ré³* ;
- **nète** (*chorde*), (corde) « inférieure », c'est-à-dire la plus aiguë : *mi³*.

Ces 8 notes forment la gamme classique qui se compose de deux tétracordes identiques : le *tétracorde des moyennes* (**meson**) et le *tétracorde des disjointes* (**diazeugmenon**), c'est-à-dire ajouté au premier par « disjonction » (*diazeuxis*) d'un ton entre *mèse* et *paramèse*. Tous deux sont composés de la succession : 1 ton, 1 ton, 1/2 ton (comme notre gamme majeure, mais en descendant, cf. p. 174). On obtient l'ensemble du système en ajoutant en haut et en bas un tétracorde *conjoint* (ayant une note commune avec le précédent) : **hypaton** au grave, **hyperbolaion** à l'aigu. Le système est porté à 2 octaves par l'adjonction d'un *la* grave (**proslambanomenos**).
Pour relier les 2 tétracordes disjoints, on ajoute un tétracorde par conjonction (**synemmenon**) ; pour avoir la même structure, celui-ci comporte un *si* ♭ au lieu d'un *si* (d'où *modulation*). La *mèse* a la forme le milieu du système complet, qui s'entend en *hauteur relative*, sans aucune référence au diapason.

Les espèces d'octave (ou tons) se composent chacune de 2 tétracordes identiques. En fonction de la place du demi-ton, il existe 3 tétracordes différents : le **dorien** (1-1-1/2), le **phrygien** (1-1/2-1) et le **lydien** (1/2-1-1). Les Grecs connaissaient 7 espèces d'octave différentes, à partir de chacun des

7 degrés de l'échelle diatonique (fig. A). Le **dorien**, le **phrygien**, le **lydien** et le **mixolydien** donnent en outre naissance à des tons situés une quarte au-dessous (**hypo-**) ou au-dessus (**hyper-**). Seuls l'**hypodorien**, l'**hypophrygien** et l'**hypolydien** apparaissent comme nouvelles espèces d'octave dans le *systema teleion*, les autres coïncident :

la-la	: hypodorien, mais aussi hyperphrygien (appelé aussi locrien et éolien) ;
sol-sol	: hypophrygien, mais aussi hyperlydien (appelé aussi iastien et ionien) ;
fa-fa	: hypolydien, mais aussi hypermixolydien ;
mi-mi	: dorien, mais aussi hypomixolydien ;
ré-ré	: phrygien ;
do-do	: lydien ;
si-si	: mixolydien, mais aussi hyperdorien.

La *mèse* la occupe dans chaque ton une place différente. Note mélodique centrale, elle joue le rôle d'une sorte de dominante.

Les tons de transposition (fig. B).
En pratique, les Grecs disposaient à peu près de 3 octaves, l'octave la plus aiguë étant appelée l'octave *inférieure*, l'octave la plus grave portant le nom d'octave *supérieure*. Tous les tons pouvaient être utilisés dans l'octave moyenne *mi³ mi³*, correspondant à peu près au registre de la kithara classique, dont on accordait les cordes selon le ton désiré. Le dorien n'apportait aucune modification car il concordait avec l'*octave de mi*. Tous les autres tons étaient *transposés dans l'octave de mi* : ainsi étaient formés les tons de transposition (ou *tonoï*), qui comportaient jusqu'à 5 haussements chromatiques.

Les trois genres (fig. C).
Le système musical grec n'est pas défini par une pensée *verticale* (harmonique), mais par une pensée *horizontale* (mélodique). Les trois genres, que les théoriciens cherchèrent à définir en termes de proportions rigoureuses, recouvraient en fait, semble-t-il, une sorte de *variable mélodique*, exécutée différemment suivant les temps, les lieux et les individus. Dans la quarte diatonique dorienne (*tétracorde*), les notes extrêmes *la* et *mi* sont fixes, tandis que les deux notes centrales *sol* et *fa* sont mobiles et peuvent *se déplacer vers la note finale mi*. Le genre **diatonique** n'est affecté d'aucun changement. Dans le genre **chromatique**, le *sol* descend d'environ 1/2 ton (*fa* ♯, ou plutôt *sol* ♭) ; dans le genre **enharmonique**, l'attraction vers le grave atteint à la fois les 2 degrés mobiles, de sorte que les 3 degrés inférieurs sont contenus dans 1/2 ton : entre *fa* et *mi* se place encore un degré (noté *fa* ♭ sur la fig. C).
Pour les Grecs, ces déplacements étaient des *nuances* (ou, « colorations »), liées à l'expression subjective. Les termes *chromatique* et *enharmonique* n'ont donc que peu de rapport avec leur acception moderne.

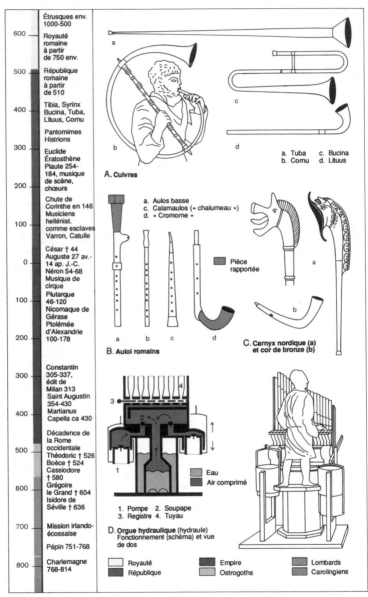

a. Tuba   c. Bucina
b. Cornu   d. Lituus

A. Cuivres

a. Aulos basse
c. Calamaulos (« chalumeau »)
d. « Cromorne »

Pièce rapportée

B. Auloi romains

C. Carnyx nordique (a) et cor de bronze (b)

Eau
Air comprimé

1. Pompe   2. Soupape
3. Registre 4. Tuyau

D. Orgue hydraulique (hydraule)
Fonctionnement (schéma) et vue de dos

Royauté
République
Empire
Ostrogoths
Lombards
Carolingiens

Chronologie, instruments de musique

La musique des Romains ne présente pas l'autonomie de la musique grecque. Cependant, les sources attestent son importance dans le culte, dans la vie sociale, à table, lors des danses, au travail, dans l'armée, etc., tout comme le fait d'assimiler la musique de haute culture de la Grèce tardive prouve un sens de la qualité et un goût musical certain. En outre, des esclaves musiciens étrangers, venant surtout du monde hellénist., prirent une place prépondérante dans la vie musicale à Rome.

Chez les Étrusques, à côté des chants religieux, existait une importante musique instrumentale ; spécialité : **flûtes droite** et **traversière** (*subulo*).

Dans la république romaine, l'influence étrusque est très forte. On y adopta de nombreux instruments, surtout à vent :
- **tuba** : trompette droite des Étrusques (*salpinx*) ;
- **lituus** : cor étrusque à pavillon recourbé, modèle du **carnyx** nordique plus récent, orné d'une gueule d'animal, découvert en Gaule et en Irlande en même temps que le **cor de bronze** recourbé (à embouchure latérale), fermé à une extrémité (fig. C) ;
- **cornu** : cor muni d'une baguette transversale, utilisé dans l'armée et dans les amphithéâtres ;
- **bucina** : trompette en zigzag à embouchure amovible, à l'origine instrument pastoral, puis trompette de cavalerie et instrument de culte de haut rang ;
- **syrinx** : flûte pastorale grecque ;
- **tibia** : « instrument national » romain, d'abord un sifflet en os et une flûte traversière étrusque, puis nom de l'**aulos** grec simple ou double à anche.

A cela s'ajoutent les instruments à cordes (lyres) et à percussion du bassin méditerranéen (cf. infra).

Des représentations théâtrales avec musique, surtout des pantomimes dansées au son de la tibia sur le modèle étrusque, sont attestées dès le IVᵉ s. av. J.-C. Les acteurs, les mimes et les musiciens formaient une sorte de corporation de spectacle (*histrions*).

L'influence hellénistique se renforce au IIᵉ s. quand la domination romaine s'étend vers l'Orient. Les instruments grecs se perfectionnent. C'est ainsi qu'il existe différentes **sortes d'auloi** (fig. B). En ajoutant une pièce au-dessus de l'embouchure, on obtient un aulos basse. Le *calamaulos* (du gr. *kalamos*, roseau) est un aulos à perce conique de grosse taille (précurseur du chalumeau). Les auloi de l'Empire avaient env. 15 trous. La percussion musicale se composait entre autres du **tympanon** (tambourin), de **cymbales**, de **crotales** (claquettes métalliques) et du **scabillum** (sonnailles de chevilles,

pour la danse des mystères de Bacchus et de Cybèle).

La lyrique gr. fut aussi imitée en langue lat., c'est ainsi que les poèmes de CATULLE (*carmina*) et d'HORACE (*odes*) furent conçus pour chœurs (simples ou alternés) et pour solistes accompagnés de la lyre, du luth, de la harpe et de la kithara. Cette dernière était très répandue chez les virtuoses et les amateurs parmi lesquels figurait NÉRON.

A l'époque de l'Empire, il y avait une musique spécialement prévue pour les grands combats ou manifestations organisés dans les amphithéâtres. SÉNÈQUE (*84ᵉ lettre*) parle de *chœurs à plusieurs voix* et d'*ensembles de cuivres très fournis*. Les sonorités du *cornu* se mêlaient à celles de l'orgue hydraulique. **L'orgue hydraulique** (*hydraule*) fut inventé au IIIᵉ s. av. J.-C. par CTÉSIBIOS, ingénieur à Alexandrie. Les modèles romains possédaient trois rangées de tuyaux à distance de quinte et d'octave (parfois aussi d'octave et de double octave) commandés par des registres et des touches. Deux pompes munies de soupapes servaient à amener l'air nécessaire. Pour équilibrer la pression, CTÉSIBIOS comprima l'air dans un réservoir métallique ouvert en bas et posé dans un autre réservoir plus grand rempli d'eau. L'air poussait l'eau vers le bas qui montait donc dans le réservoir extérieur, puis à son tour celle-ci refoulait l'air dans le réservoir intérieur avec une pression régulière, jusqu'à ce que le niveau de l'eau soit à la même hauteur dans les deux réservoirs (fig. D). L'orgue avait une sonorité puissante et était apprécié dans les amphithéâtres. Il ne perdit son caractère purement profane qu'au haut Moyen Âge.

Il faut accorder une importance particulière à la tradition et au perfectionnement de la **théorie musicale**. C'est un acquis de la pensée grecque qui fut en partie recueilli et repensé dans une perspective historique. On retiendra surtout : EUCLIDE D'ALEXANDRIE et ÉRATOSTHÈNE (IIIᵉ s. av. J.-C.) pour les sources préromaines et hellénistiques ; pour l'époque romaine, DIDYME D'ALEXANDRIE (env. 30 av. J.-C.), VARRON (Iᵉʳ s. av. J.-C. ; musique dans le *Quadrivium de la science des nombres*), PLUTARQUE (Iᵉʳ s. ap. J.-C., importante collection de sources), PTOLÉMÉE D'ALEXANDRIE (IIᵉ s. ap. J.-C., système musical, échelles), saint AUGUSTIN (*De musica*, IVᵉ s. ap. J.-C.), MARTIANUS CAPELLA (Vᵉ s.) et BOÈCE (env. 500, *De institutione musicae*, 5 livres, fondement de la spéculation musicale théorique du Moyen Âge). La tradition est perpétuée, à l'époque troublée des grandes invasions, notamment par ISIDORE DE SÉVILLE (VIIᵉ s.), par des cercles d'érudits en Irlande et, cultivée par la *Renaissance carolingienne* au VIIIᵉ-IXᵉ s., elle parvient au Moyen Âge classique.

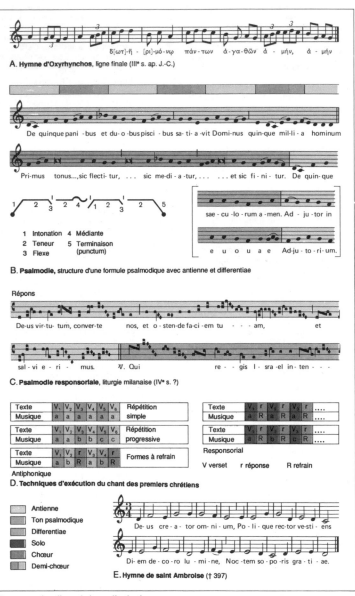

A. Hymne d'Oxyrhynchos, ligne finale (IIIᵉ s. ap. J.-C.)

De quinque pani - bus et du- o -bus pisci - bus sa- ti- a -vit Domi-nus quin-que mil-li - a hominum

Pri-mus tonus...,sic flecti- tur, ... sic me-di - a -tur,... ... et sic fi - ni - tur. De quin-que

sae - cu -lo - rum a -men. Ad - ju -tor in

e u o u a e Ad-ju - to - ri-um.

1 Intonation 4 Médiante
2 Teneur 5 Terminaison
3 Flexe (punctum)

B. Psalmodie, structure d'une formule psalmodique avec antienne et differentiae

Répons

De-us vir-tu- tum, conver-te nos, et o - sten-de fa-ci -em tu - - - am, et

sal - vi e - ri - mus. ℣. Qui re - - gis I - sra -el in- ten - - -

C. Psalmodie responsoriale, liturgie milanaise (IVᵉ s. ?)

Texte	V₁	V₂	V₃	V₄	V₅	V₆	Répétition simple
Musique	a	a	a	a	a	a	

Texte	V₁	V₂	V₃	V₄	V₅	V₆	Répétition progressive
Musique	a	a	b	b	c	c	

Texte	V₁	V₂	r	V₃	V₄	r	Formes à refrain
Musique	a	b	R	a	b	R	

Antiphonique

Texte	V₁	r	V₂	r	V₃	r	....
Musique	a	R	a	R	a	R	

Texte	V₁	r	V₂	r	V₃	r	....
Musique	a	R	b	R	c	R	

Responsorial

V verset   r réponse   R refrain

D. Techniques d'exécution du chant des premiers chrétiens

Antienne
Ton psalmodique
Differentiae
Solo
Chœur
Demi-chœur

De- us cre - a - tor om- ni - um, Po - li - que rec-tor ve-sti - ens

Di- em de - co -ro lu - mi - ne, Noc -tem so - po -ris gra - ti - ae.

E. Hymne de saint Ambroise († 397)

Hymnes, psalmodie, techniques d'exécution

Musique de l'Église primitive (Ier-VIe s.)
Les premières communautés chrétiennes en sont le point de départ, surtout à Antioche, foyer de la mission de saint PAUL. Dans les 3 premiers siècles, les chrétiens formaient de petites sectes (interdites) au sein de l'Antiquité païenne. En 313, l'édit de Milan marque un tournant en garantissant aux chrétiens la liberté religieuse. Parmi les sources de la musique de la première Église chrétienne, on compte :
− la musique sacrée juive, surtout la tradition des psaumes chantés,
− la musique de la fin de l'Antiquité, c.-à-d. des civilisations hellénistiques du monde méditerranéen.

L'hymne d'Oxyrhynchos (fig. A)
Les instruments étaient bannis du service religieux. Ils étaient liés au culte païen et détournaient de la parole qui devait être proclamée. Cette interdiction est toujours en vigueur dans l'Église orientale.
Mais en privé, on pouvait jouer des chants religieux sur la kithara (pas sur l'aulos orgiaque). On a conservé un fragment de l'un d'entre eux, l'hymne d'Oxyrhynchos (Égypte) datant du IIIe s. Le mode et le rythme rappellent les modèles grecs.
Saint PAUL parle des « psaumes, des hymnes et des cantiques » (Éphésiens 5, 19 ; Colossiens 3, 16) et les associe à la vie quotidienne des chrétiens et non spécifiquement à la musique du culte. L'exécution des psaumes (psalmodie) et la composition de textes nouveaux (hymnes) seront plus tard la base du chant chrétien.

La psalmodie (fig. B). Un psaume se compose de vers ayant un nombre variable de syllabes. Il est chanté dans un ton psalmodique et est organisé selon une formule déterminée :
− l'intonation, souvent ascendante,
− la teneur (tuba, repercussio) pour réciter le psaume : le nombre de notes dépend du nombre de syllabes du vers,
− la flexe, petite césure si le vers est trop long ; la voix s'infléchit (« sic flectitur »),
− la médiante, cadence mélismatique au milieu du verset (« sic mediatur »),
− la terminaison, qui ramène à la finale (« et sic finitur »).
Normalement, les vers du psaume ne se succèdent pas immédiatement, entre deux vers s'insère une « réponse » ou « antienne ». Pour réaliser une bonne transition, la fin du verset doit concorder avec le début de l'antienne. L'exécutant doit maîtriser ses differentiae (souvent sur saeculorum amen, abrégé en e u o u a e). L'ex. B tiré de la tradition romaine la plus tardive montre trois sortes de differentiae avec le début de l'antienne correspondante. En outre, l'an-

tienne est souvent placée avant le verset (schéma fig. B).
Un psaume est rarement chanté intégralement. On se contente souvent d'extraits ou d'un choix de vers isolés.

La psalmodie responsoriale
La psalmodie responsoriale est une interprétation particulièrement riche de l'antienne et du verset (en abrégé ℣), où le soliste et le chœur alternent (place dans la messe : alleluia, graduel). En principe, les versets se limitent à un seul qui est exécuté en soliste par le chantre avec de riches mélismes. L'antienne devient un refrain, la « réponse » du chœur (répons). Pour terminer, on répète le répons. L'ex. C est tiré de la liturgie milanaise la plus ancienne.

Exécution du chant des premiers chrétiens
Le chant alterné est attesté depuis longtemps. Le terme grec antiphonique, c'est-à-dire « voix contre voix », en latin responsorial. Cette antiphonie, fondée sur la similitude entre partenaires, désigne l'alternance de deux demi-chœurs ; en revanche le genre responsorial désigne l'alternance du chœur et du soliste. C'est surtout dans le chant antiphonique qu'il existe différentes possibilités (fig. D) :
− répétition simple : chaque nouveau vers (V) est chanté sur la même mélodie (a) ;
− répétition progressive : les vers sont chantés deux à deux sur la même mélodie et les chœurs alternent (plus tard principe de la séquence) ;
− formes à refrain : après deux vers ayant chacun leur mélodie, chantés par les chœurs I et II, les deux chœurs chantent un refrain ayant le même texte et la même musique. A ces formes de base, s'ajoutent des formes diverses. L'exécution responsoriale préfère les formes à refrain, dont se charge le chœur, c.-à-d. la communauté, le soliste chantant les parties nouvelles.

Les hymnes (fig. E) sont des textes originaux en vers, comme la grande doxologie « Gloria in excelsis Deo ». Les premiers exemples sont de saint AMBROISE, évêque de Milan et de saint HILAIRE DE POITIERS.
Les hymnes ambrosiennes sont peut-être inspirées de celles d'ÉPHREM D'ÉDESSE (Syrie, IVe s.), strophiques avec refrain chanté par le chœur. AMBROISE fit chanter ses hymnes pour encourager les orthodoxes (petite doxologie « Gloire au Père, au Fils et au Saint Esprit ») alors opposés aux ariens (Gloire au Père par le Fils dans l'Esprit-Saint) ; les strophes étaient réparties entre les deux demi-chœurs et la communauté chantait la petite doxologie en guise de refrain.

A. Principales périodes de la musique religieuse byzantine

| 1 Moïse Ex. 15 1-19 | 2 Moïse Dt. 32 1-43 | 3 Anne Is. 2 1-10 | 4 Habaquq Ha. 3 2-19 | 5 Isaïe Is. 26 9-19 | 6 Jonas Jon. 2 3-10 | 7 Enfants Dn. 3 26-56 | 8 Enfants Dn. 3 57-88 | 9 Magnif. Luc. 1 46-55 |

Modèle de canon

Trope

Passages libres intercalés

Δεῦ - τε   πό - μα   πί - ω - μεν   καί - νόν·   οὐκ ἐκ   πέ - τρας

Deu - te   po - ma   pi - o - men   kai - non_____ ouk ek   pe - tras

B. Canon : schéma, début de la 3ᵉ ode du canon de Pâques de Jean Damascène en neumes médio-byzantins, transcription (chant titré de l'heirmologion)

1ᵉʳ echos :	α' = dorien	(ré-ré)
2ᵉ echos :	β' = phrygien	(mi-mi)
3ᵉ echos :	γ' = lydien	(fa-fa)
4ᵉ echos :	δ' = mixolydien	(sol-sol)
1ᵉʳ echos :	πλ α' = hypodorien	(la-la)
2ᵉ echos :	πλ β' = hypophrygien	(si-si)
3ᵉ echos :	πλ γ' = hypolydien	(do-do)
4ᵉ echos :	πλ δ' = hypomixolydien	(ré-ré)

1 2 3 4 1 2 3 4

Notes fondamentales

C. Les huits modes (octoechos) ; exemple d'une gamme chromatique

Ar-chon_____ tes la - on   syn - ech - the-san ka - ta tou Ky -ri -   ou _____ kai

D. Antienne du Vendredi Saint, n°1, début (chant tiré du sticherarion)

A ____ gge - los _____ pro - to - sta _____ tes - -

E. Hymne Akathistos, 1ʳᵉ strophe, extrait (chant tiré du kontakarion)

☐ Chant byzantin ancien	◁ Établissement de la liturgie	Authente
■ Chant byzantin moyen	▦ Iconoclastie	Plagal
■ Chant byzantin moderne	☾ Turcs à Byzance en 1453	Sensible

Musique religieuse

Byzance était un grand foyer de civilisation depuis que CONSTANTIN LE GRAND avait, en 330, quitté sa résidence de la Rome antique et païenne pour s'installer dans la Byzance chrétienne (*Constantinople*), depuis que le christianisme était devenu religion d'État en 391 et depuis que, après la division du royaume en 395 et le déclin de la Rome occidentale en 476, Byzance était demeurée la capitale de l'Empire Romain d'Orient.

Byzance a maintenu les anciennes traditions de la musique religieuse, même après sa conquête par les Turcs en 1543 (chute de l'Empire Romain d'Orient).

L'Église orientale comprend les Églises des premiers chrétiens (en Palestine, Syrie, Grèce, etc.), chacune conservant sa langue et sa liturgie propres : église *byzantine* (*grecque orthodoxe*), église *russe orthodoxe*, église *éthiopienne*, église *copte* (égyptienne/chrétienne), etc. C'est en 1054 que l'Église orientale se sépara de l'Occident.

La musique religieuse byzantine est issue de la tradition vocale grecque et syrienne et, au-delà, de la tradition hébraïque et synagogale.

On distingue 3 périodes : *ancienne, moyenne* et *moderne*.

La période ancienne s'étend depuis l'établissement de la liturgie (IXe s.) jusqu'au XIVe s. Les neumes n'apparaissent qu'après l'iconoclastie (726-843). A côté du psaume se développent les premières formes d'hymnes : tropaire, kontakion et canon :

– **Le tropaire** (*troparion*) se développa dès le Ve s. : intercalés entre les versets bibliques, les tropaires sont des vers nouveaux, à la mélodie simple (*tropos* : manière).

– **Le kontakion** se compose d'une série de strophes ; il est représenté surtout au VIe s. par ROMANOS de Syrie (d'après EPHREM, IVe s.). L'introduction (*koukoulion*) est suivie de 20 à 40 strophes de même structure (*oïkoï*, maisons). Le plus connu est l'*hymne Akathistos*, dédié à Marie, et qui comprend 24 strophes formant l'alphabet par acrostiche (fig. E).

– **Le canon** (fig. B) apparut aux VIIe-IXe s. A l'origine se trouvent les neuf *cantiques* ou *odes* bibliques qui jouent aussi un rôle important dans l'hymnodie occidentale, tels le n° 3 (le chant d'Anne « exultavit cor meum ») ou le n° 9 (« magnificat anima mea » de Marie). A chaque ode succèdent plusieurs strophes complémentaires (*tropes*) chantées sur la même mélodie que l'ode. Les auteurs de canons les plus célèbres sont ANDRÉ DE CRÈTE († vers 740) et JEAN DAMASCÈNE († vers 750).

A l'époque de saint EPHREM est attesté le procédé de la parodie : on chantait des textes nouveaux sur des mélodies anciennes qui pouvaient être profanes (p. 180). Pendant

l'apogée que constitue la période des Ve-VIIe s., les hymnes acquièrent leurs propres mélodies ; plus tard, elles furent souvent composées non par le poète, mais par des *melurgoï*. Les textes, dont le thème et le genre respectent une longue tradition, utilisent des *topoï* bien définis ; de même, la mélodie reste liée à une tradition bien déterminée, et utilise des figures, des formules et des cadences mélodiques caractéristiques.

Les hymnes de la liturgie (messe) et de l'office figurent dans des livres liturgiques :

– **l'heirmologion** contient les *hirmoï* (odes des canons) classés par modes ;

– **le stricherarion** contient les *hymnes* libres, les *tropaires*, les grandes antiennes, etc., ordonnés selon l'année liturgique ;

– **le kontakarion**, et d'autres livres comme l'*asmatikon*, contiennent les chants les plus élaborés.

Les chants de l'heirmologion et du stricherarion sont syllabiques, avec quelques mélismes sur les mots importants (fig. B sur « kainon »), aux césures, aux cadences et à la fin.

A l'opposé, les chants mélismatiques se multiplient au XIIIe s. et sont particulièrement riches au XVe s.

La période moyenne (XIVe-XIXe s.) se caractérise par de nouvelles compositions d'hymnes, notamment de JEAN KOUKOU-ZÈLÈS (XIVe s.).

La période moderne commence en 1821 avec la réforme de l'évêque CHRYSANTE.

Le système mélodique (fig. C) est diatonique ; il comprend 4 modes authentes et 4 modes plagaux, soit 8 modes (*octo echos*), qui diffèrent par la position de la note fondamentale et de l'ambitus. Ils sont issus des gammes grecques. **Pentatonisme** et **chromatisme**, avec altération de sensibles, se rencontrent aussi.

La notation (fig. B) sert à soutenir la mémoire dans la tradition orale. Il existe des signes *ekphonétiques* pour les lectures et des *neumes* pour les chants. Ils n'indiquent pas les notes, mais des intervalles, des rythmes et des procédés d'interprétation. Leur signification, celle notamment des premiers neumes du IXe s., est difficile à établir. La fig. B en donne un ex. (XIIe s.). La notation moderne se limite à quelques neumes (depuis CHRYSANTE, 1821).

La musique profane à la cour impériale de Byzance, comme la musique religieuse, est liée à des cérémonies spécifiques. Elle a disparu, mais elle devait être proche de la musique religieuse, car elle utilisait un système mélodique, des rythmes et des procédés d'interprétation semblables. L'existence de chœurs alternés (antiphonie) est attestée, comme celle du chant accompagné par des instruments.

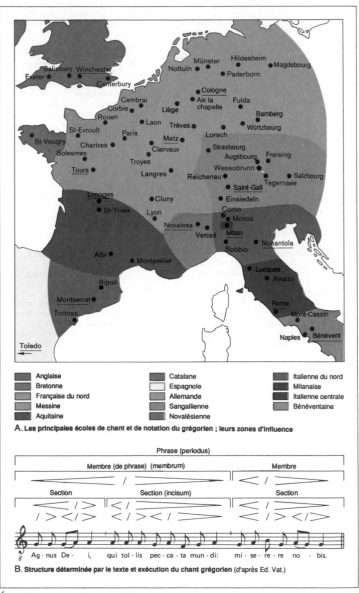

A. Les principales écoles de chant et de notation du grégorien ; leurs zones d'influence

B. Structure déterminée par le texte et exécution du chant grégorien (d'après Ed. Vat.)

Écoles de chant, adaptation musicale du texte

.Le chant liturgique monodique, en latin, encore en usage actuellement dans l'Église catholique, est appelé « **chant grégorien** », du nom du pape GRÉGOIRE Iᵉʳ (590-604). Dès le IVᵉ s., avec l'affirmation et la rapide extension du christianisme, archevêchés et cloîtres se développèrent dans une relative indépendance de Rome. À l'époque de GRÉGOIRE Iᵉʳ coexistaient ainsi des liturgies (et donc des manières de chanter) différentes : *romaine, milanaise (ambrosienne,* conservée jusqu'à nos jours), *espagnole (mozarabe), gallicane, anglo-irlandaise (celte)* ; à l'est, les liturgies *byzantine, syrienne orientale et occidentale, copte,* etc. En Occident, l'évêque de Rome, en tant que *pontifex maximus,* se considérait en quelque sorte comme successeur de l'empereur de Rome et se posait en primat.

Cependant, l'Orient se détacha de l'Occident (au VIᵉ s. et finalement en 1054). À la fin du VIᵉ s., le pape GRÉGOIRE Iᵉʳ institua une réforme de la liturgie romaine. Plusieurs papes après lui travaillèrent au classement et au rassemblement des mélodies romaines. Au VIIᵉ s., on simplifia et on clarifia autant que possible les mélodies (*chant vieux-romain* et chant *néo-romain*), peut-être en vue de l'unification liturgique de l'Occident sous la direction de Rome. La papauté parvint à cette unification aidée par la monarchie carolingienne. La Gaule d'abord sous PÉPIN (751-768), puis le royaume des Francs sous CHARLEMAGNE (768-814) subirent l'influence de Rome. La centralisation concernait d'abord l'administration et le droit canon puis la liturgie et le chant ; celui-ci reçut dès lors, sous le nom de « grégorien », l'autorité légendaire de GRÉGOIRE Iᵉʳ. La fig. A montre les différentes écoles de chant et de notation, ainsi que leurs zones d'influence approximatives (cf. p. 186).

La Schola cantorum. Le chant choral était exécuté à Rome par un chœur spécial qui formait lui-même ses interprètes et prit donc le nom de *Schola cantorum,* « école des chantres » (instituée par GRÉGOIRE Iᵉʳ). Cette école comprenait 7 chanteurs dont les 3 premiers étaient aussi solistes, tandis que le 4ᵉ était appelé *archiparaphonista* et les 3 autres *paraphonista* : ils ne chantaient qu'un chœur, peut-être à plusieurs voix (parallèles ?). Des voix d'enfants renforçaient l'ensemble (doublures à l'octave).

On fonda dans toute l'Europe des écoles sur le modèle de la *Schola cantorum.* Les principales furent celle de Tours, de Metz et de St Gall.

Extension du répertoire. Au chant romain s'ajoutèrent au Moyen Âge des chants liturgiques pour de nouvelles fêtes, des hymnes, des tropes et des séquences (cf. p. 190). D'énormes différences séparèrent les centres. Au XVIᵉ s., le concile de Trente limita les

créations et entreprit une édition qui mit en pratique la réforme : l'*Editio Medicea* de 1614. L'étude des sources réalisée au XIXᵉ s. par les moines de Solesmes, aboutit à l'*Editio Vaticana* de 1907, encore en usage ; elle comprend un répertoire romain et médiéval de 3 000 mélodies environ.

Traitement du texte dans le chant grégorien.
On distingue le style de la lecture (*accentus*) et le style du chant (*concentus,* cf. p. 142) et, parmi les genres, les lectures (épître, évangile, etc.), la psalmodie (cf. p. 180) et le chant choral ou soliste. Ce dernier est aussi au service du texte, excepté quelques vocalises comme le « jubilus » de l'alleluia. Le texte détermine le rythme de la mélodie ; son sens et sa syntaxe définissent les différentes divisions et les mouvements mélodiques.

La fig. B reproduit la première ligne de l'*Agnus Dei* tiré de la 18ᵉ messe (XIIᵉ s.), avec les indications rythmiques et dynamiques conformes à la théorie du chant grégorien. La phrase se décompose en 3 sections :

— *Agnus Dei* (« Agneau de Dieu »), avec point culminant sur *Dei :* progression ascendante d'un ton et petit « mélisme » ;

— *qui tollis peccata mundi* (« qui porte les péchés du monde »), phrase plus mise sur le même plan que la première invocation, récitée sur la note la ; elle s'achève par une petite formule mélodique qui exprime les deux points du texte par la tierce ascendante fa-sol-la ;

— *miserere nobis* (« prends pitié de nous »), membre conclusif, par opposition aux deux premières sections ; la note supérieure si est placée sous le mot-clé *miserere,* tandis que *nobis* est allongé comme *Dei* auparavant, et que la descente sur le sol final renforce l'effet conclusif.

La phrase entière est répétée trois fois sur la même mélodie ; la 3ᵉ fois, *miserere nobis* devient *dona nobis pacem* (« donne-nous la paix ») : le mot *pacem* (paix) tombe sur le mélisme du mot *nobis* (nous) et indirectement sur celui de *Dei* (Dieu), posant une relation entre ces 3 concepts essentiels. Pour un ex. de mélodie responsoriale dans le style concentus, cf. p. 114, fig. C.

Polyphonie et accompagnement
Le chant romain et surtout les nouvelles créations forment le fondement de la polyphonie (attestée dès le IXᵉ s.). Ils servent aussi plus tard de cantus firmus, c.-à-d. qu'ils fournissent les thèmes des parties de la messe, des motets etc., sans être modifiés. Au IXᵉ s., l'orgue apparaît dans l'église (occidentale) pour accompagner les hymnes, mais peut-être seulement le plein-chant. Seule, la *Chapelle Sixtine* à Rome conserva le chant *a cappella,* sans orgue.

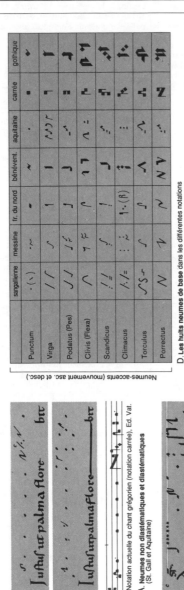

	sangallienne	messine	fr. du nord	bénévent.	aquitaine	carrée	gothique
Punctum							
Virga							
Podatus (Pes)							
Clivis (Flexa)							
Scandicus							
Climacus							
Torculus							
Porrectus							

Neumes-accents (mouvement asc. et desc.)

A. Neumes non diastématiques et diastématiques (St. Gall et Aquitaine)

Notation actuelle du chant grégorien (notation carrée), Ed. Vat.

B. Neumes sur lignes colorées de Gui (Bénévent)

C. Neumes avec lettres (Montpellier)

D. Les huits neumes de base dans les différentes notations

Pes subbipunctis			n. - accents
Torculus resupinus			
Porrectus flexus			
Epiphonus			n. à crochet
Cephalicus			
Ancus			

Interprétation	
Strophicus	
Oriscus	
Pressus	
Trigon	
Salicus	
Quilisma	

E. Neumes fréquents dans la notation sangallienne et dans notre notation carrée actuelle

Neumes simples
Neumes composés
Neumes liquescents
Neumes ornementaux

Neumes

Le chant grégorien était, au Moyen Âge, noté en neumes (du grec *neuma* : signe, geste). L'origine des neumes remonte à la chironomie et aux signes de la prosodie grecque (p. 170). La fixation par écrit des mélodies révèle des difficultés dans leur transmission orale. Les premiers manuscrits comportant des neumes datent des VIIIᵉ/IXᵉ s. (paléo-francs), les derniers datent du XIVᵉ s. (St-Gall).

Diverses écoles de notation se formèrent (cf. carte p. 184). La fig. D confronte quelques types d'écriture. Lorsque plusieurs signes apparaissent dans une même case, il s'agit de variantes. *St-Gall* : trait fin ; *Metz* : trait de plume délié, un peu ondulé : *France du nord* : plus vigoureux ; *Bénévent* : grosses barres d'une plume large ; *Aquitaine* : fins tracés réduits parfois à des points.

Neumes-accents. Pour les lectures, il existe les *neumes ekphonétiques* (articulation, cadences, etc.) ; pour le chant, les *neumes mélodiques* ou *neumes-accents* (mouv. asc. et desc.). Sur chaque syllabe vient un neume simple ou composé, sauf en cas de mélismes plus longs (fig. A, fin de la ligne). Les neumes ne désignent pas des hauteurs de notes, mais seulement des directions :

– **punctum** (point), de l'accent grave antique ´ indique un mouvement vers le bas : il faut donc descendre (on ignore s'il s'agit d'une seconde, d'une tierce, d'une quarte, etc.), ou rester dans le grave. St-Gall utilise un point ou un trait transversal (tractulus), Metz aussi.
– **virga** (petite barre), de l'accent aigu antique ´, mouvement ascendant : il faut donc monter ou rester dans l'aigu.
– **podatus** ou **pes** (pied), mouvement descendant puis ascendant, suite de punctum et virga : il y a donc parfois 2 signes (Metz, Aquitaine).
– **clivis** ou **flexa** (flexion), mouv. ascendant puis descendant, vient de l'accent circonflexe antique.
– **scandicus** et **climacus** comportent trois notes, ascendantes ou descendantes.
– **torculus** et **porrectus** comportent trois notes, asc.-desc.-asc. et inversement.

On appelait *ligatures* les *liaisons* de signes simples ; ainsi, le pes est une *ligature* à 2 notes, le porrectus une *ligature* à 3 notes. On appelait *conjonctures* les *associations* de signes simples ; ainsi le climacus est une *conjoncture* à 3 notes (plus tard, en forme de losange).

Les signes ont été élargis par des neumes formés de 4 notes ou plus. Le pes subbipunctis (*pied à 2 points inf.*) est une *apposition* de 4 notes (*liaison* de ligature à conjoncture, toujours sur *une* syllabe).

Les neumes à crochet (fig. E), du nom du petit crochet que forme l'apostrophe (WAGNER) sont des signes d'expression, comme :
– *les neumes liquescents*, à la rencontre des liquides *l, r, m, n* ; l'interprétation est inconnue (nasalisation ?) ;
– *les neumes d'ornement*, comme le **strophicus** (2 et 3 notes, même hauteur) et l'**oriscus** (tremblement de la voix ?) ; le **pressus** (vibrato ? accent ?), le **trigon** (?), le **salicus** (trille ?), le **quilisma** (glissando ? son guttural ?).

La diastématie traduit graphiquement les intervalles du mouvement mélodique : les neumes sont placés en haut ou en bas, ce qui sera repris ensuite pour la désignation des notes.
Le son aigu était appelé *acutus* (aigu, pointu), le son grave, *gravis* (lourd, sourd). Mais les écoles de notation étaient très diverses. La fig. A montre des neumes *non diast.* (St-Gall) : le mélisme de fin de ligne n'est pas asc., seuls le sont les neumes qui, faute de place sur la ligne, montent. Les neumes reproduits au-dessous sont diast. (Aquitaine). Les neumes aquitains se réduisent à des points.
La portée : parmi les essais de notation avec des lignes, c'est le système de GUI D'AREZZO († 1050) qui s'imposa : disposition des lignes par tierces, coloration des deux lignes au-dessus desquelles se trouve un demi-ton (jaune pour celle du do, rouge pour celle du fa) ; enfin, indication des clés d'ut et de fa (fig. B).
La notation alphabétique ne s'imposa pas (fig. C : neumes et lettres).
Les lettres significatives figurent dans des manuscrits de Metz et de Saint-Gall (IXᵉ-XIᵉ s.) étaient des signes d'interprétation ; p. ex. le tempo : a = *amplius* (plus large), c = *celeriter* (rapide), m = *mediocriter* (moyen) ; l'expression : p = *pressio* (serré), f = *cum fragore* (avec fracas), etc.
La notation carrée est la *notation du chant grégorien* encore utilisée. Issue des neumes aquitains et du nord de la France, elle se développa à partir du XIIᵉ s.
La notation gothique, issue des neumes stylisés, apparut aux Pays-Bas et en Allemagne aux XIVᵉ-XVᵉ s. (*notation allemande du chant grégorien*).

Les questions relatives au rythme ne trouvent pas de réponses dans la notation. Tempo et rythme dépendaient du texte et n'étaient pas notés.
La notation neumatique supposait que les chanteurs, grâce à la tradition orale, avaient appris et connaissaient les mélodies avec leurs intervalles exacts. En fait, l'« imperfection » du système de notation est le reflet du haut niveau des écoles de chant.

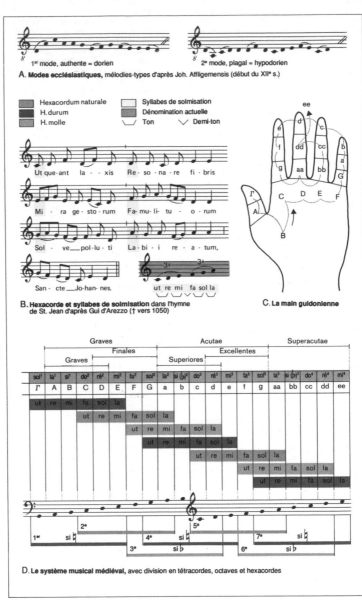

1er mode, authente = dorien

2e mode, plagal = hypodorien

A. **Modes ecclésiastiques,** mélodies-types d'après Joh. Affligemensis (début du XIIe s.)

Hexacordum naturale
H. durum
H. molle

Syllabes de solmisation
Dénomination actuelle
Ton   Demi-ton

Ut que-ant   la - - xis   Re - so - na - re   fi - bris

Mi - ra ge-sto - rum   Fa- mu-li- tu - o - rum

Sol - ve__pol-lu - ti   La - bi - i   re - a - tum,

San - cte__Jo-han- nes.

ut re mi   fa sol la

B. **Hexacorde et syllabes de solmisation** dans l'hymne de St. Jean d'après Gui d'Arezzo († vers 1050)

C. **La main guidonienne**

		Graves				Acutae					Superacutae			
	Graves			Finales			Superiores			Excellentes				
sol¹	la¹	si¹	do²	ré²	mi²	fa²	sol²	la²	si (♭)²	do³	ré³	mi³	fa³	sol³	la³	si (♭)³	do⁴	ré⁴	mi⁴
Γ	A	B	C	D	E	F	G	a	b	c	d	e	f	g	aa	bb	cc	dd	ee
ut	re	mi	fa	sol	la														
			ut	re	mi	fa	sol	la											
						ut	re	mi	fa	sol	la								
								ut	re	mi	fa	sol	la						
										ut	re	mi	fa	sol	la				
													ut	re	mi	fa	sol	la	
															ut	re	mi	fa	sol	la

1er   si ♮
2e
3e   si ♭

4e   si ♮
5e
si ♭

7e   si ♮
6e   si ♭

D. **Le système musical médiéval,** avec division en tétracordes, octaves et hexacordes

Modes, système des hexacordes

Les mélodies grégoriennes sont *diatoniques*. Si bémol et si bécarre sont considérées comme variantes diatoniques de la même note : ♭ *rotundum* ou « ♭ molle » et ♭ *quadratum* ou « ♭ durum ».

Au IXᵉ s., le *Musica Enrichiriadis* opéra un classement des « qualités » de l'échelle des sons disponibles selon le modèle du tétracorde grec, mais en y apportant quelques modifications et en utilisant des termes latins : *graves*, *finales* (fondamentales des modes ecclésiastiques), *superiores* et *excellentes*. Au XIᵉ s., GUI D'AREZZO souligna l'identité des sons à l'octave. Il élargit l'ensemble de l'échelle vers l'aigu et proposa le classement en *graves*, *acutae* et *superacutae* (fig. D, cf. p. 198 sq.).

Les modes ecclésiastiques
Les mélodies possèdent certaines caractéristiques, qui conduisent à les classer en 8 *modi* ou *modes ecclésiastiques*. Ces caractéristiques concernent :
— **la fondamentale** (*finalis*), sorte de tonique (point de repos) ;
— **la teneur** (*tuba*, *repercussio*), sorte de dominante (note principale de la mélodie) ;
— **l'étendue** (*ambitus*) : elle est normalement d'une octave, mais se trouve fréquemment élargie d'un ton dans le grave et de deux tons dans l'aigu ;
— **les formules mélodiques** : intervalles et tournures caractéristiques.
Le classement systématique en 8 modes ecclésiastiques n'apparut qu'après une longue période d'existence des mélodies grégoriennes. Les premiers travaux datent du IXᵉ s. AURÉLIEN DE RÉOMÉE, ODON DE CLUNY). Aux 4 finales correspondent 4 modes principaux ou *modes authentes* (teneur à la quinte) ; les 4 *modes plagaux* correspondants ont les mêmes finales, mais leur ambitus est décalé d'une quarte vers le grave, leur teneur est à la tierce (avec des exceptions cependant, cf. p. 90) ; d'autre part, leurs mélodies-types sont différentes.
Les modes furent numérotés : 1. *Protus authente*, 2. *Protus plagal*, 3. *Deuterus authente*, 4. *Deuterus plagal*, 5. *Tritus authente*, 6. *Tritus plagal*, 7. *Tetrardus authente*, 8. *Tetrardus plagal*.
Aux IXᵉ-Xᵉ s., on adopta les noms des « tons » grecs ; à travers BOÈCE († 524), on se référait ainsi aux *tons de transposition* de Ptolémée, avec, aussi, une certaine influence de l'*octoechos* byzantin. Mais à la suite d'une erreur, les noms des modes ecclésiastiques ne correspondent pas aux tons grecs originaux ; p. ex. le dorien grec = mi-mi, alors que le dorien médiéval = ré-ré (cf. tableaux p. 90 et 176).
Les mélodies-types de la fig. A sont empruntées à JOHANNES AFFLIGEMENSIS (JOHN COTTON, XIIᵉ s.). Noter, pour le 1ᵉʳ mode, la quinte ascendante caractéristique, puis la montée sur la septième mineure, la descente mélodique, avec arrêt sur la teneur *la* et cadence sur la finale *ré*. Dans l'ex. donné pour le 2ᵉ mode, on remarquera que, conformément à l'ambitus décalé dans le grave du mode plagal, la mélodie dépasse la finale *ré* pour atteindre le *la* inférieur.

Système hexacordal et solmisation
L'hexacorde (*six cordes*) est une série conjointe de six notes formant des intervalles bien déterminés : 2 tons, 1 demi-ton, 2 tons. Chacune de ces notes possède une certaine « qualité », en fonction de son « entourage », c.-à-d. de sa position : ainsi, la 3ᵉ note est toujours surmontée d'un demi-ton. Dans un but pédagogique (faciliter le déchiffrage), GUI D'AREZZO imagina de désigner par des syllabes les six notes de l'hexacorde que l'on désignait jusqu'alors par des lettres. GUI emprunta ces syllabes à un hymne de St-Jean du VIIIᵉ s., dont il composa lui-même la mélodie dorienne : le nom des notes est pris à chacun des six premiers vers de l'hymne *ut ré mi fa sol la* (cf. fig. B). Le demi-ton se trouve toujours entre *mi* et *fa*, les syllabes n'indiquant que des *hauteurs relatives*. L'hexacorde pouvait être construit sur *do*, sur *sol* ou sur *fa* :
— sur do : hexacorde par nature (*hexachordum naturale*) ;
— sur sol : hexacorde par bécarre (*hexachordum durum*, avec si bécarre) ;
— sur fa : hexacorde par bémol (*hexacordum molle*, avec si bémol).
La division de l'ensemble du système donna sept hexacordes s'enchaînant l'un à l'autre, que le chanteur pouvait facilement mémoriser. Si la mélodie dépassait l'étendue d'un hexacorde, on passait à un hexacorde voisin (système des *muances* ; cf. fig. D).
On doit aussi à GUI D'AREZZO la *main guidonienne*, qui permettait aux chanteurs de retrouver les différentes notes du système (fig. C). Elle pouvait être utilisée aussi bien dans l'enseignement du chant que dans la direction chorale.
La solmisation hexacordale se maintint jusqu'au XVIᵉ s. ; elle fut ensuite légèrement modifiée et étendue à l'octave : *do ré mi fa sol la si do*. Sous cette forme, elle est encore très largement en usage aujourd'hui, principalement dans les pays de langue romane (*solfège*).
Musica ficta. Au cours des XIIIᵉ-XIVᵉ s. apparurent des notes chromatiques dans un système jusqu'alors diatonique. Ainsi, p. ex., un hexacorde ré-si bécarre impliquait un fa dièse (en raison de la place fixe du demi-ton). Le rôle de ce chromatisme apparent (*musica ficta*, *musica falsa*, notes *fictives*), très restreint dans le plain-chant, devint plus important dans les compositions profanes et sacrées de la fin du Moyen Âge.

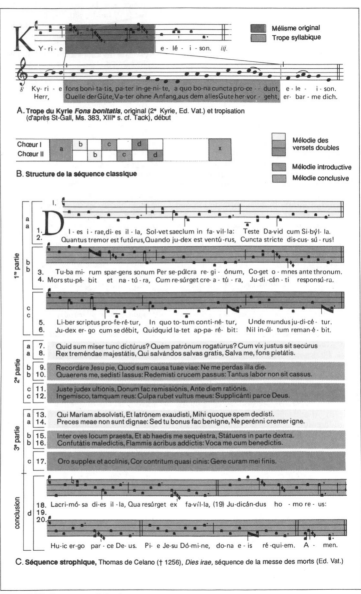

K Y- ri - e   e - lé - i - son. *iij.*

■ Mélisme original
▨ Trope syllabique

Ky- ri - e fons boni-ta-tis, pa-ter in-ge-ni- te, a quo bo-na cuncta pro-ce - - dunt, e - le -   i - son.
Herr,   Quelle der Güte, Va-ter ohne Anfang, aus dem alles Gute her-vor - geht, er- bar - me dich.

A. Trope du Kyrie *Fons bonitatis*, original (2e Kyrie, Ed. Vat.) et tropisation
(d'après St-Gall, Ms. 383, XIIIe s. cf. Tack), début

Chœur I
Chœur II
| a | b | c | d | | | x |

□ Mélodie des versets doubles

B. Structure de la séquence classique

■ Mélodie introductive
▨ Mélodie conclusive

I.

D

1re partie

a a
1. I - es i - rae, di- es il - la, Sol-vet saeclum in fa- vil- la: Teste Da-vid cum Si-býl- la.
2. Quantus tremor est futúrus, Quando ju-dex est ventú-rus, Cuncta stricte dis-cus- sú - rus!

b b
3. Tu-ba mi- rum spar-gens sonum Per se-púlcra re- gi - ónum, Co-get o - mnes ante thronum.
4. Mors stu-pé- bit et na- tú - ra, Cum re-súrget cre- a - tú - ra, Ju-di -cán - ti responsú-ra.

c c
5. Li-ber scriptus pro-fe-ré-tur, In quo to-tum conti-né- tur, Unde mundus ju-di-cé - tur.
6. Ju-dex er- go cum se débit, Quidquid la-tet ap-pa- ré- bit: Nil in-úl- tum reman-é - bit.

2e partie

a a
7. Quid sum miser tunc dictúrus? Quem patrónum rogatúrus? Cum vix justus sit secúrus
8. Rex treméndae majestátis, Qui salvándos salvas gratis, Salva me, fons pietátis.

b b
9. Recordáre Jesu pie, Quod sum causa tuae viae: Ne me perdas illa die.
10. Quaerens me, sedísti lassus: Redemisti crucem passus: Tantus labor non sit cassus.

c c
11. Juste judex ultiónis, Donum fac remissiónis, Ante diem ratiónis.
12. Ingemisco, tamquam reus: Culpa rubet vultus meus: Supplicánti parce Deus.

3e partie

a a
13. Qui Mariam absolvisti, Et latrónem exaudisti, Mihi quoque spem dedísti.
14. Preces meae non sunt dignae: Sed tu bonus fac benigne, Ne perénni cremer igne.

b b
15. Inter oves locum praesta, Et ab haedis me sequéstra, Státuens in parte dextra.
16. Confutátis maledictis, Flammis ácribus addictis: Voca me cum benedictis.

c
17. Oro supplex et acclinis, Cor contritum quasi cinis: Gere curam mei finis.

conclusion

d
18. Lacri-mó- sa di-es il - la, Qua resúrget ex fa-víl-la, (19) Ju-dicán-dus ho - mo re - us:
19.
20. Hu-ic er-go par - ce De- us. Pi- e Je-su Dó-mi-ne, do-na e - is ré-qui-em. A - men.

C. Séquence strophique, Thomas de Celano († 1256), *Dies irae,* séquence de la messe des morts (Ed. Vat.)

Trope de Kyrie, structure de la séquence

Trope et séquence. Lorsqu'à l'époque carolingienne, le plain-chant romain se répandit comme patrimoine mélodique de l'Église, le besoin d'innover s'exprima par le *trope* et la *séquence*. On suppose qu'ici s'introduisirent des éléments de la musique profane. Le trope et la séquence apparaissent comme des ornements particuliers (pour les fêtes), et on les rencontre surtout dans la messe.

Le trope est un complément incorporé ou mis à la suite du plain-chant ; sa forme n'est pas fixée. Technique de tropisation :
– **adaptation d'un texte à un mélisme** (trope mélogène, fig. A). Le trope est un texte nouveau dont *chaque syllabe* se greffe sur une note de la vocalise. Son sens est en rapport avec le texte du plain-chant. Ainsi, fig. A, le mot « Kyrie » est complété par le trope.
– **texte nouveau sur une mélodie nouvelle :** tous deux s'adaptent au texte et à la mélodie du plain-chant.
– **interpolation purement mélodique** (trope méloforme) : pour enjoliver certains passages du chant grégorien, on ajoute un mélisme. Ainsi, le mélisme du Kyrie, fig. A, pouvait déjà être un trope méloforme. On peut parfois reconnaître les mélismes interpolés par leur style et leur origine (tradition bien délimitée).

La séquence est un cas particulier du trope : l'adaptation d'un texte au long mélisme de la dernière syllabe de l'*alleluia*, appelé *jubilus*, *sequentia* ou *longissima melodia*. Le jubilus ou séquence est chanté à la messe, à la reprise de l'alleluia, après le verset du psaume (*all.-versus-all.*) et avant l'Évangile. Dans les messes où il n'y a pas d'alleluia, la séquence suit le trait.

Quand apparurent les premières séquences, NOTKER LE BÈGUE de St-Gall († 912), dans une lettre célèbre, expliqua les difficultés d'apprendre par cœur les longs jubili sans texte. Un réfugié de l'abbaye de Jumièges près de Rouen, détruite par les Normands en 851, lui montra des jubili accompagnés d'un texte (appelés *prosa*) et il composa lui-même là-dessus des textes « meilleurs » pour les mélismes de l'alleluia. Ce moyen mémotechnique devint d'abord une forme littéraire, puis musicale.

Structure de la séquence (fig. B). Dans la séquence classique, les vers étaient chantés deux à deux sur la même mélodie, par deux demi-chœurs alternés. On obtient ainsi une série de *versets doubles* précédés et suivis d'un vers unique chanté à l'unisson. Les versets sont de longueurs très différentes. Cependant, il existe également des séquences *a-parallele* sans verset double ou avec une structure irrégulière, et auparavant la séquence dite *archaïque* avec *reprise* de plusieurs versets.

Le pendant de la séquence dans la musique profane est le *lai* et l'*estampie* instrumentale (p. 192).

On distingue trois périodes dans l'histoire de la séquence :
1. **La séquence classique,** env. 850-1050, surtout à St-Gall, à Reichenau et à l'abbaye St-Martial de Limoges (répertoire Est et Ouest). Outre NOTKER, les principaux représentants en sont EKKEHARD I († 973) de St-Gall, HERMANNUS CONTRACTUS († 1054) et BERNON († 1048) DE REICHENAU ainsi que WIPO DE BOURGOGNE († vers 1050).
2. **La séquence rimée,** à partir du XIIᵉ s. avec adaptation des versets deux à deux en longueur et en rythme, la rime prenant la place de l'assonance ; elle a ses mélodies propres et plus de rapport avec l'alleluia. Le représentant le plus éminent en est l'augustin ADAM DE SAINT VICTOR à Paris († 1177).
3. **La séquence strophique,** à partir du XIIIᵉ s., perfectionnement de la séquence rimée ; représentants : THOMAS DE CELANO († 1256), THOMAS D'AQUIN († 1274), etc.

Les séquences, surtout celles du premier style, étaient si appréciées au Moyen Âge, qu'elles prirent une grande place dans la liturgie. Leur nombre approchait 5 000. Au XVIᵉ s., le Concile de Trente les limita à 4 dans la liturgie romaine officielle :
– *Victimae paschali laudes,* de WIPO DE BOURGOGNE, séquence de Pâques ;
– *Veni sancte spiritus,* de STEPHEN LANGTON (Canterbury, † 1228), pour la Pentecôte ;
– *Lauda Sion,* séquence pour la Fête-Dieu ;
– *Dies irae,* séquence du Requiem. On en ajouta en 1727 une cinquième :
– *Stabat mater,* du franciscain JACOPONE DA TODI († 1306), pour la fête de Notre-Dame des Sept Douleurs, le 15/9.

La fig. C montre la séquence complète du Requiem : chaque strophe se compose de 3 versets ; elles sont chantées 2 par 2 sur la même mélodie (comme des anciens versets doubles) ; les mélodies se répètent par 3 comme de « grandes strophes » (sans verset double pour la strophe 17) ; les strophes 18-20 forment une conclusion libre. La mélodie dorienne, mélancolique, est souvent utilisée (ex. : BERLIOZ, *Symphonie fantastique* ; LISZT, *Danse macabre*).

Le drame liturgique. A partir des tropes de l'introït de Pâques et de Noël, on développa des dialogues chantés qu'accompagna bientôt une action dramatique. C'est ainsi qu'apparurent de petites pièces religieuses indépendantes, ex. : *Le Jeu de Daniel* et plus tard les *Mystères* que l'on jouait hors de l'église.

A. Laisse avec refrain, Anonyme, Chanson de toile (trouvère, XIIIe s. ?)

B. Lai, Raimbaut de Vaqueiras, Estampida (troubadour, XIIe s.), structure de séquence : 1re strophe

C. Forme Bar et formes strophiques avec refrain

musique	ab	a	a	ab	ab
structure	R	Ad	R	Ad	R

Rondeau

musique	ab	c	c	db	ab
structure	R	St	St	A	R

Virelai

musique	(ab)	cd	cd	ef	ab
structure	R	St	St	A	R

Ballade

musique		ab	ab	cde	
structure		St	St	A	

Forme Bar

D. Adam de la Halle, Rondeau, original (Ms Paris, BN, f. fr. 25566, fol. 33) et transcription

	Ouvert (suspensif)		Chœur (refrain)	A	Abgesang	St	Stollen
	Clos (conclusif)		Solo (additamenta)	Ad	Additamenta	R	Refrain

Formes strophiques

La poésie lyrique du Moyen Âge apparut en France dans le dernier tiers du XIᵉ s. avec les **troubadours** au sud, un siècle plus tard avec les **trouvères** au nord, et les **Minnesänger** dans les pays germanophones. C'est vers 1200 que ce mouvement connut son apogée. Il diminua avec le déclin de la chevalerie, à la fin du XIIIᵉ s.

La nouvelle chanson profane est le pendant de l'art vocal spirituel, correspondant, sur le plan formel, à la séquence rimée strophique, à l'hymne et au conduit, et sur le fond principalement au culte marial. Le **foyer d'origine** en est l'**Aquitaine** qui participa aussi activement à l'élaboration des formes religieuses (en particulier, Saint-Martial, p. 191 et 201).

La poésie lyrique est à l'origine surtout cultivée par la **noblesse**.

Les termes **troubadours** et **trouvères** (du provençal *trobar* : *trouver*) signifient « inventeurs du texte et de la mélodie » (*poète-musicien*). Ils diffèrent par le dialecte. La Loire forme frontière linguistique. Au sud, règne la *langue d'oc* des troubadours (en provençal, *oc* : oui), au nord, c'est le domaine de la *langue d'oïl* des trouvères (en ancien français, *oïl* : oui).

Les différents types de chansons

L'art vocal médiéval produisit une foule considérable de formes littéraires et musicales. On les répartit en 4 types fondamentaux (selon GENNRICH) :

1. **Le type litanie** : interprété comme les épopées anciennes où chaque vers était chanté sur la même mélodie :
a) **chanson de geste** : poème héroïque en vers, sans strophes bien délimitées mais avec des couplets libres (**laisses**) ; la longueur de ces laisses est variable et elles se terminent par une formule de conclusion (ex. : *Chanson de Roland*) ;
b) **structure des laisses** : après un nombre déterminé de répétitions de la mélodie de chaque vers avec une fin suspensive (*ouvert*), on la répète une dernière fois en terminant sur la finale (fin conclusive : *clos*), ex. : fig. A, ligne 1 : répétée trois fois, ligne 2 : fin ;
c) **rotrouenge** : chanson comportant en général 6 strophes avec **refrain** (fig. A). Le soliste chantait le couplet, le chœur le refrain.
La **chanson de toile** est une chanson de geste en raccourci. Elle raconte des histoires d'amour et des légendes par exemple sur le thème de l'infortunée fille du roi (fig. A).

2. **Le type séquence** : comme dans la séquence religieuse à double verset, les versets ont ici, deux à deux, la même rime et la même mélodie avec finale ouverte et finale close ; les couples de versets sont de longueur

inégale ; les principales formes sont : le **lai**, le **descort**, l'**estampie**, cette dernière uniquement instrumentale.
On pense que l'*estampida Kalenda Maya* fut d'abord interprétée par deux vièlistes en alternance et que le texte ne fut écrit qu'après. Sa 1ʳᵉ section est répétée, contrairement au principe de la séquence primitive, mais elle ne présente qu'une finale close (fig. B).

3. **Le type hymne** : il vient de la forme de l'hymne ambrosienne : dimètres iambiques en 4 sections avec mélodie sans répétition, a b c d (**vers**, cf. p. 180, fig. E). Si l'on répète la première section (deux vers), on obtient :
a) **forme Bar** : en trois parties : ab, ab, cd ou cde. Il est d'usage de conserver les termes allemands *Stollen* (ab) et *Abgesang* (cd ou cde, fig. C) ;
b) **canzone à tornade** : à la fin de l'*Abgesang*, on reprend le deuxième vers du *Stollen* (ab ab cdb ; cf. p. 196, fig. B).

4. **Chansons de danse** : formes avec refrain, dérivées du type séquence (*lai raccourci*) :
a) **ballade** : forme *Bar* avec refrain de deux vers, qui se trouve parfois au début (fig. C) ;
b) **virelai** : forme *Bar* précédée et suivie du refrain dont le second vers est repris dans l'*Abgesang* (fig. C) ;
c) **rondeau** : alternance d'un chœur (*refrain*) et d'un soliste (*additamenta*), tous deux chantent la même mélodie à deux vers ou sa 1ʳᵉ moitié selon le schéma du tableau C (cf. exemple fig. D).
Outre les formes poétiques primitives *sans répétition*, les troubadours utilisaient surtout les formes du type *hymne* et les formes strophiques plus simples, alors que les trouvères préféraient les formes issues des types *litanie, séquence,* et des *chansons de danse*.

Par leur style, les **mélodies** sont les mêmes que celles des chansons religieuses. Elles restent dans le cadre des **modes ecclésiastiques**. On adapte souvent un nouveau texte à un air déjà existant. On a abandonné aujourd'hui l'ancienne conception selon laquelle on chantait les mélodies sur 6 modes rythmiques (p. 202) ; au contraire, correspondait aux mélodies une **variété rythmique** s'appuyant sur la déclamation du texte. En même temps, apparaissent des signes de notation pour le mode et la mesure.

Les types de chansons selon leur contenu

Les **thèmes** traités par le poète-musicien du Moyen Âge sont pris non pas uniquement de la biographie, mais s'étendent au domaine plus vaste des idées traditionnelles de son temps. Il existe différents types de chansons :

— **chanson (canzone, lied)** : chanson d'*amour courtois* (thèmes du désir inassouvi et de réalisations simulées) ;

−**chanson d'aube (alba)** : l'aube sépare le couple d'amoureux ;
−**pastourelle** : chante l'amour entre un chevalier et une bergère ;
−**sirventès** : chanson politique, morale, ou satirique ;
−**chanson de croisade** : appel à la croisade ou narration de celle-ci ;
−**planh** : déploration sur la mort d'un seigneur ;
À cela s'ajoutent le **jeu-parti**, le **tenso** et le **partimen** (dialogues et disputes), les **ballades** (chansons de danse), etc.

Historique
Le premier troubadour connu est GUILLAUME IX D'AQUITAINE (1071-1127). Sa petite-fille ÉLÉONORE D'AQUITAINE, joua un rôle important dans la diffusion de l'art des troubadours vers le Nord, car elle épousa d'abord (1137-1152) LOUIS VII, roi de France, puis en 1152 le duc HENRI D'ANJOU-PLANTAGENÊT qui devint, en 1154, HENRI II, roi d'Angleterre.
Ses filles transmirent les traditions de la chevalerie, surtout MARIE épouse d'HENRI Iᵉʳ DE CHAMPAGNE († 1181) qui résidait à Troyes. Elle sut attirer à sa cour les meilleurs troubadours et trouvères, notamment CONON DE BÉTHUNE, GACE BRULÉ et CHRÉTIEN DE TROYES, créateur du cycle du roi Arthur et de ses chevaliers Érec, Yvain, Lancelot, Perceval, Tristan, etc.
Les guerres contre les Albigeois (1209-1229) mirent fin au règne des troubadours.

Contenu des chansons : les chansons de GUILLAUME sont, avec beaucoup de naturel, un divertissement animé et courtois.
L'amour courtois est le thème principal des chansons de JAUFRÉ RUDEL († vers 1150). Il chante surtout la bien-aimée lointaine, c.-à-d. que l'assouvissement du désir lui importe peu, il chante la nostalgie et la douleur de l'éconduit. La dame est d'un rang si haut qu'on ne peut l'atteindre. JAUFFRÉ RUDEL était, comme BERNART DE VENTADOUR, un bourgeois au service de la noblesse, ce qui élargissait le fossé entre lui et la dame qu'il chantait.
Trobar clus : style savant et rhétorique illustré notamment par PEIRE D'AUVERGNE ou FOLQUET DE MARSEILLE ; leur poésie est hermétique et exprime des pensées philosophiques au moyen de métaphores et d'allusions à la mythologie (*motz serratz e clus*).
Chansons à danser : beaucoup sont restées populaires. Elles évoquent le printemps, le divertissement : ex. « *Kalenda maya* » (mois de mai) de RAIMBAUT DE VAQUEIRAS. Le balancement des rimes et les vers à quatre accents dans un rythme rapide à trois temps, ont la légèreté d'une danse printanière (p. 192, fig. B, 1ʳᵉ des 5 strophes).

Les générations de troubadours. Nous connaissons env. 450 noms, 2 500 poèmes, et 300 mélodies.
1ʳᵉ période (1080-1120) : GUILLAUME IX, duc d'Aquitaine et comte de Poitiers (1071-1127), 11 textes nous sont parvenus ;
2ᵉ période (1120-1150) : JAUFRÉ RUDEL († vers 1150), thème de l'amour courtois, 3 mélodies : MARCABRU († vers 1140), à la cour de GUILLAUME X à Poitiers et chez ALPHONSE VIII DE CASTILLE, 4 mélodies, *trobar clus* ;
3ᵉ période (1150-1180) : BERNART DE VENTADOUR (1130-1195), le plus célèbre troubadour dont nous possédons 19 mélodies (*Chanson de l'alouette*) ;
4ᵉ période (1180-1220) : apogée vers 1200, PEIRE VIDAL († 1205), RAIMBAUT DE VAQUEIRAS († 1207) à la cour de BONIFACE DE MONTFERRAT (p. 192, fig. B), AIMERIC DE PÉGUILHAN, ARNAUT DANIEL († 1210), célébré par DANTE, FOLQUET DE MARSEILLE († 1231), érudit, évêque de Toulouse ;
5ᵉ période (jusqu'en 1300) : GUIRAUT RIQUIER († 1298), le dernier troubadour.

Les générations de trouvères. Les manuscrits des chansons nous donnent une foule de noms. Nous connaissons plus de 4 000 poèmes et de 2 000 mélodies (plus ancien manuscrit : *Chansonnier d'Urfé*, XIIIᵉ s.
1. (1150-1200) : CHRÉTIEN DE TROYES (1120-1180), RICHARD CŒUR DE LION († 1199), BLONDEL DE NESLE, qui délivra Richard de sa captivité.
2. (1200-1250) : CONON DE BÉTHUNE († 1219 en croisade), GACE BRULÉ († 1220), COLIN MUSET († 1250), THIBAUT IV DE CHAMPAGNE (roi de Navarre, † 1258) ; GAUTIER DE COINCI († 1236, *Miracles de Notre-Dame*, où l'on trouve de nombreux *contrafacta*, ou réutilisations de mélodies profanes) ;
3. (1250-1300) : JEHAN BRETEL († 1272), bourgeois d'Arras, et surtout ADAM DE LA HALLE (1237-1287), ménestrel de ROBERT II d'Arras, avec qui il partit pour Naples en 1283 ; 16 rondeaux à 3 voix (p. 192, fig. D, voix principale au milieu, cf. p. 209), 18 jeux-partis, dont le *Jeu de Robin et Marion*, avec dialogues et 36 chansons.
Les sources : les poèmes nous sont parvenus dans des manuscrits ou « chansonniers » ; souvent la musique n'y figure pas, ou seulement partiellement (dans certains cas, une portée est tracée mais sans notation). Ces recueils datent pour la plupart du XIIIᵉ s. ; ils sont collectifs et fournissent les noms de plus de 600 poètes-musiciens.
Au cours du XIIIᵉ s., dans les villes, des associations bourgeoises de chant (**puy**) prennent la tête du mouvement. La spon-

tanéité fait place à des concours aux règles artificielles.

Minnesang. La poésie lyrique en moyen haut allemand fait son apparition vers le milieu du XIIᵉ s. ; **Minnesang** signifie littéralement chanson d'amour courtois. Comme en France, cette poésie est le fait de la **noblesse,** de la **chevalerie** et de serviteurs privilégiés. Avec le déclin de la féodalité et le développement des villes au XIVᵉ s., le Minnesang se détache du *Meistersang* des bourgeois (littéralement : chant de Maître, cf. **Meistersang** p. 197).

Les théories sur l'origine du Minnesang s'intéressent d'abord aux textes. Elles sont aussi valables pour la France :
— **thèse latine** (incontestée) : influence de la poésie classique d'OVIDE et d'HORACE ;
— **thèse médiévale** (très vraisemblable) : sur le modèle des romans du Moyen Âge (ex. : *Abélard et Héloïse*), de la poésie des Goliards et de la poésie religieuse ;
— **thèse arabe** (incontestée) : la poésie arabe et le culte de la Femme en Espagne influencèrent le Midi français proche ;
— **thèse de l'origine populaire** (douteuse) : la lyrique savante aurait été influencée par des chansons populaires disparues.

L'origine des mélodies n'est pas éclaircie. Il pouvait s'agir d'imitations ou de *contrafacta* de chants religieux, mais ces mélodies pouvaient aussi provenir d'un répertoire profane autochtone.

Les chansons adoptent surtout la **forme Bar** et la structure de séquence du **lai** français. En revanche, rares sont les formes avec refrain (pas d'influence des trouvères).

Les mélodies ont été composées par les poètes eux-mêmes. Chaque poème avait sa mélodie propre, cependant on pouvait lui en adapter une déjà existante : ce fut le cas pour beaucoup de mélodies romanes, car elles étaient appréciées dans de nombreux pays (croisades, pèlerinages, etc.). Le terme **lied** désigne d'abord un texte de forme strophique. Cependant, les poèmes n'étaient en principe pas récités mais chantés (« un vers sans musique est comme un moulin sans eau », FOLQUET DE MARSEILLE). Faute de sources, on ne peut reconstituer la formàtion des mélodies. Il y eut une première période de chant monodique aux XIIᵉ-XIIIᵉ s. ; dans une seconde période, aux XIVᵉ-XVᵉ s., on vit apparaître quelques adaptations polyphoniques (le MOINE DE SALZBOURG, OSWALD VON WOLKENSTEIN, cf. p. 256).

La notation du **rythme** n'est pas clairement identifiable. La transcription en valeurs égales, comme dans le plain-chant, n'est pas valable, car même les chansons religieuses étaient rythmées. La fig. B (p. 196) montre un essai de transcription à 4 temps (LUDWIG) d'une mélodie romane, et un autre, selon les modes rythmiques (HUSMANN).

L'interprétation.

Le poète-musicien chantait le plus souvent lui-même, mais il pouvait être accompagné d'instrumentistes (*ménestrels, jongleurs*) à la **vièle,** au **luth,** à la **harpe,** etc., s'il ne s'accompagnait pas lui-même. Les instruments exécutaient le prélude, les interludes et le postlude. Ils n'étaient pas à l'unisson du chant mais jouaient, en **hétérophonie,** la même mélodie avec des variantes et des ornements. Les accompagnements n'étaient pas notés mais improvisés.

Le contenu des chansons est souvent le même que celui des troubadours et des trouvères. La préférence allait aux formes de grand style que seuls abordaient les meilleurs poètes et qu'ils marquaient de leur personnalité.

L'idéal chevaleresque de l'**amour courtois** venu d'Occident, amour qui ne connaît point d'assouvissement, a une valeur éducative. A cet amour s'oppose l'**amour vulgaire,** sensuel.

A côté du thème de l'amour, il y avait tout l'univers de la chanson satirique, **le Spruch** (correspondant au *sirventès* français).

Les générations de Minnesänger s'identifient à l'histoire de la littérature :

1ʳᵉ période (1150-1170), *Minnesang primitif des pays du Danube* (sans modèle occidental ?) : **5 anonymes,** avec des chansons d'amour de style populaire : KÜRENBERG (forme strophique comme le *Nibelungenlied*), MEINLOH VON SEVELINGEN, DIETMAR VON AIST.

2ᵉ période (1170-1200), *Printemps du Minnesang,* forte influence occidentale : HEINRICH VI (fils de BARBEROUSSE † 1197, Messine), HEINRICH VON VELDEKE (Rhin inférieur), FRIEDICH VON HAUSEN († 1190 à la croisade de BARBEROUSSE), RUDOLF VON FÉNIS (Suisse), HEINRICH VON RUGGE (Tübingen).

3ᵉ période (1200-1230), Apogée du Minnesang : REINMAR VON AGUENAU († 1205, complainte de l'amour lointain immatériel), HARTMANN VON AUE († 1215), HEINRICH VON MORUNGEN († 1222, chansons d'érudit, hermétique), NEIDHART VON REUENTHAL († vers 1245, partourelles villageoises assez crues) et surtout WALTHER VON DER VOGELWEIDE (vers 1170-1228), le Minnesänger le plus important. Il apprit à « chanter et à parler » (donc à *composer* et à *écrire*) en Autriche, travailla à la cour des Badenberg à Vienne (jusqu'en 1198), auprès du landgrave HERMANN VON THÜRINGEN (jusqu'en 1202), participa en 1207 (?) au tournoi légendaire des chanteurs à la Wartburg puis s'attacha à OTHON IV (1212) et à FRÉDÉRIC II (à partir de 1214) qui lui donna un fief à Würzbourg.

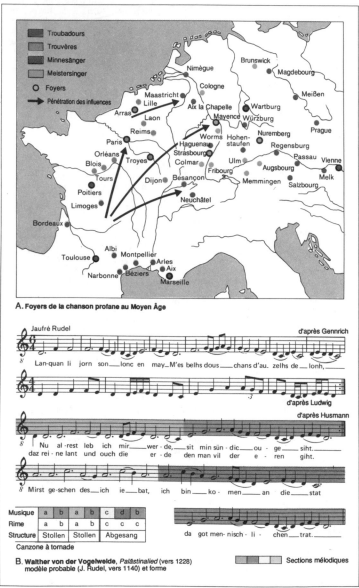

A. Foyers de la chanson profane au Moyen Âge

B. **Walther von der Vogelweide**, *Palästinalied* (vers 1228)
   modèle probable (J. Rudel, vers 1140) et forme

Foyers, Palästinalied

WALTHER part de l'idéal chevaleresque de l'amour courtois, use dans ses lieder d'un ton qui frappe par sa gaieté et parvient finalement à l'« amour tempéré » du couple dont les droits sont égaux. Ses chansons politiques et religieuses sont remarquables. Il écrivit le **Palästinalied** pour la croisade de 1228 (sans y participer lui-même). C'est sa seule mélodie qui nous soit parvenue entière (fig. B). Elle provient probablement d'un modèle fr. (RUDEL), mais s'en distingue nettement. On reconnaît à la mélodie, et non au texte, qu'il s'agit d'une forme **canzone à tornade**.

4ᵉ période (1230-1300) : *Tournant du Minnesang :* caractérisé par le passage dans les milieux bourgeois, KONRAD VON WÜRZBURG († 1287), HEINRICH VON MEISSEN, dit FRAUENLOB († 1318, Mayence), WIZLAV VON RÜGEN († 1325), TANNHAÜSER (exerça en Bavière vers 1250).

5ᵉ période (XIVᵉ/XVᵉ s.) : *Minnesang tardif,* coexiste avec le *Meistersang* (litt. chant. des Maîtres) ; représenté notamment par : le MOINE HERMANN VON SALZBURG (XIVᵉ s.), HUGO VON MONTFORT (1357-1423, Bregenz) et OSWALD VON WOLKENSTEIN (1377-1445, Tyrol, « dernier Minnesänger ».

Les sources. Alors que les textes des Minnesänger sont connus à partir du XIIIᵉ-XIVᵉ s. (ex. : *le grand Chansonnier de Heidelberg,* le *Codex Manesse* de 1315-30, la notation des mélodies n'apparut qu'aux XIVᵉ-XVIᵉ s. (conforme à l'original ?).
Les Meistersänger ont utilisé les mélodies des Minnesänger. Les principales sources sont :
– **le Fragment de Münster,** début du XIVᵉ s., notation carrée, 3 mélodies de WALTHER avec texte, dont une complète (fig. B) ;
– **les Carmina burana,** vers 1300 (manuscrit de Benediktbeuern), partiellement noté en neumes, poésie lyrique profane en latin et en moyen haut allemand écrite par des ecclésiastiques (PHILIPPE DE GRÈVE, STEPHAN LANGTON, etc.) mais aussi par DIETMAR VON AIST, REINMAR, WALTHER, MORUNGEN, NEIDHART, etc.) avec des sentences, des chansons d'amour, à boire et à danser laissées par les **vagants** (des défroqués et des étudiants), ainsi que des pièces religieuses ;
– **le Chansonnier d'Iéna,** vers 1350, notation carrée, 91 mélodies ;
– **le Chansonnier de Vienne,** avant 1350, mélodies de FRAUENLOB, de REINMAR VON ZWETER, etc. ;
– **le Chansonnier de Vienne-Mondsee,** vers 1400, 56 mélodies, surtout du MOINE DE SALZBOURG ;
– **le Chansonnier de Colmar,** vers 1460,

peut-être le « *Livre d'or de Mayence* », 105 mélodies ;
– **le Chansonnier de Donaueschingen,** vers 1450, 21 mélodies, surtout de FRAUENLOB ;
– **le Chansonnier de Rostock,** vers 1475, 31 mélodies.
L'attribution d'une mélodie à un texte connaît 3 stades :
1. Le texte et la mélodie nous sont transmis ensemble ; très rare (*Fragment de Münster,* cf. supra).
2. Une mélodie ayant un texte étranger porte le nom d'un Minnesänger, ex. : « Herrn Walthers guldin weise » dans le *Chans. de Colmar.* Par ailleurs, elle s'adapte exactement à un texte précis de WALTHER, le *Taglied.* Cependant l'attribution reste incertaine.
3. Des mélodies de l'héritage roman sont adaptées à des textes en moyen haut allemand et concordent par le contenu et la forme (**contrafacta**).

Les Meistersinger (maîtres-chanteurs)
Des bourgeois, surtout des artisans, se rassemblèrent en écoles de chant, semblables à des corporations, régies selon des règles strictes et des statuts (comme le **puy** en France). Ce mouvement connut son apogée au XVᵉ-XVIᵉ s. (Mayence, Wurzbourg, Nuremberg, etc., fig. A). Il disparut au XVIIᵉ s.
Les textes étaient, la plupart du temps, tirés de la Bible, ou bien politico-satiriques, mais comprenaient aussi des chansons comiques et à danser.
Les mélodies sont modales avec une tendance vers le majeur-mineur, elles sont syllabiques mais en partie ornées de mélismes (« *fleuries* »).
La forme de strophe la plus courante est la **forme Bar** (aab) qui peut présenter une reprise finale de a.
Les chansons étaient rassemblées dans des manuscrits. Le plus connu est le « *Livre d'Or de Mayence* » (*Chansonnier de Colmar,* cf. supra).
Lors de leurs réunions hebdomadaires, le chanteur interprétait sa nouvelle chanson que les « juges » devaient apprécier, selon leur conformité aux nombreuses règles. On distinguait les **apprentis** qui faisaient encore des fautes, les **poètes,** qui chantaient de nouveaux textes sur d'anciennes mélodies, et les **maîtres** qui créaient à la fois le texte et la musique.
Les Meistersinger les plus célèbres furent HEINRICH VON MEISSEN, dit FRAUENLOB, fondateur de la plus ancienne école de chant (Mayence, vers 1315, encore proche du Minnesang), MICHEL BEHAIM († 1476), HANS FOLZ († 1513) et HANS SACHS (1494-1576, cordonnier à Nuremberg, plus de 4 500 chansons, 2 000 sentences et 2 000 pièces de théâtre).

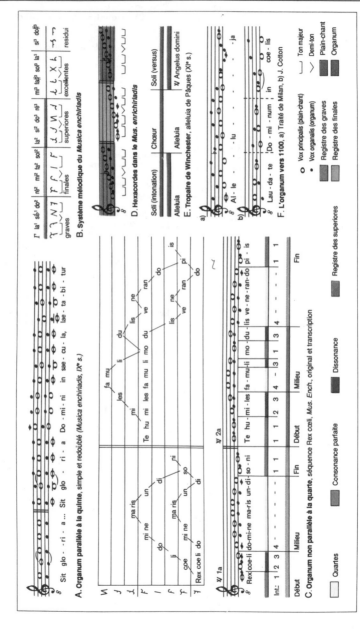

A. Organum parallèle à la quinte, simple et redoublé (Musica enchiriadis, IXᵉ s.)

B. Système mélodique du Musica enchiriadis

C. Organum non parallèle à la quarte, séquence Rex cœli, Mus. Ench., original et transcription

D. Hexacordes dans le Mus. enrichiriadis

E. Tropaire de Winchester, alleluia de Pâques (XIᵉ s.)

F. L'organum vers 1100, a) Traité de Milan, b) J. Cotton

Musica enchiriadis, Organum au XIᵉ s.

Durant le haut Moyen Âge, se produisit une tension entre des forces contradictoires, horizontales et verticales ; elle est le résultat de la rencontre de deux éléments : le plainchant, mélismatique, venu du Bassin méditerranéen et implanté dans le Nord par la christianisation, et les habitudes d'exécution (en particulier avec l'orgue). Cela conduisit, au plus tard au IXᵉ s., à une polyphonie « artificelle », où la dissonance, élément dynamique, impliqua la nécessité d'une évolution constante. Les nombreuses vagues successives de « Musique nouvelle », caractéristiques de l'histoire de la Musique occidentale, résultent de la confrontation permanente des techniques de composition acquises à chaque étape.

Au haut et au bas Moyen Âge, la polyphonie existait dans les écoles de certaines cathédrales et de certains monastères. Elle était improvisée et nous n'en avons que quelques exemples écrits dans des traités ou des notes isolées, utilisées comme aide-mémoire. La polyphonie était un trope vertical servant d'ornement. On l'appelait **organum** (du grec, *organon* : instrument, orgue), en se basant sur la hauteur des tuyaux d'orgue pour accorder plusieurs voix ensemble.

Le *Musica enchiriadis,* traité du IXᵉ s. (OGER ?), originaire du Nord de la France, est la première source que nous possédons ; il décrit, outre des chants parallèles à l'octave, un *organum à la quinte* et un *à la quarte*. Tous deux sont écrits par rapport à une voix préexistante : la *vox principalis* ou *cantus* (à partir du XIIIᵉ s. *cantus firmus*). Cette voix se trouve à la partie supérieure.

Organum à la quinte : le cantus est accompagné par la voix organale en **quintes inférieures parallèles**. On peut doubler les deux voix à l'octave (fig. A), et des instruments, l'orgue en particulier, peuvent également l'accompagner.

Organum à la quarte : pour éviter la dissonance de triton, on n'utilise pas uniquement des quartes parallèles, mais également des intervalles plus petits. La *vox organalis* n'est plus une simple doublure du cantus, elle devient indépendante. Ici commence la polyphonie « artificielle » proprement dite.

Pour l'organum à la quarte, le *Musica enchiriadis* donne pour exemple une séquence dont les vers doubles, syllabiques, sont chantés tour à tour par des solistes (vers 1a, 2a...) et par le chœur à l'unisson (vers 1b, 2b...). Les syllabes des deux voix apparaissent sur une même portée indiquant la hauteur des sons (fig. C).

La *vox organalis* ne doit pas descendre en dessous de do, note la plus basse du cantus. Elle commence sur l'unisson (consonance), reste sur do (dissonances de seconde et de tierce) jusqu'à ce que le cantus atteigne fa

(consonance de quarte), puis elle poursuit en quartes parallèles et rejoint à la fin le cantus sur l'unisson. A l'inverse de l'organum à la quinte, le *début* et la *fin* ne sont pas en mouvement parallèle.

Le système mélodique du *Musica enchiriadis* se décompose en 4 tétracordes égaux avec un demi-ton au milieu :
- *graves :* sons graves,
- *finales :* fondamentales des modes ecclésiastiques,
- *superiores :* dominantes psalmodiques,
- *excellentes :* sons aigus.

A ceci s'ajoutent les *residui* comme deux notes « restantes » (fig. B, cf. p. 188 sq.).

Les notes dans les tétracordes identiques (à distance de quinte) ont la même qualité (place de la note ou rapport d'intervalle) et sont donc notées de manière analogue (le signe grec *dasia*, fig. B sous le son mi ; cf. p. 170, fig. D). Ces signes ont 4 variantes, selon leur orientation. On distingue en outre 3 registres : do-la, sol-mi et fa-ré. Ils partent des *graves*, des *finales* et des *superiores* que l'on élargit d'un ton entier de chaque côté. La voix organale dispose donc de ces **hexacordes**. Si le cantus dépasse cette limite, on entend, avec les quartes parallèles de la voix organale, un triton ; dans la fig. C sur la syllabe « les », on obtiendrait fa-si. C'est pourquoi la voix organale, dès la syllabe « Te » du début du vers, saute au sol, fondamental du nouveau tétracorde (changement de registre). Ces changements, dans l'organum de quarte, ne sont pas notés et s'adressent à des solistes, alors que l'organum de quinte devait être exécuté par un chœur.

A l'époque de GUI D'AREZZO, au XIᵉ s., on utilisait toujours la technique de l'organum primitif alors que celui-ci décrit déjà une technique plus élaborée (*occursus*), qui permet notamment le croisement des voix.

Le Tropaire de Winchester (vers 1050), avec 150 organa (répons, séquences, etc.), est le recueil le plus important. Les parties de chœur sont à une voix, celles des solistes à deux voix (fig. E). Le cantus était vraisemblablement à la partie supérieure. Les voix étaient notées chacune dans les livres différents, en neumes difficiles à déchiffrer.

Vers 1100, l'organum s'enrichit du mouvement contraire et pratique le croisement des voix (JOHN COTTON, Traité de Milan, fragm. Chartres 109 et 130, etc.) ; de ce fait, la voix organale prend de l'indépendance et se trouve souvent au-dessus du cantus. Elle devient le « discantus » (contre-chant). Les consonances et les dissonances alternent, les premières (octave, quinte, quarte, unisson) se trouvent au début et à la fin d'unités, mot ou signification (fig. F, b). On peut aussi « colorer » la voix organale avec de petits mélismes, surtout à la fin des vers (fig. F, a).

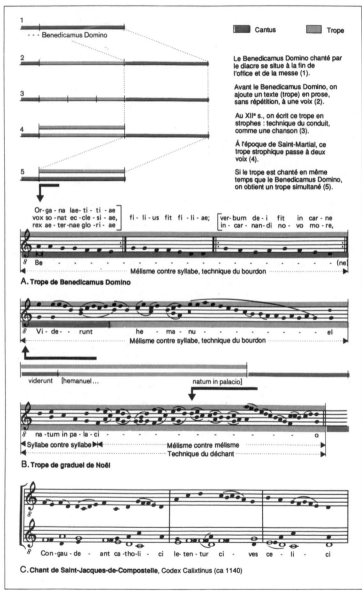

Cantus   Trope

Le Benedicamus Domino chanté par le diacre se situe à la fin de l'office et de la messe (1).

Avant le Benedicamus Domino, on ajoute un texte (trope) en prose, sans répétition, à une voix (2).

Au XIIe s., on écrit ce trope en strophes : technique du conduit, comme une chanson (3).

À l'époque de Saint-Martial, ce trope strophique passe à deux voix (4).

Si le trope est chanté en même temps que le Benedicamus Domino, on obtient un trope simultané (5).

Or-ga-na lae-ti-ti-ae
vox so-nat ec-cle-si-ae,
rex ae-ter-nae glo-ri-ae

fi-li-us fit fi-li-ae;

ver-bum de-i fit in car-ne
in-car-nan-di no-vo mo-re,

Be ------- (ne)

Mélisme contre syllabe, technique du bourdon

A. Trope de Benedicamus Domino

Vi-de--runt   he-ma-nu--------el

Mélisme contre syllabe, technique du bourdon

viderunt [hemanuel...   natum in palacio]

na-tum in pa-la-ci----------o

Syllabe contre syllabe   Mélisme contre mélisme

Technique du déchant

B. Trope de graduel de Noël

Con-gau-de-ant ca-tho-li-ci le-ten-tur ci-ves ce-li-ci

C. Chant de Saint-Jacques-de-Compostelle, Codex Calixtinus (ca 1140)

Structures d'organum

Dans la première moitié du xiiᵉ s., la polyphonie apparaît sous une forme nouvelle. Ce **nouvel organum** n'est plus improvisé mais *composé* et noté. Le plain-chant ne se trouve plus en haut, mais à la *partie inférieure*, comme base du nouvel édifice polyphonique, alors que la voix organale, du fait de sa position supérieure, prend plus d'importance. La principale école en est l'abbaye **St-Martial** de Limoges, en même temps que le foyer de la nouvelle monodie (trope et séquence, drame liturgique, p. 191). Parallèlement à la chanson spirituelle se développe en Aquitaine la nouvelle lyrique profane des troubadours, et il arrive parfois que les mêmes mélodies soient utilisées aussi bien pour les chants profanes que pour les chants religieux (cf. p. 193).

Outre la séquence strophique, les nouvelles formes de chant liturgique sont :
– **le conduit** (du latin *conducere*, conduire), chant interprété pendant l'office, avant les leçons, tandis que le diacre s'avance vers le lutrin. Comme « chant d'accompagnement », le conduit est utilisé aussi pour l'entrée et la sortie de personnages importants dans les drames liturgiques de l'époque ;
– **les tropes de Benedicamus Domino,** pièce ajoutée avant le *Benedicamus Domino*, à partir du xiᵉ s., à la fin des offices et de la messe (alternativement avec le *Ite missa est*) ; à l'origine les tropes de Benedicamus Domino étaient en prose, puis ils devinrent strophiques.

La nouvelle technique de la composition à 2 v. n'était utilisée à St-Martial que pour les nouveaux chants composés à la manière des chansons *(cantus)*, et non pour les pièces grégoriennes anciennes. Celles-ci étaient vraisemblablement exécutées à plusieurs voix, souvent selon le principe de l'organum primitif, c'est-à-dire improvisées. Les sources donnent souvent les mêmes chansons à une et à plusieurs voix. On possède 4 *manuscrits de St-Martial* (B.N., Paris), de la fin du xᵉ s. jusqu'au début du xiiiᵉ s., comportant env. 100 pièces à 2 v., auxquelles il faut ajouter les 20 pièces du *codex Calixtinus* de Saint-Jacques-de-Compostelle. Dans les partitions, les organa sont notés en neumes sur lignes, de sorte que la hauteur des sons apparaît clairement, mais pas le rythme. Pour l'interprétation, on se base sur le rythme des vers.
Les points d'appui du nouvel organum sont toujours les consonances d'unisson, d'octave, de quinte et de quarte. La technique de la coloration (ornementation) se développe et la voix organale s'enrichit parfois de formules mélismatiques.

On peut distinguer différentes structures dans l'organum de l'époque de St-Martial :
1. **Technique du bourdon** (d'où le nom d'*organum*) : sur une note longuement tenue (syllabe) du cantus, la voix organale développe un mélisme chanté sur la même syllabe. Le rythme en est libre, mais les chanteurs doivent veiller à donner la même durée aux syllabes des deux voix superposées. Dans le trope de graduel de Noël fig. B, les mélismes sont courts sur les notes du plain-chant « viderunt » et sur les notes ajoutées ultérieurement du trope « hema », tandis que la syllabe « nu » est soulignée par un mélisme plus développé.

2. **Technique du déchant** (du lat. *discantus*, « chant à plusieurs voix », corresp. à la *diaphonia* du haut Moyen Âge) : écriture note contre note, selon deux procédés :
a) *syllabe contre syllabe* dans le cantus syllabique. Les deux voix suivent le rythme du texte ;
b) *mélisme contre mélisme* dans le cantus mélismatique. Le rythme est libre mais, de par la répartition des consonances et des dissonances et la répétition des formules mélismatiques, il tend à devenir mesuré (rythme prémodal ?). Avant la voyelle finale « o » sur une quinte (fig. B), on entend encore une fois, comme une gradation, un mélisme sur bourdon.

Ces différentes techniques assurent au nouvel organum une grande diversité. Le mélange du rythme strict des vers avec le rythme libre de la voix organale crée un certain charme.

Parmi les pièces polyphoniques, les *tropes de Benedicamus Domino* ont une importance particulière. Les textes tropés sont entendus en même temps que les notes du chant (non grégorien) *Benedicamus Domino*, démesurément allongé selon la technique du bourdon (fig. A, note ré). Dans ce **trope simultané**, apparaît un principe structurel qui fut plus tard caractéristique des **motets** : au-dessus d'une teneur liturgique, on dispose une *nouvelle* voix avec un *nouveau* texte. Le rythme des vers est conservé dans le trope syllabique *Organa laetitiae* (cantus datant probablement du xᵉ s.).

Le *Codex Calixtinus* contient un chant de pèlerinage à 3 v. (fig. C). La mélodie proprement dite est à la basse, conformément au nouvel organum (portée du bas, notes blanches), au-dessus se trouve une autre voix, légèrement mélismatique (portée du haut). La troisième voix fut ajoutée plus tard (portée du bas, notes noires). Elle est syllabique et représente peut-être une simple alternative non vocalisée de la voix du dessus. A moins qu'il ne s'agisse de la toute première ébauche de *composition à trois voix*.

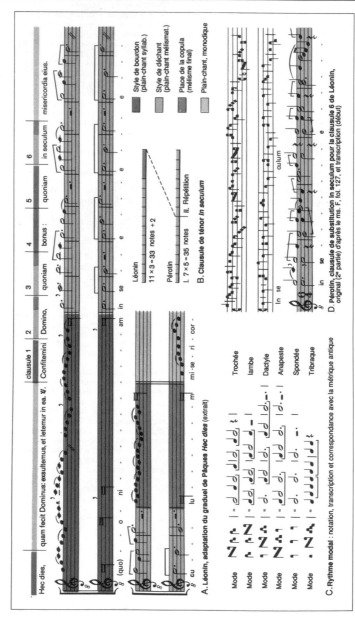

A. Léonin, adaptation du graduel de Pâques *Haec dies* (extrait)

B. Clausule de ténor *In seculum*

	Léonin	
11 × 3 = 33 notes + 2		
Pérotin		
I. 7 × 5 = 35 notes	II. Répétition	

Style de bourdon (plain-chant syllab.)

Style de déchant (plain-chant mélismat.)

Place de la copula (mélisme final)

Plain-chant, monodique

C. Rythme modal : notation, transcription et correspondance avec la métrique antique

Mode — Trochée
Mode — Iambe
Mode — Dactyle
Mode — Anapeste
Mode — Spondée
Mode — Tribraque

D. Pérotin, clausule de substitution *In seculum* pour la clausule 6 de Léonin, original (2e partie) d'après le ms. F, fol. 127, et transcription (début)

Adaptation de plain-chant, rythme modal

L'époque de Notre-Dame représente une première apogée dans l'histoire de la polyphonie. Elle doit son nom à l'école de chant de la cathédrale Notre-Dame de Paris et coïncide à peu près avec celle de la construction de la cathédrale, de 1163 au milieu du XIIIᵉ s.
Les compositeurs sont généralement anonymes, mais un traité anglais du XIIIᵉ s., l'ANONYME IV, cite les maîtres LÉONIN (vers 1180) et PÉROTIN (vers 1200). Le poète le plus connu (surtout pour les conduits) est PHILIPPE LE CHANCELIER († 1236).

Rythme modal et notation.
En dehors des parties libres de l'organum, c'est le rythme rapide à trois temps qui prédomine. Les théoriciens le décomposent en **6 modes**, et tentent ainsi une classification selon la métrique ancienne (fig. C). En fait, le rythme ternaire et les modes peuvent être rattachés aux rythmes de la nouvelle lyrique latino-romane du XIIᵉ s.

– **1ᵉʳ mode** : longue-brève comme 2:1, mode de partie supérieure, noté par une ligature à 3 notes suivie de deux ligatures à 2 notes. La pause finale (coupure) a une durée variable, 3 ou 6 temps, selon les modes.
– **2ᵉ mode** : inverse du 1ᵉʳ, noté par des ligatures à 2 notes avec une finale à trois notes.
– **3ᵉ mode** : longue-brève-longue comme 3:1:2, donc à peu près une mesure à 6/4 (ou à 6/8) ; souvent mode de partie supérieure, noté par des ligatures à trois notes avec *longa* (« longue », note carrée avec hampe) en tête.
– **4ᵉ mode** : pendant théorique du 3ᵉ mode, n'apparaît pratiquement pas.
– **5ᵉ mode** : suite de *longae*, souvent avec pause (valeur double), mode de teneur typique.
– **6ᵉ mode** : suite de *breves*, noté par des ligatures à plusieurs notes, avec brevis (note carrée) en tête ; très souvent mode de partie supérieure.

Les rythmes plus courts sont considérés comme une « fraction » des valeurs modales et on les indique par des *conjoncturées* ou des notes insérées dans les ligatures.
La durée des sons ne ressort pas, dans la notation modale, de la note isolée mais de sa position dans un groupe de notes. Ainsi, la ligature à trois notes peut être, selon le cas, une suite de 2:1:2 (1ᵉʳ mode) 1:2:1 (2ᵉ mode), 1:2:3 (3ᵉ mode), 3:3:3 (5ᵉ mode) ou 1:1:1 (6ᵉ mode). Cette notation est astucieuse, car elle permet d'écrire des rythmes longs sans modification.

Les genres de l'époque de Notre-Dame étaient l'organum, le motet et le conduit.

L'organum n'est plus seulement le principe

de la polyphonie en général, mais aussi **l'adaptation du plain-chant.** L'époque de Notre-Dame reprend à nouveau le chant grégorien, principalement les répons chantés de la messe (*graduel, alleluia*) et de l'office (surtout les matines et les vêpres).
Seules les parties solistes sont adaptées et rassemblées sur un cycle annuel, le *Magnus liber organi de gradali et antiphonario* (« Grand livre d'organum comportant des graduels et des antiphonaires »). Ce livre est attribué à LÉONIN, « le meilleur compositeur d'organum » (*optimus organista*, ANON. IV).
L'organum de LÉONIN est à 2 v. Le plainchant est appelé *cantus* ou *tenor* (teneur puis ténor) la partie supérieure, *discantus* (déchant) ou *duplum* (double). Le plain-chant se compose de mots isolés ou d'unités de sens, dits **clausules** (*clausulae*, fig. A). Leur forme est variable :
– **parties de ténor** (*organum purum* ou *duplum*) : les notes du plain-chant syllabique sont allongées à la manière des points d'orgue (*organicus punctus*), la partie supérieure développant des mélismes libres ; ainsi, fig. A, clausule 5 *quoniam* : les syllabes sont communes, avec des consonances parfaites.
– **parties de discantus** : avec un plainchant mélismatique, il serait trop long d'allonger chaque son ; ici le ténor présente une suite de *longae* libres ou mesurées, comme fig. A dans *in seculum* (ténor en 5ᵉ mode, duplum en 1ᵉʳ).
– **copula** : partie de ténor à 2 v., au rythme modal exactement noté. Depuis la fin du XIIIᵉ s., on appelle ainsi les parties de ténor, en forme de cadence, situées à la fin d'une partie de discantus.
PÉROTIN, le « meilleur compositeur de déchant » (*optimus discantor*, ANONYME IV, remania le *Magnus liber* en y introduisant des clausules en style de déchant (fig. D : notation moderne, voir surtout la teneur), pouvant remplacer celles, plus anciennes, de LÉONIN (fig. A : à la place de « in seculum »). Il existe aussi plusieurs clausules que l'on peut interchanger ou ajouter.
En tant que clausule de teneur, le mélisme du plain-chant est soumis à une formule rythmique (*ordo,* plus tard *talea*, cf. p. 128, fig. A). Dans la clausule de Léonin *In seculum*, les 35 notes du plain-chant restant réparties en 11 groupes de 3, 2 notes restant pour le mélisme final. PÉROTIN forme 7 groupes de 5 notes : la nouvelle teneur présente une fin plus courte, c'est pourquoi elle est répétée (fig. B). En procédant ainsi, c'est-à-dire en accordant de l'importance au flux rythmique de la mélodie du plain-chant au profit d'une structure rationnelle, le compositeur exprime sa volonté de se détacher de la simple « adaptation » pour aller vers la composition autonome.

Plain-chant, monodique | Clausule Mors, 4 voix | Plain-chant, monodique

All. V. Christus............ non moritur, mors............ n'aura pas de pouvoir sur lui. All.
All. V. Le Christ............ ne meurt pas, la mort.

A. Clausule de l'organum à 4 voix *Mors*, Pérotin (?), vers 1200, début

mors

Dic Chri - sti ve - ri - tas, dic ca - ra - ra - ri - tas,

B. Conduit très mélismatique : *Dic Christi veritas*, structure et exemple

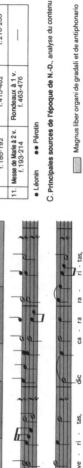

	W₁ : angl. ca 1240	F : Paris ca 1250	W₂ : fr. ca 1270
1.	Organa à 4 v. f. 3-6°	Organa à 4 v. f. 1-13°	Organa à 4 v. (x°) f. 1-5
2.	Organa à 3 v. f. 9-16	Organa à 3 v. f. 14-47	Organa à 3 v. f. 6-30
3.	Organa à 2 v. ● f. 17-24	Organa à 2 v. ●● f. 65-98	Organa à 3 v. f. 31-46 (τx)
4.	Organa à 2 v. ● f. 25-48	Organa à 2 v. ●● f. 99-146	Organa à 2 v. f. 47-62
5.	Clausule à 2 v. ●● f. 49-54	Clausule à 2 v. f. 147-184	Organa à 2 v. f. 63-91
6.	Clausule à 2 v. ●● f. 55-62	Conduits à 3 v. f. 201-262	Conduits à 2 v. f. 92-122
7.	Organa à 3 v. f. 63-69	Conduits à 2 v. f. 263-380	Motets à 3 v. f. 123-144
8.	Conduits à 3 v. f. 85°-94	Motets à 3 v. f. 381-398	Motets latins à 3 v. f. 145-192
9.	Conduits à 2 v. f. 95-176	Motets à 2 v. f. 399-414	Motets fr. à 3 v. f. 193-215
10.	Conduits à 1 v. f. 185-192	Chansons à 1 v. f. 415-462	Motets fr. à 2 v. f. 216-253
11.	Messe de Marie à 2 v. f. 193-214	Rondeaux à 1 v. f. 463-476	—

● Léonin ●● Pérotin

C. Principales sources de l'époque de N.-D., analyse du contenu

Magnus liber organi de gradali et de antiphonario
Mélismes (instr. ?)
Strophe syllabique

Clausule Mors, conduit, sources

La génération de PÉROTIN passa de la polyphonie à 2 v. aux organa à 3 et 4 v. Les voix sont appelées : *tenor, duplum, triplum* et *quadruplum*. Toutes sont dans la tessiture des voix d'hommes aiguës, donc dans le registre « ténor ». Le Moyen Âge aime et cultive les lignes tendues, claires et transparentes, à l'opposé des sonorités pleines, volumineuses et différenciées qui apparaîtront plus tard. Les instruments qui peuvent servir à l'accompagnement couvrent aussi des registres aigus.

Les voix se chevauchent et se croisent fréquemment à cause de l'ambitus restreint. Aussi se distinguent-elles essentiellement par le rythme. L'exemple A présente le début de la clausule *Mors* : à la partie de ténor se trouvent les deux premiers *ordines* avec leurs longae et leurs pauses (mesures 1-3 et 4-6 ; cette formule rythmique reste identique dans toute la clausule) ; le duplum est plus mouvementé, le triplum et le quadruplum sont dans un rapide 1er mode.

Harmoniquement, les voix forment sur les temps forts du début, et souvent aussi du milieu, des *perfectiones*, c.-à-d. des consonances parfaites d'unissons, de quartes, de quintes et d'octaves. Les dissonances s'intercalent entre ces appuis.

Toutes les voix chantent la voyelle « o » (de *mors*), sans autre texte (un texte adapté aux voix supérieures n'apparaît que plus tard, cf. infra, motet). Il s'agit donc d'un ajout purement mélodique (trope) au plain-chant. Les clausules à plusieurs voix sont particulièrement brillantes. Elles mettent souvent en valeur les mots importants, ex. : la clausule *Mors* soulignant la « mort » vaincue dans l'alleluia de Pâques (fig. A, le plain-chant présente également un mélisme à cet endroit).

Le motet

Selon le procédé médiéval de tropisation, on donna un texte syllabique aux voix supérieures mélismatiques d'une clausule de déchant. Ce texte devait être rythmé selon le mode du duplum et avoir la même structure. Il s'agissait de vers, qui, par leur sens et souvent aussi par leurs rimes, se rapportaient au texte de la partie de ténor (ex. : sur *in seculum*, cf. p. 202, fig. D, et p. 128, fig. A). On appela *motetus* le duplum mis en texte (littéralement petit texte), ainsi que le genre lui-même. La clausule ainsi tropée avait les mêmes notes que la clausule sans texte et était considérée comme *un trope d'adaptation* du plain-chant, pouvant être interchangé. Ceci entraîna son indépendance : on chanta le motet, par exemple, à la fin de l'office, mais bientôt en dehors de l'église. Les clausules préexistantes ne furent plus indispensables, et on en composa de nouvelles (technique du motet, cf. p. 206, fig. A).

Le conduit

Comme pièce à 1-3 v., c'est un genre majeur de l'époque de Notre-Dame. Son contenu est religieux mais pas liturgique ; plus tard il fut aussi profane, moral, politique, etc., et ce fut toujours une forme d'expression artistique solennelle des ecclésiastiques. Dans le conduit, la voix principale, le ténor, est à la basse mais n'est pas empruntée à la liturgie comme dans le motet : c'est une mélodie nouvelle à structure régulière. Le texte de ce ténor sert aussi pour les voix supérieures (dont les syllabes coïncident). La disposition du texte en strophes offre deux possibilités :
– la musique se répète à chaque strophe ou double strophe, ou bien
– chaque strophe reçoit une musique nouvelle, c.-à-d. que le texte est mis en musique *sans répétition*.

Le conduit peut être simplement syllabique, même avec de petits mélismes dans les parties supérieures (ex. fig. B) ou bien il présente simultanément des parties mélismatiques plus longues à toutes les voix ; ceci surtout au début et à la fin des vers, comme prélude, interlude et postlude aux strophes, ces sections, sans texte syllabique (*sine littera*, c.-à-d. vocalises), pouvant éventuellement être exécutées par des instruments. Un conduit très mélismatique était particulièrement solennel (schéma fig. B).

Le rondellus

Outre le conduit, il existe aussi les chansons à danser à 1 v. (*rondelli*) qui étaient jouées par les écoles des monastères.

Les sources

Il y a 4 manuscrits dans le répertoire de Notre-Dame qui fut rassemblé en fascicules et classé selon les genres et le nombre de voix. 3 mss. constituent le *Magnus liber* (fig. C) :
– **Florence** (*F*), bibl. Mediceo-Laurentiana, plut. 29, 1 : milieu XIIIe s., France ;
– **Wolfenbüttel** (*W₁*), bibl. du duc Aug., Helmst. 628 : milieu XIIIe s., Angleterre ;
– **Wolfenbüttel** (*W₂*), ibid., 1099 : fin XIIIe s., France ;
– **Madrid** (*Ma*), bibl. Nac. 20486 : fin XIIIe s., Espagne ; un peu différent et sans le *Magnus liber*.

Les manuscrits commencent par les organa à 4 v. de PÉROTIN, considérés comme la grande curiosité. Le *Magnus liber* se trouve dans la version la plus ancienne, venant tout de suite après celle de LÉONIN, dans *W₁* (fasc. 3-4, les clausules de remplacement de PÉROTIN suivant dans les fasc. 5-6). Dans *F* se trouve une version plus tardive avec insertion de clausules de substitution de PÉROTIN, la version la plus récente étant dans *W₂*. De nombreuses clausules de substitution sont devenues les sources de motets français plus tardifs.

A. Technique du motet

B. Motet double en latin, début (transcrit par Husmann) et structure

C. Motet-conduit avec triplum de substitution plus récent

Technique du motet

La période de l'**Ars antiqua** s'étend à peu près de 1240-50 à 1310-20. Ce concept apparut vers 1320 par opposition à celui d'*Ars nova* (surtout chez JACQUES DE LIÈGE, avant 1324-25). Il est difficile de tracer une frontière entre l'Ars antiqua et l'époque de Notre-Dame. Les mêmes genres appartiennent aux deux périodes. D'autre part, le rythme et la notation se développèrent beaucoup au XIIIᵉ s. et comme l'Ars nova se manifesta justement dans ce domaine vers 1320, on est également tenté de rattacher l'Ars antiqua à l'apparition de la notation mesurée et aux genres qui lui correspondent, et de la séparer de la période modale.

Les genres de l'Ars antiqua

 - **L'organum** de l'époque de Notre-Dame est encore chanté (*organa dupla, tripla* et *quadrupla*) mais la création s'essouffle.
 - **Le conduit** reste apprécié, quoique peu à peu supplanté par le motet. Parfois, des conduits religieux ont des chansons profanes de trouvères pour teneur, et inversement. Les *contrafacta* sont donc courantes. Comme le conduit est mesuré, on peut en tirer des conséquences sur le rythme des chansons de trouvères, si toutefois celui-ci ne s'est pas modifié en passant dans le conduit.
 - **Le motet** est le genre principal de l'Ars antiqua, en même temps qu'un champ d'expériences et d'innovations.
 - **Le hoquet** remonte à la période de Notre-Dame pour ce qui concerne sa technique ; son emploi se développe (cf. p. 209).
 - **Le rondeau** passe à plusieurs voix et est considéré comme le précurseur de la chanson polyphonique (cf. p. 209).

En outre, dans la pratique, le chant monodique prend de plus en plus d'importance avec le plain-chant et la chanson. Les termes Ars antiqua et Ars nova se rapportent uniquement à la polyphonie.

Le motet de l'Ars antiqua

résulte de l'adaptation de textes aux voix supérieures des clausules de l'époque de Notre-Dame (cf. p. 205). C'est donc le texte (mot, motet) qui le caractérise puisque la musique existait déjà. C'est pourquoi le motet est un genre aussi important pour la littérature que pour la musique. Il fut d'abord religieux et en latin, chanté à l'église comme ornement de l'office (surtout à la fin). Comme il n'était pas liturgique, il fut bientôt en français, puis il devint profane (voire érotique), et interprété de plus en plus hors de l'église. Il était chanté par des solistes accompagnés par des instruments. Un motet est déterminé par le nombre des voix pourvues de texte. La partie de ténor n'est jamais mise en texte et peut toujours être interprétée par des instruments (fig. A) :
 - **motet simple,** 2 v., ténor et duplum ou « motet » avec texte, latin ou français ;
 - **motet double,** 3 v., ténor, motetus et triplum, les voix supérieures ayant 2 textes différents : les deux en latin, les deux en français, ou mélangés. Le triplum a toujours un texte plus long et est plus rapide que le motetus. Le motet double est le plus répandu (fig. B) ;
 - **motet triple,** 4 v., avec quadruplum, 3 textes diff. pour les voix supérieures, en latin, en français ou mélangés ;
 - **motet-conduit,** 3-4 v., ténor et voix supérieures avec le même texte qui ont de ce fait un rythme identique. Contrairement au conduit, le texte du ténor est seulement indiqué, car il ne provient pas d'une chanson mais d'un mélisme de plain-chant (fig. C : *In Bethleem*).

Dans ces structures, le rapport entre le texte et la musique est très compliqué. On présume que c'est l'œuvre de musiciens poètes ou bien que le poète connaissait très bien la clausule pour les voix supérieures dont il écrivait le texte. La plupart de ces poètes sont anonymes. En outre, du fait de leur interprétation simultanée, on pouvait à peine comprendre les différents textes de sorte que ce fut surtout l'aspect musical qui domina. Dans le traitement des voix, on reconnaît la construction rationaliste du motet.

Le ténor des nouveaux motets, comme dans la clausule de déchant, est formé d'un mélisme de plain-chant, donc d'un matériau liturgique et son rythme est déterminé. Il n'en est pas de même pour les rares ténors de chansons que l'on chantait avec un texte. De nombreux motets sont en deux parties, comme leurs clausules. Du point de vue du texte, chaque partie comprend une strophe (fig. B : au ténor, cellule rythmique de 5 notes, il reste, après 8 répétitions, 3 notes du mélisme de plain-chant qui, comme longae isolées, marquent la fin de la strophe ; puis le ténor se répète pour la 2ᵉ partie). De nombreux motets simples à 2 v. devinrent plus tard des motets doubles à 3 v. par l'adjonction d'un triplum rapide avec son propre texte. Le nouveau texte est en rapport avec l'ancien, ex. duplum : louange du prêtre, triplum : critique du prêtre (fig. B). Harmoniquement, le nouveau triplum s'adapte à l'ancienne clausule, mais il s'en distingue fortement par le rythme. Plusieurs fois, on a remplacé les voix supérieures anciennes par de plus modernes. La fig. C présente un motet-conduit sur la fête des saints Innocents, qui fut transformé en motet double latin : dans l'ancien, on entend le même texte, « In Bethleem... » aux deux parties supérieures ; dans la nouvelle version, un triplum plus animé prend la place de l'ancien avec son propre texte.

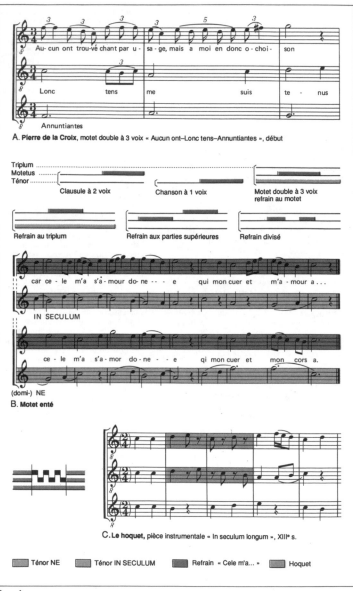

A. **Pierre de la Croix**, motet double à 3 voix « Aucun ont–Lonc tens–Annuntiantes », début

Triplum
Motetus
Ténor

Clausule à 2 voix   Chanson à 1 voix   Motet double à 3 voix
                                                      refrain au motet

Refrain au triplum   Refrain aux parties supérieures   Refrain divisé

car ce - le m'a s'a - mour do - ne - - - e   qui mon cuer et   m'a - mour a . . .

IN SECULUM

ce - le m'a s'a - mor do - ne - - e   qi mon cuer et   mon cors a.

(domi-) NE

B. **Motet enté**

C. **Le hoquet**, pièce instrumentale « In seculum longum », XIIIᵉ s.

Ténor NE   Ténor IN SECULUM   Refrain « Cele m'a... »   Hoquet

Motet, hoquet

Motets dans le style de Pierre de la Croix

A la fin du XIIIᵉ s., le motet entre dans une nouvelle phase représentée par PIERRE DE LA CROIX (vers 1300) : le triplum devient plus rapide et rythmiquement plus varié.

La division de la *brève* va de 3 *semi-brèves* à 9 valeurs plus petites que l'on appelle également semi-brèves, mais qui sont déjà les *minimes* de l'Ars nova. La durée de ces semi-brèves est très variable : lorsqu'il y a deux semi-brèves, la seconde est altérée ; à partir de 3 semi-brèves et plus, on obtient par contre des divisions régulières : triolets, quartolets, quintolets, etc. (fig. A). Ces groupes de semi-brèves sont séparés par des points (cf. p. 210, fig. I). Comme à chacune de ces notes rapides correspond une syllabe, il a fallu ralentir le tempo par rapport à celui de l'époque franconienne.

La nouvelle organisation polyphonique

Au XIIIᵉ s., on continue à cultiver la chanson polyphonique avec le conduit (cf. supra). Dans le conduit, la voix principale se trouve à la partie inférieure. Mais il existe aussi des cas où la mélodie principale se détache du ténor et devient une partie médiane ou supérieure accompagnée. Ceci est le point de départ d'une technique nouvelle, plus moderne, qui se développe au XIVᵉ s.

Les rondeaux à 3 voix d'ADAM DE LA HALLE (cf. p. 192, fig D) en sont un exemple. La voix principale est au milieu. Elle apparaît dans d'autres sources comme chanson à 1 v. La version à 3 v. est simple, l'harmonie est claire, riche en tierces et en sixtes, encore considérées comme des dissonances par la théorie mais qui annoncent, par leur traitement en accord, le faux-bourdon plus tardif. A ceci s'ajoute le charme des altérations de la *musica ficta* (« chromatisme » du XIIIᵉ s., cf. p. 189).

Motet enté.

Les chansons des trouvères étaient souvent très connues et appréciées. Leurs mélodies ne sont pas différentes de celles des chants religieux. Il arrive ainsi que ces mélodies, leurs refrains surtout, soient incorporés (entés) aux motets profanes et sacrés, p. ex. à la partie supérieure sans texte d'une clausule de déchant du *Magnus liber*. Pour l'utilisation des refrains dans les motets (souvent des motets doubles français à 3 v.), on distingue 4 techniques (fig. B) :

– citation complète au motetus sur un ténor donné,
– citation complète au triplum sur un ténor donné,
– citation complète ou partielle au motetus puis comme réponse au triplum ou inversement,
– citation divisée en deux au motetus.

L'ex. fig. B montre le refrain « cele m'a s'amour donee... » (« elle m'a offert son amour, car mon cœur et mon corps lui appartiennent ») comme triplum sur le célèbre ténor *In seculum* (cf. p. 202) puis comme motetus sur le ténor Ne (de *Adjuva me domine*). Ceci pose des problèmes harmoniques et rythmiques que l'on résoud par de légères variations du refrain.

Le hoquet.

A partir de 1200 env., déjà à l'époque Notre-Dame, il y a dans les parties supérieures des organa des sections où les différentes voix, entrecoupées de pauses, alternent de telle sorte qu'il y en ait toujours une sur un silence quand l'autre chante, et inversement. Le changement se fait rapidement, d'une note à l'autre, d'où le nom de **hoquetus** ou hoquet.

Les théoriciens décrivent le hoquet comme un « découpage de la voix » (« truncatio vocis », FRANCON). Parmi plusieurs voix, deux seulement « hoquettent » à la fois, ex. : les parties supérieures fig. C sur un ténor régulièrement ordonné. Les sections en hoquet demandent de la virtuosité et sont très expressives. C'est pourquoi on les trouve aux passages les plus importants, aussi bien du point de vue du texte que du point de vue formel.

Au cours du XIIIᵉ s. et au-delà, le hoquet, qui était une technique, devint un genre. Dans le ms. de Bamberg, on trouve des hoquets sans texte, visiblement conçus pour des instruments, sur le ténor *In seculum* (fig. C ; p. 212, fig. B).

Compositeurs et théoriciens de l'Ars antiqua :

– JEAN DE GARLANDE, vers 1190-1272, Paris, *De mensurabili musica*.
– FRANCON DE COLOGNE, *Ars cantus mensurabilis*, vers 1280 (cf. p. 211).
– JÉRÔME DE MORAVIE, 2ᵉ moitié XIIIᵉ s., Paris, écrivit un grand traité suivi d'un supplément.
– ANONYME IV (*CS* I), après 1272, Angleterre, *De mensuris et discantu*.
– ADAM DE LA HALLE, vers 1237-1287 ou 1306, célèbre trouvère.
– JEHANNOT DE L'ESCUREL, † 1303, connu notamment comme compositeur de chansons.
– PIERRE DE LA CROIX, 2ᵉ moitié XIIIᵉ s., compositeur postérieur à FRANCON, certainement le maître de JACQUES DE LIÈGE.
– JEAN DE GROUCHY, vers 1300, Paris, *De musica*, traité très moderne.
– WALTER ODINGTON, début XIVᵉ s., Angleterre, *De speculatione musices*.
– JACQUES DE LIÈGE, vers 1260-1330, Paris et Liège, *Speculum musicae* en 7 livres entre 1321 et 1324-25, défenseur de l'Ars antiqua.

Éléments de notation et disposition graphique

L'ajout d'un texte aux parties supérieures des clausules et la différenciation des rythmes au XIIIᵉ s. permettent de briser les chaînes de ligatures modales et de déterminer la valeur d'une note isolée. Ceci amena la **notation mesurée** dont le premier théoricien fut FRANCON DE COLOGNE. Il écrivit son traité *Ars cantus mensurabilis* vers 1280.

Cantus mensurabilis ou *musica mensurabilis* désigne la musique polyphonique dont les durées des notes sont « mesurables » et liées entre elles par des rapports numériques. *Cantus planus* désigne à l'inverse le plain-chant monodique non mesuré dont les valeurs égales ou libres n'ont pas été notées.

La notation mesurée fut utilisée jusque vers 1600, avant que ne s'impose le système moderne, fondé sur l'organisation des mesures. La notation franconienne utilisait des notes noires (*notation noire*). Au XVᵉ-XVIᵉ s., on évida ces notes (*notation blanche*).

Notes isolées (fig. A)

L'unité principale est la **brève**, appelée aussi *battement* ou **temps**. Sa durée minimum est celle d'une syllabe chantée (« quod est minimum in plenitudine vocis », FRANCON).

La brève vaut 3 **semi-brèves**, la **longue**, 3 brèves. La plus grande valeur est la **double longue** (2 longues). Ce système est d'abord ternaire : les groupes de trois munis du symbole trinitaire sont parfaits, leur durée étant, spécialement celle de la longue, la perfection (*perfectio*).

Les valeurs plus petites sont toujours de plus en plus divisées, leur tempo est ralenti. Par sa forme, la semi-brève noire correspond au XVᵉ s. à la blanche losangée, la ronde actuelle. Pour restituer correctement le tempo, on transcrit la brève par la noire pointée, la semi-brève par la croche, etc. (rapport de transcription de 8:1, fig. A).

Combinaisons de notes

Plique désigne une petite barre à la tête de la longue ou de la brève. C'est un signe d'ornement ascendant ou descendant, souvent égal à la moitié de la note principale (fig. B).

Les conjoncturées sont des combinaisons de semi-brèves rapides, qui font partie de la note principale. Les valeurs brèves sont toujours avant la longue (fig. C).

Les ligatures servaient à l'origine à *lier* les différentes notes d'une même syllabe. Cependant, FRANCON leur donne une signification rythmique précise. Au départ, les ligatures modales anciennes B(rèves) et L(ongues) sont ascendantes ou descendantes (fig. D, 1 et 2, cf. p. 202, fig. C et D).

Une modification du début ou de la fin de la ligature représente une inversion rythmique, p. ex. en descendant : début *sans* hampe, B devient L (fig. D, 1 et 3) ; en montant : début *avec* hampe, B devient L (fig. D, 2 et 4) ; *notation oblique* descendante

avec hampe : L devient B (fig. D, 1 et 5) ; longue carrée supérieure *tournée à droite* : L devient B (fig. D, 2 et 6), etc. Une *hampe vers le haut* au début désigne deux semi-brèves (fig. D, 9-10). Dans les ligatures des plusieurs notes, toutes les notes du milieu sont des brèves, le début et la fin sont lus comme des ligatures binaires (fig. D, 11-14).

Perfection, imperfection et altération

Une longue devant une longue est toujours parfaite, une suite de longues correspond au 5ᵉ mode (fig. E, 1). Si une brève est à côté d'une longue, sa valeur est soustraite de la longue et la rend *imparfaite*.

L'imperfection par l'arrière correspond au 1ᵉʳ mode, par l'avant à 2ᵉ mode (fig. E, 2 et 3). Si 2 brèves se trouvent entre 2 longues, la 1 ʳᵉ brève reste inchangée (*b. recta*), la seconde est doublée (*b. altera*). Cette *altération* correspond au 3ᵉ mode (fig. E, 4). S'il y a plus de 3 brèves entre 2 longues, on applique l'imperfection et l'altération (fig. E, 5-7).

Les points indiquent des formations de perfection irrégulières. Ainsi, le point de division sépare 2 brèves et empêche l'altération (cf. fig. E, 4 et F, 1), le point de perfection derrière une longue la protège de l'imperfection (cf. fig. F, 2 et E, 2).

Toutes les règles concernant le rapport entre longue et brève sont applicables à la brève et à la semi-brève. La semi-brève à 1 temps s'appelle *minor* et la semi-brève à 2 temps *major* (fig. G).

Les pauses peuvent détruire la perfection mais ne peuvent être imparfaites ou altérées : l'interligne barré correspond à la pause de brève, donc 3 espaces pour la pause parfaite de longue, 2 pour l'imparfaite, etc. (fig. H).

Les principaux manuscrits de l'Ars antiqua sont :

– **Bamberg** (*Ba*), Stb. lit 115, vers 1300, Nord de la France ; 100 motets (99 à 3 v. et 1 à 4 v.), classement alphab. selon le motetus ; au début : 1 conduit et 7 hoquets instrumentaux.

– **Burgos** (*Hu*), monast. de Las Huelgas, début XIVᵉ s., Burgos ; 186 pièces (organa, motets, conduits, etc.).

– **Montpellier** (*Mo*), bibl. de la Fac. de *Médecine H.* XIVᵉ s., Paris ; env. 330 pièces (surtout des motets) fasc. 1-6 ancien répertoire, fasc. 7-8 nouveau répertoire (vers 1300).

– **Turin** (*Tu*), bibl. Reale, vari 42, vers 1350, Liège ; 34 pièces (conduits, motets).

Les manuscrits sont de format in-quarto et prévus pour l'exécution.

Les parties des motets sont séparées dans des colonnes : à gauche, le triplum, à droite le motetus, en dessous le ténor, mais toujours de telle sorte que ces parties se trouvent sur la même page. La fig. I montre la mise en page typique dans *Mo* (fin d'un motet B et début d'un nouveau A).

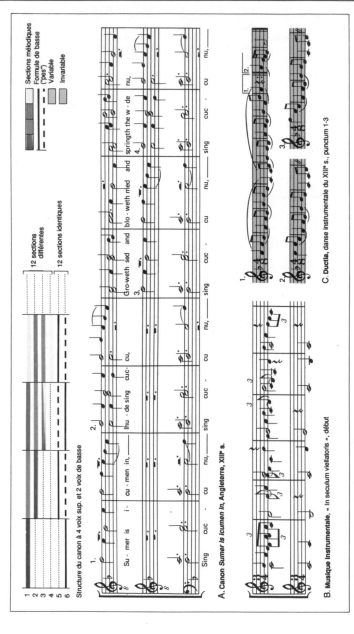

A. Canon *Sumer is icumen in*, Angleterre, XIIIᵉ s.

B. Musique instrumentale, « In seculum viellatoris », début

C. Ductia, danse instrumentale du XIIIᵉ s., punctum 1-3

Canon *Sumer is icumen in*, musique instrumentale

Outre Paris, centre de la polyphonie, il y avait au XIIIᵉ s. d'autres foyers de musique polyphonique, dans les pays voisins, qui cultivaient encore des formes musicales anciennes ou différentes. L'Angleterre, alors très autonome, fut de grande importance pour le développement de la musique continentale au XVᵉ s.

L'Angleterre connaît la polyphonie la plus récente : l'un des manuscrits du répertoire de Notre-Dame, W_1, fut écrit en Angleterre. Mais W_1 lègue aussi ses propres compositions, surtout pour l'ordinaire de la messe. Ce sont des insertions tropées à 2-3 v., rajoutées au *Sanctus* et à l'*Agnus Dei*. En outre, il y a dans le 11ᵉ fasc. des compositions simples, souvent syllabiques, à 2 v. pour les messes mariales : les adaptations de plain-chant ne sont pas strictement ordonnées pour la partie de ténor et les séquences en forme de conduit sont d'un style nouveau (en vers). **Les fragments de Worcester** (*Worc*) sont une source importante : ils proviennent de l'école de la cathédrale, et leur répertoire s'étend du début du XIIIᵉ s. au milieu du XIVᵉ s. On y trouve à nouveau quelques pièces de Notre-Dame mais surtout des compositions originales à 2-3 v. :
- **motets:** 54 pièces, plus simples qu'en France, la partie de ténor est plus libre, les voix sup. sont accordées l'une à l'autre : rythme identique pour le même texte (motets-conduits) ;
- **adaptations de plain-chant** (*organa*) : 23 pièces, le texte de la voix sup. étant souvent syllabique et tropé (comme les premiers motets de Notre-Dame) ;
- **séquences de style nouveau :** 9 pièces en forme de conduit ;
- **chansons : conduits, hymnes, rondelli** aux mélodies coulantes et naturelles.

Il manque à l'Angleterre la « manière française » de composer, à la rythmique si achevée. La simplicité des structures n'est pas le fait d'un retard de la technique, mais plutôt d'un penchant naturel. L'utilisation de **tierces** et de **sixtes** est fréquente ; elles furent d'abord considérées comme des consonances par les Anglais, notamment par l'ANONYME IV et WALTER ODINGTON (début du XIVᵉ s.). Odington l'établit empiriquement en réduisant les rapports numériques pythagoriciens, « dissonants », des tierces majeures et mineures de 64/81 et 27/32 aux tierces naturelles 4/5 et 5/6. Au XVᵉ s. les intervalles de tierce-sixte deviennent aussi à la mode sur le continent : c'est le *faux-bourdon*. La mélodie est de rythme simple et égayée par la présence des tierces, qui lui confèrent une allure majeure. **Le canon Sumer is icumen in** est un

exemple du goût anglais ; c'est le plus ancien canon connu, il provient vraisemblablement de l'abbaye de Reading (*Reading rota*). Sa datation est incertaine (vers 1260), mais il reflète la pratique anglaise du XIIIᵉ s. (fig. A). La pièce est à 6 v. : les voix supérieures forment un canon à 4 v. dans une mesure à 6/8 ou 4/4 ; il se compose de 12 sections de 2 mesures différentes par la musique et par le texte, et qui circulent à toutes les voix. Les deux parties inférieures forment un « pes » (pied) : ici, un ostinato de 4 mes., mais construit de façon à se répéter toutes les 2 mes. La pièce tout entière est, sur le plan harmonique, un balancement entre « fa majeur » et « sol mineur », et ceci de longa en longa, engendrant une certaine monotonie, en tout cas bien dans la tradition populaire anglaise.

L'Allemagne reste complètement à l'arrière-plan pour la polyphonie du XIIIᵉ s. FRANCON DE COLOGNE fut un théoricien et n'est pas connu comme compositeur. Dans le *codex Darmstadt* (début du XIVᵉ s., nord de la France), il y a en fait un motet double en lat. à 3 v., « Homo miserabilis-Homo luge » (triplum et motetus), avec le remarquable ténor all. « *Brumas e mors, Brumas ist tôd, o wê der nôt !* ». On l'attribue en partie à FRANCON.

L'Espagne est représentée par la source *Hu* qui reflète le répertoire du couvent Las Huelgas à Burgos. Ici encore, les pièces de l'école de Notre-Dame représentent la musique « moderne », mais on remarque la croissance du nombre des textes de l'ordinaire mis en musique (au contraire du propre avec le *Magnus liber*). Cependant, les *Cantigas de Santa Maria* à 1 v. d'ALPHONSE X de Castille († 1284) sont bien plus connues que toute la polyphonie espagnole. Ces chansons transmettent d'anciennes mélodies avec des textes nouveaux, dans la tradition des troubadours.

Musique instrumentale
Les instruments, surtout les vièles (p. 226) pouvaient accompagner les parties vocales. Dans les motets, ils exécutaient aussi la partie de ténor. Le manuscrit *Ba* nous donne en annexe 7 hoquets sans texte pour instr. ; l'un deux a pour titre : *In seculum viellatoris* (« pour le joueur de vièle », fig. B). Quelques pièces à 1 V. sont réunies dans le *Chansonnier du Roi*, elles représentent la musique de danse de l'époque, souvent improvisée. On les appelle **ductia** ou **stantipes** (J. de GROUCHY), également **estampida**. Leur structure ressemble à celle de la séquence (cf. p. 192, fig. B) : c'est une suite de *puncta* (sections), chacun répété une fois, *ouverts* ou *clos* (fig. C).

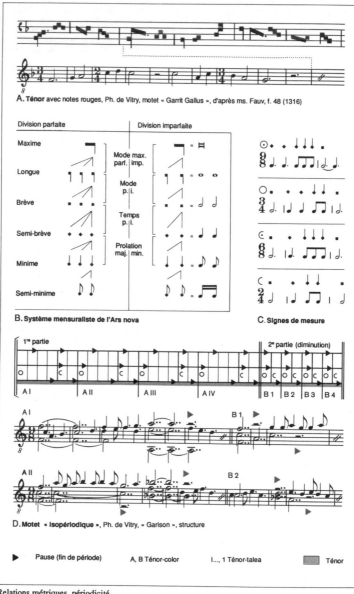

A. **Ténor** avec notes rouges, Ph. de Vitry, motet « Garrit Gallus », d'après ms. Fauv, f. 48 (1316)

B. **Système mensuraliste de l'Ars nova**

C. **Signes de mesure**

D. **Motet** « **Isopériodique** », Ph. de Vitry, « Garison », structure

► Pause (fin de période)   A, B Ténor-color   I..., 1 Ténor-talea   ▨ Ténor

Relations métriques, périodicité

L'époque de l'**Ars nova** couvre à peu près les années 1320-1380. Elle est spécifiquement française avec pour centre Paris. Le nom donné à cette époque vient d'un traité de PHILIPPE DE VITRY (1322) intitulé *Ars nova*. Auparavant, JEAN DES MURS mathématicien et astronome à la Sorbonne, avait présenté le système mensuraliste de l'Ars nova dans sa *Notitia artis musicae* de 1321. JACQUES DE LIÈGE entra dans la querelle de l'Ars nova, et rassembla l'ensemble de la théorie musicale du Moyen Âge dans les 7 énormes livres de son *Speculum musicae* de 1321-24 ; il défendit vigoureusement et avec compétence l'Ars antiqua. Les innovations de l'Ars nova se rapportent essentiellement aux domaines suivants :
− **motet** (isopériodicité, isorythmie),
− **chanson polyphonique**,
− **système mensuraliste**,
− **notation mesurée.**
L'organum et le conduit disparaissent. L'Église s'affaiblit et la musique profane domine. D'Avignon, le Pape JEAN XXII condamne en 1324-25 l'Ars nova dans sa bulle *Docta Sanctorum* (menace de punition si la musique nouvelle est interprétée à l'église).

Le système et la notation mensuralistes élargissent l'ancien système franconien. Officiellement, la plus petite unité est la minime qui est à nouveau divisée vers 1320, mais seulement en 2 semi-minimes, pas encore en 3. Par contre, la maxime se divise en 3. Le système mensuraliste ternaire comprend 4 degrés complets :
− **mode maxime** : rapport maxime-longue,
− **mode** : rapport longue-brève,
− **temps** : rapport brève-semi-brève,
− **prolation** : rapport semi-brève-minime.
A côté de la division ternaire, se trouve la division **binaire** (très valable bien que nommée *imparfaite*). Elle a un 5ᵉ degré : minime-semi-minime. Comme les notes elles-mêmes ne permettent pas de reconnaître si elles se divisent en 2 ou en 3, on indique cette division par des notes rouges ou des signes spéciaux.
1. **Notes rouges** : elles indiquent un changement de mesure provisoire. L'ex. le plus ancien se trouve à la partie de teneur du motet *Garrit gallus-In nova fert* de VITRY (inventeur des notes rouges ?). Il se compose de 2 sections au rythme identique : noir LBB, rouge LBB, pause de 2 temps, rouge LBB, noir BBL, pause de 3 temps (fig. A). On obtient des valeurs de notes diff. par l'imperfection, l'altération et le changement de mesure.
2. **Signes de mesure** : on s'en sert pour des passages plus longs, surtout pour les 4 combinaisons de temps et prolation :
− *temps parf.* (B = 3 S) avec *prolation majeure* (S = 3 M), correspond à 9/8 ;

− *temps parf.* (B = 3 S) avec *prolation mineure* (S = 2 M), correspond à 3/4 ;
− *temps imparf.* (B = 2 S) avec *prolation majeure* (S = 3 M), correspond à 6/8 ;
− *temps imparf.* (B = 2 S) avec *prolation mineure* (S = 2 M), correspond à 2/4.
Les signes sont un **cercle** pour *temps parf.*, un **demi-cercle** pour *temps imparf.*, un **point** pour *prolation maj.*, **pas de point** pour *prolation min.* (fig. C). Le cercle resta longtemps le signe de la mesure à 3/4 (encore utilisé par BACH), aujourd'hui encore le demi-cercle indique la mesure à 4/4.
Le motet est le genre principal de l'Ars nova, surtout le motet double français. Le sujet en est l'amour, la politique, la société, etc. Certes, c'est encore un genre pour initiés mais néanmoins une forme d'art reconnue. Les parties sont mixtes : vocales-instrumentales :
− **triplum**, devient le cantus, registre de soprano, voix d'enfants et voix d'hommes aiguës, rythme rapide (p. ex. 9/8, fig. D) ;
− **motetus**, voix principale à l'alto, mouvement plus fluide ;
− **ténor**, partie instrumentale de soutien en valeurs longues sur plusieurs mesures (ex. : 3 × 9/8, fig. D). Elle est parfois doublée d'un **contraténor**.

Forme du ténor, diminution, augmentation
Le ténor est encore un mélisme de plainchant bâti sur une cellule rythmique. Cette cellule est plus longue et se nomme **talea**. La talea fig. A comprend 10 mesures et est répétée 3 fois ; celle de la fig. D dure 6 mesures et se répète 4 fois (AI-IV). La 2ᵉ partie est une *répétition des notes du ténor* (**color**). En même temps, la mesure se raccourcit : de 6 mesures on passe à 2 (ex. : les *blanches doublement pointées* fa, la, etc., à la teneur deviennent *pointées* fa, la, etc.). Le raccourcissement se nomme **diminution**, l'allongement, **augmentation**. Toutes deux sont obtenues par des signes de notation sans modification du ténor. La plupart des motets de l'Ars nova ont une partie en diminution.

Périodicité. Pour ordonner également les voix supérieures à l'instar du ténor, VITRY détermina leur structure périodique par superposition à des sections de ténor. Les césures (pauses) apparaissent toujours au même endroit, ex. : fig. D au triplum AI, mes. 6 = AII, mes. 6, etc. ; au motetus B1, mes. 3 = B2, mes. 6, etc. Il peut y avoir de petites exceptions, ex. : au motet A1, mes. 3 = AII, mes. 3. La division en périodes égales (« *isopériodique* ») ne tient pas compte du matériau mélodique, parfois pas même du texte. C'est une structuration purement musicale.

A. G. de Machaut, motet à 3 voix « Trop plus - Biauté - Je ne suis », structure et ténor de rondeau

B. Analyse des formes de chansons

C. Premières strophes d'une ballade à 3 voix de G. de Machaut

	Hoquet		Chant	.... Texte	a, a', b... rime (texte)
	Pause		Insruments	Cadence	A,B,C... musique
	Ténor		Refrain (chœur)		I,II,III... talea

Motet, structure des chansons

Périodicité (suite). Le motet de MACHAUT *Trop plus-Biauté-Je ne suis* (triplum-motetus-ténor) est un autre exemple de l'« isopériode ». Il n'a pas de plain-chant pour ténor mais un rondeau probablement de MACHAUT lui-même. Voici son refrain : « Je ne suis mie certains d'avoir amie, mais je suis loyaus amis. » Sa partie A commence sur fa et se termine à la demi-cadence sur do. La partie B retourne sur fa. La partie A se compose de 2 motifs égaux, ce qui réapparaît en B, légèrement modifié (portée, fig. A). L'ensemble du ténor correspond exactement à la forme rondeau : AB = talea I, A = talea II, A = talea III, AB = talea IV, AB = talea V (cf. fig. A et B, rondeau). Le ténor détermine la longueur, la structure, la tonalité et le contenu du motet. Le texte et la forme musicale des parties supérieures sont conçus en fonction d'elle. Le motetus (ici comme contraténor) et le triplum (ici comme cantus) ont des formes de strophes différentes : le triplum est en forme de séquence avec des doubles rimes continues aa bb cc, le motetus en forme de litanie sur la même rime aaaaa... ; le triplum est beaucoup plus long que le motetus : 10 vers doubles contre 12 vers simples. Tous deux commentent le ténor en louant la beauté de la bien-aimée et en parlant de ses vertus. Le motet comporte 3 grandes parties avec des passages en hoquet à la fin de chacune d'elles :

– partie 1: talea 1, rapport des vers triplum-motetus 5:3,
– partie 2 : taleae II et III avec chevauchement, rapport des vers 7:4,
– partie 3 : taleae IV et V, avec la dernière section B pour conclusion.

Les cadences et les pauses apparaissent simultanément aux voix sup., de sorte que le cantus et le contraténor sont étroitement liés.

L'isorythmie part de l'« isopériode » : l'égalité s'étend des périodes aux **valeurs** de leurs propres notes. Ainsi, l'organisation du ténor avec la distinction en *color* (hauteur des sons) et *talea* (durée des sons) s'est étendue aux parties supérieures. Le motet isorythmique représente le summum de la structure rationnelle dans la musique de l'époque gothique. En même temps, l'isorythmie réussit à équilibrer l'expressivité mélodique et la couleur harmonique enrichie (tierces, chromatisme). On utilise aussi l'isorythmie du motet pour les messes et les chansons. L'*Agnus Dei* de la messe de MACHAUT (cf. p. 218) en est un exemple. Dans les années 20 du XIVᵉ s., VITRY et MACHAUT avaient déjà composé des motets isorythmiques.

La cantilène a une partie sup. chantée et de 1 à 3 parties instr. d'accompagnement.

Le fondement de la pièce est la structure ténor-discantus à 2 v. (chant et accompagnement) à laquelle peut s'ajouter le contraténor. Les mêmes pièces nous parviennent souvent à 2 et 3 v. Parfois il y a encore une 4ᵉ v. à l'emplacement du cantus.

La chanson désigne surtout les formes à refrains : ballade, rondeau et virelai (cf. p. 192). L'analyse montre clairement comment on obtient des chansons longues et complexes à partir de quelques éléments musicaux de base différemment répétés sur différents textes (fig. B) :

– **la ballade** (fr. : *baler* : danser) a normalement 3 strophes avec refrain et une conclusion (*envoi*). Dans la ballade de MACHAUT, la mélodie du refrain ressemble à celle de la première strophe mais il n'y a pas d'envoi si bien qu'on ne note qu'une strophe. Le reste du texte se trouve comme d'habitude à une autre place, pas sous les notes. La ballade est la forme de chanson la plus fréquente. Parmi les 42 ballades mises en musique par MACHAUT (*ballades notées* par opposition à ses 204 textes de ballades sans musique), une seule est monodique, 19 sont à 2 v., 15 à 3 v., 4 à 4 v., plus une double ballade (à 3 v.) et une triple ballade (à 4 v.) sur le modèle du motet. La figure C montre les premières strophes d'une ballade à 3 v. de MACHAUT. Sur une basse instrumentale paisible, s'anime le cantus avec ses vocalises.

– **le rondeau** est une forme monodique, avec refrain chanté par un chœur, sauf s'il est polyphonique. Il n'est composé que de 2 phrases mélodiques A et B qui se répètent selon la succession des vers 1-8 (fig. B). Parmi les 21 rondeaux de MACHAUT, 8 sont à 2 v., 11 à 3 v. et 2 à 4 v. On y trouve des particularités telles que des jeux sur le canon, les nombres et la rime.

– **le virelai** (fr. : *virer* et *lai*) est plus rare que le rondeau et la ballade ; à la suite du refrain A vient une strophe répétée BB, une dernière strophe C puis la reprise du refrain A. A et C peuvent avoir la même mélodie. Contrairement au rondeau et à la ballade, les vers sont ici de longueurs différentes. Parmi les 34 virelais de MACHAUT (*chansons balladées*), 26 sont monodiques, 7 sont à 2 v. et un seul à 3 v.

Le hoquet est plus fréquent au XIVᵉ s. qu'au XIIIᵉ s. Il apparaît toujours à des endroits particuliers de la pièce, ex. : à la fin des motets entre les différentes voix. MACHAUT a écrit un hoquet instr. assez long sur la teneur *David*. C'est un cas unique dans l'histoire de la musique.

Guillaume de Machaut, Messe à 4 voix, Agnus Dei, 1re partie (isorythmique)

Isorythmie

La chasse (ou *chace*, ou encore *fuga*) est un canon à 3 v. à l'unisson qui décrit un événement de la chasse ou du printemps ; la poursuite des animaux y est évoquée par les voix qui se suivent en canon.

Le terme latin désignant le canon est *rota* (roue), à cause du mouvement circulaire des voix et du texte dont les images réapparaissent périodiquement dans certains canons.

Le principe du canon avec croisement des voix existait déjà, notamment dans les parties sup. des motets anglais du XIIIᵉ s. (et même dans de brefs passages des clausules de Notre-Dame).

Ordinaire de la messe

Au XIVᵉ s., le propre est progressivement remplacé par l'ordinaire traité en polyphonie : **Kyrie, Gloria, Credo, Sanctus** et **Agnus Dei**. L'ordinaire était composé de parties séparées (non cycliques) rassemblées dans les mss., qui commençaient par les Kyrie. Leur composition est très variée :

1. **composition sur plain-chant** : surtout pour les pièces riches en texte telles que le Gloria et le Credo ; le plain-chant est au ténor mais libre, non ordonné ; toutes les voix ont le même texte ; l'écriture est simple, avec souvent une syllabe par accord.

2. **composition en style de motet** : surtout pour le Kyrie et l'Agnus Dei ; plain-chant au ténor, ordonné comme dans le motet, les autres voix ayant des mouvements très différents mais le même texte que le ténor (rares sont celles qui ont le leur propre comme dans le motet) ; cependant, l'**Ite missa est** est toujours un motet à plusieurs textes, il fut longtemps polyphonique et constituait ainsi la dernière partie du cycle de l'ordinaire.

3. **composition en style de chanson** : pour des parties riches en texte, sans ténor liturg., avec une voix sup. dominante, soit librement composée (comme dans la ballade profane), soit sur une paraphrase de plain-chant.

Les premiers **cycles d'Ordinaire** aussi sont des compositions libres et pas encore des cycles complets. Outre les messes à 3 v. de Toulouse (fragm.) et de Besançon, on connaît surtout 2 exemples :

– **messe de Tournai** : 3 v., début du XIVᵉ s., provenant du ms. de *Tournai*, et de différentes époques : anciens rythmes modaux dans les compositions sur plain-chant, binaire nouveau dans le Gloria et le Credo, double motet lat.-fr. sur Ite missa est.

– **messe de G. de Machaut,** 4 v., Kyrie, Sanctus, Agnus et Ite missa sont en style de motet, Gloria et Credo en style de chanson.

P. 218 figure la 1ᵉʳ partie de l'*Agnus*. Il est chanté avec 3 points de repos au début, au milieu et à la fin (mes. 1, 3, 5-6). A la mes. 4, les deux parties sup. présentent le même rythme, sur des notes différentes, qu'à la mes. 2 : elles sont *isorythmiques*. Puis cette disposition se prolonge en grand dans les parties I et II qui exposent simultanément la taleae du ténor. L'isorythmie se retrouve facilement dans les autres voix : les mesures identiques par le rythme sont juste les unes au-dessous des autres dans l'ex. (lignes I et II). On remarque ainsi au contraténor, dans les deux lignes : pause, 3 blanches, pause, 2 blanches, ronde, etc. ; les notes de *tollis pecca* sont : la fa mi ré la sol la, etc., mais pour *mundi miserere* : do fa sol la do si ♭ la, etc. Il y a quelques exceptions, qui apparaissent comme des ornements, en valeurs plus courtes (*colores*).

La plupart des compositions sur l'ordinaire se trouvent dans les manuscrits d'*Ivrea* et d'*Apt* qui renferment le répertoire de la chapelle pontificale d'Avignon (de 1309 à 1377, les papes étaient à Avignon où, pendant le Grand Schisme, résida aussi un antipape, de 1378 à 1415).

Le ms. d'Apt contient en outre des **hymnes à 3 v.** avec la mélodie principale à la voix sup. et le même texte aux autres parties.

La vogue du motet et de la chanson polyphonique au XIVᵉ s. dénote l'apparition d'un nouveau sentiment musical profane. Les thèmes et les images du texte y sont plutôt « romantiques » par la stylisation des formes anciennes, l'expression des sentiments et le recours à la mythologie. A ceci correspond la mélodie artistique des chansons et des motets ainsi que le rythme très fouillé de l'Ars nova. Le compositeur apparaît personnellement comme auteur de l'œuvre polyphonique. C'est son travail qui assure à la musique nouvelle une indépendance esthétique. Les deux compositeurs les plus célèbres n'étaient plus d'anonymes serviteurs d'une musique utilitaire mais à la fois des poètes, des voyageurs, et des personnalités très considérées :

Philippe de Vitry (1291-1361) : poète, musicien et homme politique, disciple de Pétrarque, évêque de Meaux à partir de 1351.

Guillaume de Machaut (vers 1300-1377) : à partir de 1323 secrétaire de Jean, duc de Luxembourg et roi de Bohême, il voyagea beaucoup à travers l'Europe ; à partir de 1340, il fut chanoine à Reims ; grande œuvre poétique à laquelle s'ajoutent entre autres 23 motets, 19 lais, 100 chansons, 1 messe. Machaut rassembla ses œuvres dans des manuscrits personnels, par genre : ils sont le témoignage d'une prise de conscience artistique qui trouva un vaste écho.

A. Giovanni da Cascia, Madrigal à 2 voix « Angel son biancho », répartition des mélismes et du texte

B. Pierre, Caccia « Chon brachi assai » structure et début de la ritournelle

C. Division italienne de la brève

Madrigal, caccia, système mensuraliste

Au XIVᵉ s., se développa en Italie une polyphonie autonome. Il s'agit d'un art de la chanson profane pour voix d'hommes aiguës avec accompagnement instrumental. Cette polyphonie apparaît peu après l'Ars nova française et la surpasse pour la verve mélodique et la clarté de l'harmonie, mais non pour la structure rationaliste et l'élaboration rythmique.

La chanson polyphonique du Trecento fut cultivée par l'aristocratie : jusque vers 1350 dans les villes du nord de l'Italie, puis surtout à Florence. Les principales cours étaient :
- **Milan** : les seigneurs de VISCONTI (LUCCHINO et GIOVANNI) et les SFORZA ;
- **Vérone** : les familles DELLA SCALA (ALBERTO et MASTINO II) ;
- **Mantoue** : les GONZAGUE ;
- **Padoue** : les SCAGLIERI et les CARRARI ;
- **Modène** et **Ferrare** : la famille d'ESTE.

On mit en musique des textes de PÉTRARQUE (1304-1374), de BOCCACE (1313-1375) et de SACCHETTI (1335-1400).

L'origine de la musique du Trecento est contestée. Au XIIIᵉ-XIVᵉ s., l'Italie s'épanouir la chanson à 1 v. (*lauda*). La nouvelle polyphonie aurait été influencée par la Provence et également par le conduit fr. Des théories plus récentes admettent l'existence en Italie, au XIIIᵉ s., d'une importante musique religieuse polyphonique, surtout des compositions à 2 v. dans lesquelles la partie principale se trouvait en haut ; puis cette technique de l'improvisation aurait disparu avec les compositions écrites du Trecento.

La 1ʳᵉ génération des compositeurs, de 1330 à 1350 env., comprend :
- JACOPO DA BOLOGNA ;
- GIOVANNI DA CASCIA (JOHANNES DE FLORENTIA), travailla notamment à Milan et à Vérone ;
- DONATO DA CASCIA, VINCENZO DA RIMINI, PIERO, GHERARDELLO DE FLORENTIA.

Les principaux genres du Trecento sont le **madrigal** (env. 178 comp. conservées), la **caccia** (env. 26) et la **ballata** (env. 420, presque toujours à 1 v. dans la 1ʳᵉ génération).

Le madrigal est une idylle pastorale parlant de l'amour par allusions ou bien avec un humour très cru, c'est aussi une satire ou une sentence (cf. p. 125). Sa forme littéraire comprend 2-3 strophes et une ritournelle (cf. p. 126, fig. A). Les strophes ont la même mélodie, mais pas la ritournelle. La pièce est à 2 v. (puis à 3), avec la voix principale en haut et le même texte pour toutes les parties. Le ténor, à la partie inf., est composé et libre (non ordonné à la fr.), les deux voix sont très mélodiques, surtout la partie sup. entrecoupée de longs mélismes.

Dans le madrigal *Angnel son biancho* de GIOVANNI DA CASCIA (fig. A), le texte sur l'amour est de style rustique (l'aimée est comme un agneau blanc). Il y a des points de repos à la fin des vers. Le 1ᵉʳ vers est répété (le point de repos est donc repoussé). Chaque vers commence et finit par un mélisme. On voit par le schéma à l'échelle fig. A (1 mm = 1 mesure) que les mélismes tiennent plus de place que le texte : la musique « pure » l'emporte. Le madrigal aime le pittoresque : le « belando » (*bêlement*) devient un hoquet qui s'allonge encore lors de la répétition des vers.

La ritournelle est courte par rapport à l'ensemble du madrigal (ex. p. 124).

Malgré la prédominance des consonances, unisson, quinte et octave, beaucoup de tierces apparaissent, qui donnent à la pièce une sonorité douce et pleine. La ligne mélodique est toujours la voix principale. Ceci produit les cadences franches et bien marquées, à l'octave (mes. 3-4) et à la quinte (mes. 7-8).

La caccia traite de la chasse, comme la *chasse* française, et autres scènes mouvementées où abondent les interjections (batailles, incendies).

En principe, la caccia a 2 v. supérieures animées et traitées en canon (à l'unisson) qui chantent le texte et une partie inférieure, plus calme, libre et instrumentale. Dans quelques pièces, il manque cette partie de basse. — Le plus souvent, la caccia est en deux parties : à la 1ʳᵉ partie, longue, succède une courte ritournelle.

Dans la caccia *Chon brachi assai* de PIERO (fig. B), l'écart entre les entrées canoniques des différentes voix est assez grand dans la 1ʳᵉ partie (8 mes.) mais court dans la ritournelle (1 seule mesure, v. ex.). La ritournelle peut aussi être en imitation libre.

Dans la rythmique et la notation du Trecento (fig. C), la **brève** a la valeur de base. Sa subdivision en 3 degrés donne les mesures suivantes :
Le 1ᵉʳ degré divise la brève en 2 ou 3 parties (« noire ») donc en mesures paires et impaires ;
le 2ᵉ degré divise la brève en 4, 6 ou 9 parties (« croches ») où 6 apparaît comme 2 fois 3 (senaria imperfecta = 6/8) et 3 fois 2 (s. perfecta = 3/4). Ces divisions correspondent aux 4 sortes de tempo de l'Ars nova fr. (cf. p. 214, fig. C) ;
le 3ᵉ degré divise la brève en 8 ou 12 parties (double-croches).

En outre, on utilise une portée à 6 lignes et la forme française des notes, y compris les points de division pour les groupements de brèves. La division des brèves est indiquée en abrégé par des lettres, ex. : **q** = quaternaria, etc. (fig. C).

A. Types de compositions à 3 voix

Parties	Refrain	Couplet	Couplet	Envoi	Refrain
Italien	ripresa	piede	piede	volta	ripresa
Texte (rimes)	aa	bc	bc	ca	aa
Suite des lignes	1.	2.	3.	4.	5.
Musique	AB	CD	CD	AB	AB

B. Structure d'une ballata

C. Francesco Landini, Ballata « Piu bella donna'al mondo », strophe 1

Types de compositions, ballata

La 2ᵉ génération de compositeurs s'étend env. de 1350 à 1390, avec BARTOLINO DA PADUA, LAURENTIUS DE FLORENTIA, NICCOLO DA PERUGIA, PAOLO TENORISTA et la figure principale du Trecento musical, FRANCESCO LANDINI (ou LANDINO, vers 1335-1397), né à Fiesole, aveugle dès l'enfance, il fut poète, compositeur et organiste à la cathédrale de Florence. Nous possédons 154 de ses œuvres dont 141 ballate (91 à 2 v., 50 à 3 v. dont 8 où la 3ᵉ v. est un ajout plus récent), 11 madrigaux (9 à 2 v., 2 à 3 v.), 1 madrigal canonique à 3 voix, 1 caccia à 3 voix.

Le centre de gravité de la musique du Trecento se déplace du nord de l'Italie vers le sud, avec Florence comme foyer sous les Médicis, mais aussi Pise, Pérouse et Lucques.

La ballata
est la forme principale de la 2ᵉ époque. Elle apparut vers 1365 à 2 v. puis à 3 v. et supplanta le madrigal. La **forme à 2 v.** correspond à celle du madrigal, c.-à-d. que les 2 v. ont le même texte et sont chantées. Mais la combinaison d'une partie vocale et d'un accompagnement instrumental est également possible. En revanche, la **forme à 3 v.** est variable :
— **type I :** deux parties chantées *cantus* et *tenor* (2 voix masculines aiguës), plus un *contratenor* instrumental (voix moyenne ou basse) ;
— **type II :** les 3 parties sont chantées ;
— **type III :** une partie chantée, le cantus, accompagné par deux parties instrumentales : peut-être une imitation de la chanson française.

Même dans le type II, des instruments peuvent toujours se joindre au chant.
La forme de la ballata correspond au **virelai** fr. Une strophe de 2 couplets (*piedi*) et un envoi (*volta*) est encadrée par un refrain (*ripresa*). Généralement, chaque partie comporte deux vers sur la même rime. De même la *ripresa* (ligne 1 du texte) se compose de 2 phrases mélodiques A B, et les *piedi* de C D. Le 1ᵉʳ *piede* (ligne 2 du texte) se termine par une demi-cadence (*verto*), le 2ᵉ (ligne 3) par une cadence parfaite (*chiuso*). La *volta* (ligne 4) est chantée sur la même mélodie que la *ripresa*. Pour terminer (ligne 5), on répète la *ripresa* (fig. B).
— La ballata *Piu bella donn'al mondo* de LANDINI est considérée comme l'une des plus belles chansons d'amour (refrain et strophe 1 fig. C). La partie sup. conduit, la partie inf. accompagne (peut être instrumentale bien qu'à chaque syllabe corresponde exactement une note). Son caractère de soutien ou d'accompagnement est surtout évident mes. 3 et s'oppose à la

voix supérieure plus animée.
Le plus souvent, les parties sont en mouvement contraire. Le déroulement mélodique et rythmique est vraiment chantant. On remarque en outre le passage quasi en hoquet au début du mélisme final dans les mesures 8/9 de la 2ᵉ partie.
Pour l'harmonie, la 2ᵉ partie commence dans la « région de la dominante » la et ramène au ton principal ré : une tendance précoce à l'harmonie tonale.
La formule finale avec les syncopes et le saut de tierce (si-ré) est une tournure fréquente au Trecento (*cadence landinienne*).

La musique écrite ne donne pas un reflet exact de son **exécution**. La notation n'indique pas le rôle des **instruments ;** les sources diffèrent aussi sur le nombre et l'ordre des **coloratures.** En tant qu'ornements, ces vocalises n'étaient sans doute pas instrumentales mais destinées aux chanteurs. Les coloratures notées attestent d'une haute **culture vocale** et d'un **art du chant** qui était déjà une spécialité ital. au Moyen Âge. Malgré les sonorités pleines et la délicatesse des tournures pré-tonales, il manque à la polyphonie ital. l'assise d'une basse. Les parties étaient chantées par des ténors solos aigus, la sonorité était limpide et claire.

A partir de 1360 env., on observe en Italie l'influence de l'Ars nova fr. Cela est lié à la domination politique de princes français dans quelques villes d'Italie et au retour du pape et de sa chapelle d'Avignon vers Rome, en 1377. On adopte les motets isorythmiques à plusieurs textes, la chanson, les méthodes françaises de notation et parfois même les textes français.
Ceci concerne surtout la **3ᵉ génération** des musiciens du Trecento avec GRATIOSUS et BARTOLINO DA PADOVA, PAULUS et ANDREAS DE FLORENTIA, MATTEO DA PERUGIA, ZACHARIAS, les CASERTA entre autres (période tardive 1390 à 1420, cf. p. 225).
Les théoriciens les plus connus du Trecento sont MARCHETTUS DE PADOUE (*Lucidarium* et *Pomerium* 1325) et PROSDOCIMUS DE BELDEMANDIS (Padoue, début xvᵉ s.).

Les sources nous donnent env. 650 pièces réparties dans plus de 30 mss. dont
— **Codex Rossi** (*RS*), Rome, bibl. Vat., Rossi 215, vers 1350 et avant, première source du Trecento avec 37 pièces dont 30 madrigaux ;
— **Codex Squarcialupi** (*Sq*), Florence, bibl. Mediceo-Laur., Palat. 87, 1ʳᵉ moitié xvᵉ s., appartenait à *Antonio Squarcialupi,* organiste à Florence, 1416-1480), ms. aux enluminures magnifiques avec plus de 350 pièces dont 226 ballate, 114 madrigaux et 12 caccie.

A. Notation maniérée, fin du XIVe s., d'après le ms. Mod A, f. 39', et transcription

Triplum
Motetus
Contratenor
Tenor

Duo contrapuntique (en canon ou en imitation)

Assise harmonique (instrumentale, sans c.f.)

Imitation

Formule cadentielle

Accord de quinte et octave

Contratenor

Tenor

su-sci - pe de - pre - ca - - ti - o - nem no - - stram
su - sci- pe de-pre - ca - ti - o - nem no - - stram

su - sci - pe de - pre - ca - ti - o - nem no - - stram.

B. Johannes Ciconia, agencement des voix et exemple d'assise harmonique du « motet-caccia » et fragment d'un Gloria

Orgue

Motet

Ad - - - - - - - - - - - e - - (sto)

Alleluja Benedictus

C. Mise en tablature d'un motet de l'Ars nova (Vitry ?) pour orgue, Angleterre, XIVe s.

Exemples de structures, premières tablatures pour orgue

France. L'Ars nova avait porté ses formes à un point d'aboutissement : les **motets isorythmiques** de VITRY et de MACHAUT représentent, par l'équilibre bien pensé de leur forme et de leur expression, le terme du développement des motets depuis Notre-Dame. MACHAUT porte d'emblée la polyphonie de l'Ars nova à une hauteur insurpassable. Comme, après sa mort en 1377, il manque une impulsion nouvelle, les compositeurs poursuivent sur l'ancienne voie. La **période tardive fr.** apparaît (BESSELER), l'Ars nova devient l'**Ars subtilior** (GÜNTHER) : une culture musicale de grande classe, riche en nuances et raffinée.

On introduisit aussi l'isorythmie et la pluralité des textes dans le chanson polyphonique et surtout on poursuivit la préoccupation centrale de l'Ars nova : le rythme et sa notation. Le système mensuraliste fut étendu au-delà de la semi-minime. Le rythme maniéré, avec ses fréquents changements de mesure, ses duolets, triolets, syncopes, etc., entraîne une **notation maniérée** (APEL) avec la *fusa* et la *dragma* comme plus petites valeurs, et qui apparaissent de différentes façons : doubles hampes, crochets, notes évidées (fig. A).

La plupart des compositeurs sont au service d'une *chapelle de cour*, surtout à Paris (CHARLES V, 1364-1380 ; CHARLES VI, 1380-1422). **La 1re génération,** jusque vers 1400, comprend : F. ANDRIEUX (élève de MACHAUT ?), JEAN CUVELIER, JEAN GALIOT, SOLAGE, JEAN SUSAY, JEAN VAILLANT entre autres. **La 2e génération,** à partir de 1400 env., comprend notamment : JEAN CARMEN (Paris), JEAN CESARIS (Angers), BAUDE CORDIER (Reims), NIC. GRENON (Paris et Bourgogne), RICHARD LOCQUEVILLE (Cambrai), TAPISSIER (Bourgogne).

Italie. Après la mort de LANDINI en 1397 une tradition du Trecento subsiste à Florence, et le Sud, autour de Naples (PHILIPPE et ANTHONELLO DE CASERTA, NIC. DE CAPUA) cultive une musique profane d'influence fr. Mais un bouleversement progressif se préparait au Nord avec JOHANNES CICONIA (1335-1411), qui annonçait le style des Pays-Bas. La musique sacrée se multipliait, le traitement des voix et l'harmonie se modifiaient. CICONIA venait de Liège où l'influence fr. était grande. C'est le premier « néerlandais » connu (*franco-flamand*) qui vint en Italie. Travaillant déjà en Italie à la fin des années 60, il fut chantre à la cathédrale de Padoue, de 1403 jusqu'à sa mort.

CICONIA utilisa dans le style à 4 v., le *tenor* et *contratenor* issus du motet français comme assise harmonique sans cantus firmus.

ordonné. Les sauts de quinte et d'octave sont caractéristiques. Ces deux parties sont instrumentales (fig. B).
Au-dessus le *triplum* et le *motetus* s'harmonisent par la technique de l'imitation et du canon. On obtient un **motet-caccia** de facture équilibrée. CICONIA étendit l'imitation à toutes les parties de la musique vocale religieuse, ex. : Gloria à 3 v. fig. B. Il faut aussi noter les formules cadentielles et leur résolution qui annoncent déjà la tonalité future.

L'Angleterre utilisa surtout la polyphonie dans le domaine religieux. Le motet isorythmique apparaît rarement, la chanson polyphonique n'est pas adoptée. On préfère les formes anglaises plus simples. Les sources nous indiquent ces genres issus du XIVe s. :
− **composition sur l'ordinaire** : le plainchant au ténor, c.-à-d. au milieu ou au-dessous, rarement au-dessus comme dans les pièces françaises correspondantes ;
− **magnificat** : issus de la tradition angl. du culte marial, adaptation de plain-chant ;
− **hymne à 3 v.** avec mélodie principale à la partie supérieure ;
− **conduit** : encore chanté en Angleterre, composition simple, syllabique ;
− **carol** : issu du conduit à l'aube du XVe s., chants de Noël à 2-3 v. avec refrain.
Dans l'ensemble, l'Angleterre se montre traditionnelle par rapport à l'Ars nova française. Le goût ancien pour les sonorités pleines et puissantes élargit l'usage des tierces et des sixtes en chaînes d'accords avec une fin sur quinte et octave (« faux-bourdon », cf. p. 213).

Allemagne. OSWALD VON WOLKENSTEIN (1365-1445) écrivit, outre des chansons monodiques, pour la première fois, des pièces à 2-3 v. :
− sur le modèle français en traduisant même certains chants polyphoniques et en les adaptant avec des variations,
− avec mélodie au ténor sur laquelle il greffe une partie instr. relativement simple (cf. p. 256, fig. A). Dans le style à 3 v. s'ajoute encore une partie inf. instrumentale.
Dans le ms. de lieder de Vienne-Mondsee, se trouvent aussi quelques pièces à 2-3 v. ; la mélodie est au cantus.

Pour la nouvelle **musique instrumentale,** une des premières tablatures d'orgue ou de clavecin provient d'Angleterre : un motet à 3 v. de VITRY. Habituellement disposées séparément, les parties apparaissent ici sans texte, les unes au-dessous des autres, avec un système de notes et de lettres. La main gauche ou le pédalier joue le ténor (valeurs longues), la main droite joue la partie sup. et ajoute de nombreux ornements (*diminution :* fig. C).

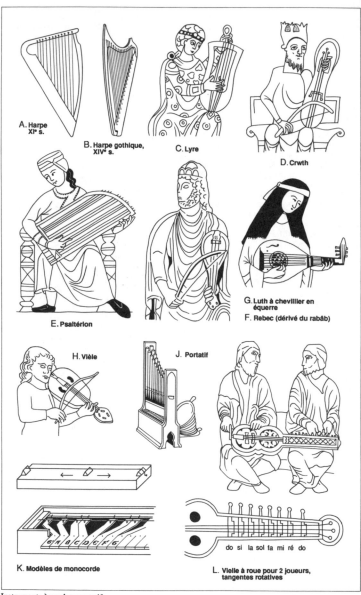

A. Harpe XIᵉ s.

B. Harpe gothique, XIVᵉ s.

C. Lyre

D. Crwth

E. Psaltérion

G. Luth à chevillier en équerre

F. Rebec (dérivé du rabâb)

H. Vièle

J. Portatif

K. Modèles de monocorde

do si la sol fa mi ré do

L. Vielle à roue pour 2 joueurs, tangentes rotatives

Instruments à cordes, portatif

Le Moyen Âge adopte pour l'essentiel les instr. de l'Antiquité. Il n'y a pas cependant ni développement concerté des instr. ni normalisation de leur facture. D'où une grande variété de formes et de types différents, et une terminologie flottante. Ce n'est qu'au XVᵉ-XVIᵉ s. qu'apparaît, avec la naissance d'une musique instr. spécifique et le développement de la basse, la formation de familles d'instr. avec leur classement systématique (apogée : VIRDUNG, *Musica getutscht*, 1511 ; PRAETORIUS, *Syntagma musicum*, 1619).

Au M. Â., la sonorité des instr. était aiguë, claire, perçante, allant du registre de soprano à celui de ténor. Il manquait les basses graves. Il n'y avait pas d'orchestre au fort volume sonore mais de petits groupes isolés de solistes mêlant souvent les instr. à cordes, à vent et à percussion.

Les instruments servaient à l'accompagnement du chant (surtout les cordes pincées ou frottées), pour la danse et les processions (surtout les vents). Presque tout était improvisé à partir de formules. Les instruments jouaient leurs propres parties ou les parties vocales d'après un livre seulement pour la polyphonie. La musique purement instr. était rare ; il s'agissait surtout de genres chantés à l'origine (*hoquet*, cf. p. 208, *tablature des motets*, cf. p. 224).

Instruments à cordes (sources, cf. p. 271)
La harpe à cadre représentée à partir du VIIIᵉ s., de forme romane ramassée, et à partir du XIVᵉ s., de forme gothique élancée (fig. A, B), spécialité anglo-irlandaise (*cythara anglica*, aujourd'hui encore sur les armes d'Irlande).
La lyre et la kithara de l'Antiquité sont un peu modifiées : d'abord la lyre d'Oberflacht (trouvée dans un tombeau alémanique, Vᵉ-VIᵉ s.) avec ses montants élancés et 6 chevilles, semblable à celle du Psautier de Munich (Xᵉ-XIᵉ s.) avec 5 cordes, un bouton de sillet et une clef d'accord (fig. C). Ensuite, la lyre circulaire sans joug (*cythara teutonica*, VIIᵉ-IXᵉ s.) avec, au IXᵉ s., une touche centrale et 3 cordes. Cette *cithare à touche*, jouée avec un archet apparaît déjà au IXᵉ s. avec le **crwth, crouth** ou **rote**, surtout en Irlande comme instrument des bardes (fig. D).
Le psaltérion, représenté à partir du IXᵉ s., précurseur de la cithare (fig. E), apparenté au tympanon (cf. p. 34). Au XIIIᵉ-XIVᵉ s., on obtint l'*épinette* par l'adjonction d'un mécanisme d'attaque.
Le luth, soit à long manche (cf. p. 160, fig. B), sur le modèle du *tanbur* arabe, représenté à partir du Xᵉ s. ; soit à manche court, du type *rabâb* arabe, avec une petite caisse bombée, piriforme et sans manche rapporté, un chevillier à disque et 3-5 cordes pincées mais parfois aussi frottées (*rebec*), tenu à l'épaule ou sur les genoux (fig. F) ; soit enfin à **chevillier en équerre** avec une grande caisse, des cordes plus nombreuses, une tension plus élevée d'où son **chevillier en équerre** ; il fut introduit par les Arabes via la Sicile et l'Espagne (fig. G).
La vièle (*viola*, également *lira*, *violon*) déjà citée dans les Évangiles d'OTFRID (IXᵉ s.), de forme oblongue avec un manche, à partir des XIᵉ-XIIᵉ s. seulement. Échancrures de formes très variées pour le passage de l'archet (à l'inverse du rebec piriforme), 3-6 cordes, parfois un bourdon (cf. p. 38), tenue à l'épaule gauche (fig. H) mais aussi transversalement.
La vielle à roue (*organistrum*), à partir du IXᵉ s., 3 cordes (plus tard 6) frottées simultanément par une roue ; les instr. les plus longs mesuraient env. 180 cm et étaient conçus pour 2 joueurs (fig. L, sculpture, Saint-Jacques-de-Compostelle XIIIᵉ s.) ; les tangentes rotatives (levier au-dessus des notes, fig. L, boîte à tangentes ouverte d'après un dessin du XIIIᵉ s.) touchent toutes les cordes en basculant vers le haut, ce qui donne, en accordant les cordes en quinte-octave (ré la ré), des intervalles parallèles comme dans l'organum primitif (d'où *organistrum*). Mais les tangentes peuvent aussi être conçues différemment et ne toucher qu'une seule corde à la fois (mélodie) pendant que les autres continuent à vibrer (bourdons).
Le monocorde, une seule corde et un chevalet mobile pour la démonstration des intervalles 1/2, 2/3, etc. ; au lieu d'un chevalet mobile, on se servait aussi de plusieurs chevalets fixes, soulevés jusqu'à la corde par un levier (touches) fig. K) ; ainsi naquit le *clavicorde* (cf. p. 36).

Instruments à vent et orgue
presque identiques à ceux de l'Antiquité :
— **cor** (*cornu* lat.), petite trompe de métal, en corne d'animal (bugle, IXᵉ s., cf. p. 48) ou défense d'éléphant (**olifant**) ;
— **trompette** (*tuba* lat.) avec coulisse pour le **trombone** (cf. p. 50) ;
— **instr. à anche double** avec le **chalumeau** et la **vèze** (avec réservoir d'air) ; à partir du XVᵉ s. la **bombarde** ;
— **flûtes** : droites (à bec), traversières, doubles, globulaires, flûte de Pan ;
— **cornemuse**, à partir du IXᵉ s., avec 1-2 tuyaux et des bourdons (cf. p. 54, fig. D) ;
— **orgue**, à partir du VIIIᵉ s. en Occident, **positif** et **portatif** (fig. J ; cf. p. 59).

Instruments à percussion
les mêmes que dans l'Antiquité méridionale : tambours à main, tambours de basque, petites timbales, cymbales, castagnettes, triangles, cloches, crécelles, hochets.

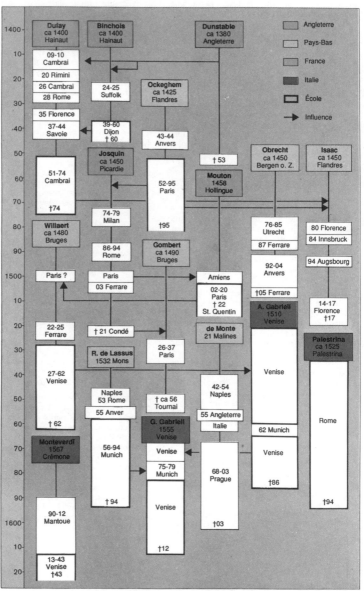

Origine, centres de création et aires d'influence des principaux compositeurs

Les XVe et XVIe s. présentent un développement continu de la pratique musicale et de la technique de composition. Le point central en est la musique vocale polyphonique, le point culminant étant atteint avec ROLAND DE LASSUS et PALESTRINA. Comme contrepoids à la musique vocale dominante, la musique instrumentale acquiert une première indépendance.

Le foyer de création s'étend de la France jusqu'en Italie en incluant les régions franco-flamandes et la Bourgogne, pays d'origine. Au XVIe s., c'est l'Italie qui est à la tête du mouvement. L'Angleterre avec DUNSTABLE et l'Italie à l'époque de CICONIA, vers 1400, sont importantes pour le début de ce mouvement.

On a appelé le XVe-XVIe s., le siècle de la **polyphonie vocale néerlandaise** mais les maîtres de cette période n'étaient pas tous néerlandais, ils venaient aussi de l'actuel Nord de la France, du Hainaut, de Belgique, etc. C'est pourquoi il est plus exact de parler de mus. **franco-flamande**. En outre, les échanges internationaux étaient animés : la plupart des compositeurs voyagèrent et passèrent la plus grande partie de leur vie en Italie.

Renaissance et Humanisme

Le concept de Renaissance fut employé par le peintre VASARI en 1550 et, depuis BURCK-HARDT (après 1860), il est utilisé pour désigner l'art des XVe-XVIe s. en Italie. *Renaissance* signifie *nouvelle naissance* de l'homme basée sur la rencontre consciente avec l'Antiquité. A cette époque, l'homme était, devenu la mesure de toute chose. « Re-né », il s'intéresse à lui-même. C'est la rencontre de la Renaissance et de l'Humanisme. A la « découverte » de l'homme, s'ajoute la découverte moderne de la nature et du monde. C'est la fin du Moyen Âge :

− découverte de l'Amérique par C. COLOMB en 1492, premier tour du monde en 1519-1521 ;
− essor des sciences naturelles modernes avec entre autres COPERNIC († 1543), GALILÉE († 1642), KEPLER († 1630) ;
− invention de l'imprimerie par GUTENBERG à Mayence vers 1455 et de l'impression musicale par HAHN (HAN) à Rome en 1476.

La nouvelle image de l'homme conduit également à un nouveau type d'artiste (avec des précurseurs au XIVe s.) : le *génie* qui s'identifie à une force créatrice dans un ordre divin envahissant. En même temps, l'idée que l'homme a de lui-même se reflète dans les *désordres religieux* et les *crises de la foi*, les nombreux *conciles* du XVe s., la *Réforme* de MARTIN LUTHER, la *Contre-réforme* avec le *concile de Trente* (1545-1563).

En architecture, l'intérêt porté à l'Antiquité mène à une **simplification** des lignes, des formes et des proportions (BRAMANTE,

MICHEL-ANGE) : c'est le Sud ital. qui l'emporte sur le Nord gothique (gothique tardif encore au XVIe s.).

En peinture, on recherche le **naturel**, la **perspective** se développe et l'homme entre dans les tableaux (MICHEL-ANGE, RAPHAËL, LÉONARD DE VINCI, CLOUET, DÜRER ; les frères VAN EYCK, BREUGHEL). **En sculpture**, on crée des formes libérées (DONATELLO).

La musique des XVe-XVIe s. ne recherche pas, comme les autres arts, ses modèles dans l'Antiquité. Cependant, on y retrouve aussi les éléments de la Renaissance. Par rapport au Moyen Âge, ces éléments représentent une *humanisation* de la musique :
− le **mélange des timbres** du gothique tardif cède le pas aux **sonorités pleines** de la Renaissance dans la polyphonie vocale franco-flamande ;
− la ligne donne naissance à l'**accord** par superposition polyphonique ;
− la composition successive des parties fait place à la **conception simultanée** ;
− les accords statiques quinte-octave s'enrichissent de **tierces** et de **sixtes** ;
− l'**harmonie** fonctionnelle à **trois sons** s'élabore ;
− au lieu de la ligne gothique toute en courbes, on prend pour idéal la **mélodie simple** construite comme la respiration de l'homme ;
− au rythme gothique compliqué, on préfère une **pulsation vivante** ;
− la structure ordonnée du ténor, les organisations compliquées et la construction isorythmique sont abandonnées au bénéfice de **formes et de proportions simples** ;
− la recherche du **naturel** en musique est un phénomène nouveau (GLARÉAN, ZARLINO) : la musique doit imiter la nature tandis que la musique vocale imite le texte (*imitar le parole*), c.-à-d. en traduit l'expression et l'atmosphère.

Les générations de musiciens (fig.)
I. (1420-1460) : DUNSTABLE, DUFAY, BINCHOIS ;
II. (1460-1490) : DUFAY, OCKEGHEM, BUSNOIS ;
III. (1490-1520) : OBRECHT, ISAAC, JOSQUIN, MOUTON ;
IV. (1520-1560) : WILLAERT, GOMBERT, CLEMENS NON PAPA, JANEQUIN ;
V. (1560-1600) : A. GABRIELI, de MONTE, LASSUS, PALESTRINA.

Un dernier groupe introduit déjà la période nouvelle du baroque : G. GABRIELI, SWEELINCK, GASTOLDI, GESUALDO, MARENZIO, MONTEVERDI.

Les centres sont **Cambrai** (DUFAY), **Paris** (OCKEGHEM, MOUTON), **Venise** (WILLAERT, A. et G. GABRIELI, MONTEVERDI), **Munich** (LASSUS), et **Rome** (PALESTRINA).

A. Première composition en faux-bourdon attestée sur le continent,
G. Dufay, « Missa S. Jacobi », communion (1429 ?)

B. Évolution de l'écriture à 4 voix

C. Les principales clausules

D. Évolution de la cadence tonale

E. « L'Homme armé », d'après Pietro Aron,
Il Toscanello, Rimini 1523

Conduite des parties, parodie la plus célèbre de l'époque

Pour la Renaissance, la polyphonie est encore littéralement une superposition à caractère contrapuntique de parties isolées (notation par parties, non en partition). L'adaptation des voix les unes aux autres fut facilitée par le fait que toutes les parties ont désormais un caractère vocal (« humanisation » de la musique, cf. supra). Les principaux moyens en sont une mélodie fluide et l'imitation continue. L'idéal de la sonorité pour la Renaissance se modifie plus tard avec l'apparition du registre de basse (écriture à 4 v. comme norme), par les sonorités colorées de tierce et de sixte (faux-bourdon) et par l'harmonie pré-tonale à trois sons (cadences). A la fin de cette évolution, l'accord sera le fondement matériel de l'époque de la basse continue.

Faux-bourdon signifie suites d'accord de sixtes qui se résolvent en quinte-octave. Leur origine remonte à l'influence angl. (*faburden*, p. 234).
Dans l'écriture continentale à 3 v., on entend comme mélodie principale (plain-chant) à la partie sup., 2 parties inf. (bourdon et « fabourdon » comme « contre »-ténor) entrecoupées de suites d'accords de sixtes angl.
Pour éviter l'interdiction de composer en quartes parallèles, on ne note que 2 v. La partie médiane, « fausse », double la voix sup. à la quarte inf. selon l'indication « à faux-bourdon », comme une « faussebasse ». Le faux-bourdon apparaît sur le continent à partir de 1430 env., en même temps que le faburden en Angleterre.
La communion de la *Missa S. Jacobi* de DUFAY (1427) constitue le premier document connu sur le continent (fig. A). le passage : « vous qui m'avez suivi, vous siégerez... » est doublé en quartes parallèles à la partie médiane.

L'écriture à 4 v. devient la norme à la fin du XV° s. Le point de départ en était l'écriture à 2 v. des XI°-XII° s. avec ténor de plainchant (cantus) et v. sup. (discantus). Dans l'écriture à 3 v. des XIII°-XV° s., on ajoute un contraténor dans le registre de ténor, les deux parties se croisent fréquemment. Puis le contraténor se scinde en une partie haute (altus) et une basse (bassus) et les parties s'appellent :
– superius ou soprano (« le plus haut »), le plus souvent partie mélodique ;
– contraténor altus ou alto, souvent une partie de remplissage harmonique ;
– ténor, souvent comme cantus firmus, partie de soutien ;
– contraténor bassus ou basse, partie la plus grave portant l'harmonie (fig. B).

L'évolution de la cadence tonale
Dans la monodie, la note finale (finalis) est le fondamental du mode. Comme il est grave,

il procède de la seconde sup., rarement inf. (fig. C, clausule de ténor). Les 2 ou 3 dernières notes laissent peu de possibilités. Elles constituent les formules finales, les **clausules**. On rencontre les clausules les plus importantes dans l'écriture à 2 v. (fig. C) :
– **clausule de ténor** : comme dans la monodie, le ténor atteint la finalis par un mouvement de seconde descendante, avec demi-ton seulement dans la cadence phrygienne ;
– **clausule de soprano** : le soprano monte par mouvement contraire, souvent d'un demi-ton (sensible). Dans la clausule à la tierce inférieure ou cadence de Landini, fréquente, cette progression est remplacée par saut de tierce ascendante.
Dans l'écriture à 3 v., la partie médiane en faux-bourdon monte par mouvement de seconde à la note cadentielle (fig. D, 1). Ici, les intervalles de demi-tons (notes sensibles) peuvent renforcer l'effet conclusif. La cadence à double sensible est fréquente aux XIV°-XV° s. (fig. D, 2). Mais la partie médiane peut aussi rester sur la même note (fig. D, 3). Au XV° s. apparaissent 2 variantes de cette cadence annonçant l'évolution future :
– le contraténor ne part pas du registre moyen mais du grave. Il monte d'une octave ou descend d'une quinte pour atteindre la note finale (fig. D, 4 et 5). Dans le premier cas, les sons les plus graves des deux derniers accords sont en rapport de quarte ascendante, dans le second cas en rapport de quinte descendante : les deux fois, on obtient l'enchaînement fondamental dominante-tonique (degrés V-I).
Dans l'écriture à 4 v. des XV°-XVI° s., cette progression D.T. par la quarte ascendante devient courante et la structure sopranoténor représente toujours la base de l'écriture (dans fig. D : ténor notes évidées). L'accord final reste sans tierce jusqu'au XVI° s. Vers la fin du XVI° s., la basse prend la fonction de soutien dans la cadence grâce aux mouvements de quarte ou de quinte (fig. D, 6 et 7) ; le ténor monte d'une seconde jusqu'à la tierce (accord parfait). Jusqu'au XVIII° s., cette tierce finale reste toujours majeure même dans les pièces en mineur (*tierce picarde*).

La parodie est l'une des caractéristiques du style de la Renaissance : le thème d'une chanson profane remplace le plain-chant liturgique au c.f. *l'Homme armé* (fig. E, forme ballade) fut la chanson le plus souvent parodiée (plus de 30 adaptations). On se servait aussi de compositions polyph. entières, par ex. des chansons (messe parodie, cf. p. 244). Le concile de Trente (1545-1563) s'éleva contre ce procédé.

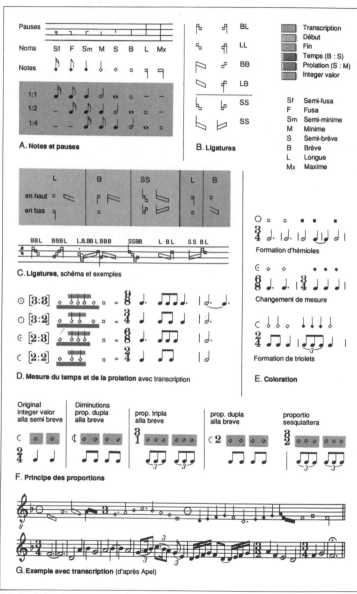

G. Exemple avec transcription (d'après Apel)

Principe de fonctionnement et représentation

Aux XVᵉ-XVIᵉ s., la musique religieuse, notamment la messe et le motet, ont joué un rôle important. Mais le développement du madrigal ital. et de la chanson fr. portera la musique profane à un niveau équivalent. La prédominance de la voix est surtout remarquable dans la chanson polyphonique et dans le motet. Dans la première, la partie supérieure est mélodique, les parties instrumentales de soutien sont équilibrées, plus limpides et plus chantantes. De même pour le ténor et les autres parties du motet. Ainsi, l'écriture considérée du point de vue vertical (parties homophones) et horizontal (sections contrapuntiques) apparaît à la fois plus claire et plus précise.

Les formes religieuses
ordinaire de la messe : prédominance de la forme cyclique sur c.f. (parodie, p. 244) ou motif de tête. Les messes sont le plus souvent composées selon la technique du motet ;
propre de la messe : à nouveau plus fréquent, composé selon la technique du motet ;
pièces liturgiques : nombreux magnificat, hymnes et antiennes ;
motets : textes surtout religieux (Bible). Les rares motets profanes sont solennels et graves.
La structure du motet se transforme complètement : abandon de la pluralité des textes, plus d'isorythmie. Le but recherché est une nouvelle organisation contrapuntique, plus libre, fondée sur l'imitation (XIᵉ s.).

Les formes profanes
chanson française : issue de la chanson polyph. médiévale, apogée au XVIᵉ s. ;
madrigal italien du XVIᵉ s. : le genre le plus raffiné du XVIᵉ s., très expressif ;
tenorlied allemand : forme à la fois instrumentale et vocale comme la chanson polyph. avec c.f. (mélodie du lied) au ténor ;
formes populaires : frottola ital., balletto, villanelle (en esp. villancico) entre autres, de facture très verticale.

Les sources
Parmi les grands recueils du XVᵉ s., on compte :
Old Hall (OH), St Edmund's College, Angleterre, répertoire angl. 1360-1440, env. 150 pièces surtout de DUNSTABLE et POWER ;
Manuscrits de Trente (Tr 87-93), mss. du chapitre de la cathédrale (87-92) et archives de ce chapitre, répertoire 1420-1480 de la chapelle de FRÉDÉRIC III (1440-1493), Italie du Nord, Trente, 1864 pièces de DUNSTABLE, DUFAY, BINCHOIS entre autres.
A partir du XVIᵉ s., les imprimés remplaceront de plus en plus les manuscrits.

Notation blanche
Le format des manuscrits s'étant agrandi au XVᵉ s. avec le folio (papier), il devint peu pratique de remplir à l'encre les têtes des notes plus grandes. On décida donc de ne dessiner que leurs contours. Cette notation mesurée dite *blanche* repose sur le principe de la notation noire (p. 210, 214).
Les figures de notes et les pauses s'étendent régulièrement à la semi-minime, à la fusa et à la semi-fusa. Toutes les divisions peuvent être binaires et ternaires. On admet un rapport de transcription 1:4 (fig. A).
Les ligatures correspondent à celles de la notation noire (fig. B, cf. p. 210, fig. D). Les notes intermédiaires sont des brèves, mais le début et la fin des ligatures varient : la fig. C montre les formes pour L, B et S avec des ligatures ascendantes et descendantes (« en haut », « en bas ») ; ainsi dans la fig. 1 : ligature descendante, début « en haut » carrée avec hampe, donc B, milieu B, fin « en bas » carrée sans hampe, donc L, etc. Les points peuvent aussi subdiviser les ligatures.
Mesure du temps et de la prolation (fig. D), ce sont désormais les sortes de division les plus courantes (p. 214, fig. C). On indique presque toujours un signe de mesure, parfois un chiffre de proportion.
Coloration, consiste souvent à **noircir** les têtes des notes, ce qui permet des particularités rythmiques :
– **formation de triolets** : 3 notes noires équivalent à 2 blanches ;
– **changement de mesure** : sans signe de mesure, comme dans la formation des triolets, passage de la division en 2 temps à la division en 3 et inversement (fig. E avec la brève comme unité de mesure) ;
– **formation d'hémioles** : la B noircie perd un tiers de sa valeur par rapport à la blanche. Trois B noircies remplissent donc 2 mesures ;
Le principe des proportions repose sur le fait que la notation mesurée n'indique pas de valeurs absolues mais relatives. Seule une indication extérieure (signe de mesure) définit la valeur de la note (aujourd'hui on n'utilise que le symbole de la note : il est toujours binaire. L'unité de mesure est la battue ou le temps, appelé **integer valor** (*valeur étalon*). Les signes de mesure ou l'indication de proportion déterminent sur quelle valeur de note l'**integer valor** doit tomber. La fig. F montre une série de possibilités. Ainsi la S est doublée dans la *prop. dupla* (2:1), et trois fois plus rapide dans la *prop. tripla* (3:1). Ici l'**integer valor** tombe sur la brève (*alla breve*). Dans les proportions combinées, ex : entre *dupla* et *sesquialtera* (fig. F), le dénominateur de la fraction se rapporte à l'avant, le numérateur à l'arrière.
A la rigueur proportionnelle s'oppose le *principe du tactus* qui apparaît au XVᵉ s.

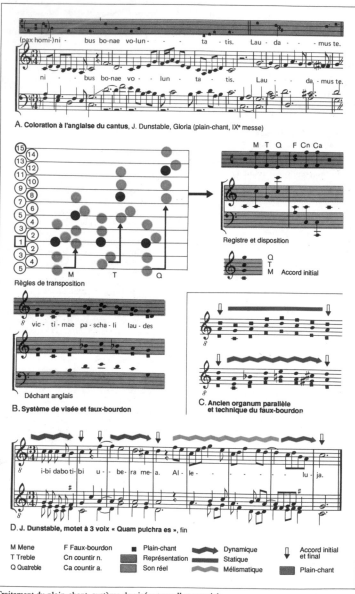

A. Coloration à l'anglaise du cantus, J. Dunstable, Gloria (plain-chant, IXᵉ messe)

Règles de transposition

Registre et disposition

Accord initial

Déchant anglais

B. Système de visée et faux-bourdon

C. Ancien organum parallèle et technique du faux-bourdon

D. J. Dunstable, motet à 3 voix « Quam pulchra es », fin

M Mene	F Faux-bourdon	■ Plain-chant	Dynamique	Accord initial et final
T Treble	Cn countir n.	Représentation	Statique	
Q Quatreble	Ca countir a.	Son réel	Mélismatique	Plain-chant

Traitement du plain-chant, système de visée, nouvelles sonorités

Dans l'Angleterre du XVe s., c'est aussi la **musique sacrée** qui joue le rôle le plus important dans la polyphonie : fragments de messes, motets religieux, pièces mariales, hymnes et carols (p. 225).

La mélodie simple et populaire, le rythme clair et une harmonie colorée qui aime les sonorités pleines (tierces et sixtes) sont typiques de l'Angleterre.

Plutôt archaïque, la musique anglaise servit de base et de modèle au nouveau style qui apparut dans la période française tardive.

Coloration du cantus. En Angleterre, se développe une technique particulière dans le traitement du plain-chant. Dans une composition à 3 v., le plain-chant se trouve en haut mais dans un rythme simple enrichi de quelques notes intermédiaires (*coloré*). Cela donne une mélodie limpide et naturelle comportant quelques mélismes et des respirations déterminées par le texte.

La fig. A présente, l'un sous l'autre, un exemple de plain-chant et la coloration du cantus. Le premier (ligne du haut) est dans le registre de ténor, transposé à la quarte supérieure dans le cantus.

Cette facture mélodieuse est tout à fait à l'opposé de l'organisation à la française de la teneur.

Déchant angl. et système de visée (*sight-system*). Il existe dans l'Angleterre du XVe s. une polyphonie liturg. improvisée qui correspond à l'ancien déchant « à vue » du continent (« *discantus supra librum* » encore au XVIIIe s.). Ce **déchant anglais** repose sur le chant parallèle en consonances imparfaites (jusqu'à 5) entre des quintes et des octaves. Le plain-chant est dessous ou au milieu (dans le faux-bourdon, cf. infra).

Au lieu de la notation, on utilisait un système de visée (*sightsystem*). Les chanteurs regardent les notes écrites du plain-chant pour lesquelles ils se représentent mentalement (fig. B : points bruns) des intervalles définis selon des règles, mais ils les chantent en les transposant (fig. B : points bleus) :

– **mene** (contre-chant *principal*), transposé une quinte au-dessus, registre (degrés, fig. B) : jusqu'à l'octave au-dessus du plain-chant ;
– **treble** (*triplum*), transposé à l'octave au-dessus, registre : quinte à douzième ;
– **quatreble** (*quadruplum*), transposé une douzième au-dessus, registre : double octave (voix d'enfants) ;
– **faux-bourdon** (*faburden*), transposé à la quinte en-dessous, registre : jusqu'à la tierce inf. au plain-chant ;
– **countir** in **natural sight** (*Cn, contre-chant naturel*), transposé à la quinte en dessous, va jusqu'à l'octave inf. au plain-chant ;
– **countir** in **alterid sight** (*Ca, contre-chant modifié*), transposition à la douzième en

dessous, jusqu'à la double octave inférieure au plain-chant.

La fig. B indique les possibilités pour les différentes voix (points). Pour l'accord initial, les chanteurs se représentent la note du plain-chant lui-même, ce qui donne par la transposition un accord de quinte-octave (fig. B ; points noirs).

Dans le **faux-bourdon** (*faburden*), le plain-chant est au milieu, c'est-à-dire dans la voix *mene* appelée aussi *burden*. On entend en dessous le *faburden* comme contre-chant grave du *burden* et au-dessus le *treble* ; cf. ex. B : séquence de Pâques *Victimae paschalis laudes*, sons représentés et sons réels.

Outre ces procédés, la vieille pratique de l'organum existe encore. Les accords rigides de quinte et octave, qui rappellent l'ancien organum parallèle (p. 198), à l'exception des points d'appui de la ligne mélodique, sont noyés au milieu des tierces et des sixtes (technique du faux-bourdon), dans un mouvement *dynamique, coloré* et *harmonieux*, riche en chromatisme et en notes sensibles (fig. C).

Les œuvres des musiciens angl. sont principalement contenues dans les manuscrits d'Old Hall et de Trente (cf. p. 233, genres cf. p. 225). Le compositeur principal est JOHN DUNSTALE (vers 1380-1453), chanoine et musicien du DUC DE BEDFORD qui lui fit connaître le gothique flamboyant français et bourguignon ainsi que la musique italienne. DUNSTALE accepte les suggestions mais écrit surtout selon le goût anglais.

– **messes** : d'abord des fragments isolés de l'ordinaire, souvent avec ténor ordonné, puis libre, ou bien avec plain-chant au cantus (fig. A) ; plus tard avec même ténor pour deux parties de l'ordinaire, ex. : Gloria et Credo, et enfin le même ténor pour toutes les parties : ainsi, le cycle liturgique de la messe est devenu un cycle musical, la **messe à teneur** (ex. : *Missa Rex coelorum*). Il n'est pas forcément liturgique.
– **motets** : 3 v., lat., religieux ; sur 30, 12 sont isorythmiques. Le ténor est à la basse. Parfois s'y ajoute un contraténor comme 4e voix. L'ex. D montre la fin d'un motet. Les parties inférieures peuvent être exécutées sur des instruments. Des accords statiques au début et à la fin alternent harmonieusement avec des parties intermédiaires mouvementées écrites en faux-bourdon. Une vocalise cadentielle sur Alleluia forme la conclusion.
– **chansons** : 3 v., en ital., profanes, influence de la cantilène, très répandue, ex. : *O rosa bella*.

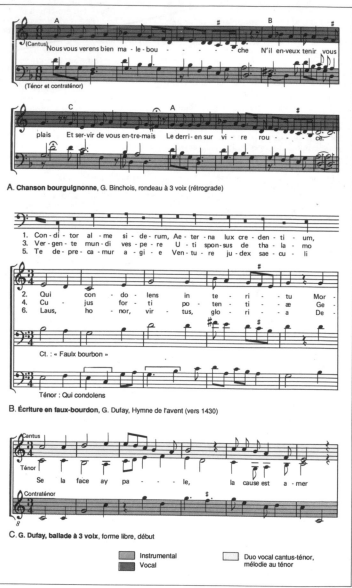

A. **Chanson bourguignonne**, G. Binchois, rondeau à 3 voix (rétrograde)

B. **Écriture en faux-bourdon**, G. Dufay, Hymne de l'avent (vers 1430)

C. **G. Dufay, ballade à 3 voix**, forme libre, début

Chanson bourguignonne, faux-bourdon, ballade

La Bourgogne s'impose comme le nouveau centre politique et culturel. Elle comprend alors, au sud la Franche-Comté et l'actuelle Bourgogne avec **Dijon** pour capitale, au nord la Lorraine et le Luxembourg, le Nord-Est de la France (Picardie, Hainaut), l'actuelle Belgique et les Pays-Bas (Flandres, Brabant, etc.). Les villes résidentielles étaient surtout **Bruxelles** et **Lille**.

La cour bourguignonne, surtout sous PHILIPPE LE BON (1419-1467) et CHARLES LE TÉMÉRAIRE (1467-1477), attire de nombreux artistes (les frères VAN EYCK, peintres de la cour, etc.).

La chapelle (env. 17 chanteurs), sous la direction de BINCHOIS, est presque entièrement fr., ce n'est que dans la 2e moitié du XVe s. que les Néerlandais prédominent (vers 1500 : 36 chanteurs). Parmi eux on trouve : NICOLAS GRENON, HAYNE VAN GHIZEGHEM, DUFAY, PHILIPPE DE LA FOLIE, PIERRE FONTAINE, l'Anglais ROBERT MORTON, GILLES JOYE, CONSTANT DE TRECHT, JACQUES VIDE, RICHARD LOCQUEVILLE, ANTOINE BUSNOIS et surtout : GILLES BINCHOIS (ca 1400-1460), de Mons (Hainaut), maître de chapelle de PHILIPPE LE BON, maître de la *chanson bourguignonne*.

Ars nova vers 1430
Le passage de la période tardive française à la musique de la Renaissance se fait vers 1430 (cf. p. 229). DUNSTABLE est alors à l'apogée de sa renommée, d'autre part, la nouvelle génération fait son entrée avec DUFAY et BINCHOIS. Comme les musiciens voyagent beaucoup, surtout en Italie, on observe un élargissement des idées et un mélange des influences française, anglaise et italienne. Les nouveautés apparaissent surtout dans l'œuvre du jeune DUFAY.

Dans le *Champion des Dames* (ca 1440), MARTIN LE FRANC parle de « *la contenance angloise* », que les jeunes compositeurs auraient adoptée et de la « *nouvelle pratique de fere frisque concordance* ». Ceci se rapporte d'une part aux tierces, sixtes et au faux-bourdon, d'autre part à la nouvelle pratique des dissonances (introduction et résolution, cf. fig. C, mes. 5).

JOHANNES TINCTORIS (ca 1435-1511), théoricien et compositeur brabançon, qualifie expressément la musique nouvelle à partir de 1430 env. d'*ars nova*. Il cite DUNSTABLE comme en étant la source, DUFAY et BINCHOIS dans la 1re génération, OCKEGHEM, BUSNOIS et CARON dans la 2e comme les représentants sur le continent (CS IV, 154 b, préface au *Proportionale* de 1477).

La remarque de TINCTORIS selon laquelle il y aurait, seulement depuis 1437 env., de la musique à écouter, se rapporte évidemment à la beauté perceptible par les sens et à la forme d'expression de l'homme dans la musique nouvelle.

Les caractéristiques du nouveau style sont la simplicité et la sobriété (cf. p. 229) :

mélodie : plus ronde, adaptée à la respiration, de structure simple, comportant souvent des tierces majeures et des accords parfaits (cf. *cantus*, fig. B, mesures 1-3, *ténor* fig. C) ;

rythmique : influence élémentaire de la danse et du corps, rapports simples, souvent mesure à trois temps (3/4, *tempus perfectum*, fig. B, C) ;

harmonie : outre les quintes-octaves, nombreuses tierces, accords parfaits et accords de sixtes (*faux-bourdon*, fig. B), plénitude sonore accrue grâce à une basse tendant de plus en plus vers l'harmonie fonctionnelle, avec surtout des mouvements dominante-tonique (cf. *contraténor*, fig. A, C).

DUFAY applique de façon exemplaire, le principe du faux-bourdon dans ses hymnes de l'Avent de 1430 (fig. B). Ils sont chantés, strophe par strophe, alternativement à 1 et 3 v. La mélodie est à la partie sup., avec un contre-chant au ténor (indication du texte liturgique *Qui condolens*). Le contra-ténor suit le cantus en quartes parallèles. Il est improvisé en suivant l'indication « *faulx bourdon* » (écrit dans ex. B) ;

nombre de voix : normalement 3 v., 4 à partir du milieu du XVe s., une 5e voix ;

structure : découpage libre, imitations et variations, contrastes sonores par l'alternance de passages à 2, 3 et 4 voix.

Chanson française et bourguignonne
Comme le principal maître de la chanson de la 1re génération, BINCHOIS, résidait à la cour de Bourgogne, on utilise le terme de *chanson bourguignonne* pour désigner la chanson française en général. Formellement, la chanson est dans la tradition des trouvères et, comme chez MACHAUT, c'est une **ballade**, un **rondeau** (fig. A : refrain AB, addimenta : CA) **un virelai (Bergerette)**, mais peut être aussi de forme libre. L'écriture est à 3 voix, le rythme dansant (souvent 6/8). La mélodie est au cantus. Elle est accompagnée par les instruments au ténor et au contraténor (fig. A).

Cependant, le ténor provient souvent d'une chanson, tout comme le cantus (duo cantus-ténor, fig. C). Il apparaît parfois comme cantus firmus dans les messes et les motets. Le contraténor est une partie harmonique de remplissage, toujours instrumentale. Chez DUFAY, la mélodie est souvent au ténor, auquel s'ajoute un cantus vocal (formant à nouveau un duo). Chez lui aussi, le contra-ténor est toujours une partie de remplissage instrumental et harmonique que l'on reconnaît à son registre étendu et aux larges sauts cadentiels (quartes, quintes, octaves, fig. C).

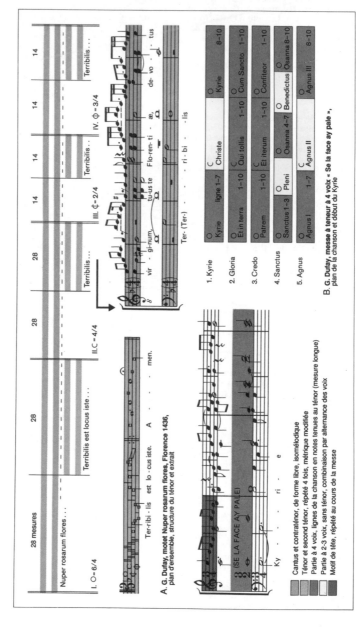

A. G. Dufay, motet Nuper rosarum flores, Florence 1436, plan d'ensemble, structure du ténor et extrait

I. O = 6/4
II. C = 4/4
III. ₵ = 2/4
IV. Φ = 3/4

28 mesures   28   28   28   14   14   14   14

Nuper rosarum flores. . . .

Terribilis est locus iste. . .
Ter-ri-bi-lis   est lo-cus iste.   A   -   -   -   men.

Terribilis. . .
Terribilis. . .
Terribilis. . .
Terribilis. . . -tus

vir - gi-num,   tu-us te   Flo-ren-ti - æ,   de- vo - -tus
Ter- (Ter-)   -   -   ri - bi   - lis

B. G. Dufay, messe à teneur à 4 voix « Se la face ay pale », plan de la chanson et début du Kyrie

1. Kyrie	Kyrie	ligne 1-7	Christe	Kyrie	8-10
2. Gloria	Et in terra	1-10	Qui tollis	Cum Sancto	1-10
3. Credo	Patrem	1-10	Et iterum	Confiteor	1-10
4. Sanctus	Sanctus 1-3	Pleni	Osanna 4-7	Benedictus	Osanna 8-10
5. Agnus	Agnus I	1-7	Agnus II		Agnus III 8-10

(SE LA FACE AY PALE)
Ky - - - ri - e

Cantus et contraténor, de forme libre, isomélodique

Ténor et second ténor, répété 4 fois, métrique modifiée

Partie à 4 voix, lignes de la chanson en notes tenues au ténor (mesure longue)

Partie à 2-3 voix, sans ténor, combinaison par alternance des voix

Motif de tête, répété au cours de la messe

Motet solennel et messe cyclique

Le motet. La pluralité des textes est abandonnée. On considère également l'ordonnance du ténor et l'isorythmie comme désuètes. Le cantus firmus est au ténor, il est composé en libres valeurs longues. La tendance est d'assimiler le ténor aux autres voix en supprimant le c.f. et en pratiquant l'imitation. Le motet est le plus souvent en 2 grandes parties avec changement de mesure (3/4, 4/4). Normalement, l'écriture est à 4 v. avec de nombreuses cadences, des parties homophones (déclamation syllabique) et un nombre de voix variant selon les passages.

A côté du motet religieux, il existe au début du XV⁰ s. des motets profanes solennels (motets de mariage). Puis ils disparurent complètement. A leur place se développe la chanson puis, au XV⁰ s. le madrigal. On met en musique des textes de la Bible, le propre de la messe ou les offices (antiennes, magnificat, etc.).

Au XV⁰ s., il existe encore un petit **motet-cantilène** avec mélodie à la partie sup., 3 v., rapport cantus-ténor analogue à celui de la chanson ; c.f. parfois au contraténor.

Nuper rosarum flores de DUFAY, pour la consécration de la cathédrale de Florence en 1436, est un exemple représentatif de motet solennel (fig. A). La base du motet à 4 v. est constituée par les deux ténors qui ne sont notés qu'une fois (ex. A ; ténor I complet) mais répétés 4 fois, comme une cellule qui engendre l'ensemble, dont l'architecture stricte est un symbole de l'ordre du monde.

Les signes de mesure déterminent ici le rapport des 4 grandes parties, différemment proportionnées : I:II:III:IV = 6:4:2:3, c'est-à-dire que 3 *parties en diminution* suivent la 1ʳᵉ.
Chaque partie est introduite par le bicinium des voix sup. L'ex. A montre que les voix sup. et inf. diffèrent beaucoup, ce qui est archaïque. En revanche, moderne est la manière dont les voix sup. utilisent en variations des éléments mélodiques du ténor (*isomélodie*).

La messe. Dans les compositions sans cantus firmus, c'est la voix sup. qui domine (*messe-cantilène libre*). Mais il y a souvent un c. f., qui est alors au cantus ou au ténor :
Messe-cantilène : le plain-chant de la voix sup. est paraphrasé en formules stéréotypées puis sur le modèle de la coloration anglaise, du cantus (p. 234), il devient une mélodie à la manière d'une chanson. Formation de cycle par l'utilisation d'un thème de plain-chant commun aux différentes parties de la messe.
On compose d'abord, comme au XIV⁰ s., des fragments isolés de l'ordinaire puis des parties groupées par deux (couples) et, à partir de 1420-1430, des cycles complets (exemple de

DUNSTABLE ?). La *Missa sine Nomine* de DUFAY est l'un des premiers exemples.
Messe à teneur : ici, le cantus firmus est au ténor. Ce peut être un thème de plain-chant ou une chanson profane. Formation cyclique par le même c. f. pour toutes les parties de la messe et par les mêmes motifs de tête au cantus.
La fig. montre la structure d'une messe à teneur (DUFAY, *Missa Se la face ay pale*, vers 1450). Elle est fondée sur les 10 lignes de la chanson *Se la face ay pale* (p. 236, fig. C.). Le **Kyrie** utilise la chanson une fois en entier (sur le texte « *Kyrie eleison* ») mais il la subdivise en deux : le **Christe** central est sans cantus firmus et contraste par son nombre restreint de voix et sa mesure à 4/4. Dans le **Gloria** et le **Credo**, la chanson est répétée 3 fois en entier. Le **Sanctus** et l'**Agnus** procèdent à nouveau par fractionnement et contrastes.
L'ex. B montre les valeurs longues de la chanson au ténor, la fonction de soutien harmonique des voix inf. (cf. CICONIA, p. 224) et le motif de tête à la voix sup. qui se modifie au cours des différentes parties.
GUILLAUME DUFAY (vers 1400-1474), de *Fay* près de Cambrai (Hainaut), musicien prépondérant au XV⁰ s. Sa biographie pleine de péripéties (BESSELER) reflète bien la vie aventureuse du musicien franco-flamand :
1. **Cambrai 1410-20**, études à la maîtrise (chez RICHARD LOCQUEVILLE) ;
2. **Rimini, Pesaro 1420-26**, à la cour des MALATESTA, style fir. tardif, motets solennels et ballade nuptiale *Resveillies vous* ;
3. **Cambrai 1426-28**, influence angl. : *Missa S. Jacobi* avec faux-bourdon (p. 230), 1427 ordination à Bologne ;
4. **Rome 1428-33**, chantre de MARTIN V, motet à 5 v. *Ecclesiae militantis* (pour l'élection du pape EUGÈNE IV, 1431), cycle d'hymnes (p. 236) ;
5. **Savoie 1433-35**, « meilleur maître de chapelle au monde » chez le duc LOUIS et la duchesse ANNE ;
6. **Florence, Bologne 1435-37**, avec le pape EUGÈNE IV, motet pour la consécration de la cathédrale en 1436 (fig. A) ;
7. **Savoie 1437-44**, motet *Magnanimae gentis* pour Berne et Fribourg, *Missa Caput* ;
8. **Cambrai 1445-60**, canonicat à Cambrai et à Mons (BINCHOIS), voyages, motet *O très piteulx* pour le Banquet aux faisans, Lille 1454 (pour sauver Constantinople des Turcs), chansons (fig. B) ;
9. **Cambrai 1460-74**, style tardif avec abandon du c. f. et mélodie plus fluide, messe à 4 v. *Ecce Ancilla Domini*, et *Ave regina coelorum*, motet à 4 v. du même nom (pour sa propre mort), † 1474, chants funèbres de OCKEGHEM, BUSNOIS entre autres.

A. J. Ockeghem, **Messe** « **L'Homme armé** », début du Kyrie

B. J. Ockeghem, « **Missa Prolationum** », Santus, structure et exemple

C. J. Obrecht, **Messe** « **Beata Viscera** », Agnus Dei, extrait, analyse

Canon à la sixte sup.

Canon à la septième inf.

Canon à l'octave

Contrepoint libre

Césures

Cadences

Mouvements parallèles

Structure interne

La **2ᵉ période** de la polyphonie vocale franco-flamande est surtout représentée par DUFAY à la fin de sa carrière (p. 239) et par son élève OCKEGHEM (cf. infra). En opposition avec l'idée de clarté de la Renaissance angl. et it., apparaît à nouveau un élément mystique du gothique fr., principalement avec OCKEGHEM.
Chez lui, les lignes se mêlent à ce point entre elles que césures et cadences se chevauchent et que les sections, bien délimitées, se fondent dans le flot continu des voix. La fig. A montre l'un de ces chevauchements sur l'attaque du mot *eleison* (mesures 2/3) et sur le second *Kyrie* (mesure 6).
La mélodie est tout aussi compliquée, entrecoupée de valeurs brèves et irrégulières et de syncopes (fig. A, surtout au superius et à l'alto ; fig. B).
La rythmique est comparée à celle du jeune DUFAY, à 3 temps et proche de la danse, plus douce et plus fluide. La superposition de mesures différentes (ex. *tempus perfectum* 3/4 et *tempus imperf.* 2/4, fig. B) montre une sensibilité plus horizontale et mélodique, que verticale et harmonique.
Les genres de la 2ᵉ période sont ceux de la précédente :
la messe, généralement à 4 voix, est le genre principal :
– **messe à teneur**, cantus firmus souvent emprunté à une chanson ; le matériau thématique du c.f. apparaît à toutes les voix, surtout en imitation au début de chaque partie. Le c.f. peut aussi être luimême réparti dans les différentes voix, ex. la 1ʳᵉ ligne au ténor, la 2ᵉ à l'alto, etc.
– **messe-cantilène à teneur**, avec cantus firmus au ténor et une voix sup. structuré comme une chanson. Parfois, on adopte aussi une chanson polyphonique comme *parodie* : même structure de ténor-cantilène (cf. p. 236, fig. C).
– **messe-cantilène**, avec cantus firmus à la voix sup. : devient rare et désuète.
– **messe libre**, sans cantus firmus, ou bien composée librement, ex. *Missa mi mi* de OCKEGHEM (syllabes de solmisation, cf. p. 188).
Le motet, religieux, très souvent à 4 v., de coupe binaire, c.f. au ténor ou au superius ; début de l'imitation continue.
La chanson, à 3 v., de tradition française, recule chez OCKEGHEM et ses contemporains par rapport à la messe et au motet.

L'art du contrepoint
La maîtrise des techniques de composition fondées sur le contrepoint ne pose pas de problèmes mais semble parfois, par des préoccupations mystiques ou symboliques, vouloir être une fin en soi, surtout dans les constructions très élaborées :
– **conduite des voix** : nouvelles sont les 4

possibilités fondamentales : *sens droit* ou *forme de base, renversement, rétrograde* et *rétrograde du renversement* (cf. p. 112).
– **technique du canon** : canons de toutes sortes, surtout *canons de proportion* qui ne sont possibles que dans la notation mesurée (p. 118). — Ainsi, la *Missa prolationum* d'OCKEGHEM n'est notée que pour 2 voix, les deux autres intervenant à partir des signes de mesure (fig. B) : dans le *Sanctus* par ex., de mesure parfaite en mesure imparfaite avec contrepoint libre au contraténor altus, dans le *Pleni* en canon à la septième à 2/4 et 3/4 (ex. B), dans *Hosanna* en double canon avec superposition de 4 mesures en une attaque simultanée de toutes les voix.
Les indications de canon sont souvent chiffrées (*canon énigmatique*).
OCKEGHEM était connu pour son art du contrepoint. Il écrivit même un canon à 36 v. (9 fois 4 v.). Mais dans l'ensemble de son œuvre, les canons n'ont qu'une faible importance. Ils prennent pour ainsi dire le contrepied du courant irrationnel de ses aspirations. L'art du canon exige une très grande cohérence musicale et engendre un parfait équilibre des voix, par leur ressemblance même dans l'écriture *a cappella*.

Musiciens de la 2ᵉ période (outre DUFAY), JACQUES BARBIREAU (1408-1491, Anvers), ANTOINE BUSNOIS († 1492, Bruges), PETRUS DE DOMARTO, GUILLERMUS FAUGUES, JEAN PYLLOIS, JOH. REGIS († 1485), JOH. TINCTORIS (ca 1435-1511, p. 237) ainsi que

JOHANNES OCKEGHEM (ca 1420-1495), de Termonde, Flandre orientale, chanteur de maîtrise à Anvers, élève vraisemblablement auprès de BINCHOIS, à partir de 1452 maître de chapelle des rois de France à Paris, puis également trésorier de l'abbaye Saint-Martin de Tours à partir de 1459, très célèbre pour sa musique hautement expressive, nombreux voyages, mourut à Tours. — Nous possédons env. 17 messes, un requiem (le premier polyphonique), 7 motets et 22 chansons.

La 3ᵉ période de la polyphonie vocale franco-flamande avec OBRECHT, JOSQUIN, ISAAC, etc. (cf. p. 243) retourne par son style à une nouvelle simplicité, à la clarté et à la netteté de l'écriture, liée avec beaucoup de douceur dans la sonorité. Ceci est obtenu par
– de nombreuses cadences sur les mots importants pour le sens du texte ;
– une conduite parallèle des voix avec des sonorités pleines (fig. C : sixtes, dixièmes et tierces en combinaisons variables) ;
– une mélodie plus simple et un rythme plus fluide (fig. C).

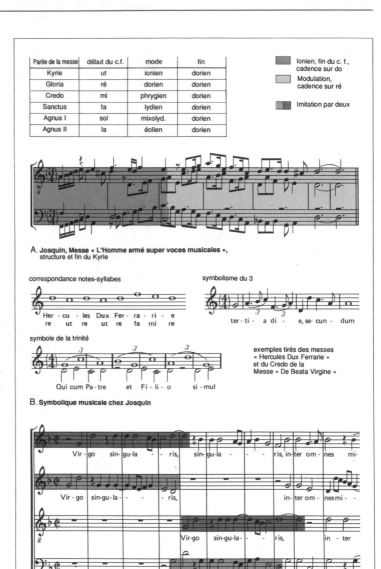

Partie de la messe	début du c.f.	mode	fin
Kyrie	ut	ionien	dorien
Gloria	ré	dorien	dorien
Credo	mi	phrygien	dorien
Sanctus	fa	lydien	dorien
Agnus I	sol	mixolyd.	dorien
Agnus II	la	éolien	dorien

Ionien, fin du c. f.,
cadence sur do

Modulation,
cadence sur ré

Imitation par deux

A. **Josquin, Messe « L'Homme armé super voces musicales »,** structure et fin du Kyrie

correspondance notes-syllabes

Her - cu - les   Dux   Fer - ra - ri - e
re   ut   re   ut   re   fa   mi   re

symbolisme du 3

ter - ti - a   di - e, se - cun - dum

symbole de la trinité

Qui cum Pa - tre   et   Fi - li - o   si - mul

exemples tirés des messes
« Hercules Dux Ferrarie »
et du Credo de la
Messe « De Beata Virgine »

B. **Symbolique musicale chez Josquin**

Vir - go   sin - gu - la - - - ris,   sin - gu - la - - - ris, in - ter om - nes   mi -

Vir - go   sin - gu - la - - - - ris,   in - ter om - nes mi - -

Vir - go   sin - gu - la - - - ris,   in - ter

Vir - go   sin - gu - la - - - - ris, in - ter om - nes   mi -

C. **Structure de bicinium chez Josquin,** Motet « Ave maris stella », 2ᵉ partie, début

Formation de cycle, symbolique musicale, imitation par deux

OBRECHT écrivit surtout des **messes à teneur** comportant souvent des parties homophones pour souligner des passages importants du texte, par ex. une déclamation en accords sur « *et incarnatus est* » dans le Credo. D'OBRECHT nous possédons aussi la première passion polyphonique selon saint Matthieu, en style de motet, où les rôles des différents personnages sont en écriture polyphonique (*passion-motet*, cf. p. 138).

Le personnage principal de cette période fut JOSQUIN DES PRÉS, Français du Nord qui travailla longtemps en Italie (cf. infra). Il porta la musique à un sommet dans l'art d'exprimer et de traduire un texte, tout en conservant une écriture claire et nette. Son œuvre se compose surtout de messes, de motets et de chansons.

Les messes : JOSQUIN utilise encore le cantus firmus en longues notes tenues au ténor, mais il change fréquemment de place et passe aux différentes voix :

– Souvent, le cantus firmus est **traité en canon** à 2 v., spécialement entre le ténor et le soprano (modèle ancien discantus-ténor). A côté du c.f. habituel, JOSQUIN imagine aussi des **sections libres** au contenu souvent symbolique. Il compose ainsi le c.f. d'une messe pour le duc de Ferrare en donnant à syllabe du nom « *Hercules Dux Ferrarie* » une note de la gamme ayant la même voyelle (fig. B).

– Dans les messes, la **formation de cycle** purement musical prend également plus d'importance. Dans la *Missa l'Homme armé super voces musicales* (Messe sur le cantus firmus *l'Homme armé sur différents noms de notes*), le c.f. débute, dans chaque partie, chaque fois un ton plus haut : du Kyrie sur *ut* à l'Agnus II sur *la* selon l'hexacorde naturel. Ainsi, chaque partie est dans une tonalité nouvelle mais elle se termine toujours en dorien (fig. A). La modulation finale montre en même temps la technique de la marche d'harmonie chez JOSQUIN qui contribue à la modernité et à la beauté de son style (ex. A).

Les motets redeviennent plus nombreux. Ils sont religieux (textes tirés de la Bible et du propre) en deux parties (*pars prima* et *secunda,* souvent avec changement de mesure) avec ou sans cantus firmus.

Imitation continue. Dans les motets comme dans les messes, surtout dans les pièces libres sans cantus firmus, on trouve l'imitation continue, c.-à-d. l'exploitation d'un matériau thématique réparti entre **toutes** les voix en une imitation réciproque, souvent au début des différentes sections. Le premier exemple de cette technique est la *Missa Pangue Lingua* de JOSQUIN. Il peut aussi y avoir, entre les voix, des rapports d'imitation relatifs au motif (fig. A : dans la partie modulante ; fig. C : imitation normale de début). L'oreille peut facilement percevoir l'imitation. La beauté et la perception par les sens font partie de l'idéal musical de JOSQUIN.

Structure de bicinium. La structure claire de la Renaissance dans son découpage et ses proportions simples se manifeste aussi dans les combinaisons alternant 2, 3, et 4 voix dans l'écriture, ce qui engendre un contraste sonore vivant et crée l'illusion d'un effectif choral plus important. Souvent, 2 voix sont accouplées (**bicinium**) et opposées à 2 autres ou à toutes les 4. Les couples de voix s'imitent alors l'un l'autre (*imitation par deux*, fig. C).

Symbolique sonore. Chez JOSQUIN, ses contemporains admiraient, outre ses dons de compositeur, sa force d'expression musicale. On voit ici combien la musique de la Renaissance est subjective par rapport à celle du Moyen Âge. L'expression suit le texte (interprétation particulière de passages isolés). Ici aussi, la **symbolique musicale** joue un rôle croissant. L'auditeur devait en outre connaître la signification de ces symboles pour pouvoir les comprendre. Ainsi apparaissent par ex. dans le Credo, à l'endroit *tertia die (le troisième jour),* des triolets, les mêmes triolets symbolisant la Trinité sur le *Quicum patre et filio simul adoratur (que nous adorons avec le Père et le Fils)* (fig. B). Au XVIᵉ s., la symbolique sonore et l'interprétation expressive des textes se développera encore davantage.

Parmi les musiciens de la 3ᵉ période, on compte ALEXANDRE AGRICOLA (1446-1506), PHILIPPE CARON, LOYSET COMPÈRE (1450-1518), ANTOINE DIVITIS (1475-après 1526), ANTOINE DE FÉVIN (1473-1511-12), JEAN GHISELIN (VERBONNET ?), HEINRICH ISAAC (ca 1450-1517, cf. p. 257), JEAN MOUTON (1458-1522 Paris), PIERRE DE LA RUE (1460-1518, surtout des messes avec canons), les théoriciens PIETRO ARON (1489-1545), FRANCHINO GAFFURIO (1451-1522), GIOVANNI SPATARO (1458-1541) et JACOB OBRECHT (1450-1505), de Bergen op Zoom, maître de chapelle à Utrecht, Mons, Bruges, Anvers ; mourut à Ferrare ; de nombreuses messes (PETRUCCI, 1503 et suiv.) et des motets, 14 œuvres profanes.

JOSQUIN DES PRÉS ou DESPREZ (vers 1450-1521), né près de Saint-Quentin (Picardie), 1459-1474 chez les Sforza à Milan, 1486-1499 à la chapelle papale à Rome, jusqu'en 1505 à Milan et Ferrare, mourut à Condé.

— Œuvres : plus de 30 messes à 4 voix (dans les premiers imprimés de PETRUCCI), des motets (dans l'*Odhecaton* de PETRUCCI, 1501), des chansons françaises.

A. Clemens non Papa, Motet « Salvator noster », succession des entrées dans la 1ʳᵉ partie et début

Cadéac : structure ténor-soprano dans une écriture à 4 voix

Gombert : imitation libre (Kyrie I)

Motif a
Motif b
Motif c
Contrepoint libre

Chanson

Kyrie

B. N. Gombert, Messe parodie « Je suis déshéritée » d'après la chanson de P. Cadéac

Structure des motets, procédé de la parodie

Dans le domaine profane, les genres principaux de cette période sont la chanson, le lied, la villanelle et le madrigal ; dans le domaine religieux, le motet, principal genre vocal, la messe, puis les hymnes, les lamentations, les magnificat, les passions, etc.

Le motet. L'ancien motet avec cantus firmus devient plus rare. Le nouveau est composé librement. C'est le texte qui détermine la structure. Il est mis en musique *section par section*. Chaque section a un nouveau motif en imitation à toutes les voix (*imitation continue*). La sonorité s'amplifie : la norme est l'écriture à 5 et 6 v. La 4e période recherche moins la limpidité chère à JOSQUIN. L'écriture devient plus dense, mais la conduite des voix et les effets sonores plus imaginatifs. L'*expression du texte* passe désormais avant les préoccupations d'architecture purement musicale. La fig. A montre le début d'un motet à 5 voix de CLEMENS NON PAPA. La polyphonie en est irrationnelle : les voix imitent toutes le même motif mais les entrées sont irrégulières. Le bicinium typique de JOSQUIN est encore reconnaissable, mais il est moins net : alto/ténor ont une distance d'entrée différente de soprano-alto/basse. Le schéma de la fig. A montre l'irrégularité des entrées dans la 1re partie du motet. Cette partie comprend trois sections aux motifs différents (*Salvator..., hodie...* et *Gaudeamus,* motet de Noël : *Notre sauveur aimé est né aujourd'hui. Réjouissons-nous*). Les sections s'enchaînent de telle sorte que les grandes proportions de base (20:10:10 mesures) disparaissent (21:13:12). La 2e partie du motet s'oppose à la 1re dans le rapport 3/2, plus inattendu et moins courant (64/42 mesures).
Le motet devient plus grave et mystique, ce qui apparaît également dans la beauté de la ligne directrice à tous les niveaux.

La messe. Les messes révèlent le même art du contrepoint que les motets. Une forme très appréciée est la **messe parodie.** Elle est fondée sur une *pièce polyph.*, un motet religieux ou une chanson profane, un madrigal, etc. Le procédé de la parodie apparaît en fait déjà dans la messe à teneur sur cantus firmus profane, emprunté le plus souvent à une chanson. Elle pouvait déjà dater du XVe s., adaptée d'une pièce polyphonique la première messe parodie n'avait bien souvent qu'une seule voix issue du modèle polyphonique Un développement plus tardif apporte la messe-cantilène sur teneur qui procède aussi de modèles polyph. S'ils ne sont pas indiqués expressément, les modèles ne sont pas toujours reconnaissables. Cependant, le procédé appelé spécifiquement « messe parodie » est nouveau : l'adoption d'une pièce

polyphonique complète. Il existe de nombreuses variantes, notamment :
– on utilise la pièce complète, souvent 1 fois pour chaque partie de la messe, plusieurs fois pour le Gloria et le Credo ;
– on se sert uniquement du début du modèle, souvent dans chaque partie de la messe, et on obtient un cycle musical ;
– on fractionne une partie pour y insérer des passages libres ;
– on remplace une ou plusieurs voix pour en ajouter de nouvelles. La fig. B montre les différences structurelles entre l'original, la chanson « *Je suis déshéritée* » de CADÉAC et la messe parodie correspondante de GOMBERT. A la base de la chanson, se trouve une structure soprano-ténor, complétée par une basse et un alto libres ou en imitation. Apparemment, GOMBERT reprend la structure de base mais il l'assouplit en une imitation plus libre.
– pour la triple invocation du Kyrie, les motifs a et b sont conservés (1res strophes de la chanson), pour le Christe, les motifs c et d (dernière strophe) ; la reprise finale du Kyrie est faite sur le motif e (coda de la chanson). La nouvelle version introduit de légères variantes : dans le motif a, il y a plus de notes par syllabe (ex. B).
Le procédé de la parodie montre que les éléments profanes étaient utilisés pour la musique religieuse, et d'autant plus que les chansons ou les pièces de danse étaient plus connues. Le phénomène inverse — éléments religieux adoptés par la musique profane — n'apparaît jamais.
Le concile de Trente interdit la messe parodie et le cantus firmus profane dans les messes, mais cela ne fut pas suivi d'effet.

Les représentants principaux de cette 4e période sont :
NICOLAS GOMBERT (ca 1500-1560) de Bruges, élève de JOSQUIN, travailla à la chapelle de CHARLES V ; messes, motets.
JACOBUS CLEMENS NON PAPA (ca 1512-1555-6) de Middelburg, « *non papa* » pour la différencier du poète JACOBUS PAPA d'Ypres ; messes, motets, chansons et psaumes néerlandais à 3 v. (*Souterliededenks,* 4 vol., Anvers 1556-7).
ADRIEN WILLAERT (ca 1480-1562), de Bruges (?), maître de chapelle à St-Marc de Venise, à partir de 1527 (p. 251) ; œuvres, entre autres : madrigaux, villanelles, chansons, 8 messes parodie (4-6 v. notamment sur des motets de MOUTON), *Musica nova,* Venise 1559 (avec de nouveaux textes, imagés et pleins d'expressions fortes, des motets avec encore parfois l'ancien cantus firmus ou une structure de canon), *ricercari* à 3 v. pour instruments (p. 260).

A. **R. de Lassus**, Canon en écho pour 2 chœurs (1581), extrait

Dux (chœur I)
Comes (chœur II, écho)
Chanteurs
Cuivres
Cordes
Épinette

Structure du motet

1. Trombone (imitation trombone-chœur par division du chœur, à 6 voix)
2. Cithare 3. Rire 4. Saut 5. Chant

B. **Figuralisme chez R. de Lassus**, Motet « In hora ultima », structure et exemples

Flûte à bec   Bombarde   Flûte traversière   Trombone   3 cornets à bouquin

Viole à bras   Luth

Viole de gambe

C. **La chapelle de la cour de Bavière sous R. de Lassus**, d'après H. Mielich (1570)

Technique du double chœur, motet à 6 voix, effectif de la chapelle

La 5ᵉ période est celle de l'apogée de la polyphonie franco-flamande et ceci grâce à l'œuvre de ROLAND DE LASSUS. La musique est au service de l'expression des images du texte et des sentiments qu'il contient.

– La forme principale est encore le **motet** : en latin, souvent religieux, enchaînant des sections en imitation continue ; les parties de la messe ont aussi une structure de motet.

– Les voix, souvent 5-6, sont toutes sur le même modèle ; mais on remarque la prédominance de la voix supérieure tandis que la basse, soutien harmonique, procède par sauts cadentiels où s'affirment peu à peu les tonalités majeures et mineures (cadences fréquentes D-T, moins d'accords sur les degrés secondaires).

– L'équilibre des voix convient parfaitement à l'exécution *a cappella,* cependant les instruments sont souvent utilisés.

– On parvient à une synthèse entre la clarté architectonique de l'œuvre de JOSQUIN et les structures plus floues de l'époque de GOMBERT.

Le dynamisme de la musique profane italienne avec ses villanelles et ses madrigaux aux *passages homophones* et aux *rythmes de danse* pénètre l'art du contrepoint. Inversement, la virtuosité de celui-ci dans la conduite des voix est devenue la base de toute musique savante.

Les maîtres franco-flamands et néerlandais sont encore demandés dans les cours européennes, mais désormais des compositeurs autochtones se trouvent à leurs côtés.

Outre ROLAND DE LASSUS, on compte dans la 5ᵉ période :
PHILIPPE DE MONTE (1521-1603), maître de chapelle impérial à Vienne et à Prague ;
JACOBUS DE KERLE (1531-32-1591),
JACHES DE WERT (1536-1596), H. WAELRANT (ca 1517-1595), CHR. HOLLANDER,
J. DE CLÈVES, A. UTENDAL entre autres.

Cette période est marquée par l'influence du **concile de Trente.** Pour les Pays-Bas spécialement, c'est l'époque sanglante de PHILIPPE II d'Espagne et du duc d'ALBE. La musique reflète l'esprit contre-réformateur de cette époque dans les innombrables **psaumes de la pénitence** et dans les grands **motets** sur textes bibliques.

ROLAND DE LASSUS ou Orlando di Lasso (« *de là-haut* »), originaire de Mons dans le Hainaut, vint très tôt à Mantoue, Milan et en Sicile comme enfant de chœur avec FERD. GONZAGUE vice-roi de Sicile ; il découvrit surtout à Naples (à partir de 1550) les villanelles, les moresques, etc., avec leurs mélanges de dialectes et la vivacité d'esprit de la *commedia dell'arte*. Lassus écrivit toujours dans ce style.

La chanson en écho du recueil de 1581 (fig. A) montre des motifs typiques d'appel, un rythme léger et dansant des accents qui devient le principe de la mesure baroque, une harmonie simple avec des transitions inattendues. Le tout est traité en canon sur des motifs d'appels, avec exploitation d'effets sonores dus à la pluralité des chœurs à la vénitienne. Le texte, apparemment populaire, devient une œuvre d'art grâce à la musique.

A Naples, LASSUS fréquenta les cercles humanistes, cultivés et aristocratiques (poète G.B. D'AZZIA DELLA TERZA). En 1553, LASSUS devient, comme PALESTRINA plus tard, maître de chapelle au Latran à Rome où il compose plusieurs messes dans le style de GOMBERT. En 1555-56, il vit à Anvers et y fait imprimer ses premiers motets (chez SUSATO).

En 1556, il est ténor à la chapelle de la cour de Bavière du duc ALBERT à **Munich,** puis en devient le maître (1564-94). La renommée de LASSUS lui attire de nombreux élèves (LECHNER, ECCARD, G. GABRIELI).

HANS MIELICH peignit l'orchestre de la cour dans sa formation typique qui mêle chanteurs et instrumentistes, avec 3 enfants pour les parties de soprano et LASSUS lui-même à l'épinette, au centre (fig. C, d'après le manuscrit des psaumes de la pénitence, de 1565-70).

Parmi les œuvres profanes de LASSUS, on compte, outre les **villanelles,** plus de 200 **madrigaux** italiens (textes de PÉTRARQUE, ARIOSTE notamment), 141 **chansons,** plus de 90 lieder allemands. Au sommet de l'œuvre sacrée se trouvent les **motets** en latin, par ex. dans les recueils imprimés de 1556, 1574, 1582, mais surtout dans le *Magnum opus musicum* avec 516 motets, édités par ses fils en 1604 (fig. B : n° 414). A ceci s'ajoutent plus de 70 **messes** (de nombreuses *messes parodie*), 101 **magnificat,** 4 **passions** (œuvres de la maturité), des **litanies,** etc. Ses **psaumes de la pénitence** de 1565 à double chœur sont célèbres et typiques de la *musica reservata* (cf. p. 255).

Le motet à 6 v. *In hora ultima* (fig. B) n'a pas de c.f. Il est librement composé : la structure et l'expression suivent le texte. Dans la 1ʳᵉ partie, on entend le « In hora ultima (à la dernière heure) » 3 fois, comme une exhortation solennelle. Suivent « peribunt omnia (tout passe) » déclamé rapidement, puis une série d'images sonores : les *trombones* (accords typiques à la manière du double chœur), la *flûte,* la *cithare* (ornement), le *badinage,* le *rire* (répétition), le *saut* (saut de quarte ascendante), le *chant* (vocalise) et le *duo.*

Degré   I   VI IV V   VI   V   I   V II VI I   V   V   I

Différentes distances d'entrée

Soggetto (« thème ») issu du
Sanctus de la IX° Messe

Symétrie
des entrées

	Dissonance		Soggetto (« thème »)		Accords parfaits
	Résolution		Soggetto modifié		Ornement
					Note de passage, broderie

G.P. da Palestrina, « Missa in Semiduplicibus Maioribus II », Sanctus, 1re partie

Structure

On désigne sous le nom d'*École romaine* un groupe de compositeurs qui furent actifs à la chapelle pontificale, au XVIᵉ s., et dont le principal représentant fut PALESTRINA. Caractéristiques essentielles de cette école :
- prédominance de la musique sacrée ;
- synthèse entre la polyphonie franco-flamande et la mélodie italienne ;
- style *a cappella* ;
- régularité rythmique ;
- emploi du chant grégorien comme cantus firmus.

L'*École romaine* mit en pratique les décisions de la Contre-Réforme en matière de musique sacrée, telles qu'elles avaient été prises au Concile de Trente (1545-1563). Tout en autorisant — avec certaines restrictions — la polyphonie, le Concile posait les exigences suivantes :
- *la compréhension du texte* : elle devait être obtenue par une déclamation, de style homophonique, des parties comportant un texte dense, le style polyphonique étant réservé aux passages ne comportant que peu de texte (*Sanctus, Amen*) ;
- *une expression grave*, par opposition au style madrigalesque ;
- *le rejet des c.f. profanes et de la parodie* dans la messe ; cette exigence n'a été que peu appliquée (nombreuses messes parodies chez PALESTRINA, LASSUS, etc.).

Appuyé par la Contre-Réforme, le style de PALESTRINA devint l'incarnation et le modèle de la musique catholique polyphonique.

L'œuvre musicale était devenue à l'Église de plus en plus autonome ; pour lutter contre cette tendance, il fut procédé à une réforme et à une mise en œuvre plus active du chant grégorien. A cette réforme travaillèrent, entre autres, PALESTRINA, ANERIO, SURIANO (réduction des mélismes, etc.). C'est en 1614 que parut la nouvelle *Editio Medicea*, qui devait être en usage jusqu'à l'*Editio Vaticana* de 1907.

Appartiennent à l'École romaine, **avant** PALESTRINA : C. FESTA († 1545 Rome), CLEMENS NON PAPA (ca 1510-1555 Anvers), G. ANIMUCCIA (ca 1500-1571 Rome), CHR. MORALES (1500-1553 Madrid), B. ESCOBEDO (1500-1563 Madrid) ;
à **l'époque** de PALESTRINA : V. RUFFO (1530-1580 Rome), C. PORTA (1530-1580 Milan), G. ASOLA (1524-1609 Rome), G. INGEGNERI (1547-1592 Crémone), J. DE KERLE (1531-1591) ;
après PALESTRINA : G.M. NANINO († 1607 Rome), A. STABILE († 1604 Rome), F. ANERIO († 1614), FR. SURIANO († 1621), FR. GUERRERO (1528-1599 Séville), TH. L. DE VICTORIA (ca 1548-1611 Madrid).

GIOVANNI PIERLUIGI DA PALESTRINA (ca 1525-1594), né à Palestrina, organiste dans cette ville en 1544, fut nommé en 1551 chanteur à la chapelle pontificale ; il fut ensuite maître de chapelle à St-Jean-de-Latran (1555), puis à Ste-Marie-Majeure (1561), maître de chapelle du cardinal d'ESTE (1567) ; de 1571 jusqu'à sa mort, il dirigea la chapelle pontificale. Son œuvre comporte une centaine de messes, environ 450 motets, des offertoires, des lamentations, des hymnes, des madrigaux sacrés et profanes.

L'œuvre de PALESTRINA est considérée comme l'apogée de la polyphonie vocale ; son style, qui réalise une synthèse entre le contrepoint, l'harmonie et la mélodie, est regardé comme l'idéal du style *a cappella*.

Principaux caractères :
- autonomie des voix dans les passages polyphoniques, qui alternent avec des parties homophones ;
- une mélodie chantante, progressant principalement par mouvement conjoint ; les sauts sont suivis d'un mouvement conjoint de sens contraire (ex. mus. : soprano, mes. 6-7) ;
- un mouvement tranquille : *les rythmes* des différentes voix *se complètent* pour former un flux régulier (p. ex., les noires, mes. 8) ;
- une harmonie équilibrée, avec prédominance de l'accord parfait, dont la fondamentale se trouve généralement à la basse (ex. mus., portée inférieure) ;
- présence d'accords parfaits sur les IIᵉ, IIIᵉ et VIᵉ degrés (caractère modal), mais aussi de cadences fonctionnelles aux endroits importants du point de vue de la structure (ex. mes. 8, 10) ;
- un emploi mesuré des dissonances, toujours préparées, et résolues par mouvement conjoint descendant, souvent avec *anticipation* (mes. 3) ; présence de dissonances comme notes de passage (mes. 6) ou comme broderies (mes. 5, 10) ;
- prédominance de l'exécution à 5 et 6 voix ;
- utilisation fréquente du chant grégorien comme c.f. (au ténor) ;
- dans les compositions qui ne font pas appel à la technique du c.f., le chant grégorien fournit le matériel thématique : chaque section est bâtie sur un « thème », qui adopte dès l'abord un rythme particulier (ex. mus.) et fait l'objet d'imitations aux différentes voix ;
- la clarté de la structure est pour ainsi dire dissimulée : ainsi, l'entrée des 5 voix s'organise symétriquement autour du ténor 1, mais la distance d'entrée varie pour chaque voix (fig.).

Le style de PALESTRINA fut recueilli dans des traités de contrepoint (BERARDI, *Arcani musicali*, 1690 ; FUX, *Gradus ad parnassum*, 1725, cf. p. 92). Le XIXᵉ s. vit naître un « retour » à PALESTRINA qui aboutit au **cécilianisme**, mouvement « pour l'amélioration de la musique sacrée », fondé à Ratisbonne en 1868 par F. WITT.

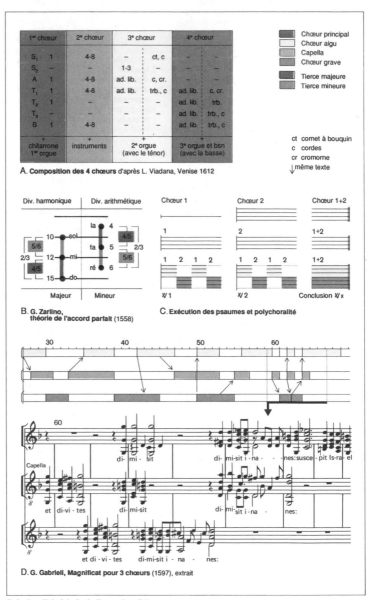

A. Composition des 4 chœurs d'après L. Viadana, Venise 1612

B. G. Zarlino, théorie de l'accord parfait (1558)

C. Exécution des psaumes et polychoralité

D. G. Gabrieli, Magnificat pour 3 chœurs (1597), extrait

Polychoralité, théorie de l'accord parfait

Au XVIᵉ s. se développa à Venise un style particulier reposant sur la **polychoralité** et le **principe concertant**.

On considère comme fondateur de l'école vénitienne le hollandais ADRIAN WILLAERT, maître de chapelle à St-Marc de 1527 à 1562. Lui succédèrent à ce poste : C. DE RORE (1563), G. ZARLINO (1563-1590), B. DONATO (1603), G. CROCE (1603-09), C. MARTINENGO (1609-1613), CL. MONTEVERDI (1613-1643). La basilique St-Marc possédait deux orgues, placés sur des tribunes situées face à face. Dès l'époque de PADOVANO (à partir de 1552), les deux organistes jouaient alternativement. Les organistes les plus célèbres de l'école vénitienne furent CL. MERULO († 1604), A. et G. GABRIELI.

La technique du coro spezzato

La polychoralité est une technique ancienne qui remonte à l'exécution des psaumes : les chœurs, à une ou plusieurs voix, alternaient pour chaque verset et se réunissaient pour la doxologie finale (fig. C). Vers 1510-1520, Fra' RUFFINO BARTOLUCCI D'ASSISI, maître de chapelle à la cathédrale de Padoue, écrivit — pour la première fois, semble-t-il — des psaumes à 8 voix *a coro spezzato*, c'est-à-dire pour un chœur divisé (ou pour 2 chœurs à 4 voix). Outre l'alternance à chaque verset, on trouve déjà ici l'alternance à chaque mot ou à chaque unité de sens (à l'intérieur d'un même verset ; fig.) ; WILLAERT développa cette technique, notamment dans ses *Salmi spezzati* à 8 voix (Venise, 1550).

À cette époque, de nouvelles dimensions se firent jour en musique, parallèlement aux nouvelles représentations de l'espace apparues au XVIᵉ s. (découverte du mouvement de la terre et de celui des planètes, découverte de la perspective en peinture) :
— la séparation des chœurs permit d'ouvrir l'espace acoustique ; les tribunes de St-Marc favorisèrent ces expériences (mais elles n'en furent pas la cause première) ;
— une distribution différente des chœurs et des instruments fit découvrir des **timbres nouveaux** et fut à l'origine du **principe concertant** de l'époque baroque.

Ce déploiement dans l'espace d'une musique aux timbres somptueux correspondait aussi à l'exigence sans cesse croissante d'une musique fastueuse, puissamment expressive. On alla jusqu'à 4 chœurs et plus (ex. A, d'après VIADANA, *Salmi à 4 cori per cantare e concertare*, Venise, 1612) :

1ᵉʳ chœur (à 5 v.) : placé près du grand orgue, composé des 5 meilleurs chanteurs ; pas d'instr. (sauf orgue et chitarrone) ;

2ᵉ chœur, ou *capella* (à 4 v.) : composé d'au moins 16 chanteurs ; instr. *ad. lib.* ;

3ᵉ chœur, aigu (à 4 v.) : effectifs réduits ; la partie la plus haute (S¹) est réservée aux instr., la 2ᵉ partie sup. (S²) à la voix seule ;

la voix la plus grave est le ténor, accompagné. notamment par le 2ᵉ orgue (portatif) ;

4ᵉ chœur, grave (à 4 v.) : effectifs réduits ; la basse est acc. notamment par un 3ᵉ orgue.

Ces psaumes peuvent être exécutés par les 2 premiers chœurs seuls ; on peut aussi doubler les 2ᵉ, 3ᵉ et 4ᵉ chœurs. La répartition spatiale est libre ; il est possible d'obtenir des effets spatiaux avec un seul chœur, en disposant les voix *per coros*, c.-à-d. en les séparant les unes des autres. La polyphonie était interrompue par de larges passages en accords qui, vers la fin du XVIᵉ s., devinrent prédominants.

Le *Magnificat* à 3 chœurs de G. GABRIELI est caractéristique de cette technique selon laquelle les chœurs alternativement se répondent et s'unissent (fig. D). Les entrées décalées, sur le même texte, produisent des effets d'imitation ou d'écho, p. ex. au début, entre le chœur aigu et la *capella* (fig. D), ou, aux mes. 59-60, entre la *capella* et le chœur grave ; noter les effets de masse aux cadences (mes. 63 sqq.).

ZARLINO et la théorie de l'accord parfait.

Tandis que GLAREAN (*Dodecachordon*, Bâle, 1547) ajoute aux modes ecclésiastiques l'*éolien* et l'*ionien* (cf. p. 90-91), ZARLINO (*Istitutioni harmoniche*, Venise, 1558), conformément au sentiment toujours plus fort de l'accord, tente de rassembler tous les accords en une opposition majeure (do-mi-sol) mineur (ré-fa-la). Ces 2 accords parfaits, obtenus par la division harmonique et arithmétique de l'octave, lui paraissent ainsi « naturels » (fig. B). La théorie de l'accord parfait est donc conforme au principe de l'« imitation de la nature ».

D'autre part, ZARLINO recommande de doubler la partie de basse (c'est-à-dire la partie la plus grave) par l'orgue (*basso per organo, basso seguente*) : c'est là l'origine de la basse continue (cf. p. 100-101).

Outre les genres usuels de musique vocale (messes, motets, magnificats, psaumes, hymnes, villanellas, madrigaux, etc.), une **musique instrumentale** autonome se développa à Venise (cf. p. 264). Les principaux compositeurs sont :

ADRIAN WILLAERT (ca 1480-1562), cf. p. 245 ;

CYPRIEN DE RORE (1516-1565), célèbre madrigaliste ;

GIUSEPPE ZARLINO (1517-1590) ;

ANDREA GABRIELI (1510-1586), vénitien auteur d'une importante production vocale et instrumentale ;

GIOVANNI GABRIELI (1555-1612), neveu d'ANDREA, principal représentant de l'École vénitienne : éditions : *Sacrae symphoniae I*, 1597, *II*, 1615 (musique vocale religieuse et pièces instrumentales).

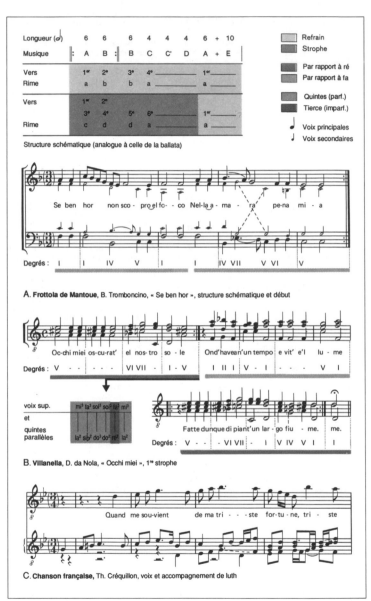

Structure schématique (analogue à celle de la ballata)

A. **Frottola de Mantoue**, B. Tromboncino, « Se ben hor », structure schématique et début

B. **Villanella**, D. da Nola, « Occhi miei », 1ʳᵉ strophe

C. **Chanson française**, Th. Créquillon, voix et accompagnement de luth

Frottola, villanella, chanson

Le XIVᵉ s. avait vu s'épanouir la musique vocale profane : ballata en Italie (LANDINI), chanson polyphonique en France (MACHAUT ; cf. p. 217). Par la suite, la musique polyphonique profane recula en Italie, tandis qu'elle restait vivante, grâce à la chanson, en France et en Bourgogne.

Dans la 2ᵉ moitié du XVᵉ s. apparaît en Italie un nouveau type de polyphonie vocale profane, qui se développe au siècle suivant. La musique sacrée, généralement en latin (messe et motet), est véritablement internationale ; elle voit se développer le style vocal des compositeurs franco-flamands. En revanche, la musique profane s'appuie sur des textes écrits dans la langue nationale : **chanson** française, **frottola, villanella** et **madrigal** italiens, **villancico** espagnol, **lied** allemand, **ayre** anglais. Il s'agit d'un art de société, qui, grâce à l'édition, se répand largement au XVIᵉ s. dans les milieux bourgeois. Les formations varient : *a cappella*, voix seule avec accompagnements de luth, voix et instruments, et même ensembles purement instrumentaux.

Les genres italien et français se répandent largement au-delà des frontières. Notamment :

Le canto carnascialesco, chanson de carnaval pour les mascarades et les cortèges florentins, à la fin du XVᵉ s., principalement sous le règne fastueux de LAURENT DE MÉDICIS († 1492). Satiriques ou allégoriques, ces chansons à 3 ou 4 voix sont simples, d'allure populaire ; elles sont généralement homophones, avec prééminence de la voix sup. La forme est strophique.

La frottola (ital., « assortiment » d'éléments divers) est une forme de chanson polyphonique, apparemment populaire, qui connut un grand succès dans les milieux aristocratiques et bourgeois à la fin du XVᵉ et au début du XVIᵉ s. La diffusion fut favorisée par l'édition de nombreux recueils (PETRUCCI, 11 livres de 1504 à 1514 ; dernière édition : Rome 1531). La frottola fut supplantée par la villanella et le madrigal.

L'amour est le thème principal des poèmes. Les formes poétiques sont la *canzone*, le *capitolo*, l'ode, le sonnet, le *strambotto* ou la *barzeletta* avec refrain (*ripresa*) et strophes (fig. A).

La frottola est à 4 voix ; purement homophone à ses débuts, elle devient ensuite partiellement polyphonique. La voix supérieure a la prééminence absolue, la basse en forme le support harmonique, l'alto et le ténor sont des voix de remplissage (ex. mus. A). L'harmonie, simple, comporte une suite de cadences V-I ou même I-IV-V-I (ex. mus. A, portée inf., 1ʳᵉ moitié).

Les compositeurs les plus célèbres furent MARCHETTO CARA, de Vérone († vers 1527) et BARTOLOMEO TROMBONCINO de Mantoue († ca 1535) (fig. A, Venise 1504).

La villanella de l'ital. *villano*, paysan) est une chanson strophique d'origine napolitaine (*canzona alla napolitana*). Comme le **balletto** qui lui est apparenté, c'est une chanson à danser. Elle est écrite à l'orgine à 3 voix, avec prééminence de la voix supérieure ; elle est de caractère homophone et présente volontiers des accords parfaits et des quintes parallèles d'allure populaire, interdits en contrepoint strict (fig. B). Par la suite, la villanella est écrite à 4 voix ; le style, plus contrapuntique, se rapproche de celui du madrigal. Des recueils de villanella parurent entre 1537 et 1633. Principaux compositeurs : A. SCANDELLO († 1580), G.D. DA NOLA († 1592), B. DONATO († 1603), en Allemagne J. REGNART († 1599).

La chanson

Au début du XVIᵉ s., la chanson française est un genre central en France et chez les compositeurs franco-flamands en Italie. Elle est écrite à 4 voix, et son style est celui du motet, avec mélodie principale au ténor. Premier recueil publié par O. PETRUCCI : *Odhecaton* (Venise, 1501).

L'influence de la frottola fait bientôt apparaître des passages d'écriture verticale, déclamés avec rapidité.

La *chanson parisienne* est, elle aussi, surtout homophone ; de facture élégante, elle connaît un grand développement à partir de 1530 env., grâce aux éditions d'ATTAINGNANT (50 recueils de 1528 à 1552) et aux nombreux arrangements pour luth (fig. C). Au cours du XVIᵉ s., la chanson fr. subit l'influence du madrigal (traduction expressive du texte, chromatisme).

Principaux compositeurs : Th. CRÉQUILLON († ca 1557), CLÉMENT JANEQUIN (ca 1485-1558), Cl. DE SERMISY († 1562), J. ARCADELT († 1568), P. CERTON († 1572), R. DE LASSUS († 1594), CLAUDE LE JEUNE († 1600), G. COSTELEY († 1606).

La traduction du texte utilise parfois tant d'effets descriptifs, que l'on peut parler de **chanson à programme** (chez JANEQUIN : chants d'oiseaux, scènes de chasse).

Dans la 2ᵉ moitié du XVIᵉ s. apparaît en France le **vaudeville** (*voix de ville*), précurseur de l'**air de cour**. Simple, le vaudeville est de structure strophique et de style harmonique (A. LE ROY, *Livre d'airs de cour*, Paris, 1571).

Au cours du dernier tiers du XVIᵉ s. apparaissent des expériences influencées par l'humanisme : « vers mesurés à l'antique » des poètes de la Pléiade (l'*Académie de Poésie et de Musique* de BAÏF, 1571). L'apogée de la chanson française se clôt avec le XVIᵉ s.

Voix supérieure (Cl. de Sermisy, 1528), ornementée (A.P. Coclico, 1552)

Motif initial caractéristique, N. Liégeois, « Noch weet ick een »

A. Chanson française

succession libre des vers	Nombre de pieds	Harmonie de chaque vers	Texture à 4 v., syllabique
Madonna, per voi ardo,	7	sol - sol	
E voi non me'l credete,	7	sol - ré ♯	
Perche non pia quanto bella sete,	11	ré - ré	
Perche non pia quanto bella sete.		ré - sol	
Og'n hora mir'e guardo	7	ré - FA	
Se tanta crudeltà cangiar volete	11	Si♭ - ré	
Donna, non v'accorgete	7	Si♭ - ré ♯	
Che per voi mor'e ardo,	7	ré - sol	
Che per voi mor'e ardo,		sol - sol	
E per mirar vostra belta infinita,	11	do - ré ♯	
E voi sola servir bramo la vita,	11	ré - sol	
E voi sola servir bramo la vita.		ré - sol ♮	

■ Mélisme
■ Césure
■ Fa dièse maj.

B. Madrigal italien, Ph.Verdelot, « Madonna per voi ardo » (1540)

Tonalité éloignée exprimant l'aide désirée (bramata aita)

Chromatisme soulignant les tourments de la mort

Traits rapides pour le feu

C. Madrigalismes, C. Gesualdo da Venosa, extrait de « Dolcissima mia vita» (1611)

Chanson, madrigal

Chanson française (suite). La chanson fr. porte aussi témoignage de la pratique alors courante de l'improvisation. On a conservé, p. ex., la voix sup. d'une chanson à 4 voix de SERMISY ornementée par ADRIAN PETIT COCLICO (fig. A ; original : hampes vers le bas). — La chanson française fut imitée à l'étranger, surtout aux Pays-Bas. Elle se caractérisait notamment par son rythme initial longue-brève-brève, généralement sur une note répétée (fig. A).

Le madrigal italien
Le madrigal italien de la Renaissance apparut vers 1530 dans l'entourage de PIETRO BEMBO (1470-1547, cardinal à partir de 1539), où l'on était à la recherche d'un art plus raffiné que celui de la frottola. On se tourna vers les poèmes de PÉTRARQUE, notamment ses madrigaux. — Du point de vue musical, le madrigal de la Renaissance n'a aucun rapport avec celui du Trecento.
Le nouveau genre, très raffiné, correspondait aux tendances maniéristes de l'époque ; à l'occasion cependant, il ne dédaignait ni l'humour, ni même la satire.
Le poème, parfois de forme fixe (p. ex. sonnet) était plus généralement entièrement libre, comme l'étaient la succession des rimes et le nombre des vers (de 6 à 16) ; les vers de 7 pieds et de 11 pieds alternaient librement (fig. B).
Du point de vue musical, on transposa la technique du motet franco-flamand :
— organisation en sections différentes, imitations, passages d'écriture verticale, grand souci d'expression.
Le madrigal devint l'équivalent profane du motet. Il appartenait à ce qu'on appelait la

Musica reservata : musique *réservée* aux connaisseurs, destinée à la fois à l'aristocratie et aux cercles cultivés de la bourgeoisie, capables de s'intéresser à cet art et de le pratiquer.
L'expression apparaît pour la première fois chez A.P. COCLICO (dans la préface de son *Compendium musices* et dans le titre de son recueil de motets à 4 v., *Musica reservata*, tous deux Nuremberg, 1552) ; elle désigne une musique aussi bien profane que sacrée, faisant appel au chromatisme, à l'enharmonie, aux dissonances, etc., à des fins expressives.

On distingue 3 phases dans l'histoire du madrigal :
1. Le premier madrigal (1530-1550)
est à 4 voix, de style alternativement homophonique et polyphonique, souvent en mesure binaire.
La fig. B, 1er vers (« Madonna, je brûle pour vous ») montre comment la musique suit le texte : anacrouse, allongement de la syllabe principale de l'invocation

« Madonna », progression chromatique exprimant la plainte (ré-mi ♭-ré). Les fins de vers sont marquées par des césures : cadences, avec demi-soupir mes. 5. La répétition du 3e et du 11e vers est due à des raisons purement musicales. L'harmonie est simple.
Pendant cette 1re phase, les compositeurs les plus importants sont PHILIPPE VERDELOT (ca 1480-ca 1540), COSTANZO FESTA (ca 1490-1545), dont le 1er livre de madrigaux à 4 voix connut 36 éditions (jusqu'en 1664), ADRIAN WILLAERT (cf. p. 245), CYPRIEN DE RORE (1516-1565).
2. Le madrigal classique (1550-1580)
est à 5 voix (parfois 6), comme le motet de cette époque. Par son art raffiné de l'expression, le madrigal se place alors au tout premier plan de l'esthétique de l'époque. Cette musique est considérée comme « naturelle » (ZARLINO, 1558, cf. p. 229 et 251), alors qu'elle présente nombre de traits maniéristes : « peinture » de chants d'oiseaux, de sonneries de cloches, de bruits de combats, etc. ; certains effets, même, peuvent seulement être **vus** sur la partition : musique « pour les yeux » (all. *Augenmusik* ; p. ex. dénigrement des notes pour traduire l'obscurité).
Principaux compositeurs de cette période : WILLAERT (*Musica nova*, 1559 : madrigaux et motets), CYPRIEN DE RORE, ROLAND DE LASSUS (cf. p. 247) ; PHILIPPE DE MONTE (1521-1603), originaire de Malines, séjourna à Naples et fut, à partir de 1568, maître de chapelle à la cour de MAXIMILIEN II et de RODOLPHE II à Vienne, puis à Prague ; il composa plus de 1 100 madrigaux ; PALESTRINA (cf. p. 249) : 2 livres pour 4 voix, 1555 et 1586, 2 livres de **madrigaux sacrés** à 5 voix, 1581 et 1584 ; A. GABRIELI (ca 1510-1586), B. DONATO (ca 1530-1603).
3. Le dernier madrigal (1580-1620)
pousse encore plus loin cet art raffiné de l'expression, qui a donné naissance au mot **madrigalisme** :
Ainsi, dans *Dolcissima mia vita* de GESUALDO (fig. C), une brusque modulation dans une tonalité éloignée (la du min. à fa dièse maj.) exprime l'éloignement de l'aide (*aita*) désirée ; le silence évoque le vide dans lequel tombe cet appel ; le mot *morire* (« mourir ») est souligné par le chromatisme ; les flammes, image de l'âme agitée, sont traduites par de rapides traits ascendants.
Les principaux compositeurs de cette dernière période sont LUCA MARENZIO (1554-1599, Rome), CARLO GESUALDO, prince de VENOSA (ca 1560-ca 1614, Naples), JACHES DE WERT (1536-1596), LUZZASCO LUZZASCHI (1545-1607), CLAUDIO MONTEVERDI (1567-1643).

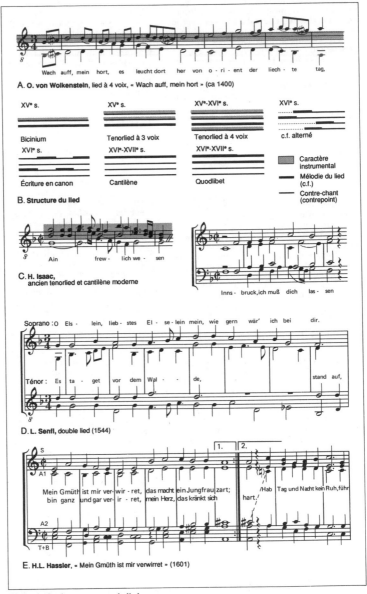

Wach auff, mein hort, es leucht dort her von o - ri - ent der liech - te tag,

A. O. von Wolkenstein, lied à 4 voix, « Wach auff, mein hort » (ca 1400)

XVᵉ s.	XVᵉ s.	XVᵉ-XVIᵉ s.	XVIᵉ s.
Bicinium	Tenorlied à 3 voix	Tenorlied à 4 voix	c.f. alterné
XVIᵉ s.	XVIᵉ-XVIIᵉ s.	XVIᵉ-XVIIᵉ s.	
Écriture en canon	Cantilène	Quodlibet	

Caractère instrumental

Mélodie du lied (c.f.)

Contre-chant (contrepoint)

B. Structure du lied

Ain   frew - lich we - sen

C. H. Isaac,
ancien tenorlied et cantilène moderne

Inns - bruck, ich muß dich las - sen

Soprano : O Els - lein, lieb - stes El - se - lein mein, wie gern wär' ich bei dir.

Ténor : Es ta - get vor dem Wal - - de,   stand auf,

D. L. Senfl, double lied (1544)

S
A1

1.   2.

Mein Gmüth ist mir ver- wir - ret, das macht ein Jungfrau zart;   /Hab Tag und Nacht kein Ruh, führ
bin ganz und gar ver- ir - ret, mein Herz, das kränkt sich   hart./

A2

T+B

E. H.L. Hassler, « Mein Gmüth ist mir verwirret » (1601)

Lied polyphonique, structures du lied

Dans les régions de langue allemande, à côté du Meistersang à 1 v., il existe le **lied populaire** simple à 1 v. et la **chanson courtoise** plus savante.
Les premiers recueils sont :
— *Lochamer Liederbuch*, vers 1460, Nuremberg, écrit pour WOLFLEIN VON LOCHAM ;
— *Schedelsches Liederbuch*, vers 1460-67, Nuremberg, Leipzig, de HARTMANN SCHEDEL ;
— *Rostocker Liederbuch*, vers 1470-80 ;
— *Glogauer Liederbuch*, vers 1480.
Les premiers lieder all. à 2-3 v., sont du MOINE DE SALZBOURG et de OSWALD VON WOLKENSTEIN (fig. A) : mélodie au ténor, voix sup. intrumentale (vièle ?) en accompagnement.
Au XVᵉ s., on trouve d'innombrables lieder et messes all. dans les *Mss. de Trente* (p. 233) et dans ceux cités ci-dessus. Une forme typique est le
tenorlied à 4 v. : à l'origine monodique avec accompagnement instrumental, il se développe ensuite en polyphonie a capella (jusque vers 1530). La mélodie est au ténor, la voix sup. est rapidement bien agencée (structure soprano-ténor).
Le compositeur essentiel de ce temps est HEINRICH ISAAC (vers 1450-1517), de Flandre, organiste à Florence vers 1480, en 1484 à Innsbruck chez l'archiduc SIGISMOND, à partir de 1494 à la cour de MAXIMILIEN Iᵉʳ à Augsbourg, à partir de 1514 à Florence ; lieder et messes, *Choralis Constantinus* (recueil de motets, propre de l'année liturgique pour le chapitre de la cathédrale de Constance, 1508, achevé par SENFL, imprimé en 1550). — La fig. C montre un ancien tenorlied à 3 v. Il a mis en musique son célèbre « *Innsbruck, ich muß dich lassen* » de deux manières, en tenorlied et en cantilène, ce qui était moderne (mélodie au soprano, facture homophone, fig. C).
Autres compositeurs de cette époque : ADAM DE FULDA (vers 1445-1505) à Torgau ; HEINRICH FINCK (vers 1445-1527) un peu plus jeune ; PAUL HOFHAYMER (1459-1537) ; THOMAS STOLTZER (vers 1480-1526).
Premiers lieders imprimés chez : OEGLIN, Augsbourg 1512 ; AICH à Cologne en 1512 ; SCHÖFFER à Mayence en 1513.
Le lied au XVIᵉ s. (époque de Senfl)
Le lied polyphonique sur c.f. demeure le type principal traditionnel. Cependant, à l'image des motets néerl. apparaissent des variantes allant jusqu'au **motet-lied**. La mélodie peut rester au ténor, elle peut aussi être distribuée à toutes les voix (*c.f. alterné*, fig. B) ou être traitée *en canon* (fig. B). L'écriture à 4-5 v. avec prédominance du soprano se répand (fig. B et C, E). Le **double lied** ou **quodlibet** est une particularité (fig. B

et D : écriture homophone avec mélodies différentes au ténor et au soprano). — Les instr. peuvent doubler ou remplacer les voix.
Compositeurs : LUDWIG SENFL (vers 1486-1542) de Zurich, élève d'ISAAC à Innsbruck, Munich, etc., messes, motets, plus de 300 lieder (fig. D) ; THOMAS SPORER (vers 1485-1534) ; SIXT DIETRICH (vers 1490-1548) ; LORENZ LEMLIN († 1495), à Heidelberg ; un peu plus jeune : CASPAR OTHMAYR (1515-1553) ; puis LE MAISTRE, ZIRLER, JOBST V. BRANDT et JOHANN WALTER (1496-1570) à Torgau.

Lieder imprimés chez OTT à Nuremberg en 1534 ; chez EGENOLFF à Francfort en 1535 ; chez FORSTER à Nuremberg, en 1539-1556.
A la place de l'ancien lied sur c.f., apparaît au cours du XVIᵉ s., le lied polyph. où toutes les voix sont composées, très influencé par la **villanelle** et le **madrigal**. Les lieder sont strophiques ou de forme libre, également avec figuralisme, chromatisme et rythmes de danse.
Les principaux compositeurs : ANTONIO SCANDELLO (1517-1580) à Dresde ; JACOB REGNART (1540-1599) à Prague, ROLAND DE LASSUS (1532-1594) à Munich ; JAKOB GALLUS (1550-1591), JOHANNES ECCARD (1553-1611) et HANS LEO HASSLER (1534-1612) à Nuremberg, élève de A. GABRIELI. *Neue teutsche Gesäng nach Art der welschen Madrigalien une Canzonetten 4-8 vocum*, Augsbourg 1596, et *Lustgarten neuer teutscher Gesäng, Balletti, Gaillarden und Intraden*, Nuremberg 1601. On y trouve aussi la chanson d'amour profane « Mein Gmüth ist mir verwirret » (fig. E).

Le lied protestant. LUTHER utilisa le lied (« **choral** ») pour l'office : à 1 v. pour l'assemblée ou polyphonique pour la maîtrise et ceci en :
— **style homophone** avec choral à la voix sup. (**choral harmonisé à 4 v.**, ex. : chez OSIANDER (cf. infra) au HASSLER (« Kirchengesäng... *simpliciter* gesetzt », 1608) ;
— **style de motet** avec c.f. traité de différentes manières, ex. : les **motets-lied** de LASSUS, LECHNER, ECCARD, PRAETORIUS ou HASSLER (*Psalmen und christl. Gesäng, mit 4 Stimmen auff die Melodeyen fugweiß componiert*, 1607) ;
Les premiers recueils de chants protestants comprenant des lieder monodiques et polyphoniques sont de
— JOHANN WALTER, Wittenberg 1524 (32 pièces) ;
— GEORG RHAU, Wittenberg 1544 (123 pièces) ;
— LUCAS OSIANDER, *Fünfftzig geistl. Lieder und Psalmen*, 1586, harmonisés à 4 v., influencés par la simplicité des psaumes huguenots de CL. GOUDIMEL (1565).

« Para ver me con ventura »

a   b   b   c   d   c   d   a   b   b

Estribillo

Strophes

« Gasajémonos d'husia »

a   b   b   c   d   d   c   a   b   b

Couplets
a, b... Rimes
Luth
Chant

Ga - sa - je - mo nos d'husi - a Qu'el__pe__sar   Vié - ne se sin   le bus - car.

A. Juan del Encina, 2 villancicos espagnols, structure et exemple d'estribillo

Cantus

Altus

Bassus

Tenor

Disposition des voix dans l'édition de 1597 pour une exécution collective

Come a - gain, sweet love doth now   in -vite Thy gra - ces that re - frain   To do me

Luth :

B. J. Dowland, « Come again » tiré de : *The first Booke of songes or Ayres* (1597)

Villancico, ayre

Espagne

La musique polyphonique était pratiquée dans les cathédrales et les monastères. L'influence de la France, surtout de l'*Ars antiqua*, a duré longtemps. En outre, les chapelles royales prennent une importance croissante aux XVe-XVIe s. dans la pratique musicale. A côté de la tradition espagnole et son goût pour la simplicité dans l'écriture et la forme, apparaît au XVIe s., une forte influence franco-flamande dont la technique du contrepoint n'est pas poussée à l'extrême.

Les compositeurs principaux sont PEDRO ESCOBAR († 1514), JUAN DE ANCHIETA († 1523), JUAN DEL ENCINA († 1529) ; CRISTOBAL DE MORALES (vers 1500-1553), qui travailla de 1535 à 1545 à la chapelle papale de Rome, puis à Tolède, Séville et Malaga ; œuvres : 21 messes et 91 motets en style pré-palestrinien ; FRANCISCO GUERRERO (1527-1599) élève de MORALES à Séville ; TOMÁS LUIS DE VICTORIA (1548-1611), élève et successeur de PALESTRINA à Rome, à Madrid à partir de 1587 ; messes et motets dans le style de PALESTRINA ; JUAN PABLO PUJOL (1573-1626), à Barcelone.

La musique polyphonique profane

est représentée par une tradition propre qui, du point de vue stylistique, correspond à peu près aux villanelles et aux frottoles italiennes : **villancicos**, **estrambotos**, **romances**, dans la ligne tardive de la lyrique des troubadours, polyphoniques, rassemblés à partir de la 2e moitié du XVe s. dans des mss. (ex. : *Cancionero musical de Palacio*, fin du XVe s., avec 400 pièces dont 66 de JUAN DEL ENCINA).

Le villancico (de l'esp. *villano* = paysan) traite de sujets populaires en une langue stylisée.

Le **villancico** est une forme à refrain de construction particulière (avec de nombreuses variantes) : un **refrain** de 3 vers (*estribillo*, fig. A : 3 vers a b b) suivi de **couplets** (*copla*) formant 2 **strophes** ou plus (*mudanza*) sur des mélodies différentes (fig. A : c d c d ou c d d c) et un **envoi** (*vuelta* ; fig. A : a b b). La vuelta reprend la mélodie de l'estribillo ainsi que le premier ou les deux derniers vers de celui-ci. — Les couplets, dans la partie médiane, ont une sonorité contrastée grâce à différentes combinaisons des voix (fig. A, en bi-nium : c d d c). L'ex. A montre l'écriture homophone typique des villancicos à la carrure nette, dont la mélodie proche de celle du lied et à l'alternance dansante des mesures.

Le villancico existe aussi sur **texte religieux**, et correspond à peu près aux laudes italiennes et aux madrigaux spirituels.

Angleterre

Aux XVe-XVIe s., c'est la musique religieuse qui domine, pratiquée dans les cathédrales et à la **Chapel Royal** de Londres. En Angleterre, l'accent est mis davantage sur *l'ample sonorité du chœur* (jusqu'à 60 chanteurs) que sur l'architecture rationaliste à la manière franco-flamande. Le XVIe s. connaît un nouvel essor par l'influence du continent et de la Réforme. CHR. TYE († 1572) et TH. TALLIS († 1585) puis W. BYRD (1543-1623) composent, outre les habituels messes, magnificat, etc., en latin, des textes en angl. pour les offices anglicans, **anthems** (motets) et **cantiques** qui sont particulièrement appréciés.

Dans la 2e moitié du XVIe s., l'art profane se développe et la musique angl. parvient finalement à son apogée de **1590 à 1620** env. sous le règne d'ELISABETH Ire (1558-1603) et à l'époque de SHAKESPEARE (1564 à 1616). Inspirés des modèles italiens : **madrigaux, canzonettes, ballets**, etc., les genres anglais étaient le **song**, l'**ayre** et la **musique de virginal** (p. 262). Le 1er recueil de madrigaux ital. avec traduction angl. fut publié par NIC. YONG en 1588 sous le titre *Musica Transalpina* (MARENZIO, GASTOLDI, etc.) ; c'est TH. MORLEY, en 1594, qui publia les premiers **madrigaux** angl. Ceux-ci sont moins travaillés que leur modèle ital. : texte plus simple, harmonie plus dépouillée, mélodie plus naturelle.

Un genre typiquement anglais est l'air accompagné au luth comme en Espagne les chansons de L. MILAN (1535) et en France les *Airs de cour mis sur le luth* (LE ROY, 1571). Le recueil le plus connu est *Songes or Ayres* de J. DOWLAND (1597). En plus de l'accompagnement de luth pour la voix sup., ces pièces possèdent 3 parties plus graves (alto, ténor, basse) pour, le cas échéant, être chantées à plusieurs voix. Les parties sont imprimées de façon à pouvoir être lues des quatre côtés de la table (fig. B). L'ex. de la fig. B montre le rapport entre la mélodie et l'accompagnement au luth qui se présente souvent comme un arrangement de celle-ci.

Les ayres, par leur mélodie simple proche du texte et leur rythmique naturelle, sont l'un des sommets de la musique anglaise.

Compositeurs principaux :
- WILLIAM BYRD (1542-1623), également connu comme compositeur de musique religieuse, profane et instrumentale ;
- THOMAS MORLEY (1557-1623), élève de BYRD, surtout compositeur de madrigaux ;
- JOHN DOWLAND (1562-1625), surtout des airs ;
- THOMAS WEELKES (1570/80-1623) ; THOMAS TOMKINS (1573-1656) ; JOHN WILBY (1574-1638) ; ORLANDO GIBBONS (1538-1625).

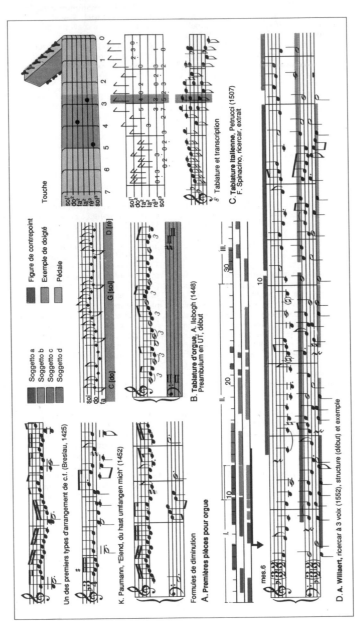

Arrangement de c.f., tablatures, ricercari

Jusqu'à l'époque baroque, la musique instrumentale était largement improvisée. Elle n'était pas autonome et accompagnait généralement la danse ou le chant. C'est seulement au XVIᵉ s. que se développa une musique instr. autonome, grâce à l'adaptation des formes et des procédés de la musique vocale : ainsi apparurent les premiers *ricercari*, les premières *toccate, canzone*, etc.

Orgue et clavier
ont bien souvent, jusqu'au XVIIIᵉ s., le même répertoire (*musique de clavier*). Au XVᵉ s. s'établit en Allemagne une tradition de la musique d'orgue : tablatures et méthodes (*Fundamunta*) fournissent des indications et des exemples pour :
1. **la transcription** : les œuvres vocales étaient arrangées et transcrites selon un système particulier, celui de la *tablature*.
2. **l'arrangement d'un cantus firmus** : des mélodies grégoriennes et profanes étaient ornementées, à l'aide de véritables formules d'ornementation et de diminution, établies pour tous les intervalles (fig. A, 3, d'après PAUMANN, 1452 : quartes ascendantes do-fa, ré-sol, etc.). Traits, figurations, trilles, etc., sont typiques de ce style : d'où le nom de **coloristes** que l'on donne aux organistes allemands des XVᵉ-XVIᵉ s. Le traitement du c.f. pouvait aussi être polyphonique : le c.f. se trouvait alors au ténor, en valeurs longues. La main droite exécutait une voix sup. très fleurie (fig. A, 1 : *Breslauer Fragment*, 1425, extrait). La différence entre les voix s'atténue par la suite : le c. f. devient moins étiré, plus chantant, et la voix sup. forme un véritable contrepoint (fig. A, 2, début).
3. **l'art de préluder**, de façon très libre (fréquemment : des traits rapides au-dessus d'une pédale ; fig. B).
4. **l'improvisation sur une danse** (cf. p. 262).

Les tablatures d'orgue sont des tableaux dans lesquels la notation des différentes voix s'effectue à l'aide de lettres et de chiffres. Elles diffèrent selon les pays :
– **l'ancienne tablature allemande** (XVᵉ-XVIᵉ s.) emploie une *notation mixte* : la voix sup. est inscrite sur une portée de 6 à 8 lignes, à l'aide des signes de la notation mensuraliste. Les voix inf. sont notées à l'aide de lettres (fig. A : les lettres C et G, bien que très espacées, sont simultanées : pédalier) ;
– **la nouvelle tablature allemande** (XVIᵉ - XVIIIᵉ s.) : notation entièrement alphabétique ;
– **autres tablatures d'orgue : espagnole :** notes et chiffres ; **italienne :** une portée sup. de 6 à 8 lignes, une portée inf. de 5 ou 6 lignes ; **anglaise :** 2 portées de

6 lignes chacune ; **française :** 2 portées de 5 lignes chacune.
En Allemagne, les principaux organistes et documents relatifs à l'orgue sont :
– ADAM ILEBORGH de Stendal, *Orgeltabulatur*, 1448 (fig. B) ;
– KONRAD PAUMANN (ca 1415-1473), *Fundamentum organisandi*, 1452 (fig. A, 2, 3) ;
– le *Buxheimer Orgelbuch*, ca 1470, avec plus de 250 tablatures (DUNSTABLE, DUFAY), arrangements, préludes, etc.
– ARNOLT SCHLICK d'Heidelberg, *Spiegel der Orgelmacher und Organisten*, 1511 ;
– PAUL HOFHAYMER à Innsbruck, Munich, etc. (cf. p. 257), VIRDUNG à Bâle, KLEBER à Göppingen, KOTTER à Fribourg (Suisse), BUCHNER à Constance.
Au XVIᵉ s., l'**Italie** se place au premier plan, avec les organistes de St-Marc à Venise, notamment A. PADOVANO, A WILLAERT, CL. MERULO († 1604), A. et G. GABRIELI. Ceux-ci cultivaient les formes suivantes :
– **toccata** (du lat. *toccare*, toucher) : forme libre faite surtout de traits et d'accords ; à partir de MERULO, comporte des passages en imitations (cf. p. 144) ;
– **prélude, preambulum**, etc. : formes libres, très proches de la toccata ;
– **ricercar** : de forme libre, il devient, dans la 2ᵉ moitié du XVIᵉ s., polyphonique, dans le style du motet : suite de sections, chacune traitant un « thème » différent en style imitatif (fig. D) ; le ricercar est le précurseur de la fugue ;
– **fantaisie** : très proche du ricercar ;
– **canzone** : transcription de chanson à l'origine ; devient, à partir de 1550 env., un genre instrumental indépendant.
En alternance avec le chant de l'assemblée, l'orgue exécutait aussi des arrangements de chant grégorien (**messe pour orgue**).

Le luth
est, au XVIᵉ s., l'instrument « domestique » le plus répandu. Son répertoire est immense et varié : accompagnement du chant (à 1 ou plusieurs voix), transcriptions d'œuvres vocales, préludes, toccatas, variations, etc.
La **tablature de luth** est une notation des doigtés : les lignes représentent les 6 cordes, la ligne sup. figurant en général la corde la plus grave, conformément à la tenue de l'instrument (fig. C). Les chiffres (ou les lettres) indiquent la frette qui doit être touchée ; les hampes des notes indiquent la durée, mais celle-ci, notamment dans le cas d'un accord, reste très imprécise : toute transcription suppose en fait une *interprétation* (ex. mus. fig. C). — Les tablatures de luth diffèrent aussi selon les pays.
Les principaux luthistes furent, en Italie, FRANCESCO DA MILANO, en Allemagne, H. GERLE († 1570 Nuremberg) et H. NEWSIEDLER († 1563 ibid.).

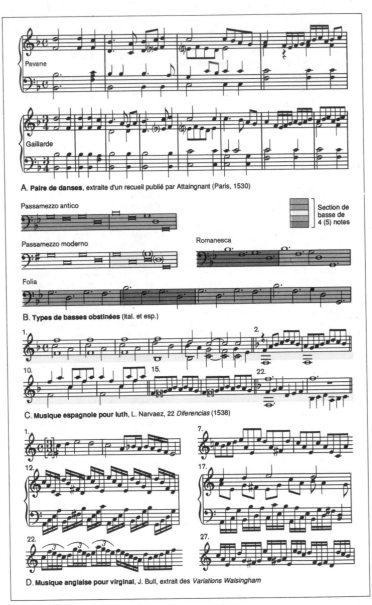

A. **Paire de danses**, extraite d'un recueil publié par Attaingnant (Paris, 1530)

Passamezzo antico

Section de basse de 4 (5) notes

Passamezzo moderno

Romanesca

Folia

B. **Types de basses obstinées** (ital. et esp.)

C. **Musique espagnole pour luth**, L. Narvaez, 22 *Diferencias* (1538)

D. **Musique anglaise pour virginal**, J. Bull, extrait des *Variations Walsingham*

Danse, variations sur une basse obstinée, musique pour virginal

Danses et variations. Au XVIᵉ s. furent publiés de nombreux recueils de danses. Les plus célèbres sont ceux de PIERRE ATTAIN-GNANT, publiés entre 1528 et 1550 ; ils se composent de tablatures pour instruments à clavier et pour luth (transcriptions de musique vocale, préludes, etc.).

On assiste très tôt à la formation de **paires de danses** (fig. A). Pavane (lente à 4 temps) et gaillarde (rapide, à 3 temps) utilisent le même matériel thématique (cf. p. 123).

On improvisait fréquemment sur des **motifs de basse** issus de la danse. Attestées dès les XIIIᵉ-XIVᵉ s., ces basses pénètrent au XVIᵉ s. dans le domaine de la musique savante, sous forme de **variations sur une basse obstinée** (ital. *ostinato*). Les basses les plus célèbres portent soit des noms de danses (comme le *passamezzo*), soit des noms de paysages, de lieux, etc. (fig. B). Leur structure symétrique témoigne de leur origine (pas et contre-pas de la danse).

Un premier groupe de 4 (2 + 2) notes mène à une demi-cadence ; le 2ᵉ groupe forme « réponse » et s'achève par une cadence parfaite (fig. B). Chaque note correspond généralement à un temps, et les basses sont constituées de groupes semblables de 4 notes (cf. couleurs de la fig. B).

Chez HAENDEL et BACH (p. ex., *Variations Goldberg*), la chaconne et la passacaille appartiennent encore à cette tradition de la basse obstinée. — Aux XVᵉ-XVIᵉ s., la basse est aussi un schéma sur lequel on improvise des variations strophiques (cf. p. 110).

Musique d'orgue et musique de luth en Espagne

Le plus célèbre des organistes espagnols du XVIᵉ s. est A. DE CABEZÓN (ca 1510-1566), organiste de CHARLES V et de PHILIPPE II, avec qui il séjourna à Londres en 1554-56 (influence sur les virginalistes anglais).

Les Espagnols cultivaient surtout deux genres :
– le **tiento**, pièce pour orgue généralement à 4 voix, composée d'une série de sections en imitation sur différents thèmes, comme le ricercar ;
– les **diferencias**, cycles de variations sur des mélodies populaires ou des basses obstinées (notamment les basses italiennes, connues alors dans l'Europe entière ; cf. fig. B).

Il existe aussi des differencias pour luth : ainsi, p. ex., celles que publia L. NARVÁEZ en 1538 (1ᵉʳ cycle connu de diferencias) : au-dessus d'un ostinato de 6 mes. (fig. C, 1) se déroulent 22 variations avec accords, traits (2, 15, chaque fois 2 mes.), figures régulières (10, 22) ; la basse et l'harmonie restent constantes.

Les théoriciens de la musique esp. pour orgue sont JUAN BERMUDO (1549) et TOMÁS DE SANTA MARIA (*De arte de taner fantasia*, 1565). Significativement, TOMÁS recommande aux instrumentistes d'apprendre à maîtriser parfaitement le contrepoint par l'*imitation des œuvres vocales* : seule cette étude sérieuse peut permettre ensuite la liberté dans l'improvisation.

Musique pour virginal en Angleterre

Grâce aux *virginalistes*, la fin du XVIᵉ et le début du XVIIᵉ s. est une période exceptionnelle dans l'histoire de la musique anglaise. Le **virginal** est une variété d'épinette, très appréciée alors en Angleterre (cf. p. 36). Cette période prend la suite d'une tradition anglaise de la musique d'orgue : des compositions sur cantus firmus nous sont connues par le *Mulliner Book* (ca 1550). Dans la seconde moitié du XVIᵉ s. se manifestent des influences italienne et espagnole, comme la technique de la variation de CABEZÓN.

La source principale de la musique pour virginal est le *Fitzwillian Virginal Book* (musée Fitzwilliam de Cambridge), magnifique manuscrit du début du XVIIᵉ s., qui contient près de 250 pièces datant de 1570 à 1625.

Le répertoire des virginalistes comprend :
– des **tablatures**, transcriptions d'œuvres vocales (madrigaux, chansons, etc.) ;
– des **préludes**, de forme libre ;
– des **fantaisies**, de style imitatif ;
– des **danses** : pavanes, gaillardes, allemandes, courantes, etc. ; elles se composent d'une série de brèves sections, dont chacune est reprise, variée et ornementée (principe de l'estampie, cf. p. 192) ;
– des **pièces de caractère descriptif**, comme *The Bells* (les cloches) de W. BYRD ;
– des **variations** sur **basse obstinée**, appelées *grounds* ;
– des **variations** sur des **chansons populaires** : le *Fitzwilliam Virginal Book* contient p. ex. une série de variations, dues à J. BULL, sur la mélodie « Walsingham ». Le thème de 8 mes., très simple (fig. D, 1, début), est suivi de 20 variations, qui font apparaître accords (7), figures (27), arpèges (12), traits (22), répétitions, etc. Le thème est traité aussi en variations polyphoniques (p. ex. n° 17 : une 2ᵉ voix en croches et une 3ᵉ voix en doubles croches). Les *Variations Walsingham* sont un bon exemple de ce style à la fois virtuose et plein d'esprit propre aux virginalistes anglais.

Les principaux compositeurs sont JOHN BULL, WILLIAM BYRD, GILES et RICHARD FARNABY, ORLANDO GIBBONS, THOMAS MORLEY, JOHN MUNDAY et PETER PHILIPS, tous connus aussi comme organistes et comme compositeurs de musique vocale.

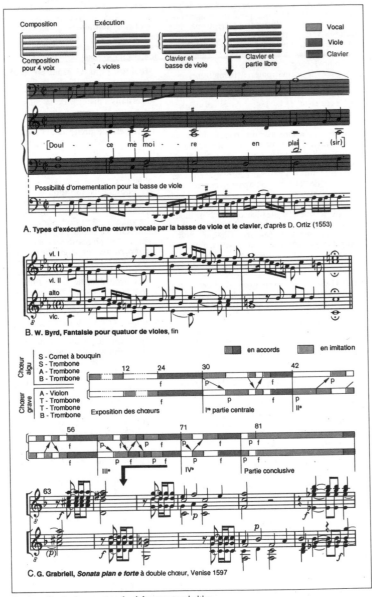

A. Types d'exécution d'une œuvre vocale par la basse de viole et le clavier, d'après D. Ortiz (1553)

B. W. Byrd, Fantaisie pour quatuor de violes, fin

C. G. Grabrieli, *Sonata plan e forte* à double chœur, Venise 1597

Pratique d'exécution, quatuor de violes, sonate primitive

Si l'on ne commence à concevoir une musique instrumentale d'ensemble que vers la fin du XVIᵉ s., les instruments participent dès avant cette date à l'exécution de la musique vocale ; les titres de recueils publiés de frottole, villanelle, madrigaux, etc., portent souvent la mention : *per cantare e sonare* (pour chanter et jouer). Les instruments pouvaient avoir alors différentes fonctions :

− doubler les parties vocales (*colla parte*) ;
− jouer des parties d'accompagnement qui leur étaient spécifiquement destinées (p. ex. : le contraténor dans la chanson polyphonique) ;
− remplacer des parties vocales ;
− exécuter entièrement une œuvre conçue pour la voix (fig. A.).

La musique instrumentale emprunta ainsi à la musique vocale ses lignes chantantes, son jeu mélodieux, son phrasé fondé sur la respiration, son expression. Les genres vocaux donnèrent naissance aux genres instrumentaux :

− le **motet**, au **ricercar** ;
− la **chanson française**, à la **canzon da sonar, canzon (alla) francese**. De la transcription d'originaux vocaux, on passa à la composition dans le même style : la canzone se caractérise par ses notes initiales répétées (cf. p. 254), son rythme animé et l'alternance de parties homophones et de passages en imitation.

Avec l'autonomie croissante du domaine instrumental se développèrent les introductions aux œuvres vocales et aux danses : **intrada** (toujours en 2 parties, lent-vif, dans l'esprit du couple pavanne - gaillarde), **ritournelle** (souvent utilisée comme intermède et comme postlude), **sinfonia**, etc.

L'exécution de compositions vocales par un *instrument mélodique avec accompagnement de clavier* représente une particularité intéressante. Le traité de viole du compositeur espagnol DIEGO ORTIZ (*Tratado de glosas*, Rome, 1553) donne des indications à ce sujet. L'auteur y enseigne non seulement le jeu de la viole, mais aussi les règles de l'exécution et de l'improvisation. Il accorde une attention spéciale à l'improvisation, à la basse de viole, de variations sur une basse obstinée, puis à l'ornementation d'une chanson ou d'un madrigal :

1. La ligne vocale est jouée, à titre d'accompagnement, par le clavier, tandis que la basse de viole, véritable soliste, orne la partie de basse (fig. A, voix de basse du clavier et portée inf.).
2. La basse de viole improvise une partie libre (cf. fig. A, portée sup.). On voit ici combien la musique instrumentale s'éloignait du texte écrit, mais aussi quelle était la richesse de l'invention et de l'exécution.

L'exécution de compositions vocales poly-phoniques par un instrument mélodique avec accompagnement de clavier constitue en quelque sorte le précurseur de la musique pour instrument soliste et basse continue de l'époque baroque.

Un type particulier de **musique instrumentale d'ensemble** fut créé par l'*École vénitienne*. Les instruments participaient à la musique vocale, accompagnant les voix ou alternant avec elles. Bientôt apparurent des compositions purement instrumentales, portant des titres encore très imprécis tels que *sonata, symphonia,* etc.

Mises à part les transcriptions publiées par ATTAINGNANT, c'est seulement à la fin du XVIᵉ s. que parurent les premiers recueils de musique d'ensemble : les *Canzoni a sonare* de F. MASCHERA (1584), les *Canzoni e sonate* (2-22 voix) de A. et G. GABRIELI (1615, publication posthume), les *Sacrae symphoniae* de G. GABRIELI (1597) : ce dernier recueil comporte des indications d'instrumentation.

La *Sonata pian e forte*, tirée de ce recueil, est écrite pour 2 chœurs (l'un aigu, l'autre grave), et comporte de nombreux effets d'écho. Elle se compose de 3 parties : une exposition des chœurs, une partie centrale avec de somptueux passages en accords, et une conclusion de style contrapuntique. Le schéma de la fig. C montre l'alternance des nuances *p/f*, l'ex. mus. présente l'opposition des « blocs sonores » (suite d'accords par quintes descendantes). On voit apparaître ici un esprit musical nouveau, qui culminera à l'époque baroque : *l'esprit concertant*.

En Angleterre

apparaissent au XVIᵉ s. d'innombrables fantaisies *In nomine* (compositions instrumentales dans un style proche du motet, sur le cantus firmus *In nomine*, tiré d'un Benedictus à 4 voix de J. TAVERNER, 1528). Ces œuvres, ainsi que des œuvres vocales, étaient exécutées par les *consorts* des XVIᵉ-XVIIᵉ s. : ensembles d'instruments de la même famille (*whole consorts*) ou ensembles d'instruments de familles différentes (*broken consorts* : p. ex. des vents, des cordes, éventuellement des voix).

Parmi les plus beaux exemples de *whole consorts* (le nom était aussi donné à des pièces musicales) figurent les *fancies* (fantaisies) pour quatuor de violes. La structure de ces *fancies* est proche de celle du motet : elles s'organisent en sections contrastantes, chacune étant construite sur un thème différent, qui fait l'objet d'imitations à toutes les voix. Très tôt apparaît l'égalité entre les instruments, telle qu'elle se retrouvera dans le quatuor à cordes de l'époque classique. La fig. B montre les mesures finales d'une *fancy* de BYRD.

BIBLIOGRAPHIE ET SOURCES

Presque tous les titres figurant dans l'édition originale (en langue allemande pour la plupart) ont été maintenus. Naturellement, on en a systématiquement indiqué la traduction française, lorsqu'elle existe ; de même, on a fait mention, le cas échéant, des traductions en langue anglaise. A la bibliographie originale ont été ajoutés un certain nombre d'ouvrages fondamentaux, en français et en anglais. Dans chaque catégorie, les ouvrages sont classés par ordre alphabétique des auteurs (ou des titres pour tous les ouvrages de la première catégorie et pour certains ouvrages collectifs des autres rubriques). Le nombre de volumes est partout indiqué — lorsqu'il est supérieur à un —, sauf pour les ouvrages, séries ou périodiques en cours de publication : dans ce cas, la date du début de la publication est suivie d'un tiret. Enfin, dans les trois premières catégories, certains titres, parmi les plus importants, sont précédés d'un sigle ou d'une abréviation ; d'un usage courant dans la littérature musicologique contemporaine, ces sigles et abréviations sont utilisés pour tous les renvois de ce livre, notamment dans la liste des sources (ci-dessous, p. 272-273). *(NdT)*.

Éditions de musique ancienne, anthologies

Chw	*Chorwerk (Das)*, éd. F. Blume, 52 vol. Berlin, 1929-1938. Nouvelle série, éd. F. Blume et K. Gudewill : Wolfenbüttel, 1953-.
CMM	*Corpus Mensurabilis Musicae*, éd. American Institute of Musicology. Rome, 1947-.
CSM	*Corpus Sciptorum de Musica*, éd. American Institute of Musicology. Rome, 1950-.
DDT	*Denkmäler Deutscher Tonkunst*, 65 vol. Leipzig, 1892-1931.
DTB	*Denkmäler der Tonkunst in Bayern* (2ᵉ série de *DDT*), 38 vol. Braunschweig, 1900-1938.
DTÖ	*Denkmäler der Tonkunst in Österreich*. Vienne, 1894-.
EDM	*Erbe deutscher Musik (Das)*. Leipzig etc., 1935-.
Schering	*Geschichte der Musik in Beispielen*, éd. A. Schering. Leipzig, 1931, ²1954 ; trad. angl. : Londres, 1950.
Idelsohn	*Hebraïsch-Orientalischer Melodiensatz*, éd. A.Z. Idelsohn, 10 vol. Leipzig, 1914-1932.
Davison	*Historical Anthology of Music*, éd. A.T. Davison et W. Apel, 2. vol. Combridge (Mass.), ²1959.
Mw	*Musikwerk (Das)*, éd. K.G. Fellerer, 47 vol. Cologne, 1950-1975 : trad. angl. : *Anthologie of Music*. Ibid., 1958-1976.
PMFC	*Polyphonic Music of the Fourteenth Century*, éd. L. Schrade. Monaco, 1956-.
PäM	*Publikationen älterer Musik*, éd. Deutsche Musikgesellschaft, 11 vol. Leipzig, 1926-1940.
PGfM	*Publikationen älterer praktischer une theoretischer Musikwerke*, éd. Gesellschaft für Musikforschung (R. Eitner), 29 vol. Berlin-Leipzig, 1873-1905.
GS	*Scriptores ecclesiastici de musica sacra potissimum*, éd. M. Gerbert, 3 vol. St Blasien, 1784.
CS	*Scriptorum de musica medii aevi*, éd. E. de Coussemaker, 4 vol. Paris, 1865-1876.

Ouvrages de référence, généralités

APEL, W., *Harvard Dictionary of Music*. Cambridge (Mass.), ³1970.
BLUME, F., *Geschichte der evangelischen Kirchenmusik*. Kassel, ²1965 ; trad. angl. : Londres, 1975.
CHARLES, S.R., *A Handbook of Music and Music Literature in Sets and Series*. New York-Londres, 1972.
CROCKER, R.L., *A History of Musical Style*. New York, 1966.
Dictionnaire de la Musique, éd. M. Honegger. I : *Les Hommes et leurs œuvres*, 2 vol. Paris, ²1986. II : *Science de la musique*, 2 vol. Paris, 1976.
Encyclopédie de la Musique, éd. F. Michel, F. Lesure et V. Fédorov, 3 vol. Paris, 1958-1961.

Encyclopédie de la Musique et Dictionnaire du Conservatoire, éd. A. Lavignac et L. de La Laurencie. I : *Histoire de la musique*, 5 vol. II : *Technique, esthétique, pédagogie*, 6 vol. Paris, 1913-1931.

Geschichte der katholischen Kirchenmusik, éd. K.G. Fellerer, 2 vol. Kassel, 1972-1976.

GROUT, D.J., *A History of Western Music*. New York, 1960, ²1973.

AdlerHdb   *Handbuch der Musikgeschichte*, éd. G Adler, 2 vol. Berlin, 1930.

BückenHdb   *Handbuch der Musikwissenschaft*, éd. E Bücken, 13 vol. Potsdam, 1927-1934.

Handschin, J., Musikgeschichte in Überblick. Lucerne, 1948, ²1964.

Handwörterbuch der musikalischen Terminologie, éd. H.H. Eggebrecht. Wiesbaden, 1972-.

Histoire de la musique, éd. Roland-Manuel, 2 vol. Paris, 1960-1963 (Encyclopédie de la Pléiade).

LANG, P.H., *Music in Western Civilization*. New York, 1941.

MGG   *Musik in Geschichte und Gegenwart (Die)*, éd. F. Blume, 17 vol. Kassel, 1949-1986.

Musikgeschichte in Bildern, éd. H. Besseler et M. Schneider. Leipzig, 1962-.

Mw   *Musikwerk (Das)*, éd. K.G. Fellerer, 47 vol. Cologne, 1950-1975 ; trad. angl. : *Anthology of Music. Ibid.*, 1958-1976.

Neues Handbuch der Musikwissenschaft, éd. C. Dahlhaus. Wiesbaden-Laaber, 1980-.

New Grove   *New Grove Dictionary of Music and Musicians (The)*, éd. S. Sadie, 20 vol. Londres, 1980.

NOHM   *New Oxford History of Music (The)*. Londres, 1954-.

Précis de Musicologie, éd. J. Chailley. Paris, ²1984.

Riemann   RIEMANN, H., *Musik Lexikon*, 12ᵉ éd., éd. W. Gurlitt, H.H. Eggebrecht et C. Dahlhaus, 5 vol. Mayence, 1959-1975.

STRUNK, O., éd., *Sources Readings in Music History*. New York, 1950.

WÖRNER, K.H., *Geschichte der Musik*. Göttingen, 1972.

Périodiques

Aml	*Acta Musicologica*, 1928-.
	Analecta Musicologica, 1963-.
AfMf	*Archiv für Musikforschung*, 1936-1943.
AfMw	*Archiv für Musikwissenschaft*, 1918-1926, 1952-.
	Bulletin du GAM (Groupe d'Acoustique Musicale, Paris), 1963-.
	Current Musicology, 1965-.
	Ethnomusicology, 1953-.
	Fontes Artis Musicae, 1954-.
JMbP	*Jahrbuch der Musikbibliothek Peters*, 1895-1940.
JAMS	*Journal of the American Musicological Society*, 1948-.
MfMg	*Monatshefte für Musikgeschichte*, 1869-1905.
ML	*Music and Letters*, 1920-.
MR	*Music Review (The)*, 1940-.
MD	*Musica Disciplina*, 1946-.
MQ	*Musical Quarterly (The)*, 1915-.
Mf	*Musikforschung (Die)*, 1948-.
	Nuova Rivista Musicale Italiana, 1967-.
RdM	*Revue de Musicologie*, 1917-.
RM	*Revue Musicale (La)*, 1920-.
RMI	*Rivista Musicale Italiana*, 1894-1955.
SIMG	*Sammelbände der Internationalen Musikgesellschaft*, 1899-1914.
VfMw	*Vierteljahrschrift für Musikwissenschaft*, 1885-1894.
ZIMG	*Zeitschrift der Internationalen Musikgesellschaft*, 1899-1914.

Acoustique

BACKUS, J., *The acoustical foundations of music*. New York, ²1977.

BENADE, A.H., *Fondamentals of musical acoustics*. Londres, 1976.

BÜSCHER, G., *Kleines ABC der Elektroakustik*. Munich, ⁵1967.

LEIPP, E., *Acoustique et musique*. Paris, ³1980.

Livre des techniques du son (Le), I, éd. D. Mercier. Paris, 1987.
LOTTERMOSER, W., « Akustische Grundbegriffe », *MGG*, I.
MATRAS, J.-J., *Le son*. Paris, ⁵1972.
MEYER, E. et NEUMANN, E.G., *Physikalische und Technische Akustik*. Braunschweig, ²1974.
STAUDER, W., *Einführung in die Akustik*. Wilhelmshaven, 1976.

Physiologie de l'oreille, physiologie de la voix

CORNUT, G., *La voix*. Paris, ²1986.
FLETCHER, H., *Speech and Hearing in Communication*. New York, ²1953.
GRIBENSKI, A., *L'audition*. Paris, ⁴1975.
HUSSON, R., *La voix chantée*. Paris, 1960.
LE HUCHE, F., *Anatomie et physiologie des organes de la voix et de la parole*. Paris, 1978.
LEHMANN, L., *Mon art du chant*, trad. fr. Paris, s.d.
REIN, H. et SCHNEIDER, M. *Einführung in die Physiologie des Menschen*. Berlin, ¹⁵1964.
STEVENS, S.S. et DAVIS, H., *Hearing*. New York, ³1948.
TOMATIS, A., *L'oreille et la voix*. Paris, 1987.
VOGEL, G. et ANGERMANN, H., *Atlas de biologie*, trad. fr. Paris, 1970.
WELLEK, A., « Gehörphysiologie », *MGG*, IV.
WINCKEL, F., « Stimmorgane », *MGG*, XII.

Psychologie de l'audition

FRANCÈS, R., *Psychologie de la musique*. Paris, ²1972.
HANDSCHIN, J., *Das Toncharakter*. Zurich, 1948.
HELMHOLTZ, H. v., *Théorie physiologique de la musique fondée sur l'étude des perceptions auditives*, trad. fr. Paris, 1868, ²1874.
KURTH, E., *Musikpsychologie*. Berlin, 1931 ; réimpr. : Hildesheim, 1969.
LALO, C., *Éléments d'une esthétique musicale scientifique*. Paris, ²1939.
MOLES, A., *Théorie de l'information et perception esthétique*. Paris, ²1972.
REINECKE, H.-P., *Experimentelle Beiträge zur Psychologie des musikalischen Hörens*. Hambourg, 1964.
RÉVÉSZ, G., *Einführung in die Musikpsychologie*. Berne-Munich, 1972.
STUMPF, C., *Tonpsychologie*, 2 vol. Leipzig, 1883-1890 ; réimpr. : Amsterdam, 1965.
WELLEK, A., *Musikpsychologie end Musikästhetik*. Francfort, 1963.

Organologie

ADELUNG, W., *Einführung in den Orgelbau*. Wiesbaden, ³1974.
BAINES, A., *European and American Musical Instruments*. Londres, 1966.
BAINES, A., éd., *Musical Instruments through the Ages*. Londres, 1961.
BEHN, F., *Musikleben im Altertum und frühen Mittelalter*. Stuttgart, 1954.
BRANDLMEIER, J., « Zupfinstrumentenbau », *MGG*, XIV.
BUCHNER, A., *Encyclopédie des instruments de musique*, trad. fr. Paris, 1980.
BUCHNER, A., *Les instruments de musique populaire*. Prague, 1969 (en fr.).
FETT, A., « Harmonica », *MGG*, V.
Instruments du monde entier (Les), éd. Diagram Group (R. Midgley), trad. fr. Paris, 1978.
JAKOB, F., *L'orgue*, trad. fr. Lausanne, 1970.
JUNGHANNS, H., *Der Piano-und Flügelbau*. Francfort, ³1960.
KOLNEDER, W., *Das Buch der Violine*. Zurich, 1972.
KUNITZ, H., *Die Instrumentation*, 13 fasc. Leipzig, 1960-1973.
LEIPP, E., *Le violon*. Paris, 1965.
MAHILLON, V.-C., *Catalogue descriptif et analytique du musée instrumental du Conservatoire Royal de Musique de Bruxelles*, 5 vol. Gand-Bruxelles, 1883-1912.
MARCUSE, S., *Musical Instruments. A Comprensive Dictionary*. New York, 1964.
MERSENNE, M., *Harmonie universelle*, 3 vol. Paris, 1636-1637 ; réimpr. : Paris, 1963.
PRAETORIUS, M., *Syntagma Musicum*, II : *De Organographia*. Wolfenbüttel, 1619 ; réimpr., éd. W. Gurlitt : Kassel, 1958.
SACHS, C., *Geist und Werden der Musikinstrumente*. Berlin, 1928 ; réimpr. : Hilversum, 1965.
SACHS, C., *Handbuch der Musikinstrumentenkunde*. Leipzig. ²1930 ; réimpr. : Leipzig, 1977.
SACHS, C., *The History of Musical Instruments*. New York, 1940.

SACHS, C. et HORNBOSTEL, E.M. von, « Systematik der Musikinstrumente », *Zeitschrift für Ethnologie*, XLVI, 1914.
SCHAEFFNER, A., *Origine des instruments de musique*. Paris, 1936 ; réimpr. : Paris, ²1980.
STAUDER, W., *Alte Musikinstrumente*. Braunschweig, 1973.
VALENTIN, E., *Handbuch der Musikinstrumentenkunde*. Regensburg, ⁶1974.
VIDAL, L.A., *Les instruments à archet*, 3 vol. Paris, 1876-1879 ; réimpr. : Londres, 1961.

Principes et théorie de la musique

CHAILLEY, J., *Éléments de philologie musicale*. Paris, 1985.
CHAILLEY, J., *L'imbroglio des modes*. Paris, 1960.
CHAILLEY, J., *Traité historique d'analyse harmonique*. Paris, 1977.
CHAILLEY, J. et CHALLAN, H., *Théorie complète de la musique*, 2 vol. Paris, 1949.
DAHLHAUS, C., *Arnold Schönberg. Variationen für Orchester, op. 31*. Munich, 1968.
EMMANUEL, M., *Histoire de la langue musicale*, 2 vol. Paris, 1911, ²1928 ; réimpr. : Paris, 1951.
FUX, J.J., *Gradus ad Parnassum* (en lat.). Vienne, 1725 ; réimpr. : Kassel-Graz, 1967.
GRABNER, H., *Allgemeine Musiklehre*. Kassel, ¹⁰1970.
HAAS, R., *Aufführungspraxis der Musik* (BückenHdb, 6). Berlin, 1934.
INDY, V. d', *Cours de composition musicale*, 3 vol. Paris, 1905-1953.
JEPPESEN, K., *Kontrapunkt. Lehrbuch der klassischen Vokalpolyphonie*, trad. all. : Leipzig, 1935, Wiesbaden, ⁴1965 ; trad. angl. : New York, 1939.
KOECHLIN, C., *Précis des règles du contrepoint*. Paris, 1927.
KOECHLIN, C., *Traité de l'harmonie*, 3 vol. Paris, 1927-1930.
LEICHTENTRITT, H., *Musikalische Formenlehre*. Leipzig, ³1927 ; trad. angl. : Londres, 1951.
MARX, A.B., *Die Lehre von der musikalischen Komposition*, 4 vol. Leipzig, 1837-1847.
MATTHESON, J., *Grosse General-Bass Schule*. Hambourg, 1731 ; réimpr. : Mayence, 1956.
MOTTE, D. DE LA, *Harmonielehre*. Kassel-Munich, 1976.
MOTTE, D. DE LA, *Musikalische Analyse*. Vienne, ²1972.
RAMEAU, J.-Ph., *Complete Theoretical Writings*, éd. E.R. Jacobi, 6 vol. [Rome,] 1967-1972.

Genres et formes

Antiphonale Ss. Romanae Ecclesiae pro diurnis horis. Tournai, 1924.
APEL, W., *The Notation of Polyphonic Music, 900-1600*. Cambridge (Mass.), 1942, ⁵1961 ; trad. all. : Leipzig, 1962.
DÜRR, A., *Die Kantaten von Johann Sebastian Bach*, 2 vol. Kassel-Munich, 1971, ²1975.
EGGEBRECHT, H.H., *Studien zur musikalischen Terminologie*. Wiesbaden, ²1968.
EINSTEIN, A., *The Italian Madrigal*, 3 vol. Princeton (New York), 1949.
Gattungen der Musik in Einzeldarstellungen, I, éd. W. Arlt *et al.* Berne-Munich, 1973.
Graduale Ss Romanae Ecclesiae de tempore et de sanctis. Tournai, 1961.
HUSMANN, H., *Die mittelalterliche Mehrstimmigkeit* (*Mw*, 3). Cologne, 1955.
JÖDE, F., *Der Kanon*. Wolfenbüttel, 1926.
LASSUS, R. DE, cf. *infra*, « Renaissance ».
ORTIZ, D., *Tratado de glosas...* Rome, 1553, éd. M. Schneider. Kassel, ³1967.
ROSEN, Ch. *Le style classique : Haydn, Mozart, Beethoven*, trad. fr. Paris, 1978.
ROSEN, Ch. *Sonata Forms*. New York, 1980.
SALINAS, F., *De Musica...* Salamanque, 1577, éd. M.S. Kastner. Kassel, 1958.
SCHÜTZ, H., *Neue Ausgabe sämtlicher Werke*, éd. Internationale H. Schütz-Gesellschaft. Kassel, 1955-.
SCHWEITZER, A., *J.S. Bach, le musicien-poète*. Leipzig, 1905 ; réimpr. : Lausanne, 1951.
TACK, F., *Der gregorianische Choral* (*Mw*, 18). Cologne, 1960.
WOLFF, H. Chr., *Die Oper*, I : *Anfänge bis 17. Jahrhundert* (*Mw*, 38). Cologne, 1971.
WOLTERS, G., éd., *Ars Musica*, IV : *Chorbuch für gemischte Stimmen*. Wolfenbüttel-Zurich, 1965.

Antiquité

ABERT, H., *Die Lehre vom Ethos in der griechischen Musik*. Leipzig, 1899 ; réimpr. : Tutzing-Wiesbaden, ²1968.
BAKE, A., « Indische Musik », *MGG*, VI.

CHAILLEY, J., *La musique grecque antique*. Paris, 1979.
CORBIN, S., *L'Église à la conquête de sa musique*. Paris, 1960.
FLEISCHHAUER, G., *Etrurien une Rom* (*Musikgeschichte in Bildern*, II/5). Leipzig, s.d.
GEORGIADES, Th., *Musik und Rhythmus bei den Griechen*. Hambourg, 1958.
HIEKMANN, H., « Harfe », *MGG*, V, 1956 ; « Leier », *MGG*, VIII, 1960.
HICKMANN, H., *Aegypten* (*Musikgeschichte in Bildern*, II/1). Leipzig, 1961.
HIRMER, M. et LANGE, K., *Aegypten*. Munich, ⁴1967.
KOLLER, H., *Musik und Dichtung im alten Griechenland*. Munich, 1963.
PICKEN, L., « Chinese Music », *Grove's Dictionary of Music and Musicians*, 5ᵉ éd. Londres, 1954.
PÖHLMANN, E., *Denkmäler altgriechischer Musik*. Nuremberg, 1970.
SACHS, C., *The Rise of Music in the Ancient World*. New York, 1943.
STÄBLEIN, B., « Frühchristliche Musik », *MGG*, IV.
WEGNER, M., *Griechenland* (*Musikgeschichte in Bildern*, II/4). Leipzig, ²1970.
WELLESZ, E., *Ancient and Oriental Music* (*NOHM*, 1). Londres, 1957.

Moyen Âge

APEL, W., *The Notation of Polyphonic Music. 900-1600*. Cambridge (Mass.), 1942, ⁵1961 ; trad. all. : Leipzig, 1962.
AUBRY, P., *Cent motets du XIIIᵉ siècle* (facs. et transcription du ms. de Bamberg.), 3 vo! Paris, 1908.
AUBRY, P., *Trouvères et troubadours*. Paris, 1909.
BECK, J., *La musique des troubadours*. Paris, 1910 ; réimpr. : Paris, 1979.
BESSELER, H., *Die Musik des Mittelalters und der Renaissance* (BückenHdb). Potsdam, 1931.
BESSELER, H. et GÜLKE, P., *Schriftbild der mehrstimmigen Musik* (*Musikgeschichte in Bildern*, III/5). Leipzig, 1973.
BUKOFZER, M., *Studies in Medieval and Renaissance Music*. New York, 1950.
CHAILLEY, J., *Histoire musicale du Moyen Âge*. Paris, 1950, ³1984.
CORBIN, S., *Die Neumen*. Cologne, 1977.
FISCHER, K. VON, *Studien zur Musik des ital. Trecento und frühen Quattrocento*. Berne, 1956.
FROMM, H., *Der deutsche Minnesang*. Darmstadt, 1963.
GENNRICH, F., *Grundriss einer Formenlehre des mittelalterlichen Liedes*. Halle, 1932.
GENNRICH, F., *Troubadours, Trouvères, Minne- und Meistergesang* (*Mw*, 2). Cologne, 1951.
GEORGIADES, T., *Musik und Sprache*. Berlin-Göttingen-Heidelberg, 1954.
HAMMERSTEIN, R., *Die Musik der Engel*. Berne-Munich, 1962.
HAMMERSTEIN, R., *Diabolus in Musica*. Berne-Munich, 1974.
HUGHES, Dom A., *Early Medieval Music up to 1300* (*NOHM*, 2). Londres, 1954.
HUGHES, Dom A. et ABRAHAM, G., *Ars Nova and the Renaissance* (*NOHM*, 3). Londres, 1960.
HUSMANN, H., « Das Prinzip des Silbenzählung im Lied des zentralen Mittelalters », *Mf*, XIII, 1953.
HUSMANN, H., *Die mittelalterliche Mehrstimmigkeit* (*Mw*, 9), Cologne, 1955.
JOHANNES AFFLIGENSIS (Cotto), *De Musica cum Tonario*, éd. J. Smits van Waesberghe (*CSM*, 1). Rome, 1950.
KÜHN, H., *Die Harmonik der Ars Nova*. Munich, 1973.
LANDINI, F., *The works of Francesco Landini* (*PMFC*, 4). Monaco, 1958.
LUDWIG, F., *Die... Musik des Mittelalters bis zum Anfang des 15. Jahrhunderts* (AdlerHdb., 1). Berlin, ²1930 ; réimpr. : Munich, 1973.
LUDWIG, F., *Repertorium organorum et motetorum vetustissimi stili*, vol. I, 1 (1910). Hildesheim, ²1964.
MACHAUT, G. DE, *The Works of Guillaume de Machaut*, éd. L. Schrade (*PMFC*, 2 et 3). Monaco, 1956.
MARCUSSON, O., *Prosules de la messe*, I : *Tropes de l'alleluia* (*Corpus Troporum*, II). Stockholm, 1976.
MARROCCO, W.T., éd., *Italian Secular Music* (*PMFC*, 6), Monaco, 1967.
MICHELS, U., *Die Musiktraktate des Johannes de Muris* (*Beihefte zum AfMw*, VIII). Wiesbaden, 1970.
NAGEL, B., *Der deutsche Meistersang*, Darmstadt, 1967.
REESE, G., *Music in the Middle Ages*, New York, 1940.
ROKSETH, Y., *Polyphonies du Moyen Age* (facs. et transcription du ms. H 196 de Montpellier). 4 vol. Paris, 1935-1948.

SCHMIDT-GÖRG, J., *Die Messe* (Mw, 30), Cologne, 1967.
SCHNEIDER, M., *Geschichte der Mehrstimmigkeit*, 2 vol. Berlin, 1934-1935.
SEAY, Albert, *La Musique au Moyen Âge*, trad. fr., Arles, 1988.
SMITS VAN WAESBERGHE, J., *Musikerziehung, Lehre und Theorie der Musik im Mittelalter* (*Musikgeschichte in Bildern*, III/3), Leipzig, 1969.
STÄBLEIN, B., « Saint-Martial », *MGG*, XI.
STÄBLEIN, B., *Schriftbild der einstimmigen Musik* (*Musikgeschichte in Bidern*, III/4), Leipzig, 1975.
TACK, F., *Der Gregorianische Choral* (Mw, 18), Cologne, 1960.
URSPRUNG, O., *Die katholische Kirchenmusik* (Bücken Hdb). Potsdam, 1931.
VITRY, Ph. DE, *The Works of Philippe de Vitry*, éd. L. Schrade (*PMFC*, 1). Monaco, 1956.
VAN DER WERF, H., *The Chansons of the Troubadours and Trouvères. A Study of the Melodies and their Relation to the Poems*, Utrecht, 1972.
WELLESZ, E., *Musik der Byzantinischer Kirche* (Mw, 13), Cologne, 1959.
WILKINS, N., éd., *The lyric Works of Adam de la Halle* (*CMM*, 44), Rome, 1967.
WOLF, J., *Handbuch der Notationskunde*, 2 vol. Leipzig, 1913-1919.

Renaissance

ABRAHAM, C., *The Age of Humanism, 1540-1630* (*NOHM*, 4). Londres, 1968.
APEL, W., *Geschichte der Orgel- und Klaviermusik bis 1700*. Kassel, 1967 ; trad. angl. : Bloomington, 1972.
BESSELER, H., *Bourdon end Fauxbourdon. Studien zur Ursprung der niederländischen Musik*. Leipzig, 1950.
BESSELER, H., *Die Musik des Mittelalters und der Renaissance* (BückenHdb). Potsdam, 1931.
BINCHOIS, G., *Chansons*, éd. W. Rehm (*Musikalische Denkmäler*, 2). Mayence, 1957.
BLUME, F., « Renaissance », *MGG*, XI ; trad. angl. : *Renaissance and Baroque Music*. Londres-New York, 1967.
BOETTICHER, W., *Orlando di Lasso und seine Zeit*. Kassel, 1958.
BRIDGMAN, N., *La vie musicale au Quattrocento*. Paris, 1964.
BYRD, W., *Collected Works*, éd. E.H. Fellowes, 20 vol. Londres, 1937-1952.
COCLICO, A.P., *Compendium musices*. Nuremberg, 1552 ; réimpr. : Kassel, 1954 (*Documenta musicologica*, I/9).
DOWLAND, J., *Ayres for Four Voices*, transcr. E.H. Fellowes, éd. T. Dart et N. Fortune (*Musica Britannica*, 6). Londres, 1953, ²1963.
DUFAY, G., *Opera omnia*, éd. G. de Van et H. Besseler (*CMM*, 1). Rome, 1947-.
EINSTEIN, A., *The Italian Madrigal*, 3 vol. Princeton (New York), 1949.
ENGEL, H., *Das mehrstimmige Lied des 16. Jahrhunderts in Italien, Frankreich, England und Spanien* (Mw, 3). Cologne, 1952.
FELLOWS, E.H., *The English Madrigal, 1588-1632*. Londres, 1920.
FERAND, E.T., *Die Improvisation* (Mw, 12). Cologne, 1956.
FISCHER, K. von, *Die Variation* (Mw, 11). Cologne, 1956.
Fitzwilliam Virginal Book (The), éd., J.A. Fuller-Maitland et W. Barclay-Squire, 2 vol. Leipzig, 1894-1899 ; réimpr. : New York, 1963.
FROTICHER, G., *Geschichte des Orgelspiels und der Orgelkomposition*. Berlin, ²1959.
GABRIELI, G., *Opera omnia* (*CMM*, 12), vol. 2 : *Sacrae symphoniae*, éd. D. Arnold. Rome, 1959.
HUGHES, Dom A. et ABRAHAM, G., *Ars Nova and the Renaissance* (*NOHM*, 3). Londres, 1960.
HUIZINGA, J., *The Problem of the Renaissance*. Londres, 1960.
JEPPESEN, K., *Der Palestrinastil und die Dissonanz*. Leipzig, 1925.
JOSQUIN DES PRÉS, *Werke*, éd. A. Smijers, M. Antonowycz et W. Elders. Amsterdam, 1925-.
LASSUS, R. DE, *Sämtliche Werke*, éd. F.X. Haberl et A. Sandberger, 21 vol. Leipzig, 1894-1927.
LASSUS, R. DE, *Sämtliche Werke. Neue Reihe*, éd. Académie Royale de Belgique et Bayerische Akademie der Wissenschaften. Kassel, 1956-.
LENAERTS, R.B., *Die Kunst der Niederländer* (Mw, 22). Cologne, 1962.
LOWINSKY, E., *Secret Chromatic Art in the Netherlands Motet*. New York, 1946.
Luth et sa musique (Le), éd. J. Jacquot. Paris, 1958.
Musique instrumentale de la Renaissance (La), éd. J. Jacquot. Paris, 1955.
OCKEGHEM, J., *Collected Works*, éd. D. Plamenac, vol. 1 : *Masses I-VIII*. New York, ²1959. (American Musicological Society : *Studies and Documents*, 3).

PALESTRINA, G.P., *Le Opere complete* (O.C. entreprises par R. Casimiri), vol. 19 : *Le Messe di Mantova II*, éd. K. Jeppesen. Rome, 1954.

PETSCH, C., *Das Lochamer Liederbuch*. Munich, 1967.

PIRRO, A., *Histoire de la musique de la fin du* XIVᵉ *siècle à la fin du* XVIᵉ *siècle*. Paris, 1940.

REESE, G., *Music in the Renaissance*. New York, ²1959.

STEPHAN, W., *Die burgundisch-niederländische Motette zur Zeit Ockeghems*. Kassel, 1937, réimpr. 1973.

WINTER, P., *Der mehrchörige Stil*. Francfort, 1964.

WOLFF, H. Chr., *Musik der alten Niederländer*. Leipzig, 1956.

WOLFF, H. Chr., *Originale Gesangsimprovisationen des 16. bis 18. Jahrhunderts* (*Mw*, 41). Cologne, 1972.

WOLTERS, G., éd., *Ars musica*, IV. Wolfenbüttel-Zurich, 1965.

ZARLINO, G., *Istitutioni harmoniche*. Venise, 1558 ; réimpr. : New York, 1965.

Sources des croquis et exemples musicaux

Toutes les figures ont été réalisées spécialement pour ce volume ; en voici les sources :

16 A d'après Lottermoser ;
18 A, B d'après Rein-Schneider ;
20 B d'après Révész ;
22 E d'après Meyer, F d'après Lottermoser ;
58 A, B, D d'après Fett ;
160 A 1 d'après un sceau sumérien (d'après Hickmann 1960) ;
   A 2 d'après une reconstitution (d'après Behn) ;
   B d'après un relief assyrien (d'après Behn) ;
   C 1, 2 d'après Hickmann (1956) ;
   C 3 d'après une peinture sur vase de Bismaia, 3ᵉ mill. av. J.-C. (d'après Behn) ;
   D d'après un relief babylonien (d'après Behn) ;
   E d'après un relief de Goudéa, 3ᵉ mill. av. J.-C., figure de gauche complétée (d'après Buchner) ;
162 A d'après une coupe phénicienne de Chypre (d'après Behn) ;
   B d'après Idelsohn ;
   C d'après une peinture tombale de Beni Hassan, ca 1900 av. J.-C. (d'après Buchner) ;
164 A d'après un relief d'une tombe de Saqqârah, Ancien Empire (d'après Hickmann 1961) ;
   B harpe d'épaule d'après une peinture tombale de l'époque de Thouthmôsis III (d'après Behn, cf. Hickmann 1961) ;
   harpe arquée 1 d'après un cliché (d'après Behn) ;
   harpe arquée 2 d'après une peinture murale, tombe n° 38 de Thèbes (d'après Hirmer) ;
   flûte longue d'après un relief, tombe n° 192 de Thèbes (d'après Hirmer) ;
   double chalumeau d'après une peinture murale d'une tombe de Thèbes, XVIIIᵉ dynastie (d'après Hirmer) ;
166 B d'après Bake ;
168 B, C d'après Picken ; D musiciennes d'après Buchner ;
172 D d'après une amphore attique à figures rouges, ca 480 av. J.-C. ;
   E d'après un vase (skyphos) attique à figures rouges, ca 480 av. J.-C. ;
   H d'après une coupe attique à figures rouges, ca 520 av. J.-C. ;
   F, G, J d'après Behm ;
174 B, C d'après Pöhlmann ;
178 D reconstitution d'après une terre-cuite (ca 7 × 18 cm) de Carthage, IIᵉ s. av. J.-C. (Michels-Vogel) ;
180 A, C, D d'après Stäblein (1955) ; B d'après Handschin (1948) ;
226 A, B d'après Stauder ;
   C le Roi David d'après le Psautier de Munich, fin Xᵉ s. ;
   D le Roi David d'après une miniature du sud de la France, XIᵉ s. (Paris, Bibl. Nat., lat. 1118, fol. 104) ;
   E, G d'après une miniature des Cantigas de S. Maria, Espagne, XIIᵉ s. ;
   F d'après une sculpture, cathédrale de St-Jacques-de-Compostelle, XIIᵉ s. ;
   H d'après un relief de la cathédrale de Strasbourg, début du XIVᵉ s. (archet complété) ;
   K d'après Junghanns ;
   L d'après une sculpture du portail de la cathédrale de St-Jacques-de-Compostelle, fin du XIIIᵉ s., tangentes rotatives d'après un dessin du XIIIᵉ s. (d'après Stauder) ;
246 C Reproduction de l'original dans Besseler (1931), *MGG*, VIII, etc.

Tous les exemples musicaux ont été exécutés pour ce volume d'après les indications de l'auteur. Pour des raisons de place, ils ne présentent en général que de courts extraits d'œuvres. On s'est donc efforcé de choisir des exemples qui puissent être retrouvés intégralement dans des éditions ou des anthologies aisément accessibles, indiquées dans la liste ci-dessous. Lorsqu'une référence ne figure pas dans cette liste, on se reportera aux Œuvres complètes mentionnées dans la bibliographie.

82 D : Haas ; 102 A : Dahlhaus ; 112 B : Jöde ; E : Apel (1961) ; 116 B, C : Wolters ; 124 A : Marrocco ; B : Einstein ; C : Wolters ; 126 B : *Graduale* ; 128 A : Husmann (1955) ; B, C : Wolters ; 140 A : Schering ; 142 A, C : *Graduale* ; B, C : Tack ; 174 B, C : Pöhlmann ; 180 A, C, D : Stäblein (1955) ; 182 B, D, E : Wellesz (1959) ; 184 B : *Graduale* ; 186 A : *Graduale* « Justus ut palma » d'après mss. du XIᵉ s. et *Graduale*, cf. Handschin ; B : *Graduale* « Adjuvabit eam Deus » d'après ms. Bénévent, Kapitelbibl., Cod. VI-34, fol. 50, ca 1100 ; C : *Alleluja Posuisti* d'après Cod. Montpellier, H 159 (XIᵉ s.) ; 188 A Joh. Affligemensis (Cotto) ; 190 A : *Graduale* et Tack ; C : *Graduale* ; 192 A : Ludwig (1961) ; B : Gennrich (1951) ; D : Wilkins ; 196 B : Gennrich (1951), Ludwig (1961), Husmann (1953) ; 198 A, B, C : d'après *GS*, I ; Fa : d'après Joh. Affligemensis (Cotto) ; Fb : d'après ms. Milan, Bibl. Ambros., M 17 sup., fol. 56 sqq. ; 200 A : Stäblein (1963) ; B : transcription d'après ms. Paris, Bibl. Nat., lat. 3549, fol. 151v, 152 (neumes, XIIᵉ s., facs. dans Apel, 1961) ; C : facs. dans *MGG*, XI, Tafel 71 (« Magister Albertus Parisiensis ») ; 202 A : Husmann (1955) ; 204 A, B : Husmann (1955) ; 206 B : Husmann (1955) ; B, C : Ludwig (1961) ; 208 A : cf. Davison I ; B : Ludwig (1961) ; C : facs. dans Aubry (1908) ; 210 I : facs. dans Apel (1961) ; 216 A : Schering ; 218 ex. mus. : Besseler (1931) ; 220 A, B : Marrocco ; 224 A : Apel (1961) ; B : Schering ; C : Besseler (1931) ; 232 G : d'après Apel (1970) ; 234 A : Schmidt-Görg ; D : Schering ; 236 B : *DTÖ*, VII et Besseler (1931) ; 238 A : *DTÖ*, XVII, 1 et O.C. ; 240 B : Schimdt-Görg ; C : Lenaerts ; 244 A : Lenaerts ; B : ex. mus. à ce sujet dans Schmidt-Görg ; 246 A : Wolters ; B : Schering ; C : reproduction de l'original dans Besseler (1931), *MGG*, VIII, etc. ; 252 A : Besseler (1931) ; B : Engel ; C : Schering ; Wolff (1972), Lenaerts ; B, C : Schering ; 256 A, D : Schering ; C : *DTÖ*, XIV, 1 : C, E : Wolters ; 258 A : Engel ; 260 A : Apel (1967) ; B : Apel (1961) ; C : facs. de la tablature dans Apel (1961), transcription cf. aussi Schering ; D : Schering ; 262 A : Schering ; B, C : Fischer (1956) ; D : *Fitzwilliam Virginal Book*, I ; 264 A : Ferand ; C : Schering.

INDEX

Les nombres **en caractères gras** indiquent **les références les plus importantes** ; les nombres *en italique* se rapportent aux *exemples musicaux.*
Les nombres qui se terminent par un chiffre pair (0, 2, 4, 6, 8) renvoient toujours aux pages d'illustrations (sauf les pages 70 à 80 et 194) : on peut ainsi aisément savoir — en particulier pour les instruments — si la référence est celle d'une **figure** ou celle d'un **texte**.
Indications pour l'interprétation (p. ex. *cantabile*), **abréviations** (p. ex. *pp*) et autres **signes** figurant sur les partitions se trouvent dans le **lexique**, p. 70-81.

Imprimé en Espagne par Gráficas Estella, S.A.

Dépôt Légal: septembre 2004

I.S.B.N. 2.213.02189.9 - 35.56.7961.2.13

N.° édition: 50565